2021年度国家社科基金重大项目"'五位一体'构建中非命运共同体的战略路径探索与实践创新研究"阶段性研究成果（批准号：21ZDA129）

浙江智库
ZHEJIANG
THINK TANK
浙江师范大学非洲研究院

非洲区域国别学丛书　总主编　刘鸿武
非洲区域国别研究译丛　主　编　胡美馨　徐微洁

现代非洲的社会变迁

语言与文化的动态观察

[日]宫本正兴　[日]松田素二　主编

徐微洁　译

ZHEJIANG UNIVERSITY PRESS
浙江大学出版社
·杭州·

图书在版编目（CIP）数据

现代非洲的社会变迁 ： 语言与文化的动态观察 ／（日）宫本正兴，（日）松田
素二主编 ； 徐微洁译. 杭州 ： 浙江大学出版社，2024. 12. -- （非洲区域国别研究
译丛 ／ 胡美馨，徐微洁主编）. -- ISBN 978-7-308-25687-2

Ⅰ. K405；H0-05

中国国家版本馆CIP数据核字第202559N44K号

GENDAI AFURIKA NO SHAKAIHENDO edited by Masaoki Miyamoto, Motoji Matsuda

Copyright © Jimbunshoin, 2002

All rights reserved.

Original Japanese edition published by Jimbunshoin

Simplified Chinese translation copyright © 2024 by Zhejiang University Press, Co., Ltd.

This Simplified Chinese edition published by arrangement with Jimbunshoin, Kyoto, through
HonnoKizuna, Inc., Tokyo, and Shinwon Agency Co. Beijing Representative Office, Beijing

浙江省版权局著作权合同登记图字：11—2021—199号

审图号：GS浙（2024）442号

现代非洲的社会变迁：语言与文化的动态观察

[日]宫本正兴　[日]松田素二　主编　徐微洁　译

出 品 人	吴　晨
总 编 辑	陈　洁
丛书策划	包灵灵
丛书统筹	黄　墨
本书策划	黄静芬
责任编辑	黄静芬
文字编辑	方艺潼
责任校对	杨诗怡
封面设计	周　灵
出版发行	浙江大学出版社
	（杭州市天目山路148号　邮政编码310007）
	（网址：http://www.zjupress.com）
排　　版	杭州林智广告有限公司
印　　刷	杭州捷派印务有限公司
开　　本	880mm×1230mm　1/32
印　　张	12
字　　数	347千
版 印 次	2024年12月第1版　2024年12月第1次印刷
书　　号	ISBN 978-7-308-25687-2
定　　价	78.00元

序 言

后殖民主义非洲

——21 世纪的展望

松田素二

非洲危机

21 世纪的当下[①]，非洲社会似乎正在绝望中呐喊。20 世纪 80 年代之后，非洲的经济由停滞走向崩溃，几乎所有撒哈拉以南的非洲国家都接受了国际货币基金组织（International Monetary Fund，IMF）、世界银行（World Bank，中文简称"世行"）和债务国集团的"结构调整"。最终，非洲国家国民经济的实际管理权脱离本国政府控制，由西方国家支配。尽管如此，存量债务持续膨胀，破产局面依旧存在。此外，20 世纪 90 年代之后，以接受"西式民主化"换取"援助"的压力不断累积，政治混乱和动荡愈演愈烈，各地区民族冲突和城市暴乱频发。由此引发的饥馑、物资短缺、治安恶化使得非洲人民的日常生活困苦不堪。[②]

[①] 本书中的"当下""直至今日""截至目前"等类似表达指的都是原书的出版时间或各篇文章的写作时间。——译者注

[②] 直击 20 世纪 80 年代之后非洲社会的（后）结构调整，平野（1999）以非洲南部为例，从历史、政治沿革方面对此进行分析。峯（1999）对边缘化的现代非洲社会政治、经济结构做了缜密的考察。此外，武内（2000）以纷争为核心，从包含社会、文化方面在内的犀利角度，考察了 20 世纪 90 年代之后非洲的政治混乱局面。

这就是"非洲危机"的真实写照。有关非洲的任何统计数据均未表明形势有所好转。例如，艾滋病感染病例数、难民人数及存量债务数额等数据均表明，非洲当下的形势令人绝望。漫步非洲各地的城市，我们可以发现，事实上在过去20年间，贫困与治安情况也正以肉眼可见的速度恶化。

那么，这场危机因何而起？人们又该如何度过它呢？本书的编撰旨在从非洲社会日常之中寻找这些严峻问题的答案。诚然，迄今为止，人们因担忧"非洲危机"而思考了各种解决方案。为了应对"非洲危机"，世界各地召开了多次国际会议和学术研讨会。日本于2000年召开了一次援助会议，非洲各国首脑参与其中，会上讨论了债务免除等问题。

国际组织、政府及诸多非政府组织（non-governmental organization，NGO）也参与了此类关于"非洲危机"的讨论，并对此积极建言献策。此类会议探讨了紧急粮食援助和医疗援助、长期改善经济的有效发展援助等内容。这种努力必不可少，也值得高度赞扬。但仅仅如此似乎还不够。本书的立足点在于讨论上述举措是否存在不足。

生活世界视角下的"非洲危机"

如今，关于"非洲危机"解决方法的讨论往往基于共同的视角。视角之一是，尝试着眼于宏观的政治和经济结构，综观问题全局。毋庸置疑，这一观点是有效的。但是，将日常生活中的人类活动纳入讨论范围之内也同样重要。迄今为止，人们都认为日常生活会单方面随宏观结构的变化而变化。由于国民经济这一宏观结构崩坏，个人生活也随之被单方面改变。然而，如果我们继续在非洲社会进行田野调查便会发现，尽管在宏观结构上被单方面规定，但是在个人生活世界中，在很大程度上人们仍然能够自主开展活动。在这种自力更生的活动中，我们可以发现人们从内部巧妙应对"非洲危机"的智慧。

序　言 | 3

另一个惯用视角是发达国家不知不觉中把非洲社会当作"救助"和"纠正"的对象。这种视角与过去殖民统治非洲的思想如出一辙。[①]在这种有意无意地抬高自己、贬低非洲的对非观念下，欧洲列强打着"传播文明内涵""肩负文明使命"的旗号，瓜分了非洲土地。在这种情况下，非洲通常被视为客体，欧洲列强则理所当然地被看作主体。单方面的对非观念催生出殖民统治，实际上，这种观念也经常潜藏于今天的对非发展援助思想中，并被再度运用。启蒙主义的思想给非洲社会"提供"物资和设备，并试图在制度上"教育"非洲。这本身就是一种固有观念，即认为自己是"给予者"，而非洲社会是"接受者"。

与上述两种关于"非洲危机"的主流观点不同，本书将尝试从其他角度展望21世纪的非洲社会。其特征之一是通过人们的生活世界重新认识非洲，而非通过政治和经济的宏观结构。特征之二是不将生活于"危机"之下的人们看作"单方面的救助对象"，而将其视为与外部诸多条件发生矛盾，并应对这些矛盾的主体。我们将通过田野调查以及文学作品，直面现代非洲社会和非洲人民的生活世界，并基于上述两种特征重构非洲社会学。

殖民统治的制度残余

当我们论及"非洲危机"时，殖民统治的制度残余是不可回避的问题。如何看待近百余年来欧洲的对非统治对现今非洲社会的影响，对我们展望21世纪的非洲社会而言至关重要。例如，在探讨"非洲危机"的原因时，殖民统治历来是主要课题。换言之，"当今的危机"的直接原因在于殖民统治，殖民统治正是让非洲社会至今依然混乱不堪的元凶。然而，近年来，有人开始追究"非洲自身的责任"。他们认为，"非洲自独立已逾30年，却把一切都归咎于过去的殖民统治，这无疑是自欺欺人"。非洲独立后，众多国家的非洲籍执政者实行暴政，刑讯、屠杀、贪污、战争在非洲各国屡见不鲜。非洲人自身对这些行为负有直接责任，而欧美国家反而阻止这类事件发生并保护非洲的国

---

① 松田（1999a）论述了殖民统治和开发援助理念的平行关系。

民。这种观点逐步发展，并最终演变为"无剥削、公平的新殖民地化论"，即废除非洲某些政府的暴政，将国家委托给更公正、更高效的外部人员管理。[①]

诚然，这种论调看似辞顺理正。事实上在日本也出现了"非洲究竟要坐享其成到何时"的看法。但"非洲自身责任论"只是将殖民统治简单地理解为"暂时的政治统治时期"。诚然，欧洲"白人国家"统治非洲数十载乃至一个世纪。在这一过程中，这些"白人国家"对非洲人直接施以武力，掠夺其土地，对其进行经济剥削。不仅如此，殖民统治还是一种扭曲的合力，它强加于非洲政治边界、经济结构、语言、价值观等社会整体。殖民统治的形式各异，时而施以暴力，时而诱导被殖民者自觉服从，时而还伴随着享乐。如今，在非洲社会各领域，殖民统治播下的种子正逐渐"开花结果"。

以语言生活为例，在本书正文中频繁出现的东非社会的"三层结构"就是殖民统治的直接产物。在东非社会存在着三个层级的语言秩序：顶层是原宗主国语言英语，中间是地区通用语斯瓦希里语（Kiswahili），底层是各民族语言。其中，英语逻辑性最强、最权威，是高等教育的教学语言和社会精英使用的语言。斯瓦希里语作为阿拉伯商人、欧洲基督教传教组织以及殖民地征税官员的交流用语，如今一跃成为东非的地区通用语言。在殖民统治下，等级化的三层结构渗透并扎根于国会、学校、市场等社会生活的方方面面。不仅是语言，单一经济作物的结构也历来被看作非洲国家脆弱的经济基础不断进行再生产。非洲国家专门生产咖啡豆、红茶、可可豆等用于出口的不稳定初级产品，经济结构失衡，致使主食和生活必需品匮乏、潜在失业人员慢性增加。20世纪90年代后民族矛盾的激化也与殖民统治密切相关。为了让少数欧洲行政官员有效统治多数非洲人，殖民政府采取了间接统治的手段。他们选择非洲籍合作者担任领袖，并自上而下施加压力，实行分而治之的体制，煽动民族间的反目和敌对情绪。民族也是为了创造这种对立而被"发明"的产物，而这种分而治之的体制

[①] 小川（1998）提出了非洲市民社会论，并在书中介绍了上述新殖民地化论。

才是造成现今民族对立的真正原因。①

殖民统治的再生产

如上所述，现代非洲社会的方方面面都能让人感受到殖民统治的痕迹。在非洲，国家本身就是殖民统治的"嫡子"。于民族国家而言，行政组织、领土以及国民是必备条件，而非洲国家直接接受殖民统治创造的这些条件，并在其框架内"夺取"独立。因此，它们并非殖民统治的痕迹，而是作为统治非洲的新工具，不断更新，充满"活力"。

例如，上述语言的三层结构并不仅仅是殖民统治的遗产，更明确规定着今天非洲人的精神结构。权力精英们用英语思考、表达、行动的行为，贬低了其他国民用民族语言思考、表达、行动的行为。因此，即便政治独立之后，"精神殖民化"也在进一步扩大并增强。肯尼亚基库尤族（Kikuyu）作家恩古齐·瓦·提安哥（Ngũgĩ wa Thiong'o）屡次对此加以谴责。英语是一种极为便利的"国际语言"，但恩古齐认为，英语仅仅是"交流手段"这一看似"中立"的主张模糊了支撑语言三层结构的权力关系，并压制了位于底层的各种语言，他对此进行了严厉批判。② 在恩古齐看来，对事物的思考、价值赋予以及行动准备的母体正是语言，而围绕语言的竞技场就是统治阶级与被统治阶级之间的斗争场。

民族对立也可用同一方式来理解。现在的民族对立并非从殖民时期为实现高效统治而被"发明"的民族直接延续而来。殖民时期，民族作为统治单位被引进，属于该统治单位的人拥有单一、绝对、固定且等质的身份，并完全依归于民族（整体）——这是近代西欧构建的人类统治的核心。基于这一人类观，沿袭近代西欧社会模式的非洲国家推动了国民建设和民族意识的高涨。在此过程中，众多地区孕育出

---

① 在非洲民族对立结构中，我们不仅会发现在鼓励推进近代均一性、整体稳定性的民族统一化过程中存在的矛盾冲突，还会发现在不同层面上灵活性、部分流动性的统一化在发挥作用（松田，1998）。

② グギ・ワ・ジオンゴ（1987）认为原宗主国的语言——英语无法表达民众的喜怒哀乐，并宣布用民族语言基库尤来写作。恩古齐反向灵活运用被强迫的现实，与论述非洲化英语具有可行性的钦努阿·阿契贝（Chinua Achebe）展开了激烈的争论。

的灵活身份被压制，这些身份包括同属于两个相邻民族的双重归属，以及氏族跨越多个民族而形成的家族间断性联结，即氏族合作（clan alliance）。单一的国民意识或单一的民族身份作为"公认"的人类观，在非洲独立国家以及欧美主导的国际社会中获得肯定，并持续迭代。正是这种新生的、生硬的、等质的身份认同，催生了现代非洲的民族纷争。

现代非洲社会无论看似如何多样、多元，本质上都受殖民统治结构及继承殖民统治的一元体系所控制。20世纪70年代世界体系理论诞生后，这一观点成为解读非洲的重要角度。立足该角度，看似是殖民统治遗产的事务，其实蕴含在统治体系中，被赋予了现代性作用。

例如，在今天的非洲社会存在多种生产方式，既存在市场逻辑驱动的商品经济世界，也存在情感道德介入的经济体系。走进农村，能邂逅"依然"维持着自给自足状态的社区。在那里，若发生争吵，长老们会聚集在一起依据自古以来的习惯法去解决，而非依据拥有警察、法院等执行机构支撑的近代法律。由此可见，二元经济和二元法律体系似乎发挥了一定作用。但持一元统治观点的学者认为，这种二元性只是一种表象，实则非洲社会几乎都被近代资本社会所统治。所谓二元经济，是边缘资本主义社会的特殊现象，被视为协调工人被雇用和解雇的一种社会机制。即，对边缘资本主义社会而言，自给自足的共同体是不可或缺的，它们不断免费培育再生产劳动力，以便在世界市场价格波动等必要时刻提供所需劳动力。如此一来，殖民统治的遗产作为新的统治手段，从根本上左右着现代非洲社会。

存续至今的殖民统治

如今，非洲社会的各个角落仍受到殖民统治遗留制度的强烈束缚。自20世纪90年代起，对这一观点的各种反抗和批判之声纷至沓来。由于殖民统治，不仅非洲的固有文化遭受破坏，而且其政治和经济也受到控制，即便独立后也依旧受到这种压迫。持反对意见者认为这一观点属于"被动的受害者史观"并予以拒绝。相反，他们提倡将焦点置于非洲社会孕育出来的能动性和主体性上。非洲社会遭受了欧洲列强百余年的残酷殖民统治，这段历史是无法撼动的事实。但是，这种统治被非洲社会所接纳，且有时得益于人们的能动性才存活下来，这是非洲主体性论的基本观点。这一观点产生于 20 世纪 80 年代后半期盛行的殖民研究。一直以来，各个社会在一元化世界体系中，在结构上被边缘化，并被推到被统治者（败者、弱者）的位置上。但实际上，它们并非一成不变地、唯唯诺诺地接受并服从于中心的统治，这点已得到有力的证实。

至今一直受到外部压倒性力量单方面的统治、压迫的一方，却发挥了细微而狡猾的主体性和创造性，于是文化主体性论者开始对此进行关注和评价。在此过程中，他们将"被殖民统治的一方把强加于自身的统治文化转换为自己的东西"定义为弱者的抵抗。例如，他们将象征着第三世界伦理的落后性文化，如怠惰、不勤勉、糊弄、偷窃等作为"弱者的武器"进行重新探讨。[①] 这些是资本主义雇佣劳动形态自上而下以暴力方式渗透而成的，同时也是被驱赶到种植园、铁路等场所的人们消极且无组织地或无意识地采取的一种抵抗手段。我们姑且不论将针对巨大外部条件的细致应对全部归结为抵抗正确与否，但各种一手数据已证实这样一种人类观，即认为在日常生活中有一个相对自主的小裁量世界，并且在这个世界中，即使是有约束的，人们也能够自由地选择生活方式。

例如，在语言生活中，斯瓦希里语基本上是作为统治工具的外来语，但它们在各地的民族社会中，与当地语言同时为人们所接受。本书中，梶茂树撰写的文章就斯瓦希里语的特性指出，斯瓦希里语有着"水母"般的灵活结构，无论它在何处，都能一边吸收或依附于当地语言，一边形成自己的语言。这些外来的力量和要素所具有的内在灵活性，与接纳它的社会力量和要素所具有的灵活性，在相互交织共振的同时，形成了某种相互对抗的关系。当然，从结构上看，即使外来力量具有压倒性优势和暴力性，在社会进程的每一个环节中，结构性弱者的主动权也有可能发挥作用，于是便产生了殖民统治—后殖民统治

---

① 这种弱者抵抗论产生于詹姆斯·斯科特（James Scott）的东南亚农民叛乱研究中（Scott，1985）。对这一观点的批判性验证参见松田（1999b）。

得以生存的时代。如此，研究者们试图将殖民地时期—后殖民地时期的非洲社会形象从一元统治的牺牲者逐渐转变为能动者。

从当地开始突破

殖民统治给非洲社会留下了深刻的烙印，这一烙印作为现代非洲社会中人们的共性和社会内核而被不断刷新。但是，这种现代统治的烙印以人为主体而存续下来。这一社会状况曾被称为后殖民主义。但是，我们在当地切身体会"非洲危机"后，会不由自主地感受到殖民主义残余以人为主体而"存续"这一事实带来的矛盾。诚然，文化主体性论的视角值得肯定，结构性弱者具有认识和重构那些外部强加的语言、文化、制度的能力。这也是对"非洲在强势的一元统治冲击下毫无抵抗之力"这种与统治相辅相成的思想的有力回击。但是，对这种统治的赞美与肯定往往存在隐患，它会导致游离在现实之外的"弱者"的浪漫化和空想化。

殖民统治残余从根本上牵制着现代非洲社会，例如在语言等级中，英语和法语占有压倒性优势；民族统一性中存在根深蒂固的单一性、均等性和排他性要素。对此，有人指出了英语的非洲化现象或绝对统一性的改变，并无条件地赞扬其为主体性和抵抗性，这一言论未免过于乐观。究其缘由，首先，外部力量（继续实施殖民统治的权力）与非洲社会之间存在绝对的不平等性权力关系，必须从这种不平等性出发考察二者的关联。其次，围绕殖民统治残余的政治过程错综复杂。一方面存在统治力量，另一方面存在抵抗行为，二者难以区分。有时发挥着统治作用的力量在其他情况下可能转变为抵抗力量，此二者时常呈现相互嵌套的包含关系。

因此，我们在思考殖民主义残余问题时，必须考虑到统治—被统治的暴力性结构和人们在两种层面上迸发出的创造性，即人们在接受暴力性结构后在内部对其做细微的修正和再定义。

本书是上述思想的一部分，通过语言、文化和社会制度，特别是从日常生活中人们的视角来看待、记录镌刻在现代非洲社会中的殖民主义残余。顺应该思想，我们可以预见 21 世纪非洲社会的可能性。21 世纪的非洲社会无法扫清造成如今混乱局面的诸因素。因此，能否度过"危机"，取决于如何细致地修改和再定义这些混乱的诸因素，以及能否据此扭转局面。为此，处理 20 世纪殖民主义残余的技巧和智慧非常重要。如果本书能够略微凸显出这种技巧和智慧，便能为 21 世纪的非洲研究指明方向。

参考文献

小川了、1998、『可能性としての国家誌』、世界思想社

グギ・ワ・ジオンゴ（宮本正興、楠瀬佳子訳）、1987、『精神の非植民地化』、第三書館

武内進一編、2000、『現代アフリカの紛争』、アジア経済研究所

平野克己編、1999、『新生国家南アフリカの衝撃』、アジア経済研究所

松田素二、1998、『民族紛争の深層—アフリカの場合』、原尻英樹編『世界の民族』、放送大学教育振興会

松田素二、1999a、「ナイロビにおける住民組織の二つの位相」、幡谷則子編『発展途上国の都市住民組織』、アジア経済出版会

松田素二、1999b、『抵抗する都市』、岩波書店

峯陽一、1999、『アフリカと開発経済学』、日本評論社

山下晋司、山本真鳥編、1997、『植民地主義と文化—人類学のパースペクティブ』、新曜社

Barker, F., P. Hulme & M. Iversen (eds.), 1994. *Colonial Discourse: Post Colonial Theory*. Manchester: Manchester University Press.

Berman, B. & J. M. Lonsdale, 1992. *Unhappy Valley: Conflict in Kenya and Africa* 1 & 11. London: James Currey.

Fields, K. F., 1985. *Revival and Rebellion in Colonial Central Africa*. Princeton: Princeton University Press.

Schlee, G., 1989. *Identities on the Move*. Manchester: Manchester University Press.

Scott, J., 1985. *Weapons of the Weak: The Everyday Forms of Peasant Resistance*. New Haven: Yale University Press.

Spear, T. & I. N. Kimambo (eds.), 1999. *East African Expressions of Christianity*. London: James Curry.

Werbner, R. & T. Ranger (eds.), 1996. *Postcolonial Identities in Africa*. London: Zed Books.

目　录

第四部分　历史和表象之问

第一部分

国家原理与语言社会的组成

"独立"的幸福和陶醉转瞬即逝，从20世纪末至今，非洲经历了苦难和混乱的时代。具有讽刺意味的是，非洲独立后殖民统治留下的伤痕进一步蔓延。民族国家这一社会秩序的框架原本便是从白人统治中接力而来的。在这一框架中，最大的焦点之一是语言的独立与从属这一问题。在单一的国家语言下形成民族，这一近代民族国家的基本形态并不适用于非洲。在非洲社会，出现了以原宗主国语言为首的阶层语言秩序，这种秩序正在重建殖民地式心态。然而，正是在这种看似混乱的状况下，未来非洲的发展潜力才得以孕育。非洲社会是世界上少有的多语社会，双语自不必说，一个人会说三种或四种以上的语言也不稀奇。非洲社会的实践不囿于自己的语言，这是非洲诸国成为以文化多样性为基础的多中心国家所面临的巨大挑战。

语言与社会的生态史观

——非洲语言社会论序说

宫本正兴

> 殖民统治业已终结；冷战曾发生但已结束；种族隔离曾大获全胜，但最终落败。但是，争夺霸权这一现实依然存在。
> （Mazrui & Mazrui, 1998）

引言：语言是资本的一种形态

南非开普敦大学教授内维尔·亚历山大（Neville Alexander）是一位知性且富有行动力的人，他与纳尔逊·罗利赫拉赫拉·曼德拉（Nelson Rolihlahla Mandela）等人多年来被囚禁在罗本岛（Robben Island）上。此后，他采取了和曼德拉不同的政治路线，并主政该国的咨询机构"语言规划专门调查小组"（Language Plan Task Group, LANGTAG）[①]。该咨询机构服务于南非的艺术、文化、科学、技术大臣，是新生国家南非语言政策的最高平台。他指出，大多数独立非洲国家的语言政策都是新殖民主义的，且几乎所有的后殖民非洲国家的"独立"都从原宗主国继承而来，就如同接力赛的选手从上一棒选手手中接过接力棒一般。比赛本身丝毫未变化，即国家结构、统治形式未变化，新政府沿袭与过去相同的政治经济路线。坦桑尼亚和莫桑比克等也曾尝试改革，但由于赛道和规则，其政治行动的框架没有任何变化，因此改革屡屡失败（Alexander, 1999）。

亚历山大教授的分析一针见血。他将改革失败的原因归结于技术、人才以及阶级因素。独立之初，非洲各国对于国内使用的语言数量、使用人数、识字水平等方面的基本认识严重匮乏。暂且不论语言

---

① "语言规划专门调查小组"于1995年12月12日成立。调查报告的定稿于次年2月8日出版。

专家（教师、词典编纂者、口译人员、笔译工作者等），连语言政策、语言规划方面的专家也几乎没有。最终，非洲各国只能继续依赖原宗主国语言（法语、英语、葡萄牙语等）。

除此之外，亚历山大教授还指出了新的阶层结构所特有的语言因素，这种阶层结构由一小撮新登上权力宝座的"新精英"缔造。原宗主国语言的能力对后殖民国家（使用这一术语只不过是因为它读起来比"新殖民国家"更朗朗上口）而言，是一种资本积累的形式和特殊的资本（即交流工具）。它虽然不是生产的工具，却是使得现代社会生产和分配得以成立的唯一工具。至此，原宗主国语言"坚不可摧的地位"① 得以确立。

亚历山大教授通过语言问题，延伸到后殖民国家的阶层分析。在新殖民地的语言政策中，掌握后殖民国家权力中枢的中产阶级地位得以稳固。保留原宗主国的语言维护了少数人的权益，却损害了多数人的利益。亚历山大教授如是说道："这导致大多数穷人越来越穷，被逼到社会边缘，而少数富人则越来越富。"（Alexander, 1999）

现在，后殖民非洲国家的行政、司法、立法等领域几乎都使用原宗主国的语言。宪法和法律是以原宗主国的语言起草的，法律思维本身也继承了西欧的哲学。在原英属殖民地，法律的传统是在英国殖民政策下成形的，借用英语作为法律的语言载体也是理所当然之事。时至今日，这些非洲国家的法官依然头戴假发，律师身穿黑色长袍，在法庭上对法官使用"Your honour"（法官大人）、"My lord"（法官大人）等惯用语，甚至使用"post-mortem"（死后）、"sub judice"（在判决中）等拉丁语。在司法、行政、立法三个领域中，司法的非洲化最为落后。在高等教育阶段（在有些国家指从幼儿园到大学阶段），非洲诸国完全使用欧洲的语言。对欧洲语言（帝国主义的语言）的依赖，导致时至今日非洲仍在使用"英语圈""法语圈""葡萄牙语圈"等名称来区分非洲的语言。这仿佛让人觉得非洲人不使用非洲语言。"非洲语圈"（Africo-phone）这一术语并不存在，我们从这一点可知，非

---

① 这是尼日利亚作家阿契贝就英语的霸权性质发表的看法。不仅仅是英语，对非洲的旧殖民地国家而言，所有的宗主国语言都大同小异（Achebe, 1975）。

洲是通过欧洲语言进入国际社会的。在同样经历过殖民统治的一些亚洲国家，却没有英语圈和法语圈的区别。后殖民非洲国家文化斗争的主要问题是从属或是独立，可以说语言处于其中心位置。然而奇怪的是，在现实生活中，这种认识似乎并未扎根于后殖民国家。

由此可知，对于大多数非洲人而言，法律文化是难以接近的。受到法律文化阻碍的非洲语言，自然缺乏法律和宪法用语。而且，问题并不局限于法律文化。非洲的落后，或者说是政治经济上的落后，其背后一定存在文化因素和语言因素。显而易见，语言因素与其他因素一起阻碍了非洲民主主义的发展。

语言与非洲外交政策的制定也密不可分。非洲的政策制定和外交政策信息均使用欧洲语言。被欧洲语言同化的精英们的关注点聚焦于英国、美国或法国。语言是影响非洲各国与西方国家关系的决定性因素之一。如果不具备使用欧洲语言的能力，那么就无法在撒哈拉以南非洲各国当选为国会议员或总统。这种现状与各种政治文化因素相关，而其在精神、心理方面的作用也不容忽视。这让人不由得想起弗朗茨·法农（Frantz Fanon）的两部著作[1]，这两部著作对立志融入白人语言和文化的黑人精英的空虚的精神构造进行了深刻的剖析。被殖民者将殖民者的语言和价值视为启智和进步的手段。欧洲性被视为更优越的，是逃避本土性和无知的关键。一旦人们陷入这种心理状态，欧洲的语言和文化就会成为延续精神殖民的强大工具。这一点潜藏于殖民统治的政治心理学背景中。

本文以上述认识为背景，考察 20 世纪非洲的语言社会变迁。国家和当地社会所涉及的诸多问题，已嵌入语言社会的结构性质及其变化过程中。本文将基于这一社会语言学的认知，在语言和社会的相互制约关系中探究非洲语言社会的生态演变过程。

---

[1] 法农的两部著作如下：*Peaux noires, masques blancs*, Paris, 1952; *Les damnés de la terre*, Paris, 1961. 这两本书的日语版均由铃木道彦等翻译，收录于《弗朗茨·法农著作集》（Misuzu 书房，1969）。

一、非洲掌握欧洲语言的命运

据说，现在世界上的非裔黑人中，每 5 人中就有 1 人以欧洲语言为第一语言（母语）。这些欧洲语言包括英语、法语、葡萄牙语、西班牙语，排在第五位的则是荷兰语 [在南非、苏里南等使用，在南非则被称为 "阿非利堪斯语"（Afrikaans）]。在非洲，以英语为第一语言的是居住在利比里亚和塞拉利昂的部分精英阶层。他们的祖先是从美国回归非洲的黑人。除非洲以外，最大的黑人国家是使用葡萄牙语的巴西。扎伊尔（现刚果民主共和国）是使用法语的最大国家。

与英语相比，法语的世界地位更依赖于非洲世界。使用法语者多数为白人，而使用法语的国家多数为黑人国家。超过 20 个非洲国家以法语为官方语言，如果没有非洲，法语将失去其世界通用语言的地位。虽然没有一个非洲国家将意大利语作为官方语言，但索马里、埃塞俄比亚和利比亚的精英阶层基本懂意大利语。以德语作为官方语言的国家仅有纳米比亚。葡萄牙语是安哥拉、莫桑比克、几内亚比绍等原葡属殖民地国家的官方语言。

1789 年爆发的法国大革命以后，随着贵族阶级的没落，法语的命运也随之遭受影响，而英语的优势地位逐渐显现。20 世纪前半叶，法语仍然是有教养的标志，但随着冷战的结束，俄语自不必说，连法语在非洲的气势也急剧衰退。例如，在原法属阿拉伯国家，阿拉伯语开始复活，不断影响着法语的地位。这种倾向在叙利亚尤为明显。在阿尔及利亚，法语的影响力依旧很强大，但是阿拉伯语化政策正在威胁法语的地位。

在苏丹，由于埃及的影响，阿拉伯语化正在推进。1980 年以后，南苏丹也开始使用阿拉伯语（一种皮钦阿拉伯语，被称为朱巴阿拉伯语。可参见本书中栗本英世撰写的文章）。与非洲其他地区（笔者想使用以下术语：豪萨语圈、沃洛夫语圈、斯瓦希里语圈等）不同，在南苏丹，阿拉伯语的使用领先于伊斯兰化进程。

此外，南非废除了种族隔离制度，这进一步推动了英语的普及。同时，它也为南非非洲语言（南非政府新承认 9 种非洲语言为官方语言）的崛起拓宽了道路。与此相对，在包括纳米比亚在内的非洲南部地区，阿非利堪斯语的地位开始衰落。纳米比亚如今的官方语言是英语。因此，非洲的政治、社会变化也必然会影响语言的命运。

二、将非洲语言根据社会文化类型分类

非洲是世界上最大的多语言地区（图1）。而且，非洲人还是世界上多语言使用者之最。这可能是因为非洲语言数量多、分布广，每种语言的使用人数相对较少，语言之间的关联度高，等等。一般而言，使用多种语言的男性比女性多，这是因为迁移（外出打工）、教育水平等造成了性别差异。而且，各种语言的社会功能各不相同，它们部分互补，部分竞争。各种语言在功能上的互补和竞争的相互作用催生了非洲语言社会的动态变化，这种不稳定状态促使非洲人使用多种语言。以下是一位乌干达女性的语言使用情况，这种情况在非洲并不少见。

> 一位来自马克雷雷山区，几乎不会读书写字的女佣跟自己的家人说托罗语，跟邻居说干达语，跟商人说斯瓦希里语，跟宅邸的主人说英语。让几乎只懂英语的主人吃惊的是，她居然能用流利的法语跟主人的客人搭话，因为她的丈夫是卢旺达人。
> （Mazrui & Mazrui, 1998）

一般而言，作为语言的分类方法，比较常见的是比较语言学的系谱性分类、基于语言内在结构的类型性分类等，但这些分类在本文中几乎毫无作用。另一种以语言的社会形态、生态层面为基准的分类才对本文有效。

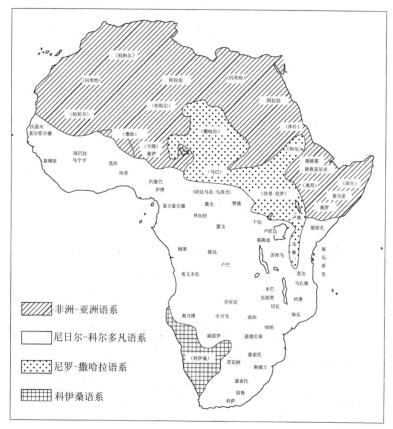

图 1 　主要非洲语言

　　所谓语言的社会形态，是指国家语言、官方语言、标准语、方言等概念。在日本，这种概念也是以近代化为国策的明治时代以后的产物。近代国家是国民统一的象征，就如同必须有国歌和国旗一般，国家语言和官方语言也必不可少（图2、图3）。

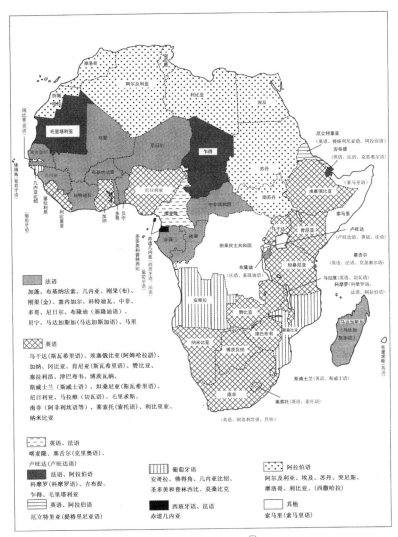

图 2　官方语言的分布①

---

① 图 2 出自日本外务省中近东非洲局监修《非洲便览——撒哈拉以南各国》1998 年版，非洲协会会刊（略作修订）。

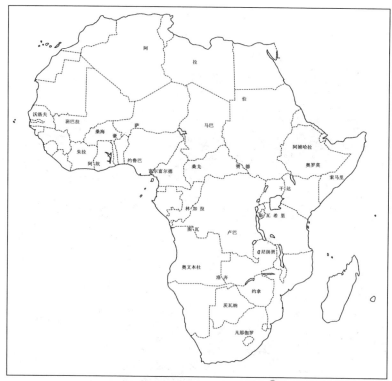

图 3　主要通用语（区域通用语）①

　　各种语言的流通范围（区域之间、民族内部、民族之间、国家内部、国家之间等）与语言的社会形态密切相关，就生态和功能方面而言，我们也有必要对其加以关注。此外，我们可以关注对非洲历史发挥作用的三个文化传统，即非洲固有的传统、伊斯兰教的传统、西方的传统，并基于三者相互交叉的特点，把非洲语言分为如下四种社会文化类型：非洲民族语、非洲伊斯兰教语言、非洲西方语、西方语。②

　　按照这个分类框架，约鲁巴语（Yoruba）、伊博语（Igbo）、林加拉语（Lingala）、基库尤语（Kikuyu）、苏库马语（Sukuma）、绍纳语

---

① 图 3 出自 Heine & Nurse（2000）。

② 这是 Mazrui & Mazrui（1998）提倡的分类。该分类在本文内出现较多。

（Shona）、祖鲁语（Zulu）、科萨语（Xhosa）、茨瓦纳语（Tswana）等绝大多数非洲语言都属于非洲民族语。除阿姆哈拉语（Amharic）等少数语言外，大多数非洲民族语的使用者都生活在农村地区（非都市圈）。而且，大部分非洲民族语是国内的区域性语言。虽然存在像约鲁巴语和伊博语这种使用人数超过 1000 万人的大语种，但也存在使用人数在 100 万人以下，甚至数千人以下的小语种，有些小语种已濒临灭绝。除了阿姆哈拉语，以及西非的瓦伊语（Vai）和巴穆姆语（Bamum）等，其他非洲民族语在殖民统治之后才有文字。在非洲民族语中，有些语言被作为通用语（lingua franca）广泛使用 [阿姆哈拉语、林加拉语、尼扬贾语（Nyanja）、桑戈语（Sango）等]。

　　与非洲民族语相比，非洲伊斯兰教语言受伊斯兰教的影响更大，受伊斯兰教教义和传统的影响也更大。其代表是阿拉伯语（无论起源何处，以阿拉伯语为第一语言的人中约 60% 居住在非洲。并且，非洲大陆的阿拉伯语与亚洲的阿拉伯语具有不同的特征。本文将阿拉伯语视作非洲语言处理）。非洲伊斯兰教语言主要是城市语言。它以城市大众为根基，同时也方便了城市与农村之间的人口移动。如同索马里语（Somali）、斯瓦希里语、阿拉伯语，非洲伊斯兰教语言中也有些语言被用于国家和超国家层面。阿拉伯语在伊斯兰教诞生之前已有文字记录，其他非洲伊斯兰教语言在伊斯兰教被当地民众接受之后也开始由阿拉伯文字书写。非洲国家摆脱殖民统治以后，这些语言主要用罗马字来书写。除阿拉伯语外，斯瓦希里语、索马里语、努比亚语（Nubian）、豪萨语（Hausa）、富尔富尔德语（Fulfulde）、曼丁卡语（Mandinka）等都是非洲伊斯兰教语言的代表。这些语言中很多词借用自阿拉伯语，且将其作为第一语言使用者大部分是穆斯林。

　　非洲西方语基本在一个国家的某个区域内使用。代表性的有几内亚比绍和佛得角的克里奥尔语、塞拉利昂的皮钦英语和克里奥尔语、南部非洲的凡那伽罗语（Fanagalo）等。最重要的非洲西方语也许是阿非利堪斯语。以阿非利堪斯语为第一语言的，不是黑人，而是白人（荷兰裔）和少数混血儿。非洲西方语主要是城市语言，但也有在国家、超国家层面使用的情况（如南非和纳米比亚的阿非利堪斯语）。

皮钦英语在尼日利亚、加纳、喀麦隆等地通用，克里奥尔语在塞拉利昂全境通用。

西方语是指英语、法语、葡萄牙语等原殖民地欧洲宗主国的语言。这些语言在大多数非洲国家都被用作官方语言（图2），基本上是城市上层社会使用的语言。但这些语言也正逐渐进入街头、市场，并渗透到社会底层。在新一代非洲人中，有些人虽然仍保留着民族身份，但第一语言不是非洲民族语，而是西方语。与此相对，也有个别非洲伊斯兰教语言渗透入西方语中。其中，除前文提及的北非地区的阿拉伯语外，坦桑尼亚的斯瓦希里语是典例。在坦桑尼亚，斯瓦希里语的发展势头不仅超越了英语，而且超越了许多非洲民族语（Mekacha, 1993）。最近，在肯尼亚，斯瓦希里语也已经成为小学和中学的必修课，将来同时掌握英语和斯瓦希里语的双语精英也许会越来越多。

在殖民地语言政策中，比起非洲伊斯兰教语言，小学低年级阶段更重视非洲民族语。就如同扎伊尔的林加拉语和斯瓦希里语的关系一般，非洲民族语有时也会与非洲伊斯兰教语言形成竞争关系。这种竞争关系也体现在尼日利亚的约鲁巴语与伊博语，以及非洲伊斯兰教语言的豪萨语之间。

然而，非洲伊斯兰教语言之间也存在差异。例如，以豪萨语为第一语言的人占其全部使用者的最多数，而以斯瓦希里语为第一语言的人仅占其全部使用者的3%左右。可以说，斯瓦希里语未来的命运掌控在未将其作为第一语言的人手中。此外，在非洲伊斯兰教语言和非洲民族语中，如果是通用语，该语言便会得到广泛使用，因此语言的方言差异十分显著（在这方面，西方语虽被广泛使用，但仍作为公共教育精英的语言，因此保持着相对同质性）。在与西方语的关系上，非洲伊斯兰教语言的竞争力很强，但不同的语言之间也存在差异。例如，与索马里语相比，斯瓦希里语对西方语（英语）的抵抗力要强得多。如前所述，在马格里布（Maghreb）等原法属阿拉伯地区①，阿拉

---

① 古代阿拉伯人把今突尼斯、阿尔及利亚和摩洛哥所在地区统称为马格里布地区。——译者注

伯语与法语展开了强有力的对抗。与坦桑尼亚和索马里相比，马格里布地区的非洲伊斯兰教语言化（阿拉伯语化）更有过之而无不及。总之，各种语言的功能在复杂的社会动态中相互重叠，在城市化和工业化的背景下不断变化。由此出现了语码组合和语码转换，语言的皮钦语化和克里奥尔语化现象也随之产生。

此外，我们可以将"超民族语"区分为作为第一语言使用者众多且构成政治和文化统治势力的霸权性语言，以及第一语言使用者稀少且不具有政治文化势力的单纯广泛使用的语言。前者如英语和法语等大国的语言、阿拉伯语与阿姆哈拉语，后者如斯瓦希里语。

在非洲民族语中也有霸权性质较强的语言。干达语（Ganda）便是其中一例。一般而言，来到乌干达首都坎帕拉的进城务工者会努力学习干达语，这与来到肯尼亚首都内罗毕的务工者无须学习基库尤语的情况形成鲜明对比。虽然干达语和基库尤语都是各自首都圈内最具影响力的非洲民族语，但干达语作为区域通用语，与其他非洲民族语相比具有霸权性质。尽管如此，由于干达语在军队和警察内部的势力微弱，因此在政治上称不上强有力的语言。就这层意义而言，干达语并不是如阿姆哈拉语一般的霸权性语言。

三、斯瓦希里语的发展奇迹

非洲是语言和宗教相互影响的舞台。这在伊斯兰教对非洲语言的影响中尤能体现。例如，在所有班图语（Bantu）中，斯瓦希里语的词汇和惯用语的伊斯兰特色最为浓厚。此外，斯瓦希里语也是唯一为了伊斯兰教的普及而使用的东非语言。[①]

斯瓦希里语是继阿拉伯语之后又一个成为通用语的非洲语言，可能也是继阿拉伯语之后的又一个"超国家语"和泛非语言。实际上，使用斯瓦希里语的区域以非洲东部和中部为中心，跨越了十多个国家。斯瓦希里语母语者烙上了伊斯兰艺术和传统的印记。从欧洲人来到非洲大陆前，当地人便孕育了用阿拉伯文字创作文学作品的传

---

① 关于斯瓦希里语和斯瓦希里文化，参见宫本（1989，1997）。

统，作为自古以来的贸易用语，斯瓦希里语连接着印度洋沿岸地区和东部非洲内陆。殖民地时期，相关国家出台了斯瓦希里语振兴方案，出版了一批语法书、词典和文学作品。20世纪20年代，相关国家对斯瓦希里语进行了标准化。斯瓦希里语自殖民地时期以来，既是当局者动员民众的语言，也是超民族反殖民地运动使用的语言。特别是在坦桑尼亚，斯瓦希里语既是在水平和垂直方向统合社会的语言，又是贸易、宗教、教育、行政、司法、科学技术的语言。坦桑尼亚独立之后，全国斯瓦希里语协会（BA-KITA）积极提出振兴斯瓦希里语的政策，它在"乌贾马"社会主义（Ujamaa）实践中发挥了重要作用。1961年独立后，在坦噶尼喀（1964年后改称坦桑尼亚），只有斯瓦希里语是国会使用的语言，并逐渐成为政治用语。今天，斯瓦希里语作为在坦桑尼亚团结120余个民族团体，从而促进国家形成的语言，地位正进一步得到提升（坦桑尼亚的社会主义实践以失败告终，但取得了不容忽视的成果，例如识字率飞跃式提升、斯瓦希里语的威信提高等）。

斯瓦希里语向通用语的发展经历了以下四个时期：伊斯兰教时期、基督教传教时期、世俗化时期（殖民地时期）、向通用语言（近代国家语言）发展时期。

斯瓦希里语起源于何时并不明确。但是，在阿拉伯旅行家伊本·巴图塔（Ibn Battuta）访问东海岸，首次提及斯瓦希里地区的14世纪前后，斯瓦希里语已经作为沿海地区局部的商务语言出现。只是我们暂不清楚当时的斯瓦希里语是皮钦语还是早已成为人们的第一语言（即克里奥尔语）。总之，我们可以推测的是，这种语言不久便具备了班图语的特征。斯瓦希里语自那时起便是一种伊斯兰色彩浓厚的、沿海地区的穆斯林语言，尤其是在19世纪作为进入内陆地区的阿拉伯、斯瓦希里商人的贸易语言，被用于沿海和内陆各民族之间的交流，随后其使用范围逐渐扩大。此后，欧洲传教士们为了传播基督教，开始使用斯瓦希里语。当时，斯瓦希里语已成为最适合内陆传教的通用语（区域共通语）。在基督教传教过程中，传教士们编写了斯瓦希里语和其他非洲民族语的词典和语法书等，开启了东非语言研究的先河。① 斯瓦希里语中的阿拉伯文字逐渐替换为拉丁文字，其使用者中非穆斯林的占比开始不断增加。

斯瓦希里语在内陆地区的普及，最初是因为沿海地区的商业交易规模的扩大。1832 年，阿曼君主赛伊德·赛义德（Sayyid Saïd）迁都桑给巴尔岛（Zanzibar），这对斯瓦希里语的普及起到了决定性作用。贸易活动以大陆一侧的巴加莫约（Bagamoyo）为起点，经过扎伊尔，甚至还有商队到达大西洋沿岸后再次返回东部海岸。当时的富商提普·提普（Tippu Tip）曾来到扎伊尔地区，并用斯瓦希里语记录了商队的情况。② 20 世纪，由于沙巴 [Shaba，旧称加丹加（Ka-tanga）] 省军队进驻，外来务工者聚集于矿山，斯瓦希里语在扎伊尔东部扎根。与此同时，在殖民地时期，斯瓦希里语的宗教色彩日益褪去，而世俗化的倾向逐渐增强；阶级不断形成，出现了工人阶级和无产阶级。随着劳动力迁移的日益显著，斯瓦希里语的使用场合逐渐扩大，使用人数也随之增加。尤其在肯尼亚，由于需要劳动力，白人殖民者大力支持斯瓦希里语振兴。非洲的“去部落化”得到发展，出于统治的需要，他们期待各民族融合并出现雇佣劳动者。斯瓦希里语还成为工会、政治、大众动员的语言。

斯瓦希里语作为一种“超民族语”，其发展与东非的城市化也密切相关。斯瓦希里语使劳动力从农村向城市的转移变得容易，并担负了重要的城市功能。东非的内罗毕（Nairobi）、金贾（Jinja，位于乌干达）、蒙巴萨（Mombasa，位于肯尼亚）、达累斯萨拉姆（Dar es Salaam，位于坦桑尼亚）等城市与西非的城市相比，规模虽小，但语言丰富多样。金贾比伊巴丹（Ibadan，位于尼日利亚）的语言种类更为丰富，而蒙巴萨比阿克拉（Accra，加纳首都）更为丰富。这种语言、民族的混合以及各社区的规模之小，有助于作为“超民族语”的斯瓦希里语在东非的普及。

与促进精英和资产阶级形成的英语不同，斯瓦希里语在短时间

---

① 如 E. 斯蒂尔（E. Steere）主教、J. L. 克拉普夫（J. L. Krapf）牧师、Ch. 萨克罗神父等。他们开创了斯瓦希里语和其他东非语言研究的先河。
② 参见 Whiteley（1958, 1959）。

内迅速俘获了城市无产阶级和工人阶级的心。尤其是第二次世界大战后，城市成为民族主义的中心，人种意识高涨。与基库尤语、卢奥语（Luo）、阿乔利语（Acholi）等个别种族民族主义的语言不同，斯瓦希里语孕育了属于受剥削和统治阶级的共同意识。

四、对斯瓦希里语的生态学观察

20世纪非洲语言的历史，突出反映了非洲的政治、社会、文化、经济和心理现实。20世纪是殖民统治、种族歧视、战争和革命的世纪，同时也是民族主义、民族解放、独立斗争、新殖民主义以及非洲对此提出自我主张的世纪。这些都对非洲的语言和文化产生了广泛的影响。

众所周知，语言兴衰的主要因素是宗教、经济（外出务工、城市化、市场扩张、矿山劳动等）、政治（反殖民斗争、大众动员等）和战争（世界大战、军队生活等）。20世纪末，冷战结束、市场原理胜出、种族隔离等赤裸裸的种族歧视的废除，都对非洲社会和非洲语言产生了显著的影响。

在这样的全球形势下，早在20世纪60年代，斯瓦希里语就成为继阿拉伯语之后非洲大陆使用范围最广的非洲语言。尤其是在坦桑尼亚，截至20世纪70年代，该国境内约有120种民族语言，但即使在非正式场合，其他民族语言都逊色于斯瓦希里语。斯瓦希里语既是蓝领阶层的语言，又与英语一样是白领的语言。此外，在肯尼亚独立十余年后的1974年，斯瓦希里语就和英语一起被定为国会讨论语言（文件全部用英语书写）。国会议员候选人必须具备英语和斯瓦希里语双语能力。在坦桑尼亚，斯瓦希里语完善了法律文化相关用语，宪法也是以斯瓦希里语起草的，可以说这保障了国民参与法律活动的权利。1967年《阿鲁沙宣言》（Arusha Declaration）发表后，斯瓦希里语的现代化进程迅速推进。在坦桑尼亚，由于斯瓦希里语的渗透，有些非洲民族语濒临灭绝。在肯尼亚，斯瓦希里语的势力虽然不大，但使用斯瓦希里语的人数是懂英语者的数倍（表1）。

表 1　斯瓦希里语使用者人数的变化（以坦桑尼亚为例）[①]

年份	总人口/百万人	斯瓦希里语使用者/百万人	占总人口比例/%
1870	4	0.08	2
1900	6	1	17
1940	9	3	33
1960	12	6	50
1978	15	11	74
1985	22	20	90
2000	30	30	100

此外，在刚果民主共和国，20 世纪 70 年代，斯瓦希里语与林加拉语、刚果语（Kikongo）、卢巴语（Luba）一同被确定为国家语言；如今，斯瓦希里语的普及势头已超越林加拉语。

下面，我们将介绍至今鲜为人知的乌干达的斯瓦希里语生态。在肯尼亚和坦桑尼亚，不具有政治权力的斯瓦希里语并未遭受其他民族的反对，而是获得了国家语言的地位。但在乌干达，斯瓦希里语的语言生态和功能与肯尼亚和坦桑尼亚迥然不同。

在乌干达，1972 年军政府成立之前，斯瓦希里语是经济市场的语言，而非政治语言。斯瓦希里语促使了雇佣劳动的繁盛，为工人阶级的崛起提供了便利。1973 年 10 月，时任总统伊迪·阿明（Idi Amin）对斯瓦希里语的作用做了以下阐述："乌干达全体国民建议将斯瓦希里语定为国家语言。斯瓦希里语是中东非的通用语，对于希望整个非洲大陆统一的我们而言，它是统一的要素之一。"（Mazrui & Mazrui, 1998）

1962 年乌干达宣布独立，直到 1971 年，斯瓦希里语一直未被用于国家事务，但 1973 年阿明总统做了上述宣言后，斯瓦希里语开始崭露头角。斯瓦希里语过去是军队内部使用的语言，但此后广播、电视开始大量使用斯瓦希里语，军人也开始用斯瓦希里语与市民对话。大部分军人是来自乌干达北部的尼罗特人（Nilote），在乌干达北部，斯瓦希里语作为通用语被广泛使用。相反，乌干达南部的班图人

---

① 表 1 出自 Mekacha（1993）。

（Bantu）较多，特别是在首都坎帕拉，布干达王国的语言——干达语的势力非常强大。来自北部的阿明总统基于其拉拢型政策努力宣扬斯瓦希里语，也是理所当然。1979 年至 1982 年，坦桑尼亚军队占领乌干达，斯瓦希里语的势头更盛。阿明总统被驱逐后，在米尔顿·奥博特（Milton Obote）文职政府的领导下，斯瓦希里语的势头逐渐衰退。

1986 年，约韦里·穆塞韦尼（Yoweri Museveni）政权诞生，瓦解了尼罗特人的政治统治，开始提拔班图人。因此，斯瓦希里语重振雄风，升级为官方语言，但并未成为国家语言。乌干达人的民族主义倾向较强，比起斯瓦希里语，他们更希望将干达语国语化。干达语是首都坎帕拉使用的语言，也是乌干达全国最大的语种。可以说，在乌干达，英语在干达语和斯瓦希里语之间微妙的霸权竞争中逐渐巩固了其主导地位。根据 1971 年的调查，使用干达语的人数占乌干达总人口的 39%，使用斯瓦希里语的人数占总人口的 35%，21% 的乌干达人具有英语能力。此外，52% 的男性和 18% 的女性会说斯瓦希里语。

东非的斯瓦希里语和西非的豪萨语的地位形成对比。豪萨语也是拥有数千万使用者的"超民族语"和"超国家语"，将其作为第一语言的人占大多数，但作为第二、第三语言的人并不多。可以说，豪萨语的命运掌握在将其作为第一语言的使用者手中，这与斯瓦希里语的情况有所不同。因此，就这层意义而言，豪萨语可以说是一种霸权性语言。豪萨语和斯瓦希里语的相似之处在于，斯瓦希里语在语言上同化了阿曼出身的桑给巴尔王室，就像豪萨语支配了征服者富尔贝人（Fulbe）的语言生活一样。

在肯尼亚和坦桑尼亚，斯瓦希里语不仅是象征国家主权的语言，也被视为非洲大陆统一的语言。此外，作为散布在世界各地的非裔族群共同起源的象征，斯瓦希里语在欧洲、加拿大和美国受到高度评价。在那里，非裔族群传播着斯瓦希里语等非洲语言。20 世纪 60 年代，美国民权运动、学生运动、反对越南战争运动和黑人研究（Black Study）盛行，这些都使非洲语言得以复兴。在世界上，斯瓦希里语已成为非洲语言中知名度最高的语言。最近，受到美籍非洲人的非洲中心论思想和宽扎节（Kwanzaa ceremony）[1] 等的影响，斯瓦希里语成为象征泛非洲民族主义的语言。此外，据说在阿拉伯半岛的阿曼地区和阿拉伯联合酋长国的部分地区，约有 10 万斯瓦希里语使用者。他们主要是 20 世纪 60 年代初期的桑给巴尔革命的难民及其后裔，以及后来的经济难民。

五、英语会称霸全球吗？

英语是非洲与英国殖民统治相碰撞而产生并流传至今的遗产之一，也是最具决定性的因素之一。虽然现在是全球化时代，但英语始终占据最重要的地位。如今，世界上 70% 以上的信件和 60% 的广播节目都使用英语。全世界的学校教育中都包含英语教育。

据称，到 20 世纪末，以英语为第一语言的黑人人数将超过英国本土居民的总人数。以英语为第一语言的美籍非洲人占英国总人口的一半以上。在加勒比海和南美洲大陆，有 2300 万黑人说英语。在非洲大陆，尽管有许多国家将法语作为通用语，但英语仍大为普及，说英语的非洲人比说法语的多。

如前所述，最早将英语带入非洲的是 19 世纪 20 年代回归利比里亚和塞拉利昂的美国黑人。之后，在 19 世纪末，英国殖民了约 20 个非洲国家，并将英语移植到这些国家。其中，人口最多的国家是尼日利亚。每 4 名英语使用者中，便有一名是尼日利亚人。

除了英美之外，我们可以将现代世界各国的英语分为以下四种类型（Mazrui & Mazrui, 1998）。

A 型：英语是社会语言和国家语言（主要为原英属加勒比国家，如牙买加、巴巴多斯、西印度等地。还包括非裔特立尼达人、非裔圭亚那人、美裔利比亚人、非裔西印度人等）。

B 型：英语是国家语言（通用语），但不是社会语言（大多数原英

---

① 宽扎节即果实初收节。它是美籍非洲人的节日，庆祝活动共七天，从 12 月 26 日至 1 月 1 日。宽扎节源自非洲传统的收获节，以烛光仪式揭开序幕，每天点燃一支蜡烛，象征美籍非洲人的七个原则：团结、自决、共同生活、合作经济、目的、创造和信念。庆祝活动还包括互赠礼品、吃一顿名为"卡拉姆"的非洲餐。——译者注

属非洲国家，包括尼日利亚、南非、坦桑尼亚等约 15 个国家）。

C 型：英语既非国家语言，亦非社会语言。但是，为了举办各种活动，作为国际语言的英语不可或缺（如索马里、莫桑比克、安哥拉、日本、墨西哥、埃及等。苏丹原本属于 B 型，但随着阿拉伯语势力不断扩大，现在属于 C 型）。

D 型：完全依赖于英语以外的国际语言（原法属非洲国家。其中，喀麦隆的部分地区盛行英语。与其他原法属国家相比，在扎伊尔，英语地位较高，其被视作 C 型。在毛里求斯，英语和法语同等重要）。

虽然有些国家难以分类，但几乎所有的后殖民非洲国家都可归入上述任意一种类型。

如前所述，英语是英国殖民统治的遗产。关于殖民统治与英语的关系，尼日利亚作家钦努阿·阿契贝如是说道：

> 非洲的殖民主义引发了许多混乱。但它代替了过去规模小而分散的政治单位，同时创造了巨大的政治单位。……这是一种可以互相交谈的语言，即使不能歌唱，但无论谁都能够表达内心的不快。……用世界语言书写确实有许多优势。……我认为英语能够承受非洲的沉重历史。而且，它一定是一种既与祖先的土地保持充分接触，又被改变以适应新的非洲环境的新英语。①

正如阿契贝所言，英语已经成为非洲精英的语言，在一定程度上实现了"本土化"。而且，对所有非洲人而言，它是提升社会地位的特权语言。英语能力很快便成为识字能力以及教育精英的社会象征（斯瓦希里语则不然，斯瓦希里语的使用者中，许多人没有识字能力）。水手、码头工人、家庭佣工、出租车司机等职业者当中，也有因工作需要而自学英语的人，但大多情况下人们的英语是在学校习得的。

在不同的地区，英语进入非洲的历史也各有不同，但大致可以

---

① 引文出自阿契贝 1964 年的《非洲作家与英语》（The African Writer and the English Language）一文（Achebe, 1975）。恩古齐对这种想法进行了彻底批判（Ngũgĩ, 1986）。

分为以下四个时期。第一是罗马商人外出务工时期（也包括所谓的奴隶商人），第二是基督教传教时期，第三是帝国主义统治（即殖民地）时期，第四是后殖民时期。

以东非为例，尽管都处于帝国主义统治时期，肯尼亚、乌干达、坦桑尼亚的情况却有所不同。乌干达在殖民统治之前就存在中央集权王国，最初学习英语者主要是南部地区的王族和贵族。在肯尼亚，除了沿海地区以外，没有中央集权国家，最初学习英语者主要是改信基督教的普通农民和工人子弟。因此，虽然英语在乌干达普及，但布干达王国和尼奥罗王国内部的阶级社会结构并未改变。

但在肯尼亚，学习英语、接受英国文化和价值观的精英（基库尤语将其称为 musomi，复数形式为 asomi）势力渐长，与传统势力构成了竞争关系。肯尼亚作为"白人之国"被用作殖民定居点，乌干达则成为"保护地"，并作为"黑人之都"被用于执行殖民政策。当初，肯尼亚的白人殖民者曾犹豫是否要教非洲人英语。他们认为主仆之间应该保持语言上的距离，从而形成社会上的隔阂。即使非洲人英语说得很好，但大多数的殖民者也会试着用蹩脚的斯瓦希里语跟他们交流。他们蹩脚的斯瓦希里语被称为塞特拉语（斯瓦希里语将其称为 Kisettla，即殖民斯瓦希里语）、尚姆巴语（斯瓦希里语中将其称为 Kishamba，即农民斯瓦希里语）等。根据 1925 年的《菲尔普斯·斯托克斯委员会报告》（The Phelps-Stokes Commission Report），第二次世界大战结束之前，英属殖民地语言政策的基本原则规定："原住民虽然无法拒绝学习英语，但对于自己的母语，拥有无法转让给他人的固有权利。"这是在两次世界大战时期，殖民政府致力于尊重非洲语言的结果；同时，在未损害"英国殖民统治的和平"（即英式和平）的前提下，允许原住民接受一定的欧洲教育。

第二次世界大战后，英国的语言政策发生了根本变化。1949 年的《比彻报告》（Beecher Report）指出："应加强部落语的教育，以英语取代斯瓦希里语作为共通语。"此后，英语取代斯瓦希里语，发展为教学用语。在乌干达，斯瓦希里语从 6 种教学语言中被排除，其授课科目也被废除。人们认为，斯瓦希里语居于教育的中间位置，对于"部落语"教育和英语教育而言，都是一种障碍。这实际上意味着什么呢？可以说，其中隐藏了最大限度控制非洲人的大众交流的政治意图。殖民政府开始意识到斯瓦希里语在反殖民斗争中发挥的群众动员能力是一种威胁。

在独立刻不容缓的情况下，肯尼亚越发将精力投入培养"原住民"精英的事业中。1953 年，英语成为全国初等教育结业的必修科目，在中学被列为中心科目。乌干达也从小学二年级开始实施英语教育。肯尼亚和乌干达都迫切需要培训和培养英语教师。"部落语"教科书的匮乏也是这些国家重视英语的原因之一。与原住民只需要务农、不需要英语能力的时代相比，情况又发生了巨大的变化。根据 1955 年英国东非皇家委员会的报告，"对于初等教育使用部落语的儿童，教授他们斯瓦希里语作为第二语言是浪费时间和精力。英语才是非洲人向往的走向新世界的利器。如果儿童能够理解，应该从低年级开始教授他们英语，并尽早将其引进为教学语言"。

如今，英语正在世界各地迅速普及。早在 20 世纪 60 年代，全世界 70% 的邮件、70% 以上的电话通话、60% 的广播节目都使用英语。如今信息技术革命如火如荼，英语的占比应当更高。实际上，超过 90% 的计算机语言都使用英语。即便在斯瓦希里语广为普及的坦桑尼亚，中学以后的高等教育和白领职业都需要英语。在 1967 年《阿鲁沙宣言》之后，斯瓦希里语的普及尤为明显，但每当国内经济恶化时，反对全面斯瓦希里语化的呼声就会高涨。无论是肯尼亚还是坦桑尼亚，经济越恶化，对英语的依赖程度就越高。如果出国务工人员增加、对国际旅游的外汇收入期待值增加、受美国的影响加深，那么人们对英语的依赖也越强。这种倾向使英语开始从社会上层传播至社会底层。在坦桑尼亚，乌贾马社会主义的失败使得斯瓦希里语衰败而英语重新得势。

在苏联解体、《华沙条约》失效后，美国成为世界舞台上唯一的超级大国，这使得英语（而且是美式英语）的地位急剧上升。在冷战后的非洲和世界范围内，英语和法语之间的权力关系也发生了变化。市场原理、结构调整、种族隔离制度的终结也对这一变化产生了影响。

英语的地位急剧上升。20 世纪 90 年代，在卢旺达和扎伊尔，英语取代法语开始崛起，成为全球范围内资本主义和自由主义经济的语言。英国的官方发展援助（Official Development Assistance，ODA）、英国文化教育协会（British Council，BC）也在努力提升英语的地位。世界银行和货币基金组织操控着经济和语言的相互作用，为英语的全球化做出了贡献。

毋庸置疑，英语丰富多样的词汇丰富了非洲语言，但它也削弱了非洲语言的渗透力，并使它们被边缘化。例如，非洲语言在教育和劳动中被边缘化，不断催生了人们对非洲语言的自卑感。此外，英语的全球化可能会模糊教育的第一要义。这会引发人们本土文化情结的弱化、对非洲语言的轻视，甚至使其在精神上被殖民化。英语的扩张主义与非洲各民族的语言支配、文化支配息息相关。

难道英语会这样继续走向世界，作为"欧非语言"（非洲西方语）在非洲扎根吗？此外，大部分非洲语言都会"名存实亡"吗？还是众多弱小的语言会被斯瓦希里语和豪萨语等强势非洲伊斯兰教语言、林加拉语等非洲民族语中的强势通用语所驱逐，并被征服呢？也许这些情况都会发生。1987 年的一项调查显示，在内罗毕贫民窟（基贝拉地区）的 485 名被调查者中，235 人表示能大致理解英语，其中 13 人表示在家也会使用英语。

冷战结束后，法语的国际地位明显下降，也没有必要将俄语输出非洲了。东欧市场的开放，迫使法国在非洲和中东欧之间做出选择。法语的衰退在冷战结束之前就已显而易见。第二次世界大战之后，欧洲小国都致力于英语教育，德语自不必说，对法语的关注度也开始明显下降（特别是斯堪的纳维亚各国①、荷兰、希腊等）。如前所述，在非洲，法语受到英语和非洲语言（特别是阿拉伯语）的双重挑战。此外，法语正迅速从亚洲撤离。亚洲的原法属殖民地（越南、柬埔寨、老挝等）与原英属亚洲殖民地相比，在语言上具有显著的同质性。总之，法语很容易被当地的语言驱逐。在越南和柬埔寨，法语

① 斯堪的纳维亚各国（Scandinavian countries），即北欧各国，包括北欧半岛的 5 个国家：冰岛、丹麦、芬兰、挪威和瑞典。这 5 个国家共享相似的地理、历史、文化、社会福利制度和生活方式。——译者注

逐渐撤离，而英语正逐渐入侵。最依赖英语的东南亚国家当属菲律宾。菲律宾是东南亚国家联盟（Association of Southeast Asian Nations，ASEAN，简称"东盟"）中唯一的基督教国家，但并未实现自由经济，大部分劳动力都前往新加坡或中国香港务工。

结语：非洲语言的权利正被剥夺

社会语言学家 J. 菲什曼（J. Fishman）认为，现代社会正走向超越帝国主义和新殖民主义（他认为外国统治和剥削等词已经过时）（Fishman et al., 1996），并认为，应该在这一背景下去理解现代社会中语言的功能和生态。笔者并非吹捧这个想法，但如果按照菲什曼所言，那么我们应该从区域和全球性角度探究诸语言的作用，特别是英语的作用。因为众所周知，现在"全球化"现象的最重要部分往往是语言（英语）。英语在国家间和国家内部的地位、英语与其他语言的关系，语言与民主主义、人权、发展等社会政治问题的关系，特别是英语在南北问题中的作用，这些问题我们都有必要进行考察。

在非洲，市民社会正在形成。倘若如此，那么作为公民，只有知道自己国家的官方语言，才能参与国家的事业。法律原本应该用所有国民都能理解的语言来书写，但是在非洲，所有国家的法律都是用外语书写的，而实际上能够理解外语的非洲人恐怕不到总人口的 10%。人们需要拥有外语能力，以获得司法、基本人权、医疗、教育、就业等权利，这与民主主义的理想状况还相去甚远。因此，提出建设国家的具体蓝图、明确的语言政策和语言规划，已成为所有非洲国家的重要课题。该如何在保持语言、民族、文化多样性的同时实现国家统一呢？

这个问题的答案很明确。非洲统一组织（Organization of African Unity，OAU）的语言规划的基本原理是，国家统一和多语言共生可以同时推进。[①] 该语言规划主张各种语言平等并保障语言权利。为了对抗语言的欧洲中心主义，我们需要创造新的价值观，以消除语言多样

---

① 关于非洲统一组织的语言政策，可参见 Mateene（1999）。

性和文化多样性的障碍，引导文化的多中心主义。在现实世界中并不存在语言的平等，但存在在政治、经济、文化上具有威信的语言和被边缘化、处于遗忘边缘的语言。要解决殖民地的语言问题并非易事。

在语言上，为何非洲会轻易成为欧洲的剥削对象呢？难道非洲缺乏抵抗欧洲语言渗透的能力吗？我们并不这么认为。因为与新大陆原住民的语言濒临灭绝的情况相反，非洲语言依然顽强地存活于世。在殖民统治下，非洲民族主义的首要目的是追求种族尊严，而非维护非洲语言。殖民地时期非洲民族主义者追求的反而是"白人的知识和语言"。在非洲，很难产生语言民族主义。在民族主义运动中，非洲人对非洲语言的忠诚度低下，这纵容了欧洲人对他们语言上的浸淫。此外，与亚洲其他语言相比，非洲语言大多没有书面语，因此也没有所谓的"圣典"。一般而言，在没有书面语的地方，语言民族主义的产生是缓慢的。而在印度，语言民族主义甚至同时成了一种政治力量。非洲之所以未出现国家规模的语言民族主义，是因为在大多数没有文字的多语国家，语言问题很容易成为民族对立的主要原因。与此相关的种族民族主义事例不胜枚举。此外，非洲各国的国界线与语言的分布并不一致。阿非利堪斯语和索马里语催生了强大的语言民族主义，是非洲的一大例外。前者成为白人（荷兰裔）统治的象征，而索马里语成为"大索马里主义"的象征。

总之，从19世纪后半期到20世纪前半期的100年间，出现了一些非洲语言（非洲民族语）的语法书、词典等，这些书均使用拉丁字母书写。在口头语言向书面语言转变的这一时期，面对作为教育和政治语言出现的欧洲语言，非洲语言遭遇了最大的危机。这一时期，教会学校的非洲儿童被禁止使用非洲语言，这是对语言权利的侵犯。此外，仅对部分精英阶层进行英语教育也侵害了语言权利。一般而言，语言权利包括语言本身的权利（所有语言都是平等的，都应该实现发展和现代化）和使用语言的权利（学习、使用最行之有效的语言的权利）。在后殖民非洲国家，非洲语言的权利受到的侵害比殖民地时期更为严重。

最后，我们引用非洲统一组织的《语言行动规划》（Language Plan

of Action for Africa，1986 年 7 月于埃塞俄比亚首都亚的斯亚贝巴通过）中的一段话：“语言是一个民族的文化核心。非洲各族的文化发展、经济和社会的开发，如果不利用非洲固有的语言是不可能实现的。目前，非洲统一组织的大多数成员国并未赋予非洲的民族语言正当的公共作用。”①

参考文献

宮本正興、1989、『スワヒリ文学の風土』、大阪外国語大学

宮本正興、1996、「南アフリカの言語問題」、新プロ「日本語」研究班 1、言語政策研究会編『世界の言語問題2』、国立国語研究所

宮本正興、1997、「スワヒリ世界の形成」、岡倉登志編『アフリカ史を学ぶ人のために』、世界思想社

宮本正興、2000、「アフリカン言語の生態史観―言語文化の交差点から」、『Ex-Oriente』第 4 号、1―22 頁

米田信子、1999、『マテンゴ語の記述研究（バンツー系、タンザニア）―動詞構造を中心に』、1999 年度博士論文、東京外国語大学

Achebe, C., 1975. *Morning yet on Creation Day*. New York: Anchor Press/Doubleday.

Alexander, N., 1999. "An African Renaissance without African Languages?." *Social Dynamics,* 25(1): 1-12.

Bambose, A., 1991. *Language and the Nation: The Language Question in Sub-Saharan Africa*. Edinburgh: Edinburgh University Press.

Edoho, F. M. (ed.), 1997. *Globalization and the New World Order: Promises, Problems and Prospects for Africa in the Twenty-First Century*. Westport: Praeger Publishers.

Fardon, R. & G. Furniss (eds.), 1994. *African Languages, Development and the State*. London: Routledge.

Fishman, J. W. et al. (eds.), 1996. *Post-Imperial English: Status Change in Former British and American Colonies, 1940–1990*. Berlin: Mouton de Gruyter.

Heine, B. & D. Nurse (eds.), 2000. *African Language: An Introduction*. Cambridge: Cambridge University Press.

---

① 参见 *Social Dynamics* Vol. 25, No. 1。

Mateene, K., 1999. "OAU's Strategy for Linguistic Unity and Multilingual Education." *Social Dynamics*, 25(1): 164-178.

Mazrui, A. A. & A. M. Mazrui, 1995. *Swahili State and Society: The Political Economy of an African Language*. Nairobi: East African Educational Publishers; London: James Currey.

Mazrui, A. A. & A. M. Mazrui, 1998. *The Power of Babel: Language & Governance in the African Experience*. Chicago: University of Chicago Press; London: James Currey.

Mekacha, R. D. K., 1993. *The Sociolinguistic Impact of Kiswahili on Ethnic Community Languages in Tanzania: A Case Study of Ekinata*. Bayreuth: Bayreuth University.

Ngũgĩ wa Thiong'o, 1986. *Decolonizing the Mind: The Politics of Languages in African Literature*. London: James Currey. [宮本正興、楠瀬佳子訳、1987、『精神の非植民地化—アフリカのことばと文学のために』、第三書館]

Ngũgĩ wa Thiong'o, 1993. *Moving the Centre, the Struggle for Cultural Freedoms*. London: James Currey.

Ngũgĩ wa Thiong'o, 1998. *Penpoints, Gunpoints, and Dreams: Towards a Critical Theory of Arts and the State in Africa*. Oxford: Clarendon Press.

Phillipson, R., 1999. "Voices in the Portrayal of Contemporary English." *Social Dynamics*, 25(1): 179-190.

Whiteley, W. H, 1958–1959. *Maisha ya Hamed bin Muhammed el Murjebi: yaani Tippu Tip, kwa maneno yake mwenyewe*. Nairobi: East African Literature Bureau.

多语城市济金绍尔

——沃洛夫化及对沃洛夫化的抵制

砂野幸稔

引 言

法国语言学家路易 – 让·卡尔韦（Louis-Jean Calvet）在其著作《超民族语》（*Les langues véhiculaires*）[①] 中介绍了一种现象：在多语言的环境下，为了能相互传情达意，不同语言的群体在交流时往往会将某种语言作为共同语言，致使该语言的势力不断扩大。然而，重要的是，这种现象并非源于语言政策这一国家对语言的强制性手段，而是出于相互交流的需要。简言之，至少从表象来看，上述现象的产生源于人们反复的自发选择。[②]

塞内加尔是一个存在 20 多种语言的多语国家。自独立以来，法语是其唯一的通用语，在教育、行政等社会公共场合只能使用法语。虽然自 1971 年起，当地政府将 6 种主要语言定为"国语"，但这些语言没有任何实质性地位。

沃洛夫语（Wolof）是塞内加尔的"国语"之一，也是卡尔韦列举的 5 种"超民族语"之一，是典型的"超民族语"。

自 20 世纪 50 年代以来，塞内加尔就存在抵制法语的沃洛夫语语言民族主义。由于沃洛夫语的这一传统，以及其"超民族语"的地位，

---

① 参见 Calvet（1981）。原书名直译为"交通工具语言"，曾被译为"媒介语言"等，并非如译书标题所呈现的"新"用语。该译名源于注释者田中克彦的建议，笔者认为该译名与下文提及的塞内加尔语言状况有一定的关联性，能较好地体现沃洛夫语等超越民族框架的语言的地位和性质，因此笔者在本文中将该译名作为一般术语使用。

② 糟屋（2000）认为，这一选择本身既非出于本意，也非顺其自然，因此试图运用"通过动员，使人们自发性同意"这一安东尼奥·葛兰西（Antonio Gramsci）的文化霸权概念，从理论上解释这一现象。

有人认为沃洛夫语应取代塞内加尔现行的通用语——法语，或至少应与法语并列为"统一的通用语言"（Sunano, 1993）。

我们自 1996 年起在塞内加尔的 7 个城市进行了历时 2 年的调查（砂野，1998—2001）。然而，除卡尔韦指出的显著的"沃洛夫化"外，我们在调查中还发现各地的本土语言出现了不同程度、不同形式的"反沃洛夫化"现象，且民族、籍贯、宗教信仰不同，沃洛夫化的程度也不同。

本文的考察对象济金绍尔位于塞内加尔南部卡萨芒斯地区①的中心，是典型的多语城市。我们将结合卡萨芒斯地区、济金绍尔的历史以及其中形成的多重归属感，对济金绍尔的语言使用情况进行考察。

本文将首先概览卡萨芒斯地区的历史，其后将介绍笔者于 1997 年 2 月至 3 月实施的调查结果概要，并考察民族、宗教、年龄、地域等各种因素与当地人语言行为间的关联性。

一、卡萨芒斯地区与济金绍尔的历史

卡萨芒斯地区的历史与各民族

1983 年，随着行政区划的变更，原卡萨芒斯地区被划分为济金绍尔区和科尔达区。济金绍尔自殖民地时期开始便一直是卡萨芒斯的行政、商业中心。如今，它不仅是济金绍尔区（包括原下卡萨芒斯地区的济金绍尔省、比尼奥纳省、乌苏耶省）的行政中心，还是贯穿东西南北的交通枢纽。除卡萨芒斯各地外，从塞内加尔各地，甚至几内亚、肯尼亚、阿尔及利亚、冈比亚等周边各国也不断有人员涌入济金绍尔（图 1）。可见，即便现在，济金绍尔作为卡萨芒斯地区商业中心的地位依然非常稳固。

---

① 如后所述，卡萨芒斯地区目前分为济金绍尔区和科尔达区，济金绍尔是济金绍尔区的首府。

图 1　济金绍尔的地理位置

卡萨芒斯地区在成为殖民地前，就已经是民族迁徙与征服、殖民引发的大规模语言和文化变迁的舞台。现在此地的主要居民是西部（济金绍尔区的比尼奥纳省、乌苏耶省）的迪乌拉人（Diola）（占总人口的 80% 以上），中部（科尔达区塞久省）的曼丁卡人（Mandinka）[①]（约占总人口的 40%），东部（科尔达区科尔达省、韦林加拉省）的富拉尼人（Fulani）（约占总人口的 80%）（DPS, 1992: 21）。然而，上述人口结构，一直经历着重组的过程，直到殖民化后，才在某种程度上定型。

15 世纪左右，卡萨芒斯地区的主要居民是大西洋沿岸的迪乌拉人、内陆地区的巴扭姆人（Banyum）等。但从 15 世纪末期开始，迪乌拉人开始向东扩张，到 17 世纪末，迪乌拉人占领了卡萨芒斯河以北拜努克人（Banuk）的居住区，并将其同化。其后，迪乌拉人继续沿卡萨芒斯河以南向东前进。到 20 世纪初，下卡萨芒斯地区基本被

---

① 曼丁卡人（Man）是西非内陆的民族集团，亦称马宁卡（Maninka）、曼丁戈人、曼丁哥人等。对于本书中出现的日语原文「マンディンカ人」「マンディンゴ人」「マンディンカ語」「マンディンゴ語」，译者本着忠实的原则，分别处理成"曼丁卡人""曼丁戈人""曼丁卡语""曼丁戈语"。——译者注

迪乌拉人同化。此外，13 世纪马里帝国占领了冈比亚河流域，紧接着南方的卡布帝国（Kaabu Empire）建立，此时曼丁卡人已给该地区带来了一定的影响。16 世纪马里帝国覆灭，17 世纪卡布帝国衰退后，曼丁卡人开始移民到中部和东部的卡萨芒斯地区。在其统治下，原住民拜努克人也逐渐被其同化。19 世纪，福德·卡巴（Fodé Kaba）对被视为"异教徒"的迪乌拉人发动讨伐战争后，卡萨芒斯地区的曼丁卡人与曼丁卡化的拜努克人的伊斯兰化迅速发展（Roche, 1985）。图 2是基于 C. 罗什（C. Roche）推测绘制而成的 1850 年前后卡萨芒斯地区的民族版图。

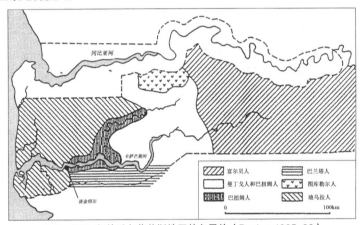

图 2　1850 年前后卡萨芒斯地区的各民族（Roche, 1985: 22）

　　15 世纪，葡萄牙人来到卡萨芒斯地区，但直到 16 世纪中叶，他们才真正开始进行奴隶、象牙买卖等贸易活动。不久后，葡萄牙人的贸易活动开始衰退，到 17 世纪，贸易中心从葡萄牙人手里转移到了以冈比亚河为据点的英国人和以卡萨芒斯河为据点的法国人手里。然而，葡萄牙人的影响与处于葡属殖民地的邻国几内亚比绍和佛得角相关，并以后述葡萄牙克里奥尔语的形式持续至今。

　　1886 年，卡萨芒斯地区成为法国殖民地之一。在法国的殖民统治下，沃洛夫人开始涌入卡萨芒斯。他们有的成为法国行政官员的部下，有的成为法国商人的雇员或工人在城市定居。塞内加尔独立后，代替法国人管理行政和商业两大领域的也正是这些来自北部的沃洛夫人。虽然现在他们的人口数量在地区人口中的占比仍不到 5%，在济金绍尔省也只是略大于 8%（DPS, 1992: 21-22），但他们在各领域的影响力却远远超过了这个数字。

济金绍尔

1645 年，济金绍尔出现了葡萄牙商馆，但其作为殖民地城市开始发展是在法国殖民统治之后。1908 年，卡萨芒斯地区的行政中心从塞久转移到济金绍尔，济金绍尔的发展之路由此开启。1886 年，济金绍尔的人口为 600 人，1936 年则增至 8000 人，1951 年达到 15618 人，人口持续增加。20 世纪 70 年代，由于萨赫勒地区（Sahel）的旱情影响，济金绍尔的人口开始爆发性增长。1976 年的人口普查结果显示，济金绍尔的人口已达到 69646 人，12 年后即 1988 年的人口普查显示，该地区人口达到 123522 人，几乎翻了一番。（DPS, 1992; Juillard, 1995）。

济金绍尔市区概况如下（图 3）。埃斯卡尔区是济金绍尔最古老的街区。葡萄牙商馆最初兴建于此，其后由法国人接手。第一次世界大战后，黎巴嫩人、叙利亚人移居埃斯卡尔，至今它仍是该地区的行政、商业中心。

桑查巴区建于 1910 年，最初是法国人居住区。其后以沃洛夫人为首的北部人，曼加克人（Mandjak）、曼卡尼亚人（Mankanya）等几内亚比绍人移居此处。如今，桑查巴区与埃斯卡尔区同为该地区的商业中心。

布科特区最初是原住民区，远离埃斯卡尔和桑查巴，是卡萨芒斯人的聚居地。然而，现在它和埃斯卡尔、桑查巴已完全连通，同样成了商业区。

第二次世界大战后的人口流入，特别是 20 世纪 70 年代的人口爆发性增长，使济金绍尔向东西、南及东南方扩张，逐步具备了现代城市的雏形。虽然从整体上未发现按民族分别聚居的现象，但在相对新兴的地区，出现了某一民族聚居的区域。例如，在佩里萨克区曼丁戈人较多，在斯库帕派区迪乌拉人较多，而在蒂琳区曼卡尼亚人相对较多。

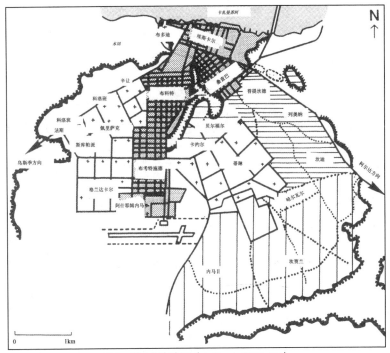

图 3　济金绍尔市区（Juillard, 1995: 38）

二、济金绍尔地区的语言使用情况
——基于 1997 年 2—3 月的调查

接下来，我们将对 1997 年 2—3 月的调查结果进行考察。考察顺序依次为：①第一语言使用者人数的代际变化；②各语言使用者比例；③不同情境下语言的使用情况。调查对象为走访各地区时随机采访的 330 人。①

———————

① 调查的具体结果参见砂野（1998—2001）。

第一语言使用者人数的代际变化

我们调查了受访者父母的第一语言[①]及其本人的第一语言、所属民族，并将调查结果按语言（民族）[②]分类汇总为表1。

表1 各语言不同年龄第一语言使用者人数的增减变化情况

语言	父亲的第一语言/人	母亲的第一语言/人	受访者本人的第一语言/人	增减/%	整体占比（1988年人口普查）/%	民族占比（1988年人口普查）/%
沃洛夫语	23	16	36	+85	10.9（18.0）	5.6（10.4）
富尔富尔德语	30	30	23	−23	7.0（12.9）	9.1（15.1）
塞勒鲁语	15	13	9	−36	2.7（2.2）	4.8（4.5）
曼丁卡语	26	20	32	+39	9.7（17.0）	8.2（13.7）
迪乌拉语	113	133	112	−9	33.9（37.1）	36.1（35.5）
索宁克语	3	4	3	−14	0.9（—）	1.5（—）
曼加克语	28	29	26	−9	7.9（3.4）	8.2（3.7）
曼卡尼亚语	42	43	41	−4	12.4（4.5）	13.9（4.3）
克里奥尔语	9	6	26	+247	7.8（—）	0.0（—）

---

① 在非洲的多语环境中，"母语"的概念毫无意义。在多数情况下，孩子最先掌握的语言并非母亲的语言，而是生活环境中的统治语言。在非洲，许多人能同时学习并能同等程度地掌握第一语言和其他两三种语言。对他们使用"第一语言"一词未必恰当，但这里为了避免术语的烦琐，仍使用"第一语言"这一表述。

② 区分一种"语言"与其他"语言"并将其实体化的无外乎政治。而在非洲的多语言状况下，当这种整合力无法奏效或不需要时，将语言视为可数名词进行分类毫无意义。但此处为了方便，仍基于将国家语言"书面语化"这一塞内加尔政府（至少是名义上）的基本方针，原则上按"6种国语"进行分类。关于班巴拉（Bambara）、卡桑克（Kassonke）、贾汉克（Jahanke）、马林克（Malinke）等曼德语支的语言，笔者将其归于塞内加尔政府指定的6种"国语"中的曼丁卡语，将其视为同一语言。对塞内加尔政府指定的"国语"外的语言进行分类可谓困难至极。但一般而言，在SIL（1996）中同属于最低级分类的语言群被归类为一种"语言"。

语言	父亲的 第一语 言/人	母亲的 第一语 言/人	受访者本 人的第一 语言/人	增减/%	整体占比 （1988年人 口普查）/%	民族占比 （1988年人 口普查）/%
其他	39	38	21	-45	6.4 （4.9）	12.4 （12.8）
法语	0	0	1	—	0.3 （—）	0.0 （—）

　　从左到右分别是父亲的第一语言、母亲第一语言及受访者本人第一语言为左侧对应语言的统计结果。增减一列由第二、第三列（父亲、母亲的第一语言）数值的平均值与第四列（受访者本人的第一语言）数值比较后产生。整体占比为将各语言作为第一语言的人占总人口的比例。最后一栏表示受访者本人的民族出身占比。为了比较整体占比和民族占比，括号内附有1988年人口普查的济金绍尔地区城市的比例（DPS, 1992: 55）。

　　调查时，我们将民族结构及第一语言使用者人数与括号内的数字进行了比较。结果显示，第一语言为沃洛夫语、富尔富尔德语、曼丁卡语等的比例低于1988年人口普查的结果。而曼加克语、曼卡尼亚语等的比例则较高。此外，虽然人口普查将克里奥尔语归为"其他"一类，但其实际数值要高于"其他"。因此，表1中沃洛夫语、富尔富尔德语、曼丁卡语的数值略低于实际，而曼加克语、曼卡尼亚语、克里奥尔语则呈现较高的比例。

　　而第一语言的代际变化较为明显。[①]就沃洛夫语而言，有23位受访者父亲的第一语言是沃洛夫语，母亲的第一语言是该语言的受访者有16位，而本人的第一语言是该语言的受访者有36位。从代际变化来看，将沃洛夫语作为第一语言的人数大幅增加，增幅达到85%。

　　在济金绍尔，除沃洛夫语的第一语言使用者外，曼丁卡语的第一语言使用者也有所增加，增幅为39%，而葡萄牙克里奥尔语第一语言使用者的增长率竟高达247%。此外，包括使用者最多的语言迪乌

———————

① 由于该调查原封不动地记录了受访者本人的自我陈述，因此调查结果无法排除掺杂受访者本人愿望或想法的可能性。关于这一点，调查中也有可能存在受访者混淆父母的民族及其第一语言的可能性。若是如此，那么第一语言的变化将涉及几代人而非一代人。

拉语在内，济金绍尔的其他语言均有所式微。换言之，语言同化的压力不仅存在于济金绍尔的沃洛夫语中，也存在于曼丁卡语和克里奥尔语中。

"会说"的语言：各语言的使用者比例

在调查中，我们就"你会说哪种语言？""你能说到何种程度？"进行了访谈，并将调查结果汇总于表2。表格第二至四列分别表示"能无障碍交流""能进行某种程度的交流"与"只会说一点"的人所占比例，其后是合计比例。为了比较，我们在右边附上了第一语言使用者的比例和民族比例。

表 2 "会说"的语言的人数比例

单位：%

语言	能无障碍交流	能进行某种程度的交流	只会说一点	合计	第一语言使用者	民族占比
沃洛夫语	88.2	3.9	4.8	97.0	10.9	5.6
富尔富尔德语	14.2	1.0	11.8	27.0	7.0	9.1
塞勒鲁语	4.5	0.3	2.1	7.0	2.7	4.8
曼丁卡语	36.1	3.3	12.1	51.5	9.7	8.2
迪乌拉语	49.4	2.1	17.0	68.5	33.9	36.1
索宁克语	1.8	0	0.6	2.4	0.9	1.5
曼加克语	13.9	0.3	3.6	17.9	7.9	8.2
曼卡尼亚语	20.6	0.6	3.9	25.2	12.4	13.9
克里奥尔语	43.3	3.3	11.2	57.9	7.8	0
其他	8.2	0.3	1.2	9.7	6.4	12.4
法语	66.6	3.9	14.2	84.8	0.3	0

即使在济金绍尔，也有90%以上的人能理解沃洛夫语。可以说，沃洛夫语已完全成了济金绍尔的通用语之一。

然而，在济金绍尔，通用语并不仅限于沃洛夫语。

根据我们的调查，尽管曼丁卡人不超过总人口的8.2%，但在济金绍尔使用曼丁卡语"能无障碍交流"的人就超过1/3，可见曼丁卡语已大幅打破了民族界限，成为"超民族语"。

克里奥尔语亦是如此。虽然以其为第一语言的人数占比仅7.8%，但"能无障碍交流"的人达到 43.3%。如前所述，根据我们的调查，克里奥尔语使用者的数值很可能偏大，与济金绍尔的实际情况不符，实际应该小于这个数值。但可以肯定的一点是，如今许多人将克里奥尔语作为通用语。

此外，不论从民族的角度还是第一语言使用者人数的角度来看，能理解迪乌拉语的受访者中，"能无障碍交流"的人就占了 49.4%，是第一语言使用者的 1.5 倍左右。迪乌拉语是占济金绍尔人口多数的迪乌拉人的语言。虽说第一语言使用者呈减少趋势，但迪乌拉语在济金绍尔并非迪乌拉人独有的语言。作为迪乌拉人的邻居，其他民族也使用迪乌拉语。

关于富尔富尔德语、曼加克语、曼卡尼亚语，"能无障碍交流"的人数占比也远远超过了民族占比。只有使用塞勒鲁语（Serer）和"其他语言"的人数低于民族比例。

不同情境下使用的语言

表 3 是对受访者在不同情境下使用语言的调查结果。调查时，要求受访者列举在相同情境下，对不同对象、在不同场合下使用的所有语言。为了比较，笔者附上了第一语言使用者及各语言的"无障碍交流者"比例。最下面一栏的"多语言使用率"表示各种情境下各语言使用比例之和。

表 3　不同情境下使用的语言（济金绍尔地区）

单位：%

语言	家庭	邻居	市场	政府	同事、同级	上司、老师	第一语言使用者	无障碍交流者
沃洛夫语	47.3	80.3	95.7	57.6	76.5	41.8	10.9	88.2
富尔富尔德语	7.6	5.8	4.6	0.2	2.8	3.8	7.0	14.2
塞勒鲁语	3.9	0.3	0.6	0.3	0.9	0.9	2.7	4.5

续表

语言	家庭	邻居	市场	政府	同事、同级	上司、老师	第一语言使用者	无障碍交流者
曼丁卡语	13.9	27.3	16.1	4.0	15.0	10.8	9.7	36.1
迪乌拉语	31.2	24.5	22.8	8.5	18.8	16.4	33.9	49.4
索宁克语	0.9	0.3	0.3	0.0	0.0	1.4	0.9	1.8
曼加克语	8.5	3.0	1.2	0.3	1.9	2.8	7.9	13.9
曼卡尼亚语	13.9	11.5	5.8	0.3	7.5	3.3	12.4	20.6
克里奥尔语	23.0	27.3	15.8	5.5	18.5	8.0	7.8	43.3
其他	7.0	2.4	0.0	0.6	3.8	4.2	6.4	8.2
法语	13.0	17.0	7.0	70.0	41.4	59.2	0.3	66.6
多语言使用率	170.2	199.7	169.9	149.0	187.1	152.6	/	/

通过表3，我们首先可以确认一点，即沃洛夫语在各种情境下均凌驾于除法语外的其他语言，作为占绝对优势的"超民族语"被广泛使用。在与邻居交往的过程中，沃洛夫语的使用比例超过80%，且几乎所有受访者都表示会在进行贸易活动时使用沃洛夫语。此外，在政府机关，除沃洛夫语和法语以外，人们基本不使用其他任何语言。

其次，沃洛夫语在家庭中的渗透情况也引人关注。不同于沃洛夫语第一语言使用者比例超过六成的塞内加尔首都达喀尔，尽管济金绍尔的沃洛夫语第一语言使用者的占比只有10%左右，但在人们的家庭生活中，使用最多的语言都是沃洛夫语。几乎每两个受访者中就有一个受访者在家庭内部使用沃洛夫语。在这些家庭出生的孩子无疑会被沃洛夫化。通过这些数据，我们可以预测济金绍尔的沃洛夫化将会进一步发展。

尤其引人注目的是，在达喀尔，除沃洛夫语和法语之外，其他语言基本只在家庭内部使用。而在政府机关，曼丁卡语和克里奥尔语的使用比例虽然进一步下降，但仍远远大于第一语言使用者的数量，且始终居高不下。

换言之，调查结果明确显示了在济金绍尔，除沃洛夫语外，还存在两种"超民族语"，这三种语言在竞争合作中谋求共存。

此外，在达喀尔，除沃洛夫语和曼丁戈语，所有的语言在家庭内部的使用比例均低于第一语言使用者比例，而在济金绍尔，即便是不断扩张的三种语言外的其他语言，除迪乌拉语，其他语言在家庭内部的使用比例均稍高于第一语言使用者比例。这一点也尤为重要，这意味着，将上述语言作为第一语言的家庭，至少一直同时使用自身的第一语言及渗透进家庭内部的"超民族语"等两种语言。表3显示家庭内部的多语言使用率达到170.2%，这一数字以另一种形式验证了这一点，并且说明调查的家庭中使用近乎两种语言。换言之，在家庭内部，这些少数语言在受"超民族语"侵略的同时也在努力地抵抗这种同化压力。

调查所得的语言使用实况体现了令人震惊的多语言使用。除日常使用的法语外，计算人们使用的其他语言数量可以得到表4所示结果。[1]

表4 使用语言数和人数（除法语外）

语言数	1种/人	2种/人	3种/人	4种/人	5种/人	6种/人	7种/人	8种/人	9种/人	平均语言数/种
会说	8	32	110	93	35	24	7	3	1	3.67
会用	15	133	125	37	15	2	1	2	0	2.74

人们同时掌握的语言数量最多达到三种至四种，日常使用的语言数量最多达到两种至三种。除法语外，只会说其他一种语言的只有8人，只会使用一种语言的也不过15人。而近九成的人能说除法语之外的三种以上语言，超过半数的人日常使用的语言超过三种。

三、沃洛夫化以及对沃洛夫化的抵制

那么，济金绍尔人的这种语言行为背后又有何种因素在起作用呢？对此，我们想从沃洛夫化与对沃洛夫化的抵抗这一视角来思考。

---

[1] 参见第34页脚注2。

沃洛夫化的主要原因

沃洛夫语的普及在济金绍尔与塞内加尔全境同步进行。在城市，沃洛夫语的普及尤为显著。

殖民地时期，达喀尔是塞内加尔及法属西非殖民地的政治经济中心。在达喀尔等塞内加尔北部地区，沃洛夫人占人口多数。他们很早就开始接触法国人，随着法国统治的扩张，他们开始走向各地，成为法国行政官员或商人的助手、雇员。他们的语言也在此前普及的基础上进一步发展，在法国的殖民统治下逐渐成为通用语言，为塞内加尔各个城市及周边区域的人们广泛接受。尤其是在首都达喀尔，除法国人和极少数非洲精英人士外，大多数非洲人几乎都只说沃洛夫语。可见，塞内加尔尤其是北部地区现在出现了一种现象，即塞勒鲁人（Sérère）、图库勒人（Toucouleur）（富尔贝人）等不仅语言上已被沃洛夫化，有时甚至连民族的归属感也深受沃洛夫人影响。

从以上对济金绍尔的调查结果中，我们可知沃洛夫语和法语都是优质的政府语言。但实际上，沃洛夫语更偏向市场语言，即作为商业交易的语言得到普及。塞内加尔独立后，自20世纪70年代以来，政府的经济政策走向崩溃，沃洛夫商人主导了以流通部门为中心的民间经济。他们是塞内加尔特有的伊斯兰传教团穆里德的信徒，雄厚的经济实力及强大的凝聚力使他们在政治、经济和社会中拥有足以与政府抗衡的极大影响力。而这也进一步吸引人们向沃洛夫语靠近。

在这里，法语是唯一的通用语，也是学校教育中唯一使用的语言，因此无疑是社会地位提升的最具权威性的语言。但通过法语获得的社会地位提升空间过于狭窄，对于追求富裕和现代城市生活的人而言，学习沃尔夫语是必由之路。

此外，塞内加尔15岁以下的人口约占一半，是一个非常"年轻"的国家。这一点对于语言的活跃度而言意义重大。在城市中，儿童在外最先接触到的社会大环境往往将沃洛夫语作为通用语言，学校在儿童的沃洛夫化方面发挥了尤为重要的作用。城市的入学率相对较高，虽然许多人读几年就辍学，但对于以沃洛夫语之外的其他语言为第一语言的孩子们而言，小学成为他们学习沃洛夫语的最初场所。虽然官方指定的教学语言是法语，但面对完全不懂法语的新生，教师往往会优先采用大多数孩子都能理解的沃洛夫语。更为重要的是，在学校里，沃洛夫语往往是帮助在不同语言环境下成长的孩子们结交新伙伴的润滑剂（图4）。

图4　在富尔富尔德语的露天识字教室附近玩耍的孩子们 ①

　　济金绍尔亦是如此。即便孩子们入学前与邻居们玩耍时使用的主要是当地大多数人使用的曼丁卡语、克里奥尔语或迪乌拉语，但一旦上小学，孩子使用沃洛夫语的机会便急剧增加。据卡洛琳·朱亚尔（Caroline Juillard）的研究，在说沃洛夫语的家庭长大的孩子中，哥哥和弟弟之间往往使用沃洛夫语，且年幼者使用沃洛夫语更频繁（Juillard, 1995: 67）。

　　即便离开学校后，对于城市居民而言，沃洛夫语的重要性只会有增无减。此外，广播作为这些地区最大且往往也是唯一的媒体手段，影响重大。虽然济金绍尔的一些广播节目也会使用曼丁卡语、迪乌拉语、克里奥尔语等当地土著语言，但绝大多数节目使用的还是沃洛夫语。尤其是在年轻人热衷的音乐节目中，播放的几乎都是尤索·恩多

---

① 富尔贝儿童和迪乌拉儿童在一起玩耍。他们说自己会沃洛夫语，也会富尔富尔德语和迪乌拉语，他们在一起玩耍时使用的是沃洛夫语。

（Youssou N'Dour）、积极的黑人灵魂（Positive Black Soul）等沃洛夫语歌手的歌。

对年轻一代而言，沃洛夫语是通向更广阔世界的窗口，同时也是通往城市现代化生活的入口。

对沃洛夫化的抵制与各族群的归属感

沃洛夫化的浪潮势不可挡。那么，受到这一浪潮冲击的济金绍尔又是如何做到不被其完全吞噬、维持前述令人惊叹的多语言使用状态的呢？

我们首先能够想到的便是，人们与农村地区的紧密联系，以及曼丁卡人、富拉尼人等对自身民族语言强烈的执着心理。非洲许多城市都普遍存在一种现象，即人们去城市后，仍和农村老家保持着紧密联系。即使在济金绍尔，包括与亲属的往来在内，人们与农村老家的联系往往极为密切。尤其是以少数语言为第一语言的人们，在困顿的经济状况下的守望相助形成了紧密的纽带。此外，农村社会基本属于单一语言社会，与之保持密切联系，能让人们借助乡音增强归属感，成为其保护自身民族或故乡语言的强烈动机。

其次，不仅是上述少数语言，任何语言的母语者无疑都会保护自身语言。尤其是曼丁戈人和富尔贝人，众所周知，他们对自身语言十分执着，并常常对沃洛夫语表现出抵抗的姿态。这两个民族均认为自身的语言和文化至高无上，这也导致其有时会给人留下傲慢与封闭的印象。

然而，光凭这一点，还不足以说明济金绍尔与近似沃洛夫语单一语言社会的达喀尔的区别。济金绍尔居民处于一种多语言使用状态，除法语外平均使用三种语言，其抵制沃洛夫语单一语言化的主要原因又是什么呢？

第一，不得不提及克里奥尔语和曼丁戈语等传统权威性语言持续不断的影响力。

葡萄牙克里奥尔语是葡萄牙人在济金绍尔留下的混血阶层的语言。葡萄牙人撤离后，这些混血阶层通过与新入侵者英法两国的友好关系，维持了其在济金绍尔的统治阶层地位，被称为"济金绍尔的贵族"。由于他们的欧式生活方式，葡萄牙克里奥尔语长期以来始终是济金绍尔的统治语言，具有高度的文化权威性。第二次世界大战后，尤其是随着独立后北部人登上政治舞台，济金绍尔社会经济的力量关系发生了变化。葡萄牙克里奥尔语被沃洛夫语取代，沃洛夫语成了统治语言。然而，在占济金绍尔总人口两成的天主教教徒中，葡萄牙克里奥尔语仍是通用语和权威性语言。朱亚尔指出，尤其是对天主教的年轻女性而言，如果一个人说的是克里奥尔语而不是沃洛夫语，则说明此人受过"良好的教育"，并且能说一口流利的法语（Juillard, 1995: 215）。

葡萄牙克里奥尔语的影响力之所以能经久不衰还有以下原因。

（1）在1973年几内亚比绍独立前，为逃离葡萄牙统治下的强制劳动，或是躲避独立前10年的战乱，人们纷纷从毗邻济金绍尔南部的几内亚比绍逃往济金绍尔，包括曼卡尼亚人、曼加克人、巴兰塔人（Baranta）等。他们除了说葡萄牙克里奥尔语外，在几内亚比绍独立后也与祖国的亲人进行交流。不仅如此，济金绍尔日后还成为几内亚比绍的一大交易市场，商业贸易活跃。实际上，从几内亚比绍来到济金绍尔的人们将葡萄牙克里奥尔语作为商业贸易语言，这也使得从北部来的沃洛夫商人学会说这种语言。

（2）曼丁卡语被频繁往来于西非一带的迪乌拉商人等曼德（Mende）系商人视作商业语言，广泛用于商业活动中。同时，它也是最早在塞内加尔渗透的伊斯兰教卡迪里教团（Qadiriyyah）传道布教的语言，即"文明"的语言。不仅在塞久省等曼丁卡人占多数的地区，在迪乌拉人占多数的卡萨芒斯地区曼丁卡语也享有极高的权威性。此外，在那些深受卡迪里教团影响的地区，曼丁卡语还扮演了通用语的角色。尤其是在济金绍尔北部的比尼奥纳省，迪乌拉人占总人口的80%以上，曼丁戈人仅占人口的约6%，但卡迪里教团的信徒却占人口的半数以上（DPS, 1992: 26）。直到今天，曼丁卡语仍是该地区的权威性语言。

（3）那些从富尔贝人居多的科尔达区科尔达省和韦林加拉省来到

济金绍尔的富尔贝人往往表现出坚守自身语言的倾向，而那些因干旱而来到济金绍尔的北部地区的富尔贝人则大多已有不同程度的沃洛夫化。同样，从曼丁卡人居多的塞久省来到济金绍尔的富尔贝人至少已掌握了曼丁卡语。

简言之，那些从比尼奥纳省和塞久省来到济金绍尔的人在迁徙的过程中，同时也将曼丁卡语在当地作为权威性语言和通用语的地位原封不动地带到了济金绍尔，并在济金绍尔继续保持着使用多种语言的传统。在比尼奥纳省，说迪乌拉语和曼丁卡语的迪乌拉人在济金绍尔一边学习沃洛夫语，一边继续说迪乌拉语和曼丁卡语。而且，同时使用迪乌拉语和曼丁卡语等两种语言本身象征着信仰同一宗教、来自同一地区。

第二，也是我们认为更重要的原因是对多语言、多文化的意志。

济金绍尔的人们对多语言的使用，从本质上有别于凌驾于并存的多语言之上的、统治性的通用语。一方面，在济金绍尔，几乎所有人都听得懂沃洛夫语，但沃洛夫人只占人口的一成，第一语言为沃洛夫语的人也只有不到两成。此外，卡萨芒斯人对"北部人"怀有一种共同的抵抗意识，这也使得"说沃洛夫语的就是塞内加尔人"这一在达喀尔能被接受的不成文共识在济金绍尔却难以成立。另一方面，克里奥尔语和曼丁卡语虽屈居沃洛夫语之下，但仍作为通用语与其共存。虽说二者的地位未发生动摇，但其通用范围却受到限制。克里奥尔语主要是天主教徒的语言，曼丁卡语是比尼奥纳省的迪乌拉人和塞久省的曼丁卡人中卡迪里信徒的语言。此外，虽然迪乌拉人占比较高，但其语言的通用范围并未远远超出民族所在的范围。

简言之，没有一种语言能作为唯一的统治语言称霸济金绍尔，且为了在小城市中与其他语言共存，没有语言能采取封闭的姿态。

在这种情况下，人们日常根据不同的场景，有意识地区别使用家庭语言、地区语言、职场语言、自身宗教语言及沃洛夫语等多种语言。每个人都需要根据不同的场景和说话对象使用不同的语言，并在新建立的关系中选择最合适的语言以避免纠纷。

以下摘录调查时的一些采访记录。

一位四十多岁的迪乌拉男性说："我来自比尼奥纳，我说的是迪乌拉语和曼丁卡语。我们村里的迪乌拉人都是这样，在家里或是和附近的人交流时说迪乌拉语和曼丁卡语。沃洛夫语是来济金绍尔之后才学会的。"

一位三十多岁的沃洛夫男性说："我在济金绍尔出生。沃洛夫语虽然是我的第一语言，但在济金绍尔也有很多人说曼丁卡语，所以我从小也说曼丁卡语。而且我家附近有很多迪乌拉人，所以我也会一点迪乌拉语。"

一位十几岁的男孩说："我的爸爸妈妈都是富尔贝人，虽然爸爸让我们在家只说富尔富尔德语，但我和哥哥弟弟之间往往说沃洛夫语。我们的邻居虽然也是富尔贝人，但一般大人之间说富尔富尔德语，小孩之间说沃洛夫语。我们那说曼丁戈语的人很多，所以我也听得懂曼丁卡语。"

一位二十多岁的曼卡尼亚女性说："曼卡尼亚语和克里奥尔语都是我的第一语言。我从小就说这两种语言。沃洛夫语也是从小就说的。我老公虽然是塞勒鲁人，但他不会说塞勒鲁语。我们在家一般说的是沃洛夫语和克里奥尔语。"

虽然也不乏坚持一种固定语言的语言身份者，但在久居济金绍尔的人中，不论是沃洛夫人、曼丁卡人还是迪乌拉人，都不存在这种闭塞的现象。除了共存别无选择，为了共存，即便是沃洛夫人，为了避免被孤立或被抵制，也只能接受其他地区的语言和文化。

可见，人们非但没有被单一身份所禁锢，还能根据不同的说话对象游刃有余地使用不同的身份。这种共同身份不仅内涵丰富，而且涵盖范围广。它可以是同为一个地区的居民的意识，可以是同为基督教徒的意识，可以是民族不同但出生在同一地区的人们的共同意识，也可以是卡萨芒斯人对北部人的共同意识。

对于上述不同的内容，有不同的语言与之相适应，而仅凭沃洛

夫语则无法完全覆盖所有内容。这也使得各宗教、民族、文化等得以
共存。

结　语

朱亚尔曾提到一位济金绍尔知识分子的言论，该言论可谓一针见
血："济金绍尔人就是那些至少能说两种塞内加尔的语言，并且能意识
到自身受多文化影响的人群。他们并未放弃自身原有的文化，而是选
择了在多文化的环境下生存。他们深知，他们与基督教徒、穆斯林以
及泛灵论者之间有着血浓于水的联系。"（Juillard, 1995: 41）

或许这番言论将济金绍尔人描述得太过美好，但联想到调查过程
中的受访者，我们并不认为这只是空话。

面对北部人带来的单一语言和价值的压力，济金绍尔人的确存在
一种共同的身份认同，这种认同感驱使他们自觉追求多语言、多文化
的共存并引以为傲。济金绍尔之所以能维持多语言共存的状况而未完
全沃洛夫化，恐怕很大程度上也得益于此。

只是，这种新的集体认同感在很大程度上需要依赖环境因素。20
世纪70年代之后，人口呈爆发式增长，旧的社会关系瓦解，尤其是
随着北部地区的影响增强，济金绍尔人也产生了对北部人的一种内生
的抵触情绪。事实上，济金绍尔虽受北部地区影响，但冈比亚横亘在
二者之间，使得济金绍尔远离北部地区，处于部分脱离北部地区行政
管理的状态，也正是这一点造成了现在的局面。

多重集体身份的存在，未必会消除人们对民族或故乡小集体的
归属意识。对于如今出现的种种现象，仍可以用济金绍尔人，或是克
里奥尔语和曼丁戈语使用者灵活共享的集体身份解释其表象或深层次
原因。

参考文献

糟屋啓介、2000、「言語ヘゲモニー——自発的同意を組織する権力」、三浦信孝、

糟屋啓介編『言語帝国主義とは何か』、藤原書店

砂野幸稔、1998—2001、「セネガルにおけるウォロフ化の進行と場面による言語使用：Ⅰ～Ⅶ」、『熊本県立大学文学部紀要』第4巻第1号、第2号、第5巻第1号、第2号、第6巻第1号、第2号、第7巻第1号

Calvet, L., 1981. *Les langues véhiculaires*. Paris: Presses universitaires de France.〔林正寛訳、田中克彦解説、1996、『超民族語』、白水社）〕

Diouf, M., 1994. *Sénégal, les ethnies et la nation*. Paris: L'Harmattan.

DPS (Direction de la Prévision et de la Statistique), 1992. *Resensement général de la population et de l'habitat de 1988. Rapport régional (Résultats définitifs), Ziguinchor*. Ministère de l'Économie, des Finances et du Plan.

Juillard, C., 1995. *Sociolinguistique urbaine–la vie des langues à Ziguinchor (Sénégal)*. Paris: CNRS Editions.

Roche, C., 1985. *Histoire de la Casamance: conquête et résistance, 1850–1920*. Paris: Kharthala.

SIL (Summer Institute of Linguistics), 1996. *Language Family Index*: Niger-Congo. https://www.sil.org/ethnologue/families/Niger-Congo.html.

Sunano, Y., 1993. "Une volonté de réhabilitation d'une littérature en langue africaine–sur la littérature Wolof du Sénégal." *The Journal of Kumamoto Women's University*, 45: 110-118.

英语、阿拉伯语、朱巴阿拉伯语

——苏丹的语言、教育、政治和身份

栗本英世

一、多民族、多文化、多语国家苏丹的阿拉伯语与英语

苏丹是非洲面积最大的国家之一，一般认为，苏丹由"阿拉伯化（伊斯兰化）"的北部和信仰"非洲基督教 / 泛灵论"的南部这两个截然不同的部分构成。苏丹自 1956 年从英国和埃及的联合统治中（实质上是英国的殖民统治）获得独立以来，至今已过去 46 年。独立以来，苏丹有四分之三以上的时间都在内战。人们通常将内战的原因归结于"南北对立"。然而，当时南北部各自的民族集团或语言构成更为复杂。据估计，现在约有 3000 万苏丹人，由数十到数百个民族集团构成（因分类方式不同民族数量或许会有差异）。

1955 年，即独立的前一年，苏丹最后一次按语言、民族集团进行了人口普查。由于这样的调查结果本身就有极强的政治意义，因此现在的研究也常常引用 1955 年的文献。据记载，当时约有 1000 万"阿拉伯人"，占苏丹总人口的四成，超过北部人（占总人口的四分之三）的一半。以阿拉伯语为母语者的数量超过了阿拉伯人，占总人口的一半（Markakis, 1990: 71）。最近的研究显示，"阿拉伯化的北部人"占 40%，"未阿拉伯化的北部人"占 26%，"南部人"占 34%（Voll & Voll, 1985: 8-13; Lesch, 1998: 17）。"未阿拉伯化的北部人"说多种语言，分别属于尼罗—撒哈拉语系、亚非语系、尼日尔—刚果语系等三大语系，由 50 种以上不同语言的集团构成。例如，以东部的贝贾人（Beja）、西部达尔富尔地区的富尔人（Fur）为代表的各民族集团，科尔多凡地区的努巴人（Nuba）、居住于尼罗河沿岸的努比

亚人（Nubian）、青尼罗河地区的英格萨纳人（Ingessana）/加姆克人（Gaahmg）和乌督人（Uduk），以及统称为"法拉塔"（Fallata）的西非移民富拉尼人和豪萨人（Hausa）等。"未阿拉伯化的北部人"又可进一步分为伊斯兰化者和未伊斯兰化者。伊斯兰化程度最低的是青尼罗河地区的各民族集团，其次是努巴人。

　　南部人的民族结构极其多样。按照语言学分类，大多数南部人使用尼罗—撒哈拉语系的语言，但也有族群与赞德人（Azande）同属于尼日尔—刚果语系。从人口数量来看，丁卡人（Dinka）最多，其次是努尔人（Nuer），二者共占南部人的四成以上。丁卡人、努尔人，还有希卢克人（Shilluk）、安尼瓦人（Anywa）①、阿乔利人（Acholi）、卢奥人（Luo）、巴里人（Bali）等，他们在语言上分别属于尼罗河—撒哈拉语系、沙里—尼罗语族、东苏丹语支、尼罗诸语言的西尼罗语支。使用东尼罗语支语言的民族有库库人（Kuku）、拉图卡人（Latooka）、托普萨人（Toposa）等。马迪人（Madi）和摩尔人（Mole）在语言分类上属于沙里—尼罗语族和苏丹中部诸语言的摩尔—马迪语支。

　　"阿拉伯化的北部人"承载了一段历史过程，即非阿拉伯人被阿拉伯化（Arabization）后，开始以阿拉伯人自居，并最终形成了如今的"阿拉伯身份"。

　　苏丹的阿拉伯化，无疑与伊斯兰化（Islamization）、阿拉伯语化（Arabicization）三位一体齐头并进，这也是贯穿 10 世纪以后苏丹史的一大潮流（Holt & Daly, 1979: 15-43）。近代以后，"阿拉伯"这一概念开始被赋予了国家层面上的政治意义。阿拉伯语中的"阿拉伯"原指"游牧民族"，而非分布于中东到北非的全体阿拉伯人。在近代殖民统治下，"阿拉伯民族主义"兴起，"阿拉伯"一词开始成为凝聚群体的象征。

　　在独立后的苏丹，虽然历代政权有所差异，但伊斯兰化和阿拉伯语化始终是政府基本政策的讨论焦点。这并非单纯的语言和宗教

---

① 安尼瓦人是横跨南苏丹和埃塞俄比亚边境，沿尼罗河支流居住的尼罗语系民族，他们务农为生，主要作物是杂粮，人口约 10 万，也称安努阿克人（Anuak）。本书统一使用安尼瓦人这个译语。——译者注

问题，而是高度政治化的问题。尤其是易卜拉欣·阿布德（Ibrahim Abdoud）领导的军政府时期（1958—1964）、加法尔·穆罕默德·尼迈里（Gaafar Mohamed el-Nimeiri）政权的末期（1983—1985）、奥马尔·巴希尔（Omar al-Bashir）率领的现政权（1989 年至今），当局强制实行阿拉伯语化和伊斯兰化政策后，不仅阿拉伯语化和伊斯兰化成为南北部纷争的争论点，在北部的穆斯林中，对伊斯兰教的正确解读也成为政治问题。

独立后苏丹的伊斯兰化和阿拉伯语化，与其说是文化接触后"自下而上"发展的自然过程，不如说是国家"自上而下"推进的过程。其最终目的是通过阿拉伯化、阿拉伯语化和伊斯兰化的三位一体，建设统一的伊斯兰国家。

1978 年，为了在南苏丹开展人类学调查，笔者第一次来到这里。在苏丹共和国首都喀土穆的政府部门及大学获得调查许可、旅行许可、协调函等文件后，笔者便动身前往南苏丹首都朱巴。由于这些文件都是用阿拉伯语书写的，笔者看不懂，便请求工作人员口头解释了具体内容。到达朱巴后，笔者便前往南苏丹地方政府 ① 和大学，向负责人出示了在喀土穆获批的文件。但得到的回应无一例外——"苏丹的书面材料在南苏丹不通用"。迫于无奈，笔者只好重新申请在南苏丹通用的英语文件。事实上，负责人也看不懂苏丹印发的文件。南苏丹地方政府中级以上的官员、朱巴大学的教员、行政人员中的大多数人曾在第一次内战时期（1955—1972）于乌干达接受教育。他们不仅不会阿拉伯语的读写，也不会南苏丹的城市通用语言——皮钦语化、克里奥尔语化的朱巴阿拉伯语。在一个国家，竟然没有一种语言能让政府职员间实现畅通无阻的交流。笔者切实感受到了苏丹的确是由苏丹和南苏丹两个不同国家组成的。

诚然，在入学率较低的南苏丹，会读写英语，即拥有初中及以上学历的人数在总人口中的占比虽然大于会识读阿拉伯语的人数，但仍寥寥无几。例如，在人类学调查研究中一直协助笔者的中赤道州东部

---

① 基于终结第一次内战的《亚的斯亚贝巴协定》（1972），南苏丹获得自治权并设立了地方政府和议会。该协定的成果之一便是推动南苏丹第一所大学朱巴大学的创立。

的巴里人（人口约 1 万人）中，能读写英语的仅为百分之几，其中，女性只有不到 10 人。此外，多数南苏丹人也并非热情的基督徒。可以说，更多人只是名义上的基督徒，但为了抵制苏丹政府的阿拉伯语化和伊斯兰化，他们不得不使用英语和基督教的符号。可见，南苏丹陷入了一种窘境：一方面，他们必须依靠殖民统治带来的符号；但另一方面，这种符号并不真正属于本民族。

二、殖民统治下的宗教、语言政策——以苏丹为例

对统治者英国人而言，伊斯兰教首先是一种威胁。伊斯兰教救世主"马赫迪"[①]领导叛乱，并于 1885 年杀害英国总督查理·乔治·戈登（Charles George Gordon）。1898 年，英国再次成功征服马赫迪国，其间所耗费的军费和兵力让英国在统治初期依旧记忆犹新。不仅如此，马赫迪主义者的残余势力在各地制造叛乱，一方面英国对此进行了严酷镇压，并将马赫迪家族置于严密的监视之下。另一方面，政府对于伊斯兰教中看起来"正统"而"非狂热"的部分，则采取了积极的保护政策。出于对基督教布道的考虑，政府对伊斯兰传教团体的活动加以限制，但并未强制其接受英语教育。这与后述南苏丹的基督教及教育相关政策形成了鲜明对比（Daly, 1986: 121-123）。

在成为殖民地以前，苏丹的教育工作主要依靠伊斯兰教法学家创办的古兰经学校"哈鲁瓦"（khalwa）。政府在建设公立学校的同时，还对哈鲁瓦提供了资金支持（Daly, 1986: 240-265）。例如，1918 年，仅 6 所哈鲁瓦获得政府资金支持，而 1930 年则增至 768 所。而获得政府资金支持的小学数量自 1920 年至 1929 年均没有变化，始终为 80 所（Holt & Daly, 1979: 138）。

20 世纪 20 年代，政府不仅未发展初等教育，也未发展中高等教育。究其缘由，和南苏丹同样，殖民政府认为只能让当地人民接受最低程度的教育，以培养职工和低级官员。若让殖民地人民接受西方教育，实现"去部落化"，那么就会产生许多无法就业的年轻人，这将动

---

① 即穆罕默德·艾哈迈德·马赫迪（Muhammad Ahmad Mahdi）。——译者注

摇殖民地体制的根基，对殖民统治构成威胁。1924年，在埃及民族主义运动热潮的影响之下，喀土穆发生了军队叛乱和群众起义，这给殖民政府造成了巨大的打击。殖民政府此前的担忧成为现实。其后，苏丹的教育发展进入了停滞期。

虽然一波三折，但二战后殖民当局也开始认识到苏丹的独立无法避免。而这一时期，苏丹和南苏丹的教育水平悬殊。例如，截至1946年，苏丹的公立中小学学生人数为34630名，另有私立学校的学生。而南苏丹的中小学生人数仅为5538名（Collins, 1983: 239）。此外，1910年成立的戈登纪念学院（喀土穆大学前身）逐渐从中等教育机构发展为大学性质的教育机构，并不断涌现出政界人才。在殖民统治的教育与经济发展的双重影响下，民族主义与新兴阶层应运而生。在苏丹独立后，这一新兴阶层承担起了治国理政的重任，且他们与阿拉伯语和伊斯兰教的结合也从未发生动摇。

三、殖民统治下的语言政策——以南苏丹为例

南苏丹的殖民地行政极为简单。英国在南苏丹拥有幅员辽阔的殖民地，而殖民地中英国行政人员却少得可怜，且通信交通手段也相对滞后。最为重要的是，20世纪最初的二十年，南苏丹各地相继爆发叛乱，反对殖民统治。因而，镇压叛乱成了当时殖民政府的第一要务。据记载，努尔人始终不懈抗争，直到1930年左右才放弃武力抵抗。

与苏丹不同，南苏丹并不存在本土学校教育传统，因此需要从外部引进。而且，教育由基督教传教团负责，而非政府。传教团主要包括天主教、英国圣公会差会（Church Missionary Society, CMS）以及美国长老会（Presbyterian Church in the United States of America, PCUSA）等三个团体。殖民政府对南苏丹领土进行划分并分派给各传教团。根据1905年政府的规定，北纬10度以北是穆斯林之地，基督教传教团在该地以南地区活动。加扎勒河地区的大部分属于天主教。扎拉夫河（白尼罗河）以东、北纬7度30分以北的上尼罗州属于美国长老会。其余地区（蒙加拉省，即后来的赤道州和上尼罗州的一部分）则属于以英国圣公会差会为中心的英国各传教团。此外，政府还

给传教团设限，禁止他们成为原住民和政府的中介人员、从事交易或拥有土地（Daly, 1986: 253）。基督教传教团开始投身教育后，虽然政府的财政支持微乎其微，但在加扎勒河地区天主教创办的小学中，学生人数从 1905 年的 47 名，8 年后增至 100 名左右。而在上尼罗州希卢克人与努尔人居住地，截至 1918 年，美国长老会创办的小学仅有约 20 名学生。1910 年，在英国圣公会小学就读的学生数为 45 人（Daly, 1986: 254）。从南苏丹的地理范围和人口来看，学生数量可谓寥寥无几。此外，学校教育的内容也仅限于极为基础的英语和实用技能、本民族语言的读写及基督教传教。一战前，传教团的教育不论在质上还是量上均远远不足，给南苏丹社会带来的影响也微乎其微（Collins, 1983: 200）。

如前所述，1924 年苏丹反英起义爆发后，苏丹的教育停滞了约十年之久。但在同一时期的南苏丹，教育普及却在稳步推进。南苏丹全域的传教团学校从 1920 年的 15 所，增至 5 年后的 27 所。与此同时，学生人数也从 500 名增至 700 名。1930 年，南苏丹传教团学校的在校生总数达到了 2400 名（Daly, 1986: 407, 409）。

政府对传教团学校的财政补助也逐渐增加。殖民政府对教育的态度因 1930 年"南方政策"的确立发生了巨大转变。该政策旨在实现南苏丹版的间接统治。20 世纪 20 年代，政府成功镇压以武力抵抗殖民统治的各民族集团后，便开始实施南方政策，并于 1930 年正式出台该政策。南方政策的核心要义有两点：其一，原住民行政（native administration）；其二，保护南苏丹，使其免受苏丹阿拉伯与伊斯兰教的影响。殖民政府任命各部落有权有势者为原住民酋长，并让其掌管原住民法庭（或曰酋长法庭）。政府希望借此让这些原住民酋长管理基层行政机构，确立法律和秩序（Collins, 1983；栗本, 2002）。此外，为实现南方政策，低级事务员也必不可少。他们需具备读写能力，能够完成法庭记录和征税记录。而南苏丹教育的使命就在于培养具备上述能力的人才。

1928 年，在南方政策确立过程中，在中赤道州首府朱巴以南的雷杰夫，举办了关于民族语言使用的国际性会议。在殖民政府教育局主办的这次"雷杰夫语言会议"中，除南苏丹外，与会人员还包括乌干达和比利时属殖民地刚果的 33 名传教士，以及乌干达和刚果教育局的政府官员。此外，国际非洲语言文化研究所（伦敦）所长、语言学家迪德里希·韦斯特曼（Diedrich Westermann）教授也作为顾问正式出席了此次会议。会议的首要目的是确定南苏丹各语言和方言的分类和清单。彼时，当地使用的语言数量及在语言学上的亲缘关系尚未明确。其次是确定小学阶段使用的主要民族语言，并在主要民族语言确定后，确立正字法以及编写教科书。最终，会议一致通过了 6 种"群体用语"，即丁卡语（Dinka）、努尔语（Nuer）、希卢克语（Shilluk）、巴里语（Bali）、拉托卡语（Latukan）与赞德语（Zande）（Daly, 1986: 410; Collins, 1983: 217-218）。

虽然部分传教团学校已开始使用当地民族语言开展小学教育，但"雷杰夫语言会议"的目标是将其制度化，并进一步扩大规模。此外，会议选择了 6 种语言，也就意味着还有更多语言未被选择。而设立"群体用语"的初衷便是希望将这些未被选择的语言纳入上述 6 种语言中。例如，希卢克语包含了同属于西尼罗语支卢奥语支 [①] 的安尼瓦（Anywa）/ 安努阿克语（Anuak）和朱尔乔尔语（Jul Chol，即加扎勒河大区的卢奥语）。在朱巴附近流行的东尼罗语支的巴里语代表了同语系的法朱尔语（Fajr）、曼达利语（Mandali）、卡夸语（Kakwa）、库库语（Kuku）等。同样，东尼罗语支的拉图卡语（Latooka）被视为洛比特语（Lopit）、洛克亚语（Lokoya）、兰戈语（Lwo）等语言的代表。各群体代表语言的选取依据与其说是从语言学角度，不如说是基于一些现实因素，例如，该语言集团的居住地区有行政中心，或是该地的传教团学校活跃时间较早。给所有民族语言确定正字法、编写小学教科书在现实中显然缺乏可行性，因此"集团化"也必然成为一种政治选择。但最终，中苏丹语族的马迪语（Madi）、摩尔语（Mole）、苏尔玛语（Surma）族的迪丁加语（Didinga）及穆尔勒语（Murle）等，无论哪一种群体用语都被排除在亲缘关系较低的语言之外。此外，使用

---

① 西尼罗语支是现在的分类方式，1928 年当时则被称为尼罗语支。同样，东尼罗语支（巴里语、拉托卡语等）当时被称为尼罗—哈姆语支。

上述 6 种语言的民族集团也跃升为南苏丹的代表性民族集团。从独立前至今，众多主导南苏丹政治的领导人均出身六大民族集团，这也是政府语言政策的产物之一。

虽然会议确定了在小学教育中使用民族语言，但将何种语言作为南苏丹官方语言呢？对殖民政府而言，这仍是个悬而未决的难题。当时有两种选择：一是阿拉伯语，二是英语。可见，英语成为官方语言并非一开始就决定的。事实上，20 世纪 20 年代前，在分管各州的英国长官手下负责基层行政和治安的是埃及低级行政官员、军士和警察。他们与当地人，以及英国上级长官交流时使用的语言为阿拉伯语。这一问题引发了巨大争议，连英国外交部也被卷入其中。1929 年，政府终于决定将英语定为官方语言。

20 世纪 30 年代之后，殖民政府开始委托基督教传教团实施教育。政府之所以这么做，并非因为其对传教团学校的教育质量感到满意，而是由于财政问题，无暇直接开展教育。尤其是在经济大萧条时期，因财政吃紧，政府开始停止向小学发放补助。因此，从 1930 年到 1938 年期间，虽然南苏丹小学的数量从 29 所增至 34 所，但学生总数却并未明显增加（Collins, 1983: 233）。

殖民政府之所以对扩大初等教育规模、建立中等教育体系表现得并不积极，除财政原因外，还有其他原因。简而言之，虽然教育将培养出一批摆脱部落习俗、"去部落化"的年轻人，但他们有可能成为道德和政治上的危险分子。在殖民地行政官员看来，若政府无法给这些年轻人提供就业机会，危险性更会大幅增加。因此，政府仅开展了以民族语言为教学语言的初等教育，以培养能够从事原住民行政工作的低级事务员（Daly, 1986: 413; Collins, 1983: 229-230）。

二战结束后不久，英国行政官员的认识开始发生变化，南苏丹的教育政策也发生了巨大的转变。在这一时期，殖民政府开始认识到苏丹将在不久后实现独立，这是一个无法避免的政治过程，且南苏丹也将在苏丹统一的框架下迎来独立，但南苏丹明显缺乏能够代替英国人治理国家的人才。对此，殖民政府一改以往的方针政策，致力于发展初等教育，确立中等教育体系并创办了两所高中。此外，由于苏丹的通用语言为阿拉伯语，而南苏丹的通用语言为英语，二者组成一个国家时，南苏丹将处于劣势。因此，南苏丹的教育政策发生了 180 度转变，课程中开始引入阿拉伯语教学。1956 年，即殖民政府改革南苏丹教育政策的 10 年后，苏丹独立。然而，10 年的时间远不足以填补南苏丹和苏丹之间教育水平与知识分子数量的鸿沟。独立后，代替英国人治理南苏丹的无一例外均是苏丹人。换言之，对南苏丹人而言，独立伴随的"苏丹化"只不过是"苏丹北部化"，独立并不意味着政治上的胜利（Collins, 1983: 243-248）。这也为独立后的苏丹埋下了隐患，致使苏丹与南苏丹间政治军事冲突不断。对此，殖民统治政策可谓难辞其咎。

四、伊斯兰化和阿拉伯语化

独立后，苏丹的伊斯兰化和阿拉伯语化并未直线发展。苏丹的政治在多党制政权和军事政权之间交替反复。在军事政权时期，伊斯兰化和阿拉伯语化均有所发展。但在多党制时期，南苏丹的政党，苏丹北部以非伊斯兰、非阿拉伯地区为根据地的政党，以及以工会和共产党为基础的民间进步势力都在议会中拥有议席。在这种环境下，单方面推进伊斯兰化和阿拉伯语化无疑困难至极。

在第一届军事政权，即阿布德将军的掌权时代（1958—1964），当局将伊斯兰教的改宗、宗教教育，以及确立阿拉伯语为国语作为基本国策不断推进。在南苏丹，各地开始兴建清真寺和伊斯兰学校，同时基督教传教团的学校也被收归国有，外国传教士受到政治镇压。最终，1962 年，活跃于南苏丹的 300 名外国传教士均被驱逐出境，且休息日由星期天改为星期五。反对此举的南苏丹各地学生分别于 1960 年和 1962 年发起罢课运动（Mohamed, 1979: 81-83; Fluehr-Lobban, 1991: 80）。军事政权强制推进伊斯兰化和阿拉伯语化，使得独立前一年应运而生的南苏丹武装抵抗力量逐渐完成组织化。1962 年，流亡刚果民主共和国的南苏丹领导人成立了政党，反政府运动拉开帷幕（次年自称 SANU，全称苏丹非洲民族联盟）。1963 年，反政府武装组织"阿尼亚尼亚游击队"（Anyanya）成立，内战正式开始。

1969 年 5 月，通过军事政变夺取政权的尼迈里试图效仿埃及的贾迈勒·阿卜杜尔·纳赛尔（Gamal Abdel Nasser）建立社会主义体制。1972 年，尼迈里和南苏丹的反政府组织签订了《亚的斯亚贝巴协定》，结束了内战。尽管尼迈里政权在执政的 16 年间，曾屡次改变政治意识形态和权力基础，但南苏丹地区始终是其权力基础。然而，进入 20 世纪 80 年代后，尼迈里与以哈桑·图拉比（Hassan al-Turābī）为党首的伊斯兰教激进政党——伊斯兰宪章阵线（Islamic Charter Front，ICF，后改称为 NIF，即全国伊斯兰阵线）加强合作，自诩"伊玛目"（阿拉伯语中意为领袖），并开始推进伊斯兰化政策。1983 年 9 月，尼迈里颁发了总统令，宣布沙里亚法（即伊斯兰法）是苏丹唯一的立法来源。自此，苏丹民法和商法的制定开始以伊斯兰教为基础。对于这一伊斯兰化动向，不仅是苏丹南北部的进步势力，苏丹北部的两大伊斯兰教政党乌玛党（Umma Party）与民主统一党（Democratic Unionist Party，DUP）也一致表示反对。但尼迈里对其进行了镇压（Lesch, 1998: 54-58）。

1983 年 5 月，在伊斯兰法实施之前，由南苏丹人组成的苏丹政府军的两支队伍发起叛乱，随后向埃塞俄比亚境内撤退。叛乱部队组成了苏丹人民解放军（Sudan People's Liberation Army，SPLA），拉开了第二次苏丹内战的序幕，且一直持续至今。强权下推进的伊斯兰化进一步加剧了内战。1985 年 4 月，群众起义推翻了尼迈里政权，建立了临时军事政权，并在一年后基于多党制举行了大选。最终，以乌玛党党首萨迪克·马赫迪（Sadiq al-Mahdi）为首的联合政府诞生。

1986 年 5 月，全国伊斯兰阵线和军方的部分人员发起政变，推翻经民主程序建立的马赫迪政权，并成立了以奥马尔·巴希尔将军（后成为总统）为首的军事政权，延续至今。为这一军事政权提供支持的全国伊斯兰阵线借助国家的力量自上而下推进了伊斯兰化。这也是自苏丹独立以来最有力、最持久的一次伊斯兰化。全国伊斯兰阵线领导的军事政权彻底镇压了传统的伊斯兰教政党，包括乌玛党及民主统一党在内的一切反对势力，并基于国家的伊斯兰教意识形态，确立了牢固的中央集权体制。他们将与苏丹人民解放军的内战称为对抗异教徒、不信教者的战争，以此动员群众。

在教育方面，当局铲除了高等教育机构中的反对派，将教职工和学生组织置于全国伊斯兰阵线的控制下，并将教学语言从英语改为阿拉伯语。教科书也依次从英语替换成了阿拉伯语。此外，当局还在初等和中等教育机构推进阿拉伯语化，并开展伊斯兰教育，加强了对传教团学校的控制（Lesch, 1998: 143-145）。众多因内战成为国内难民的南苏丹青少年流亡至苏丹首都喀土穆等城市后，被政府及全国伊斯兰阵线所经营的伊斯兰学校收留，成了伊斯兰化和阿拉伯语化的重点对象。

五、"朱巴阿拉伯语"的可能性

南苏丹最广为使用的语言实际上是一种被称为"朱巴阿拉伯语"的语言，它是一种皮钦化、克里奥尔化的阿拉伯语。在首都朱巴和其他城市日常听到的都是这种语言，而非英语和民族语言，且不同母语的南苏丹人交流所使用的语言也是朱巴阿拉伯语。

关于朱巴阿拉伯语的语言学调查寥寥无几。[①] 因此，我们并不清楚南苏丹各地区方言究竟存在何种程度的差异。不仅如此，朱巴阿拉伯语只有口语，没有相应的文字。

朱巴阿拉伯语在埃及、苏丹南北部的历史交流中诞生并得到扩展。这种交流以军队为主体，以暴力手段推进。当时，埃及尚处于奥斯曼帝国的统治下。1821 年，埃及总督穆罕默德·阿里·本·易卜拉欣（Muharomad Ali ibn Ibrahim）向尼罗河上游，也就是现在的苏丹进军。此次南进虽然采取了军事行动，但士兵为南苏丹的奴隶，他们在埃及南部靠近苏丹国境的努比亚地区被征召入伍。埃及军官和原为南苏丹奴隶的士兵之间开始使用将埃及口头使用的阿拉伯语简化后的语言。士兵被派往苏丹各地后，与当地的女性同居并生儿育女。此外，不仅是军队，贸易商人也拥有由南苏丹奴隶组成的私人军队。其后，埃及总督相继任命塞缪尔·怀特·贝克（Samuel White Baker）、查理·乔治·戈

---

① 参见 Nhial（1975）和 Watson（1984）。此外，还有面向初学者的教科书（Watson & Ola, 1985）。一般性概论见龟井孝等编《语言学大辞典》第一卷（三省堂，1988 年）中的"阿拉伯语的皮钦语和克里奥尔语"（作者为高阶美行）一条。

登、穆罕默德·艾敏·帕夏（Mehmed Emin Pasa）等三位欧洲人为赤道省（包括现在的南苏丹和乌干达北部）省长，三人均在尼罗河上游地区的探险史上留下了光辉灿烂的印记。在赴任时，三人同样率领了由南苏丹奴隶组成的士兵队伍。他们之间说的语言，正是其后的朱巴阿拉伯语。换言之，朱巴阿拉伯语是一种源于军队内部的语言。

朱巴阿拉伯语是近年来才出现的名称，在20世纪初的殖民地文件中，它被称为蒙加拉语（Mongallese）。蒙加拉是赤道州的旧称，也是其首府的名称，位于白尼罗河畔、朱巴北部。此外，朱巴阿拉伯语还被称为"比姆巴什阿拉伯语"。"比姆巴什"（bimbashi）是源于土耳其语的词，指埃及军队的少校（高阶，1988：484）。

而原为奴隶的士兵们，由于最初在努比亚被征召入伍，因而被称为"努比人"（Nubi）[①]。继贝克与戈登后，身为穆斯林的德国医生兼博物学家艾敏·帕夏成为埃及总督任命的最后一位赤道州州长。在马赫迪之乱中，艾敏·帕夏与埃及的联络渠道被切断，只能率领努比军撤退到位于白尼罗河更上游的地区，即现在乌干达的布尼奥罗地区。与欧洲世界隔绝数年的他于1889年被亨利·斯坦利（Henry Stanley）救出。剩余的努比军中有数百人最初任职于大英帝国东非公司（Imperial British East Africa Company）的军队，后被乌干达保护地的军队录用，在乌干达和肯尼亚各地讨伐、镇压反抗殖民统治的非洲人。在艾敏·帕夏所率领的12000名努比军中，只有一成左右是战斗人员，其余都是女性、孩子及随从们。他们中有的是在当地被强制征用者，有的是努比士兵的孩子。乌干达殖民行政官员将他们视作"奴隶"。而那些未能被殖民地军队录用的士兵则于1893年被转移到乌干达，由政府（大英帝国东非公司）管理（Tomas & Scott, 1935: 20-26, 263-264）。努比人的组织架构如实地展现了朱巴阿拉伯语诞生和普及的过程。如今，他们的后代形成了以克里奥尔语——努比语为母语的民族集团，居住在内罗毕和坎帕拉等东非各地的城市。努比语与朱巴阿拉伯语的

---

① 　努比人（Nubi）和努比亚人（Nubian）为完全不同的人种，后者是居住在埃及以南到苏丹北部的白尼罗河流域的民族群体。此外，努巴人（Nuba）是居住在南科尔多凡努巴山地的人群之总称，不可将三者混淆。

亲缘关系最密切。

在南苏丹的朱巴等被称为"马拉基亚"的商业区域，居住着以朱巴阿拉伯语为母语的"去部落化"人群。虽然身体上和其他南苏丹人并无二致，但他们丧失了自身的语言文化根基，生活方式逐渐阿拉伯化，宗教信仰也以伊斯兰教为主。朱巴阿拉伯语对他们而言是克里奥尔语，对其他种群的人而言则是皮钦语。

那么，朱巴阿拉伯语的语言学特征又如何呢？与其他皮钦语、克里奥尔语一样，朱巴阿拉伯语远比苏丹北部使用的阿拉伯语简单。其显著特征之一是没有阿拉伯语特有的喉壁音和喉壁化音，即通过使咽喉深处紧缩发出的音。这在日语中也是不存在的。除了"喉壁音"或"h"会消失，朱巴阿拉伯语中没有女性人称代词，只保留男性人称代词。此外，在阿拉伯语中，动词词尾会根据主语的阴阳性、单复数而发生变化，但在朱巴阿拉伯语中，除了极少数情况外，动词词尾一般不会变化。

对以阿拉伯语为母语的苏丹北部人和埃及人而言，朱巴阿拉伯语是非正统、粗鄙的语言。这一点与其对南苏丹黑人异教徒的歧视完美契合。即便南苏丹的人们也对以朱巴阿拉伯语为母语的城里人抱有消极印象，认为他们是"去部落化"人群的集合，犹如浮萍一般没有根基。这一皮钦化、克里奥尔化的语言是"阿拉伯人"对南苏丹的侵略的产物，是奴隶贸易、掠夺、占领的产物，象征其罪恶的过去。

即使在殖民时期，英国行政官员对朱巴阿拉伯语的广泛使用心知肚明，但由于对阿拉伯语的成见，以及认为朱巴阿拉伯语是"粗鄙语言"的僵化思想，他们甚至从未思考过用这种语言进行交流。（Daly, 1986: 410; Collins, 1983: 219-220）。

自1983年以来，南苏丹内战不断，致使城市扩大、人口流动增加。而城市扩大和人口流动增加又进一步增加了朱巴阿拉伯语使用者的数量。也正因如此，虽然官员和警察在与民众交流时使用了朱巴阿拉伯语，但迄今为止他们并未积极地尝试推动其成为官方语言。如前所述，在南苏丹不存在朱巴阿拉伯语的印刷品。此外，国家广播中，有一部分节目使用了朱巴阿拉伯语，这也是其应用于公共场合的屈指可数的例子之一。

　　然而，在教育、行政、文化领域，朱巴阿拉伯语却蕴藏着极大的可能性。为了开拓这种可能性，正字法的确立和标准化工作必不可少。但这些技术问题姑且另当别论，如今，转变南苏丹人自身的认识才是当务之急。对他们而言，朱巴阿拉伯语是充满仇恨的历史的产物，但同时，这一皮钦语/克里奥尔语无疑是南苏丹人创造的历史遗产。只有当他们直面过去、认清现实、展望未来，将朱巴阿拉伯语视为"自身的语言"并加以使用，才能开拓新的可能。

　　苏丹的语言、宗教和教育问题从殖民地时代开始便被高度政治化，这也使得南苏丹人民不得不在二者择其一的框架中进行思考——选择英语还是阿拉伯语？基督教还是伊斯兰教？而将目光投向朱巴阿拉伯语，不正是摆脱这一束缚的契机吗？

　　如今，南苏丹人民面临着发展语言文化的四个选项：英语、阿拉伯语、民族语言、朱巴阿拉伯语。若财政及人力资源条件允许，发展所有的语言也许是最理想的情况。但现实中，战略性的判断必不可少，如将重点放在哪个语言上，在社会的何种维度上对其加以使用等。如前所述，朱巴阿拉伯语作为该地区使用最广的语言，存在高度的潜在价值。如今的南苏丹因长达18年的内战而百废待兴，在政府军队和全国伊斯兰阵线控制下的地区，教育极为落后。对数十万难民、数百万国内流离失所者和留在村庄的人们而言，生存无疑是首要问题。然而，不仅是民族集团之间，民族集团内部的关系也被高度政治化、军事化，人与人之间的联系被割裂。在这种环境下，启动实现和解、构筑和平的方案，擘画内战结束后南苏丹社会复兴的蓝图显得尤为重要。而在这一过程中，作为媒介语，朱巴阿拉伯语意义重大。

参考文献

栗本英世、1996、『民族紛争を生きる人びと——現代アフリカの国家とマイノリティ』、世界思想社

栗本英世、2002、「植民地行政、エヴァソズ＝プリチャード、ヌエル人」、

山路勝彦、田中雅一編『植民地主義と人類学』、関西学院大学出版会

高階美行、1988、「アラビア語のピジン・クレオール」、亀井孝ほか編『言
語学大辞典（第 1 巻）』、三省堂、483—487 頁

Abdullahi, A. A., 1992. "Islam and National Integration in the Sudan." J. O. Hunwick
(ed.). *Religion and National Integration in Africa.* Evanston: Northwestern
University Press. 11-37.

Collins, R. O., 1983. *Shadows in the Grass: Britain in the Southern Sudan, 1918–
1956.* New Haven: Yale University Press.

Daly, M. W., 1986. *Empire on the Nile: The Anglo-Egyptian Sudan, 1898–1934.*
Cambridge: Cambridge University Press.

Fluehr-Lobban, C., 1991. "Islamization in Sudan: A Critical Assessment." John O.
Voll (ed.). *Sudan: State and Society in Crisis.* Bloomington: Indiana University
Press. 71-89.

Holt, P. M. & M. W. Daly, 1979. *The History of the Sudan from the Coming of Islam
to the Present Day,* 3rd ed. Boulder: Westview Press.

Lesch, A. M., 1998. *The Sudan: Contested National Identities.* Bloomington: Indiana
University Press; Oxford: James Currey.

Markakis, J., 1990. *National and Class Conflict in the Horn of Africa.* London: Zed
Books.

Mohamed, O. B., 1979(1968). *The Southern Sudan: Background to Conflict.*
Khartoum: Khartoum University Press.

Nhial, A. A. J., 1975. "Ki-Nubi and Juba Arabic: A Comparative Study." S. H. Hurreiz
& H. Bell(eds). *Directions in Sudanese Linguistics and Folklore.* Khartoum:
Institute of African and Asian Studies.

Thomas, H. B. & R. Scott, 1935. *Uganda.* London: Oxford University Press.

Voll, J. O. & S. P. Voll, 1985. *The Sudan: Unity and Diversity in a Multicultural State.*
Boulder: Westview Press.

Watson, R. L., 1984. "An Introduction to Juba Arabic." *Occasional Papers in the
Study of Sudanese Languages* 6. Juba: University of Juba and Summer Institute
of Linguistics. 95-118.

Watson, R. L. & L. B. Ola, 1985. *Juba Arabic for Beginners.* Nairobi: Summer
Institute of Linguistics.

Woodward, P., 1990. *Sudan 1898–1989: The Unstable State.* Boulder: Lynne Rienner
Publishers; London: Lester Crook Academic Publishing.

从后殖民主义视角透析埃塞俄比亚西南部现状

——周边少数民族与自动步枪

松田凡

引言："殖民地"埃塞俄比亚

长期以来，东北非国家埃塞俄比亚一直被视为"非洲独立的堡垒"。埃塞俄比亚自古以来一直保持着独立，从未被外敌征服。它于19世纪70年代抵抗了埃及的入侵，80年代击溃了苏丹马赫迪的入侵，90年代战胜了欧洲列强之一的意大利，捍卫了国家独立（代表性事件为1896年的阿杜瓦战役，图1），对于后来的非洲独立运动领导人和美籍非洲人而言，埃塞俄比亚象征着自由和独立（Levine, 1974: 12-13）。因此，日本世界史科目的教科书中也称埃塞俄比亚没有经历过殖民统治。

图1　1896年的阿杜瓦战役（部分，亚的斯亚贝巴大学 ISE 博物馆藏）

那么，我们是否可以说今天的埃塞俄比亚不存在殖民文化？诚然，法西斯党 ① 执政时期的意大利对埃塞俄比亚的占领仅限于 1936—1941 年。此外，即便在列强"瓜分非洲时期"，埃塞俄比亚依然坚守着自己的政体，未被列强瓜分国土。对埃塞俄比亚历史的研究显示，当时该国皇帝们以埃塞俄比亚帝国 ② 为荣，坚持不懈、运筹帷幄地与英国、法国、意大利和俄罗斯开展外交活动（Zewde, 1991; Marcus, 1994）。与此同时，上述研究揭示了这个非洲国家的命运事实上受国内的权力斗争和国外帝国主义的企图所摆布。虽然它在埃塞俄比亚国内并未建立殖民政府，但它注定要被卷入殖民主义这一世界历史潮流的漩涡之中。

然而，要考察殖民主义对埃塞俄比亚的影响，我们必须采取有别于其他非洲国家的研究方法。在某些地区，很难发现殖民势力与边境地区居民之间存在实体或者直接的统治与被统治关系，我们只能发现二者之间存在着间接的统治与被统治关系。换言之，我们必须在全球统治体系的最末端，透视体系结构延长线上的人类活动，才能揭开殖民主义的面纱，认识它的真面目。

本文不讨论埃塞俄比亚高原的殖民统治历史及其影响。相反，笔者将以几乎不与外国殖民势力对立的西南部低谷地区为例，从后殖民主义的视角来描述当今的社会、文化状况。因此，我们有必要关注正在该地区不断普及的现代武器，尤其是枪支。在现代历史中，枪支的流通遵循了从中心向四周发散的微妙的结构性差异，可以作为探索历史的宝贵线索。枪支的流通不同于以成本或稀缺性来决定价值的商品，可以说，它是带有浓厚政治色彩的产物，但研究其流通和传播的轨迹对于了解地区现代化具有重要意义。然而，除了拜物教和狭义的

---

① 意大利的政党，在墨索里尼 1919 年组建的反革命社团体的基础上于 1921 年正式成立。翌年，法西斯党攫取政权，与国家机构合为一体，宣布其他政党为非法，主张全体主义和爱国主义。1943 年墨索里尼下台后解散。——译者注

② 又称阿比西尼亚（Abyssinia）帝国。一般认为阿比西尼亚这个名字来源于阿拉伯语中的"Habash"，意为"混血"，因为阿拉伯人把埃塞俄比亚人视为闪米特人和非洲人的混血后代。这个词后来被葡萄牙人念成"abassia"，拉丁文写成"habsesinia"，最终演变为"阿比西尼亚"的国名。——译者注

战争史之外，枪支在历史学和人类学上很少被当作社会、文化研究的对象。[①] 此外，在实现最初的目的之后，这些枪支流入社会结构的最末端并给底层人民带来了什么，也几乎无人研究。

鲜少能看到殖民势力与埃塞俄比亚西南部居民之间直接接触的记录，但随着殖民化的世界历史进程，获得军用枪支开始变得极为容易。人与人、枪与人之间的关系逐渐成熟，枪支带来了新的社会关系和价值观。殖民势力退出后，外国供应的枪支通过国家和商人输送给边境居民的基本结构依然不变，如今围绕着枪支还出现了新的社会关系。这种"文化"不是以实体性意义上的"民族""文化"为单位的，因此无法从这一视角进行考察。此外，从空间上来看，枪支的普及超越了民族，在地区、国家、世界范围内推进。通过这一现象可以明确认识到，我们与他们的生活实际上处在天平的两端。我们的日常生活看似与战争和枪支毫无关联，而在他们的生活中，枪支的普及甚至早于金属炊具。思考后殖民主义时，我们必须意识到自己是历史化的个体，以获得处于同一时代的他者的共鸣。[②]

以下几节，我们将通过埃塞俄比亚民族国家的形成过程和枪支流入的历史，以及西南部穆古吉（Muguji）社会枪支普及带来的各种价值观和与外部社会关系的变化，来讲述殖民主义与边远地区社会之间盘根错节的关系。笔者认为，埃塞俄比亚的"殖民化"仍在悄然进行。

---

① 栗本英世梳理了人类学中的战争研究史，他引用了 H. 塔奈伊的批评："有关战争的人类学研究对技术或者说物质文化层面的武器的关注不够。"栗本英世指出，与军事史研究相比，可能是因为人类学家与自身研究对象的心理距离较近，于是自我限制了对"杀人技术和工具"的研究（栗本，1999：69）。笔者并不反对栗本的说法，但笔者认为人类学家之所以对武器缺乏兴趣，是因为在传统的人类学的文化概念中并没有与武器有关的内容，因此武器才没有被列入研究范围。

② 美国史密森尼学会（Smithsonian Institution）武器部门的研究人员爱德华·埃泽尔（Edward Ezell）表示，关于本文中心话题 AK47 的研发，相关著作记载，俄罗斯由于在 20 世纪初的日俄战争中败给了日本，之后进行了彻底的军备升级（Ezell, 1986: 55）。这不仅推动了 AK47 的研发，而且促进了武器出口，形成了和平时期大量生产武器保障战时供应的体制（Ezell, 1986: 58）。这个例子很好地说明了如今非洲和其他第三世界国家爆发的战争不可能与生活在日本的我们毫无关系。

一、枪支的流入和现代埃塞俄比亚的形成

欧洲进口的枪支

在与欧洲人接触的历史中，历代埃塞俄比亚皇帝从很早开始就对火绳枪和大炮等火器非常感兴趣。根据记载，在埃塞俄比亚，火器首次用于战争是在16世纪中期，当时使用火器自然是为了在国内的权力斗争中获胜。直到19世纪中期，英国等欧洲国家制造的枪支流入之前，火器在埃塞俄比亚战争史上从未发挥过重要作用（Aregay, 1980: 121）。19世纪中期后，致力于推动埃塞俄比亚现代化的特沃德罗斯二世（Tewodros Ⅱ，1855—1868年在位）和孟尼利克二世（Menelik Ⅱ，1889—1913年在位）利用从欧洲进口的枪支和其他现代武器实现了埃塞俄比亚的统一。

本文主要聚焦位于埃塞俄比亚西南部的奥莫河下游平原。1898年，生活在奥莫河下游平原最南端、肯尼亚边境附近的达萨纳奇人（Daasanach / Dassanech）与孟尼利克二世的军队发生了冲突，在强大的军事实力面前，达萨纳奇人不得不屈服。曾调查过当地的人类学家乌里·阿尔玛戈尔（Uri Almagor）指出，达萨纳奇人与埃塞俄比亚帝国第一次接触时，面对的就是手持武器的士兵，这给后来达萨纳奇人与埃塞俄比亚国家的关系蒙上了一层巨大的阴影。然而数年后，达萨纳奇人从驻扎地的逃兵和商人处购买了枪支，势力逐渐壮大，开始袭击附近的民族群体（Almagor, 1986: 97-98）。此外，奥莫河下游平原西侧山区的小镇马吉，位于从印度洋一侧进入非洲腹地的前沿。20世纪初，此地曾是一个十分繁荣的贸易中心，既有埃塞俄比亚供应的枪支，又有来自南苏丹的象牙和奴隶，各种贸易错综复杂（Garretson, 1986: 217）。

从武器的角度来看，从19世纪末到20世纪初，从欧洲进口的枪支促进了现代埃塞俄比亚的国家统一。当地人从商人手中购买军队流出的枪支，使得当地的生活发生了翻天覆地的变化。事实上，即便埃塞俄比亚没有遭受欧洲列强的占领和直接统治，但随着帝国主义的扩张，其影响力已经遍及该国的每个角落。

从意大利占领时期到社会主义政权垮台

在第二次意大利—埃塞俄比亚战争中，埃塞俄比亚战败，这场战争被称为"阿杜瓦的复仇"。1936—1941年，埃塞俄比亚被意大利占领，在此期间，皇帝海尔·塞拉西一世（Haile Selassie I，1930—1974年在位）流亡伦敦，直到英国军队战胜意大利后，他才于1941年返回亚的斯亚贝巴。之后，埃塞俄比亚在英美两国的协助下完成了军队改革（Zewde，1991 : 207；冈倉，1999 : 319）。

当时英国军队或意大利军队带来的枪支导致了什么结果？埃塞俄比亚军队使用的是什么枪支？关于这些，笔者知之甚少。但是，我们可以推测这些枪支大概是经商人之手来到边境地区的。我们在做田野调查时，经常听到受访者说：塞拉西时期，为了保护与肯尼亚相邻的边境，政府向奥莫河下游平原居民发放了枪支和弹药。1937—1940年，意大利军队驻扎达萨纳奇，给达萨纳奇人提供了新的枪支和现代游击战争训练（Almagor, 1986: 98）。事实上，当地穆古吉人的村庄依然大量保留着当时流入埃塞俄比亚的枪支，这说明了枪支向边境地区的扩散。

1974年，军官门格斯图·海尔·马里亚姆（Mengistu Haile Mariam）领导的革命力量推翻了埃塞俄比亚帝国。门格斯图发表了社会主义宣言，建立了亲苏联的政权。此后，埃塞俄比亚政府军使用的主要是苏联开发的自动步枪AK47（以设计者的名字命名，又被称为卡拉什尼科夫步枪）。在门格斯图执政时期，厄立特里亚的独立运动愈演愈烈，在欧加登地区，埃塞俄比亚与索马里的边境争端也随之爆发，因此埃塞俄比亚从东邻各国购买了大量武器。几乎可以说，日益增长的军费开支决定了这一政权的短暂寿命。

1991年，埃塞俄比亚人民革命民主阵线（The Ethiopian People's Revolutionary Democratic Front, EPRDF）为社会主义政权画上了句号，1993年厄立特里亚正式独立。这标志着长达30年的内战宣告结束，也意味着原政府军队的解散。据说，当众人都心知肚明即将战败时，士兵们的行动十分迅速。为了在被俘虏之前筹措出返乡的路费，他们立即抛售了军服、军靴和一整套装备。在埃塞俄比亚北部，一支自动步枪售价 50 比尔（时价约合人民币 38 元），手榴弹像土豆一样被摆放在市场上。这种说法多少有些夸张，但大量武器和弹药流入市场却是不争的事实。令人震惊的是，正如后文所述，这些内战的遗留物品在不到 1 年的时间里就流传到了西南边境地区。

二、西南部的枪支普及

奥莫河下游平原

首先简要介绍一下奥莫河下游平原。奥莫河是一条长约 1000 千米的内陆河流，起源于埃塞俄比亚高原，注入肯尼亚北部的图尔卡纳湖，最下游是一片冲积平原。奥莫河下游平原距离埃塞俄比亚首都亚的斯亚贝巴大约 800 千米，南与肯尼亚毗邻，西与苏丹接壤。该地区东西宽 100 千米，南北宽 200 千米，位于海拔 500 米左右的半干旱稀树草原地带，语言种类多达十几种，约有 5 万人生活在此（图 2）。

根据语言的种类，该地区的居民可以分为使用东苏丹语、苏尔玛语、东库希特语（East Cushitic）和奥莫语（Omotic）的。其文化和社会建立在畜牧的基础上，有别于闪米特族居多的埃塞俄比亚高原人[阿姆哈拉人、提格雷人（Tigre）等]，反而与南苏丹和肯尼亚北部拥有更多的共同点。自古以来的民族迁徙史自不必说，当地现在仍然有跨国人文往来，人们主要关注这些边境地区，而非埃塞俄比亚高原。

此外，生活在这里的人们被埃塞俄比亚高原人称为"黑皮肤的野蛮人"，直到今天仍然受到蔑视。这种歧视意识并非源于人们的理性思考，认为该地区未进行所谓的"阿比西尼亚化"（即使用阿姆哈拉语，奉行埃塞俄比亚正教和土地所有制），而是因为天气炎热，疟疾等地方病横行，而且被人们视作高原主粮的苔麸无法生长。换言之，这里不适合人类居住。这也是为什么此地在被并入埃塞俄比亚帝国之后的 19 世纪末至 20世纪初，除了少数几个军事驻地之外，既无埃塞俄比亚高原人的定居点，也没有帝国政府的管理、统治机构（Almagor, 1986: 98）。人们认为此地远离欧洲文明，即使在今天，仍然被视为典型的"未开化"之地。

学界一直认为，包括奥莫河下游平原在内的埃塞俄比亚南部与强大的埃塞俄比亚帝国历史无关，因此一直被处于埃塞俄比亚学术中心的历史学研究排除在外，只有人类学家对其进行过研究。这说明，一直以来学术权威对该地区的认知并不准确。但是，1986年出版的唐纳德·多纳姆（Donald Donham）和温迪·詹姆斯（Wendy James）合著的《埃塞俄比亚帝国的南进》（*The Southern Marches of Imperial Ethiopia*），历史性地、实证性地描绘了近代国家形成时期动荡不安的南部各族社会，刷新了人们对该地区的认识。

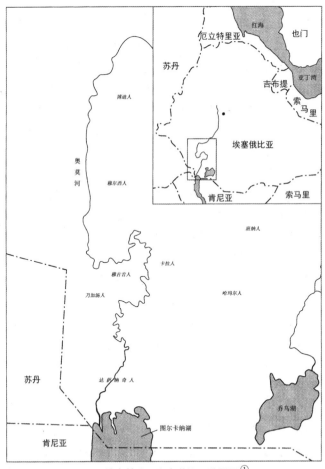

图2　埃塞俄比亚和奥莫河下游平原[①]

---

① 图中斜体文字表示民族群体。

如上所述，特别是 20 世纪中期之后，枪支的流入和普及现象是埃塞俄比亚国家与边境民族关系的极佳指标。该区域具有典型的边境（或边缘）、国境和多元文化的特性，这些特性错综复杂地交织在一起，推动了枪支的流通和普及。笔者将列举生活在奥莫河下游平原中部的穆古吉社会予以说明。

穆古吉和老式枪支

穆古吉（自称科耶格）是一个人口约 500 人的小群体，隶属于东苏丹语支的苏尔玛语族。穆古吉人散居在奥莫河沿岸的河边树林中，以种植高粱和捕鱼为生，还饲养了一些山羊和绵羊。他们可能是这里的原住民，但是没有确凿的证据表明他们从何时开始居住在这里。根据居民的口口相传，现在的穆古吉人来自四个族群，其中最古老的族群修西族据说来自马里莱（现在的达萨纳奇）。在奥莫河沿岸还居住着几个自称为科耶格或库威格的族群，但都因为不养牛而被附近的牧民所鄙视，属于社会底层群体。

我们访问了第一个拥有枪支的穆古吉人。这位穆古吉老人称，大约四五十年前，他用两头牛从班纳人（Banna，穆古吉人的贸易合作伙伴）那里换来了一把孟尼利克二世时期的"索顿"枪。这把枪应该是 19 世纪末意大利产的骑兵用步枪。20 世纪 90 年代，自动步枪传入埃塞俄比亚。在此之前，穆古吉人拥有的枪支大多是 20 世纪三四十年代使用的毛瑟枪和曼利夏枪，所以直到 20 世纪 80 年代末这些枪支依然用于狩猎和战斗。但最近，埃塞俄比亚国内也能生产相应的弹药，而且在边境城镇也可以买到。1988 年，我们开始在穆古吉的村落调查时，拥有老式枪支的人还很少，子弹也很昂贵。枪支也被用作聘礼，当时彩礼的行情是 30 头山羊或绵羊加上一把枪。

那么，穆古吉人是怎么拿到这些枪的呢？大多数是用牛交换的。然而，他们实际上并未养牛。以附近的穆尔西人（Mursi）为例，他们首先去高原上的市场，用含盐量高的土壤来交换咖啡豆壳，这些土壤是奥莫河的特产（叫作穆达泥）；接着，去找住在苏丹边境附近的乃加汤人（Nyandam），与之交换山羊或绵羊；然后再用羊与高原农民交换牛（Turton, 1988: 274）。对于穆古吉人而言，土壤和蜂蜜是重要的贸易品，他们用土壤或蜂蜜换来牛，然后寄养在农牧民班纳人那里。以牛奶作为酬劳，委托班纳人养牛的托管制度是穆古吉人唯一的财产管理制度。另一种说法是，穆古吉人用象牙与班纳人交换枪支。①

　　20 世纪 80 年代末之前，穆古吉人的合作关系和贸易关系以奥莫河下游平原自然条件和社会条件的差异为前提，随着贸易网的发展，枪支这种外来物品逐渐融入人们的生活（图 3）。然而，20 世纪 90 年代，自动步枪取代了老式枪支，这一过程却大不相同。

图 3　扛着枪的穆古吉人

自动步枪的时代

　　从 20 世纪 80 年代中期开始，自动步枪经南苏丹传入奥莫河下游平原。据推测，为了对抗南苏丹的人民解放军，苏丹政府引入了自动步枪，组建了苏丹托普萨民兵，而与托普萨人同一语言集团的乃加汤

---

①　虽然在穆古吉只听说过一例，但是长期调查穆尔西社会的戴维·特顿（David Turton）认为，牧民穆尔西人和居住在该领域内的狩猎民库威格人之间形成了某种约定，其核心是前者负责聘礼，后者提供象牙。特顿指出，随着 19 世纪末埃塞俄比亚帝国开始向南扩张，库威格人逐渐确定了狩猎民的身份（Turton, 1986: 170）。

人又将自动步枪带进了埃塞俄比亚。正如在该地区开展调查的众多人类学家所言，这大大改变了奥莫河下游平原各群体间的军事平衡。[①]

穆古吉人原本从属于卡拉人（Kara），1989年至1990年为争取独立展开了斗争。他们虽然在枪支数量上处于不利地位，但最终取得了胜利，这主要归功于乃加汤人的支援，乃加汤人在自动步枪的数量上拥有压倒性优势（松田，1991；Mastsuda，1994）。这一事件正值埃塞俄比亚社会主义政权倒台，埃塞俄比亚人民革命民主阵线主导的过渡政府成立时期，当时穆古吉人正式被承认为单独的"民族"[②]，并被允许拥有"卡巴雷"（最小的行政单位）。此外，在行政区的管辖方面，穆古吉人也从卡拉人所在的哈玛尔郡变更到乃加汤人所在的库拉兹郡，名副其实地获得了独立。

穆古吉人已经领教了自动步枪的威力，恰在此时，埃塞俄比亚与厄立特里亚的内战结束，大量自动步枪开始在国内市场上流通，偏远地区的枪支价格也随之下降，穆古吉人纷纷购买自动步枪。图4显示了穆古吉人持有步枪累计数量的年度变化，从1990年的无持枪增长到1999年3月的近100把。据统计，每个穆古吉成年男性至少拥有一把枪。1991年一把枪与7头牛等值，1998年和1999年则大致稳定在4头牛左右。

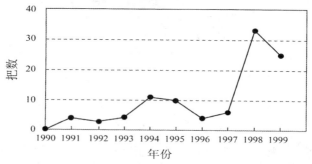

图 4 穆古吉人每年购买的自动步枪数量（1999 年 1—3 月累计）

①　由于乃加汤人的强大，穆古吉人和达萨纳奇人被迫离开他们原来的栖居地（牧场和刀耕火种的耕地等），沦落为地域难民（Abbink, 1993: 220; Turton, 1991; Turton, 1996: 103）。

②　新政府在宪法中讴歌构成埃塞俄比亚的各民族群体的独立和尊严，承认拥有独立语言和文化的群体可以被称为"民族"，允许他们直接参与地方行政管理。

　　笔者最初之所以想调查自动步枪，是因为穆古吉男性都自豪于拥有各式各样名称和类型的枪支。但在实际调查中，关于枪支的名称和型号、原产国、购买时间、购买地点、价格等信息却出乎意料地少。如表1所示，穆古吉人拥有的自动步枪共有9种，但从型号上来看均为AK47（穆古吉人称为克莱什），其余只不过是因生产国不同而出现的细微规格差异。[①] 据我们推测，大部分枪支来源于埃塞俄比亚政府军。原因在于，60%以上的自动步枪从班纳人那里购入，这意味着它们来自埃塞俄比亚高原。也有可能是苏丹政府军和苏丹人民解放军使用过的旧枪，但仅有两挺来自乃加汤人的步枪能够证明这一点。

表1　穆古吉人持有的自动步枪的型号、生产国、挺数

穆古吉人的称呼	型号	生产国	挺数
natolobok chicha parko	Type 56 Type 56（SKS carbine） Type 56-1	中国 中国 中国	59 4 3（共66）
nyad'ed'eya riyada	AKM AK47	苏联 苏联	6 5（共11）
neethe parko ka neethe	MPiKM MpiKmS	民主德国	10 1（共11）
muchacha	M64	南斯拉夫	3
tingul	AK47	保加利亚	2
			共93

表2　穆古吉人购买自动步枪的渠道和数量

购买渠道	挺数（占比/%）
贸易合作伙伴	17（16.8）
非贸易合作伙伴	60（59.4）
穆古吉人	11（10.9）
其他	1（1.0）
不详	12（11.9）
共计	101（100.0）

　　从表2中可以看出，从班纳人那里购入的枪支只占16.8%。笔者曾多次看到班纳男性来到穆古吉村落出售自动步枪，在众人面前一点一点拆解零件，检查磨损程度，并试射品鉴。枪支的价格实际上是固

---

① AK47突击步枪在原先的东边各国都能够生产，关于具体生产国的确认，本文参考了以下资料：東郷，1982；床井，1992；Ezell，1986；Long，1988；Ford，1998。

定的，剩下的就是讨论付款时间和方式。班纳人给人十分谨慎的印象，笔者从未见过交易成功的案例。在信誉第一的热带稀树草原，与陌生人（包括其他民族）进行交易似乎仍然困难重重。

穆古吉人积蓄财富的方式

卡拉人嘲笑穆古吉人是"没有牛、只吃鱼和山货、像低贱恶臭的狒狒似的一群家伙"。尽管事实并非如此，但笔者还是曾简单地把穆古吉人理解成穷人。1991年之后穆古吉人的迅速武装化出人意料。然而随着调查的深入，我们可以看到穆古吉人多年来一直在孜孜不倦地默默积累财富，他们积累财富的方式是通过储存蜂蜜、高粱和穆达泥（即高含盐量土壤）来换取牛，然后寄养在班纳人那里。

除此之外，穆古吉人最近还有另一种积蓄财富的方法——可以称之为弹药生意。先用蜂蜜和高粱换来大约200比尔（约合人民币150元）的现金；接着去乃加汤人那里买100发自动步枪的子弹（每发2比尔），再以每发3比尔的价格出售给班纳人，从而获取300比尔现金；然后去乃加汤人那里，再换150发子弹。重复几次，就能快速得到大约800比尔的现金，然后可以买一头牛。据说穆古吉人将现金都交给班纳人保管，等攒够买4头牛的钱时就购买一把自动步枪。

乃加汤人生活在边境，与南苏丹有联系；班纳人生活在高原，有许多接触阿姆哈拉商人的机会，但他们互不信任，近年来，穆古吉人游刃有余地游走于二者之间，借此积累财富。奥莫河下游平原随处可见的集团间微妙的势差常常影响人、物和文化。这种呼应外界的变化并自由地产生新变化的情况充分说明了该地区的活力。

三、自动步枪带来的现代文明

民族间关系的变化

上一节介绍了老式枪支和自动步枪进入穆古吉社会的过程，这一节将考察20世纪90年代自动步枪的普及所带来的社会影响和人际关系的变化。我们大致分成两部分来探讨，分别为以奥莫河下游平原为中心的民族关系的变化和穆古吉社会内部的变化。

就民族关系而言，自动步枪的普及使得各群体间的力量等级明确化。20 世纪 80 年代中期以后，率先拥有自动步枪的乃加汤人位于各群体的顶端。实际上战斗最为激烈的时期是 20 世纪 70 年代，但 80 年代中期的人们信奉一种单纯的武力逻辑——即使没有实际发生战斗，拥有大量自动步枪和弹药的群体也处于有利的一方。迄今为止，奥莫河下游平原依然存在着以畜牧民价值观为基础的等级序列，其判断依据是长期以来形成的生活方式和社会结构，是一种观念性、综合性的等级序列。该地区的人们原本因环境条件和微观政策的变化（如集团内部争斗和代际摩擦）发生人口流动和迁徙，但近年来，武装化对群体间的等级序列和人口移徙具有决定性意义。

穆古吉人是乘势而上的群体之一。穆古吉人消除了对其身份的污名化，虽然其规模较小，但得到了埃塞俄比亚南部人民政府的承认，被视作一个民族群体。也有倒行逆施的群体，如卡拉人等。这种变化可能是短期现象，但可以说是展示民族群体动态性面貌的典例。

穆古吉社会内部的变化

接着，我们将思考自动步枪的普及对穆古吉社会内部的影响。首先是经济生活的变化。从穆古吉村落到市场和商店所在的城镇最短需要两天的行程，因此即便是现在，穆古吉人基本上还过着自给自足的生活，货币经济的普及程度相当低，之前村子里几乎没有现金交易。随着自动步枪的普及，不只是现金，子弹也作为货币开始流通，以一发子弹等于 2 比尔（约合人民币 1.5 元）的行情，村里经常可以看到高原所产蒸馏酒和咖啡豆壳的交易。

此外，定价的观念也正深入人心。在此之前，人们进行物品交换时不以固定的价格买卖，而是采用赠与或者不等价交换的形式。换言之，物品交换的基础在于人们默认对方会以其他方式返还。但如今，我们经常可以看到人们用子弹交换物品。就这层意义而言，或许可以说产生了商品的范畴。然而，这仅限于外来物品，穆古吉人自己酿造的蜂蜜酒和高粱啤酒等尚未以现金或子弹的形式交易。

随着定价和商品等概念的产生，积蓄财富变得十分目的化。笔者曾指出穆古吉人积蓄财富的意识淡薄（松田，1998）。笔者原以为，穆古吉人的经济体系中缺乏积极地积蓄财富的制度。然而，正如上一节所述，穆古吉人通过弹药生意获得耕牛，然后购入自动步枪，现在这已成为其积累财富的常见方式。以此为契机，有些穆古吉人开始批发蒸馏酒卖给村里的老人，或者向游客售卖简单雕刻的椅子。或许在穆古吉人的历史上，他们从来没有像最近两三年那样热衷于购买自动步枪。

关于积蓄财富的目的化如何影响穆古吉人的多元化生存策略，还需要长期观察，因此目前仅能推测。穆古吉人种植（以高粱为主）、捕鱼、采集蜂蜜、狩猎、饲养小型家畜、采摘野生植物等，从事所有力所能及的劳动，但采集蜂蜜的比重现阶段似乎并未提高，尽管这是获取现金的捷径。对于穆古吉人而言，蜂蜜是神的恩赐，是森林母亲的产物，也是重要的礼物，但也很有可能失去神圣性、多义性，成为最接近现金化和商品化的产品。

我们也有必要从社会性别的角度来思考自动步枪的普及。拥有自动步枪的清一色都是男性，尚无女性购入枪支的先例。以南苏丹的东努尔社会为例，并无词语和行为特别强调枪支的力量和男子气概之间存在着意识形态关系。[1] 可以说，这是因为枪支对社会的渗透程度存在差异，包括在战争时期。出人意料的是，穆古吉人从未有过使用这些自动步枪的大规模战斗。

从杀伤力的角度来说，子弹较大的老式枪支更具破坏力，但由于自动步枪具有可以连发 30 枚子弹的威慑力，人们普遍认为自动步枪是"伏击杀人的卑鄙武器"。因此，与老式枪支不同，自动步枪不能用作聘礼，据说用自动步枪娶来的妻子无法生育。这也说明，在穆古吉人的观念中，自动步枪是全新之物，而不是其他已有物品的替代物

---

① 参见 Hutchinson（1996: 134, 149-150）。爱德华·埃文思–普里查德（Edward Evans-Pritchard）曾为努尔人写过详细的民族志。而沙伦·哈钦森（Sharon Hutchinson）在努尔人生活的地区进行了周密的访问调查，以此为基础，在著作中描述了过去 60 年努尔社会的变化。研究发现，努尔社会人际关系的纽带曾经是"血""牛""食物"等象征性事物，现在则是"货币""枪支""纸张（政府或权力）"等隐喻性表达。在枪支带来了价值观的变化这一点上，哈钦森的著作有许多值得借鉴之处。

（如老式枪支）。

除此之外，自动步枪的直接影响是近几年穆古吉人之间突发的伤亡事件。1997 年和 1998 年，笔者听闻了三起此类事件，都是因为醉酒后争吵，持枪攻击对方或者因激动而乱开枪造成的射杀事件。也有发生在兄弟之间的伤亡案例。但笔者自 1988 年开始调查，直到 1996 年，从未听闻此类伤亡事件，而且过去争吵时使用的武器是盾和棒。因此，我们不得不认为，发生这类事件的原因在于最近枪支在穆古吉人生活中的普及。

据说，发生射杀事件后，肇事者的所有亲属都会离开村庄在森林等地暂住一段时间。在合适的时机，双方的亲属会聚集在一起，举行聚餐仪式，之后恢复到正常的关系，但这种避居森林的行为甚至会持续十余年。穆古吉人的居住形态原本是在河岸树林中散居，受附近政治形势和自然事件（如暴雨导致河水泛滥）而聚散离合，以彼此之间联系自由为特征，但自动步枪导致的伤亡事件也侧面左右了群体的行动。

武装化少数民族的真实面貌

综上所述，20 世纪 80 年代中期起的自动步枪普及正使奥莫河下游平原这一地域社会的人类群体单纯以武力排列等级。如今，这一原则大大改写了奥莫河下游平原的民族生态。此外，自动步枪的普及使得穆古吉人社会内部的多样化价值朝简单化的方向发展。货币或货币性的物品带来了定价的概念，赠予或不等价交换为基础的物物交换正成为过去。此外，我们完全可以预见，购买自动步枪这一具有目的性的行动将使得与穆古吉人的自然观息息相关的蜂蜜的象征性意义变得更加现实。自动步枪的不断普及带来的韦伯式理性主义的社会，将使得穆古吉社会生活迅速现代化。

虽然轻易使用现代化的概念略显草率，但我们更应关注穆古吉社会的不同寻常之处：它的现代化是由武器带来的，而非商品经济、雇佣劳动、教育和基督教布道。从后殖民主义的角度来看，奥莫河下游平原的问题是，应当如何定义自动步枪的传入早于金属炊具的地区，以及那里的人们今后将如何生活。

那么，穆古吉人是"受自动步枪普及的影响而变得暴力、无秩序的人们"吗？笔者对这种固有成见表示怀疑。如果我们从微观的角度来详细说明这个现象，则会得出一个统一的观点。

进入 20 世纪 90 年代后，也就是自动步枪普及后，穆古吉人未经历过使用枪支的大型战役。这大概是因为附近的群体中也有一种自我克制的氛围，与核武器的影响力相似，可以称之为"枪支威慑论"。即使与 20 世纪 70 年代相比，族群之间冲突的频率和规模似乎也并未扩大（Fukui & Turton, 1979）。1990 年左右，脱离卡拉人的斗争使穆古吉人获得了独立，这与其说是武装化的结果，不如说是顺应了本质主义的战略。新生国家埃塞俄比亚煽动了穆古吉人的"民族"自觉性，让其意识到自身是一个拥有固有文化的"民族"，而过去阿姆哈拉人的统治则处于对立面。从时间先后来说，在取得独立之后，穆古吉人才真正开始实际的武装化。在这种情况下，"手持武器、高喊民族独立的群体"这一形象只不过是我们先入为主的看法。

此外，在上一节中提到了自动步枪的普及引发的伤亡事件，这三起事件中肇事者都在中年以上，可以说是深切体验过没有枪支的不安和恐惧的一代人，或者也可以说是武装化、独立自主后迷失的一代人。与此相对，年轻一代似乎更加冷静地看待能够大量获得自动步枪这一事实。对于许多年轻人而言，他们入手的第一把枪就是自动步枪。因此，对自动步枪普及现象的接受度存在着代际差异。此外，虽然笔者未曾听闻穆古吉妇女对于武装化的意见，但笔者认为男女之间可能存在更大的观念差异。

虽然只有少数案例，但即使是穆古吉这样的小型社会，自动步枪在代际间和男女间的渗透方式也并不相同。穆古吉社会引进自动步枪才 10 年，如果不与沙伦·哈钦森研究的努尔社会的事例相比较，那么很难说自动步枪已经融入了穆古吉社会。如果物品融入社会生活后才产生文化，那么我们不能说穆古吉社会存在"自动步枪文化"。本文以自动步枪的普及为话题，探讨了奥莫河下游平原上的后殖民主义问题，但必须避免因过分强调自动步枪的冲击力，而扁平化地理解其与社会的关系。笔者认为，我们应警惕在人类学话语中隐晦地渗透东方主义。①

　　20 世纪无疑是战争的世纪。除了两次世界大战，在 20 世纪后半期，地区纷争、民族冲突的浪潮席卷全球。换言之，具有讽刺意味的是，我们通过战争与世界人民保持着联系，进而意识到我们生活在同一个时代。然而，战争又极端阻碍沟通。尽管这存在巨大的悖论，但人们通过战争的工具（即枪支）试图恢复沟通交流的尝试在今后的一段时间内仍然有效。②

参考文献

岡倉登志、1999、『エチオピアの歴史―"シェバの女王の国"から"赤い帝国"
　　崩壊まで』、明石書店

栗本英世、1996、『民族紛争を生きる人びと―現代アフリカの国家とマイノ
　　リティ』、世界思想社

栗本英世、井野瀬久美惠、1999、『植民地経験―人類学と歴史学からのアプ
　　ローチ』、人文書院

栗本英世、1999、『未開の戦争、現代の戦争』、岩波書店

関根康正、1997、「『不可触民』はどこへ行ったか？―南アジア人類学にお
　　ける『植民地主義と文化』という問題」、山下晋司、山本真鳥編『植民
　　地主義と文化―人類学のパースペクティヴ』、新曜社、307―347 頁

東郷隆、1982、「カラシニコフ物語―AK 突撃銃のプロフィール」、東郷隆『戦
　　場はぼくらのおもちゃ箱』、徳間書店、135―145 頁

床井雅美、1992、『AK47 & カラシニコフ・バリエーション』、大日本絵画

増田研、2001、「武装する周辺―エチオピア南部における銃・国民・民族間関係」、
　　『民族学研究』第 65 巻第 4 号、313―340 頁

---

①　关根康正在考察如何认识印度的贱民的论文中指出，"批判殖民主义，（中略）很容易代入分析者自身对研究对象的描述中，只有以'观察者'的权力性视角才能找到真相"，并呼吁将视角转换成"体验者"（関根，1997：312）。该地区逐渐摆脱"未开化"的形象，视角转换对于重新认识该地区历史化、政治化的过程至关重要。

②　在本文完稿之前，增田研发表了主题为埃塞俄比亚西南部班纳社会武装的论文（增田，2001）。虽然分析方法存在着共性，也有很多内容可参考借鉴，但很遗憾本文中未能反映其内容。笔者阅读后发现，增田的论文在从后殖民主义的角度看待枪支的流入和普及现象，如何看待对于历史情况各自的参与等问题上与本文存在不同。

松田凡、1991、「民族集団の『併合』と『同化』―エチオビア西南部 KOEGU をめぐる民族間関係」、『アフリカ研究』第 38 号、17―32 頁

松田凡、1998、「余剰はどこへ行ったのか？（「カール・ボラソニー再発見」六）」、『経済セミナー』第 525 号、100―105 頁

Abbink, J., 1993. "Famine, Gold and Guns: The Suri of Southwestern Ethiopia, 1985–1991." *Disasters*, 17(3): 218-225.

Almagor, U., 1986. "Institutionalizing a Fringe Periphery: Dassanetch-Amhara Relations." D. Donham & W. James (eds.). *The Southern Marches of Imperial Ethiopia: Essays in History and Social Anthropology*. Cambridge: Cambridge University Press. 96-115.

Aregay, M. W., 1980. "A Reappraisal of the Impact of Firearms in the History of Warfare in Ethiopia (c. 1500–1800)." *Journal of Ethiopian Studies*, 14: 98-121.

Donham, D. & W. James (eds.), 1986. *The Southern Marches of Imperial Ethiopia: Essays in History and Social Anthropology*. Cambridge: Cambridge University Press.

Ezell, E. C., 1986. *The AK47 Story: Evolution of the Kalashnikov Weapons*. Harrisburg: Stackpole Books.

Ford, R., 1998. *The World's Great Rifles*. London: Brown Books.

Fukui, K. & D. Turton (eds.), 1979. *Warfare among East African Herders. Senri Ethnological Studies 3*. Osaka: National Museum of Ethnology.

Garretson, P., 1986. "Vicious Cycles: Ivory, Slaves, and Arms on the New Maji Frontier." D. Donham & W. James (eds.). *The Southern Marches of Imperial Ethiopia: Essays in History and Social Anthropology*. Cambridge: Cambridge University Press. 196-218.

Hutchinson, S. E., 1996. *Nuer Dilemmas: Coping with Money, War, and the State*. Berkeley: University of California Press.

Levine, D. N., 1974. *Greater Ethiopia: The Evolution of a Multiethnic Society*. Chicago: University of Chicago Press.

Long, D., 1988. *AK47: The Complete Kalashnikov Family of Assault Rifles*. Boulder: Paladin Press.

Marcus, H., 1994. *A History of Ethiopia*. Berkeley: University of California Press.

Matsuda, H., 1994. "Annexation & Assimilation: Koegu and Their Neighbours." K. Fukui & J. Markakis (eds.). *Ethnicity and Conflict in the Horn of Africa*. London: James Currey. 48-62.

Matsuda, H., 2001. "Guns and Political Visibility among the Muguji of the Lower Omo Valley." D. Donham et al. (eds.). *Controlling of Space in Ethiopia*. London: James Currey.

Turton, D., 1986. "A Problem of Domination at the Periphery: The Kwegu and the Mursi." D. Donham & W. James (eds.). *The Southern Marches of Imperial Ethiopia: Essays in History and Social Anthropology*. Cambridge: Cambridge University Press. 148-171.

Turton, D., 1988. "Looking for a Cool Place: The Mursi, 1890s–1980s." D. Johnson & D. Anderson (eds.). *The Ecology of Survival: Case Studies from Northeast African History*. London: Lester Crook Academic Publishing. 261-282.

Turton, D., 1991. "Movement, Warfare and Ethnicity in the Lower Omo Valley." J. Galaty & P. Bonte (eds.). *Herders, Warriors, and Traders: Pastoralism in Africa*. Boulder: Westview Press. 145-169.

Turton, D., 1996. "Migrants & Refugees." T. Allen (ed.). *In Search of Cool Ground: War, Flight & Homecoming in Northeast Africa*. Switzerland: UNRISD. 96-110.

Zewde, B., 1991. *A History of Modern Ethiopia 1855–1974*. London: James Currey.

何谓非洲的民主化

——尼日利亚教派纷争的意义

户田真纪子

引 言

1999 年 5 月 29 日是新总统奥卢塞贡·奥巴桑乔（Oluşẹgun Ọbasanjọ）[①]就职典礼的日子，尼日利亚全国都沉浸在欢乐的气氛中。因为时隔 15 年，尼日利亚再次迎来了民主化。不料，大约九个月后就发生了一周内近千人遇害的大暴乱。

20 世纪 90 年代也被称为非洲"民主化"的时代。[②]联合国、世界银行、国际货币基金组织、各援助国和非政府组织一直致力于在非洲实现民主化。面对这种情势，非洲人民理应喜出望外。但现实又如何呢？这种"非洲的民主化"给非洲人民带来幸福了吗？

非洲大陆在卷入"民主化浪潮"后，冲突与过去相比有增无减。1991 年，塞拉利昂爆发内战。联合国在索马里的干预失败后，索马里仍旧长期处于无政府的混乱状态。在联合国的斡旋下，安哥拉原本应在 1994 年结束内战，但争取安哥拉彻底独立的全国联盟领袖若纳斯·萨文比（Jonas Savimbi）不满意总统选举结果并再度发动内战，战火直至今日仍未平息。卢旺达内战令人记忆犹新，自 1994 年 4 月起，仅三个月就有 80 万人遭到屠杀。邻国布隆迪也发生了屠杀和内战。刚果民主共和国（原扎伊尔共和国）亦是如此。

[①] 1976 年至 1979 年，奥巴桑乔担任将军，统领军政府。退役后，他在经营大种植园的同时，也活跃于国际舞台。1999 年 2 月，奥巴桑乔在总统选举中胜出，开始领导文职政府。

[②] 让－弗朗索瓦·巴亚尔（Jean-Francois Bayart）否定了民主化浪潮从东欧涌入非洲的观点，认为非洲的民主化进程在此之前就已经出现，但被从冷战中获利的独裁政权击垮了（Bayart, 1993）。

　　上述塞拉利昂、索马里、安哥拉、卢旺达、布隆迪和刚果民主共和国都曾通过宪法修正案，推翻军政府或过渡到多党制。本文提到的尼日利亚联邦共和国也完成了民主转型。不可思议的是，在奥巴桑乔文职政府执政的一年中发生的民族和宗教冲突比萨尼·阿巴查（Sani Abacha）军事统治时期还要多。为何在这些国家，民主主义无法带来和平呢？

　　非洲冲突频发的原因往往被认为是"民族对立"。但这一解释过于简单了。笔者论述过，这种"神话"并非引发纷争的真正原因。[①] 仅仅是民族和宗教的不同并不会引发伴随种族灭绝的冲突。冲突源自更加结构性的问题。首先，精英阶层在利益问题上的分歧显而易见。除非建立一个能够确保精英们的斗争不会发展成冲突的制度，否则民主就无法建立，和平也无法到来。其次，收入差距（高失业率）、低识字率等经济层面的原因严重影响了参与冲突的民众（特别是年轻人）。如果这些问题得不到解决，即使好不容易建立了多党制文职政府，也只会像安哥拉一样，面临反政府势力再次发起战争的处境，或者像曾经的尼日利亚一样，通过武装政变重新回归军政府。

　　更重要的问题是，如何处理军政府遗留的负面遗产。提起军队，或许有的人印象里是纪律严明、廉洁干净。但大多数情况恰恰相反。在军政府时期手握诸多特权的军人集团，为了在民主转型后仍能维护其既得利益或为了明哲保身而焦头烂额。即便民主转型结束后，在原军政府时期捞足油水者依然如故。处置军队的困难就在于此，智利的奥古斯托·皮诺切特（Augusto Pinochet）将军 [②] 如何处理骚动以及印度尼西亚马鲁古群岛发生的惨剧也是对此的印证。为了维护既得利益，他们将采取何种战术？下文提到的尼日利亚教派纷争也将说明这一点。

　　自 1983 年 12 月 31 日武装政变以来，存续了 15 年的尼日利亚军

① 参见戸田（2000）等。
② 智利政治家、军人，曾出任智利总统和陆军总司令。皮诺切特执政期间，制定 1980 年宪法，经济上进行新自由主义改革并取得显著成效，创造了智利经济奇迹，外交上实行"拉美民族主义"的外交政策，积极发展同亚太地区国家的关系。——译者注

政府倒台，奥巴桑乔总统领导建立了第四共和国。然而，人们期待已久的和平与稳定并未到来，民主转型后冲突发生的次数甚至比军政府时期还要多。为了平衡民主主义与政治稳定，政府面临着各种各样的困难。其中，大部分是军政府遗留下来的负面遗产。石油生意的正常经营遭到了原本手握特权的军人集团的强烈抵制。在此次教派纷争的幕后，军人集团的影响尤为显著。

下面，我们将以 2000 年 2 月造成巨大伤亡的尼日利亚教派纷争为例，关注阻碍尼日利亚民主化进程的因素，特别是如何清算过去的军事政权这一问题。

一、尼日利亚的民族地方主义

尼日利亚位于西非，过去是英国的殖民地，1960 年获得民族独立。尼日利亚有大大小小近 300 个民族（图 1）。其中，北部的豪萨人、富拉尼人、卡努里人（Kanuri）、蒂夫人（Tiv）、努佩人（Nupe），西南部的约鲁巴人（Yoruba）、埃多人（Edo），东南部的伊博人（Ibo）、伊比比奥 – 埃菲克人（Ibibio-Efik）、伊乔人（Ijo）①，这十大民族约占总人口的 80%。处于各地区统治地位的三大民族豪萨人、约鲁巴人和伊博人超过总人口的 60%（表 1）。如果我们要介绍尼日利亚的政治面貌，即便往大了说，它也分为南北两个文化领域。（石川，1987）考虑到偌大的欧洲可概括为一个文化领域，我们可知尼日利亚南北文化差异之大。

---

① 亦称"伊乔乌人"（Ijaw），自称"伊杰人"（Ije）。尼日利亚民族之一，属尼格罗人种苏丹人类型。伊乔人分布在尼日尔河三角洲东半部，至与喀麦隆交界地区，为尼日尔河三角洲的土著居民。——译者注

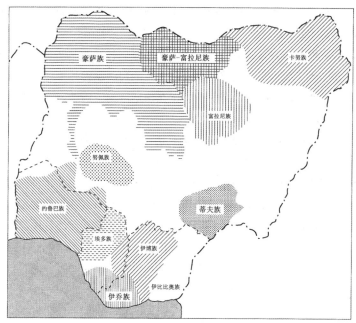

图 1　尼日利亚的民族分布

表 1　尼日利亚的民族构成 [1]

统治地区	民族	占比/%
北部	豪萨人、富拉尼人 卡努里人 蒂夫人 努佩人	28.1 4.2 2.5 1.1
西部	约鲁巴人 埃多人	16.1 1.5
东部	伊博人 伊比比奥－埃菲克人 伊乔人	17.9 2.7 1.1
合计	/	75.2

　　1804 年，富拉尼族的伊斯兰领袖奥斯曼·丹·福迪奥（Usman dan Fodio）在尼日利亚北部发动战争，建立了以伊斯兰教为国教的索科托

①　表 1 根据 Coleman（1958: 15）中的内容制作而成。

帝国。而那些被奥斯曼授予白旗、担任地方战争指挥官的将军们，成了酋长国（emirate）的创始人——"埃米尔"。英国在殖民统治时期选择了埃米尔作为殖民地的经营者。在征服尼日利亚北部时，英国保障了合作伙伴埃米尔的地位，并允许原有的司法制度和管理制度继续运行。此外，还承诺不干涉伊斯兰教在该地区的统治地位。这进一步强化了北部的"传统"。

因此，地域差异的原因并不在于殖民地化之前各民族的"传统"。目前出现在国家政治舞台上的许多非洲民族都拥有着因殖民地化而"被创造"的历史。[1] 可以毫不夸张地说，尼日利亚也是在殖民地时期形成了牢固的民族主义和地域主义。1914 年北尼日利亚保护地和南尼日利亚保护地合并后，英国仍然分别统治北部和南部，使其像是两个完全不同的国家。[2] 在南部，基督教传教团建设了学校，推行了欧洲的现代化教育，而在北方，传教团的活动受到严格限制，普通人只能接受以背诵《古兰经》为主的传统伊斯兰教育。于是，自从 1939 年北部、西部和东部三区成立以来，地域主义和民族主义持续高涨。

在尼日利亚独立之际，英国制定了一个给将来埋下祸患的制度，即让第一共和国的众议院席位分配有利于北部。在殖民地时期，直至《李特尔顿宪法》（Littleton Constitution，1954 年制定）之前，南部和北部的众议院席位分配都是相等的，而 1957 年 5 月伦敦宪法会议上的决定彻底改变了这种状况。在这次会议上，北部的众议院席位份额首次超过南部，从而决定了第一共和制时北部处于统治地位（图 2）。

---

① 当然，这并非从"无"到"有"的创造。参见戸田（1990）。

② 英国政府承诺不干涉伊斯兰教作为北部的统治宗教，这进一步加强了北部的"传统"。北部居民在宗教、服装、建筑和生活方式等方面都未受到过外界的影响。因此，很少有北部人接受过技术人员和医生等现代职业所需的西式教育，政府或企业雇用的低级职员也多为在尼日利亚南部接受过教育的人。

尼日利亚北部的精英通晓伊斯兰教教法，精通阿拉伯语。英国政府间接统治的方式是根据伊斯兰教教法对当地民众进行审判，因此需要相应的人才。然而，不论现代化的是曲直，保守的北部和"西化"的南部之间的差距一直在变大。尼日利亚独立后，南北部严重互不信任的原因之一就是"西化"程度的差异，特别是北方精英极度恐惧被"西化"的南部统治。让完全不同文化背景的南部和北部合为一个国家，并使差异进一步扩大，英国有着不可推卸的责任。

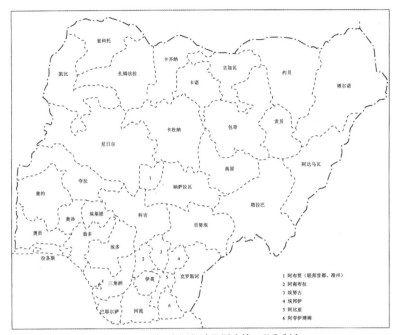

图 2　尼日利亚各州行政区划（第一共和制）

此后，尼日利亚历届政府首脑几乎都来自北部，无论是文职政府还是军政府。此外，在军队中也是北部出身的人士掌权。因此，在比亚法拉战争以后直到第四共和国建立之前，随着东南部出身者被排除在外，北部出身者垄断了权力的中心，处于最接近特权的位置（图 3）。

二、军事政权的踪迹

尼日利亚独立已有 40 余年，但独立以来的大部分时间都处于军政府的统治之下。第一共和制因 1966 年的武装政变落下帷幕，始于 1979 年的第二共和制以 1983 年末的武装政变告终，原本应在 1993 年诞生的第三共和制因为 6 月举行的总统选举结果被宣布无效而胎死腹中。无论哪个时期，政变的理由都是文职政府的贪污、腐败和混乱。虽然事实确实如此，但我们不能因此就认为不经过民主程序的政权更

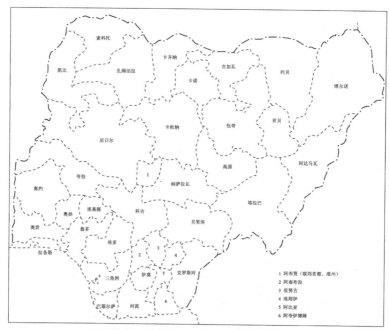

图 3 尼日利亚各州行政区划（第四共和制）

迭应该被允许，并且军政府也并非与贪污、腐败和混乱绝缘。通过军政府时期发起政变的主谋的主张，我们就可以清楚地知道这一点。

让我们追溯阿巴查军政府给第四共和国留下的负面遗产。1993年11月，阿巴查将军通过政变成为尼日利亚元首。他废除了参议院、众议院、州议会和政党等所有民主机构，还驱逐了一名军官，因为其曾效忠于原军政府的领袖易卜拉欣·巴达马西·巴班吉达（Ibrahim Badamasi Babangida）将军。1994年6月，宣称自己在一年前的大选中获胜的总统候选人莫舒德·阿比奥拉（Moshood Abiola）蒙冤入狱。阿巴查镇压了罢工抗议，并在之后拘留民主活动人士，实行高压统治。10月，联邦高等法院判决拘留阿比奥拉是非法的，但阿巴查政府对此置之不理。

1995年3月，许多军官因政变未遂（这一罪名实际上是捏造的）而被处决或驱逐。前国家元首奥巴桑乔（同时也是现任总统，他在

1976 年至 1979 年担任军政府的元首，并成功地推动了第二共和国的民主转型）和他的左膀右臂谢胡·亚拉杜瓦（Shehu Yar'Adua）也被逮捕，且未经审判就被关入监狱。国家对民主活动人士的逮捕仍在继续。之后，军事法庭判处奥巴桑乔 25 年徒刑，亚拉杜瓦和其他 13 名军官死刑。由于国际社会的抗议，军官们的死刑被豁免并获得了减刑。11 月，抗议尼日利亚奥格尼地区壳牌石油公司造成了环境破坏的人权活动家肯·萨洛－威瓦（Ken Saro-Wiwa）被无辜处决，阿巴查政权也因此受到国际谴责。

罔顾民主和人权的阿巴查政权很快迎来了终结。1998 年 6 月，阿巴查猝死。继任的阿卜杜勒萨拉米·阿布巴卡尔（Abdulsalami Abubakar）政权[1]成功地完成了民主转型。1999 年 5 月，奥巴桑乔文职政府诞生。此后，在奥巴桑乔的领导下，军政府时期的腐败现象一个接一个地浮出水面。除了约翰逊·阿吉伊－伊龙西（Johnson Aguiyi-Ironsi）将军和奥巴桑乔以外，历届军政府的元首均来自北部，因此来自北部尤其是西北部的人掌握着特权。但如今他们将面临失去特权，甚至被追究为罪犯的局面。阿巴查家族非法敛财事件[2]被揭露，而屈死狱中的亚拉杜瓦实际上是阿巴查下令杀害的。2000 年 2 月的尼日利亚教派纷争就是在这样的政治背景下发生的。

三、2000 年 2 月的教派纷争梗概

2 月 23 日 读卖新闻速报

【约翰内斯堡 2 月 23 日 记者森太】在西非，关于引进伊斯兰教教法（沙里亚法）的问题，尼日利亚穆斯林和基督徒之间的矛盾正在激化。

伊斯兰教教法禁止卖淫、酗酒、男女同校，违者将面临截肢等严厉的惩罚。上个月 27 日，尼日利亚北部的赞法拉州实施了伊斯兰教教法，卡齐纳州等六个州正在酝酿实施。在赞法拉州，

---

[1] 与现任副总统阿提库·阿布巴卡尔（Atiku Abubakar）并非同一人。
[2] 据说涉案金额在 80 亿至 100 亿美元之间。参见：*Newswatch*, July 24, 2000, p.24.

对饮酒的穆斯林公开施行了 80 次鞭刑。

虽然伊斯兰教教法的适用对象仅限于穆斯林，但其遭到了基督徒的强烈反对，他们认为"施行某一特定宗教的法律很可笑"。因此，基督徒与穆斯林的矛盾更加深化。

2 月 23 日 共同通信社新闻速报

【内罗毕 2 月 23 日 共同社】根据尼日利亚的报道，该国警方称，围绕引进伊斯兰教教法的问题，北部的卡杜纳州的基督徒和穆斯林之间自 21 日起发生斗争，截至 23 日死亡人数已经超过一百人。

23 日下午，该州首府卡杜纳市以及周边地区军事力量增强，实施全天禁止外出措施后，骚乱得到了平息。

3 月 1 日 时事通信社新闻速报

【拉各斯（尼日利亚）1 日 AFP 时事社】关于伊斯兰教教法所引发的尼日利亚民族对立事件，军方人士表示，3 月 1 日，在南部城镇阿巴被杀害的穆斯林人数超过 450 人。针对这一事态，总统奥巴桑乔将于当天下午 9 时（日本时间 2 日上午 5 时）通过广播呼吁国民保持冷静。

上周末，在穆斯林占多数的尼日利亚北部城市卡杜纳，众多伊博族基督徒遇害。① 作为报复，伊博人主导的暴力行动蔓延到阿巴，在 2 月 28 日和 29 日屠杀了多名豪萨族穆斯林。29 日起，阿巴开始部署军队。

---

① 笔者认为将欧洲民族群体称为"民族""……人"，而将非洲民族群体称为"部落""……族"的表达方式存在歧视意识，因此本文使用的称呼是"民族""……人"（同时保留新闻原文用词）。

3月1日 时事通信社新闻速报

【阿布贾2月29日AFP 时事社】据尼日利亚政府消息，29日，之前酝酿引进伊斯兰教教法的该国北部三州取消了这一决定。

副总统阿布巴卡尔在接受记者采访时表示，取消是在总统奥巴桑乔主持的该国36州州长紧急会议上做出的决定，并"获得了北部三州州长的同意"。

正如新闻所示，2000年2月21日，尼日利亚北部的卡杜纳州（25%以上的人口是基督徒）发生了暴乱。为了对抗穆斯林全面引进伊斯兰教教法的决定，基督徒们发起了反对引进伊斯兰教教法的示威活动，示威活动持续两周，双方发生了冲突，最终引发了暴乱。暴乱导致数百人死亡，数十亿奈拉损失，以及数千人无家可归。此外，在北部遇害的南部商人（基督徒，尤其是伊博人）的尸体引发了伊博人的复仇活动。根据当地报道，南部城镇阿巴有450人遇害。

这里值得注意的是，一名退伍军人因为运送武装的穆斯林年轻人而被捕。尼日利亚1998年总统大选暂且不谈，奥巴桑乔赢得北方退伍军人的支持成为总统候选人，以及其领导的政府着手进行国家军队改革并大规模裁军，都是有助于我们分析此次暴乱的重要因素。

卡杜纳暴乱的前因

据说尼日利亚的宗教结构是"穆斯林占50%""基督徒占40%""传统宗教徒占10%"。如上所述，尼日利亚北部建立了伊斯兰国家——索科托帝国。索科托帝国的版图一直延伸到尼日利亚西南部约鲁巴人的土地上，但当时的英国殖民势力阻止了它的发展。尼日利亚的宗教分布如图4所示。位于南北部分界线的中部地带是非伊斯兰地区。在伊斯兰地区也有许多城镇居住着南部出身的基督商人。

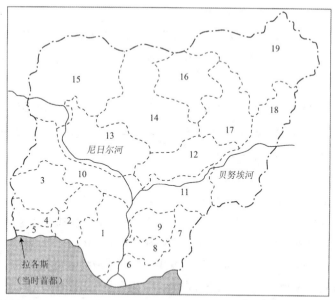

1埃多州（7.4），2翁多州（12.3），3奥约州（62.4），4奥贡州（54.3），5拉各斯州（44.3），6河流州（0.2），7克罗斯河州（0.6），8伊莫州（0.1），9阿南布拉州（0.6），10夸拉州（75.2），11贝努埃州（11.3），12高原州（25.7），13尼日尔州（59.7），14卡杜纳州（56.4），15索科托州（97.6），16卡诺州（97.4），17包奇州（80.6），18阿达马瓦州（34.1），19博尔诺州（93.1）（括号内的数字为穆斯林的占比 /%）

图 4　尼日利亚州界线、各州名称及宗教分布（第二共和制）[①]

在殖民地时期，虽然政府禁止了截肢、石刑等特定的刑罚，但基本上保留了伊斯兰教教法。尼日利亚第一共和国时期采用的刑法也删除了上述刑罚，并以伊斯兰教教法为基础。据说当时北部的政治领袖尊重与基督徒达成的协议。第二共和国宪法允许在必要的州设立州伊斯兰法院，但将管辖权限于伊斯兰私法方面的民事诉讼。

伊斯兰教教法只限于民事，这是北方先民中的穆斯林与基督徒之间建立的共识与传统。第二共和国后，扎姆法拉州州长艾哈迈德·萨尼（Ahmed Sani）反对这一全民共识。

---

① 图 4 根据 Bienen（1985: 171）中的内容制作而成。

　　1999 年 10 月，扎姆法拉州（穆斯林占 98%）的州长萨尼决定在
该州引进伊斯兰教教法（1999 年 10 月 8 日签署，同年 10 月 27 日公
布，2000 年 1 月 27 日实施）。其内容还影响了居住在该州的基督徒，
包括单性别教育、禁止男女同乘摩托车等。实施伊斯兰教教法后受罚
的案例有：因酗酒被鞭打 80 次；对殴打妻子而导致其门牙断裂的丈夫
实施罚款（如果无法支付罚款，则需打断自己的牙齿或征得妻子的原
谅）；因婚前性行为被鞭打；因摩托车后座搭载女性 ① 遭到起诉。萨尼
州长反复说明非穆斯林不会受到影响，但基督徒还是持续逃离该州，
这导致银行存款大量流失。正如前文所述，单性别教育等实际上也会
影响非穆斯林，但是萨尼州长认为这是一个 "好的影响"。州长的这种
态度遭到了来自基督教团体的批评。此外，法案签署后，两座教堂遭
到纵火焚烧。

　　为了支持萨尼州长，卡杜纳州、卡诺州（该州议会比州长更积
极），以及凯比州、卡齐纳州、约贝州和尼日尔州的州长们也表示要
考虑引进伊斯兰教教法，但这不是竞选承诺，也没有明确计划。可以
说这一举动是为了获得民众的支持，从而在民主的关键环节——"选
举"中取胜。事实上，受到伊斯兰教教法游说压力的卡诺州州长拉
比·宽库瓦索（Rabiu Kwankwaso）曾担心，若告知民众他拒绝引进伊
斯兰教教法，那他此前的业绩将化为乌有，从而影响到连任。

　　并非所有的穆斯林都赞成全面引进伊斯兰教教法。关于穆斯林与
非穆斯林在卡诺州萨博加里地区（该地区基督徒占多数，由南部出身
者统治）的关系，伊斯兰教教法教授主导的委员会得出的结论是，在
涉及酒水的销售等商业利益上，有必要做出让步。为了获得世俗国家
的财政支持，宗教领袖中也有主张宽松的稳健派。此外，也有激进派
领袖反对在世俗国家引进伊斯兰教教法。当然，的确有些领袖声称伊
斯兰教教法高于宪法，但伊斯兰领袖们绝不是如磐石般团结一致的。

暴乱的结局

　　正如前文最后一篇新闻所述，联邦政府于 2 月 29 日召开了一次

---

① 在非洲，除了出租车和公共汽车，后座载客的摩托车和自行车因为其便捷性而大受欢迎。

全国州长会议，会议宣布撤销在北部全面推行伊斯兰教教法的决定。据报道，政府以削减财政支持为由，迫使萨尼州长和宽库瓦索州长撤回该计划，但事情并未因此迅速得到平息。首先，会议的结果遭到了来自伊斯兰教教法支持者的反击。例如，北部出身的前总统谢胡·沙加里（Shehu Shagari）和穆罕马杜·布哈里（Muhammadu Buhari）立即否认了官方消息，每次暴乱都被当作目标的东南部伊博人（基督徒）中甚至出现了"比亚法拉战争 ① 再起"的强烈抗议。问题依然悬而未决，但截至 2000 年 8 月，不顾总统奥巴桑乔的反对 ②，北部的六个州已经引进了伊斯兰教教法。

四、政治分析

在世界各地发生的民族和宗教冲突中，有多少是纯粹为民族和宗教认同而战的呢？以印度尼西亚马鲁古群岛的教派冲突为例，穆斯林和基督徒的报复性战争的背后，军方的参与不容忽视。尼日利亚此次教派纷争可以说是如出一辙。

自独立以来，尼日利亚的国家元首几乎均来自北部，而奥巴桑乔总统是来自西南部的约鲁巴人基督徒。为了平衡南部和北部，副总统阿布巴卡尔是来自北部的穆斯林。尽管已经考虑到了地区的平衡，但北部的年轻精英仍然持反对态度，认为这是一个亲南部的政权，这种危机感来源于其之前的既得利益正在丧失。在向第四共和国过渡之前，北部商人不需要付出任何努力，生意就会纷至沓来。然而，自从奥巴桑乔当选总统以来，市场变成了自由竞争，北部商人不得不提供和南部商人相同的条件才能获得订单，利润自然也会减少。不仅是商业领域，据说奥巴桑乔政府试图摆脱西北部对所有领域的控制。对于

---

① 1967 年，尼日利亚东南部的伊博人发布了独立宣言，宣告当时的整个东部州为比亚法拉共和国（Republic of Biafra），北部主导的联邦政府不承认这一宣言，内战随即爆发。1970 年，在英国和苏联的支持下，联邦政府取得了胜利并宣告战争结束。2000 年 8 月笔者访问的一位伊博妇女说，战争期间自己还是个孩子，靠吃草和蜥蜴活了下来，但也有母亲的所有孩子都饿死了，与最近的科索沃悲剧相比，比亚法拉战争有过之而无不及。根据她的说法，有 600 万人丧生。

② 2000 年 3 月 1 日，奥巴桑乔总统发表讲话表示，不批准在扎姆法拉州、索科托州和尼日尔州以伊斯兰教教法作为刑法。

在大选中支持奥巴桑乔的北部主流人士而言，他们无疑犯了一个巨大的错误。他们自以为还可以像过去奥巴桑乔担任军政府首脑时一样将其操纵于股掌之中。

在这种情况下，北部政界也出现了代际温差。亲身经历过比亚法拉战争和南北对抗历史的北部旧政客们担心，北部的伊斯兰教教法问题会导致国家分裂①；而那些认为自己凭借军政府得以崛起的年轻政客们则认为，伊斯兰教教法是对抗南部统治的一种政治和文化手段。

北部退伍军人的行动同样值得关注。如上所述，在卡杜纳州暴乱期间，一名退伍军人因参与运送暴徒而被捕。在军政府统治时期下，军人权势滔天，如今却被剥夺原有特权，甚至遭到大量裁减，这引起了北部军方人士的强烈不满。有人评价，他们试图利用此次冲突作为恢复军政府的借口。还有人认为，现在的军队领袖并非北部出身，而来自中部地带（前北部州的非伊斯兰地区），这激怒了被剥夺军队实权的北部领袖。

有观点认为此次教派纷争的原因之一是为了推翻或动摇奥巴桑乔政权，以维护北部的既得利益。下面，让我们来看看再次点燃伊斯兰教教法问题的萨尼州长与阿巴查家族以及现行奥巴桑乔政权的关系。

萨尼州长被称为"阿巴查的随从"，他从得到阿巴查家族财政支持的全国民主党②（All People's Party, APP）提名为候选人。全国民主党在与民主联盟（Alliance for Democracy, AD）合作后失去了信誉。北部的主流派曾属于奥巴桑乔的国民民主党（Peoples' Democratic Party, PDP）。萨尼在当地的竞争对手是奥巴桑乔政府的国防顾问，副总统阿布巴卡尔是被阿巴查监禁并死于狱中的亚拉杜瓦的继承人。同时，萨尼的支持者穆斯塔法·佐科（Mustapha Jokolo，退役少校，关杜的"埃米尔"）正在支持引进伊斯兰教教法和北部人民议会（Arewa People's

---

① 例如，北方长老论坛（Northern State Christian Elders Forum）的成员易卜拉欣·穆罕默德·阿卜杜勒-拉赫曼（Ibrahim Muhammad Abdur-Rahman）声称："州长正在借伊斯兰法律操弄政治游戏。"

② 该政党被讽刺为"阿巴查民主党"（Abacha People's Party）。

Congress，APC）。①

正如尼日利亚剧作家、诗人、小说家、诺贝尔文学奖得主沃莱·索因卡（Wole Soyinka）评价的，此次教派纷争不是宗教问题，而是政治问题，可以看出阿巴查集团和奥巴桑乔政权之间的政治对立。目前，政府正在对阿巴查一派进行调查，包括让其归还贪污的公款等。其中特别引人注目的是阿巴查将军的儿子穆罕默德·阿巴查（Mohammed Abacha）和治安部长穆斯塔法少校的谋杀罪审判。他们和其他4人于1990年10月被起诉（11月17日开始公审）。6名嫌疑人都涉嫌谋杀1993年总统选举胜利者阿比奥拉的妻子库德拉特，以及阿尔·穆斯塔法（Al Mostafa）和亚拉杜瓦（奥巴桑乔军政府的2号人物）。这里笔者想再次提醒，副总统阿布巴卡尔是受到阿巴查监禁的亚拉杜瓦的继承人。

如此，此次教派纷争的根源在于主谋者企图给奥巴桑乔施加压力，使其放松对阿巴查时代贪腐的追究。补充说明一点，在这一时期，原军政府领袖布哈里也因挪用公款而受到指控。布哈里曾经指责全国州长会议破坏了伊斯兰教教法法案。

下面，让我们来看看伊斯兰势力与此次教派纷争的关系。正如前文所述，即使是在伊斯兰领袖之间，对于是否全面实施伊斯兰教教法也是各执一词。稳健派为了获得世俗国家（联邦政府）的财政支持，一直宣扬宗教信仰自由。激进派或者说宗教激进主义者之间也存在分歧，既有组织赞成全面实施伊斯兰教教法，也有人反对在世俗国家中引进伊斯兰教教法，希望建立尼日利亚伊斯兰共和国，例如与伊朗关系密切的什叶派领袖谢赫·易卜拉欣·扎克扎齐（Sheikh Ibrahim Zakzaky）。

国外伊斯兰组织与此次教派纷争的关系也不容忽视。据说，这次事件中，尼日利亚的各教派飞往利比亚、苏丹、沙特阿拉伯和其他伊斯兰国家寻求资金援助和教义咨询，其与巴勒斯坦、叙利亚、其他

---

① 在尼日利亚，各个地区的压力团体都采取了激进的行动。例如，约鲁巴民族主义团体（O'odua People's Congress，OPC）、伊博民族主义团体伊博人民议会（Igbo People's Congress，IPC）、受北方退伍军人支持的北部人民议会（Arewa People's Congress，APC）。

各国伊斯兰会议组织和伊斯兰教激进派的关系同样不可小觑。有人指出，全面引进伊斯兰教教法可望得到不菲的资金援助。

最后，民众为何参与了这场冲突？ 1990 年 10 月，赞法拉州发生了数万人规模的示威活动，支持采用伊斯兰教教法。对此，有人认为这可能并不是出于对宗教的忠诚，而是在发泄对犯罪和腐败加剧的不满。此外，根据尼日利亚报纸的报道，政客们利用金钱将失业的年轻人变成政治斗争的工具，让他们发动暴乱。目前关于"冲突大众化"的研究还不多，但为了防止这种情况发生，首先需要稳定的收入和教育。

结　语

2000 年 2 月发生的尼日利亚教派纷争事件是一场穆斯林和基督徒之间关于是否引进伊斯兰教教法作为刑法的斗争。对于穆斯林而言，伊斯兰教教法是他们生活的一部分，是应当遵守的规则。然而，基督徒对于伊斯兰教教法全然不知，他们无法预测做什么会受到惩罚（甚至包括断腕、石刑等刑罚）。全面引进伊斯兰教教法（民事及刑事两方面）的做法确实存在问题，这否定了伊斯兰教教法仅限于穆斯林婚姻、离婚和继承等民事行为的传统，而且并没有详细说明伊斯兰教教法的内容。然而，仅仅因为这样，短期内就能造成如此巨大的伤亡吗？此次教派纷争背后的原因在于已故将军阿巴查的亲信团体的抵抗、恢复军政府的企图，以及对北部既得利益者的保护（退伍军人的行动尤能证明这一点）。

在 1999 年 5 月上台的奥巴桑乔的领导下，新政府在政治和军事两方面已经摆脱西北部的控制，商业的自由竞争也得到发展。西北部主流派原本相信可以像过去奥巴桑乔担任军政府元首时一样操控他，因此在总统选举中支持奥巴桑乔。但随着时间的推移，他们意识到事态的发展正背道而驰。一直受北部军政府庇护的北部商人，现在不得不与南部商人竞争。遭受大批裁减的老兵们不可能轻易放弃自己的利益。事实上，在卡杜纳州一名退伍军人就因运送武装的穆斯林年轻人而被捕。这不仅仅是穆斯林和基督徒之间的宗教冲突，更是精英之间关于谁来统治国家这一政治根本问题的冲突。

那么，民众为何要参加武装抗争呢？尼日利亚作为产油国，通过石油获得的财富不能还富于民，而是落入部分精英的海外账户中。加上汽油仍然短缺，基础设施没能得到改善，贫富差距扩大，民众的生活日益艰难，不满情绪也愈发高涨。尽管还需要进行实地调查，但经济问题，特别是失业问题，无疑是民众参与冲突的主要原因。

国际金融机构和援助国的施压对非洲的民主化发挥了重要作用。然而，他们似乎只考虑到引进民主的阶段。穷国连议会选举的费用都无法自己承担，只能依赖援助。[1] 对于脱贫和能够让民主发挥作用的教育问题也是一筹莫展。难道西方国家的民主化要求就止步于此吗？"民主化"究竟是为了谁呢？尼日利亚的教派纷争既是尼日利亚的问题，也是作为援助国成员之一的日本的问题。

参考文献

石川栄吉ほか編、1987、『文化人類学辞典』、弘文堂

戸田真紀子、1990、「民族問題への『制度論』的アプローチ—ナイジェリア
　　とタンガニーカの比較において」、『大阪外大スワヒリ＆アフリカ研究』
　　第 1 号、109—145 頁

戸田真紀子、2000、「アフリカ民族紛争の理論化」、『国際政治』第 123 号、
　　91—109 頁

Bayart, J.-F., 1993. *The State in Africa: The Politics of the Belly.* London: Longman.

Bienen, H., 1985. *Political Conflict and Economic Change in Nigeria.* London: Frank
　　Cass.

Coleman, J., 1958. *Nigeria: Background to Nationalism.* Berkeley: University of
　　California Press.

Mushi, S. S. & R. S. Mukandala (eds.), 1997. *Multiparty Democracy in Transition:
　　Tanzania's 1995 General Elections.* Dar es Salaam: Mkuki na Nyota Publishers.

---

[1] 坦桑尼亚共和国总统选举的大部分费用依赖海外援助。参见 Mushi（1997）。

第二部分
PART 2

从语言到社会
——基于生态学的考察

以欧洲语言为中心的语言殖民现状，是当代非洲社会所面临的文化斗争的中心课题。如何应对这种局面？应该构建怎样的多语社会？这些都与 21 世纪非洲向世界传递的崭新社会形象不谋而合。但就目前而言，情况尚不清晰。一方面，斯瓦希里语等地区通用语对各地区民族语言结构与词汇进行了分流与吸收，并不断变化发展，而各民族语言与作为殖民统治的工具被发明并固化的"部落"这一概念一起，受到自上而下的标准化的压力。另一方面，官方制定的地方与民族标准语，又会偏离标准从而产生新的方言与民族语言。在如此复杂多样且相互竞争的动态语言环境中，实际的语言使用中个人的语言选择范围也急剧扩大。但在这看似混乱的语言秩序中，我们仍能发现有些奇妙的语言能在全球化和地方化的共同作用下顺利生存下来。

斯瓦希里语为何远播刚果民主共和国

——从斯瓦希里语的结构谈起

梶茂树

一、在刚果民主共和国的经历

斯瓦希里语的"斯瓦希里"（Swahili）一词来自阿拉伯语"海岸"的复数形式——沙瓦希里（sawāhil）。由此也可以看出，斯瓦希里语是以阿拉伯人为主，以及波斯人、印度人等在与东非沿岸地区的人们长期接触的过程中产生的。

斯瓦希里语确实起源于沿海地区，但如今其使用范围不只局限于肯尼亚、坦桑尼亚的沿海地区，还有距印度洋100多千米的扎伊尔共和国（现刚果民主共和国）的洛马米河右岸的大部分地区（图1）。该语言虽然被广泛使用，但通常不是作为母语，而是作为第二、第三语言，或作为通用语言。只有以印度洋沿岸为中心的少数人以此为母语。

以往，阿拉伯商人以印度洋海域的桑给巴尔岛为据点出入非洲大陆内部，欧洲列强的殖民统治以及由此带来的基督教教化、扎伊尔沙巴州的铜矿山的人口工业集聚等一直被视为斯瓦希里语扩张的主要社会政治因素。但语言结构方面的因素，似乎鲜少有人提及。

本文旨在从语言结构层面，探寻发源于东非沿岸地带的斯瓦希里语为何能传播到扎伊尔腹地。研究发现，斯瓦希里语就如同水母一般，虽具有语言的外形及框架，但内部结构十分灵活，其具体结构均依附于当地语言的构造，或自行吸收当地语言结构并加以利用。

笔者在扎伊尔东部地区，特别是在班图族分支坦博族（Tembo）居住的基伍湖西岸地区生活了相当长一段时间。坦博人在日常生活中除了使用他们的母语坦博语之外，也有许多人能流利地使用斯瓦希里语，尽管多少带了点口音。这是为什么呢？

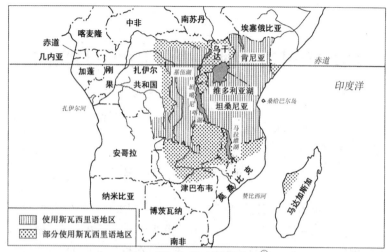

图 1　斯瓦希里语的使用范围 ①

　　原因之一是学校教育。尽管在 20 世纪 90 年代从扎伊尔到刚果民主共和国的政权更迭过程中，语言使用情况可能发生了一些变化，但至少在那之前，也就是 20 世纪七八十年代，地区通用语斯瓦希里语因被用作小学低年级（1—3 年级）阶段的教学用语而为人们所熟知。但是，为何不上学或从未上过学的人，也能自如地使用斯瓦希里语呢？

　　这就要归功于教会了。扎伊尔是一个信奉基督教的国家。实际上，无论多么偏远的乡村都建有教堂（天主教、新教、金邦谷教 ②等），并且传教士在用各地方部落语的同时，也会用斯瓦希里语进行布道。此外，由于许多地区并无地方语言版《圣经》，因此传教士们使用了斯瓦希里语版。

　　但是，对于许多居住在乡村的扎伊尔人而言，信奉基督教只是一种潮流，星期天的弥撒不过是一种打发时间的消遣罢了。换言之，当

---

① 图 1 出自 Balihuta（1975）。扎伊尔河，即刚果河。——译者注
② 金邦谷教（Kimbanguism）是刚果民主共和国的一个新兴宗教，由本为浸信会传教士的西蒙·金邦谷（Simon Kimbangu）于 1921 年 4 月在比属刚果创立，为基督教的一个教派，是非洲人自创的教会之一，该教派有约 550 万名信徒，其总部位于西蒙·金邦谷的出生地中刚果省恩康巴。——译者注

地人也未必是因为认真阅读了斯瓦希里语版的《圣经》才会说斯瓦希里语的。那么，他们究竟为什么会说斯瓦希里语呢？

当然，非洲人的语言能力一般都很强。在非洲，会说三四种语言是件再稀松平常不过的事情，他们倒也未必是通过教科书与词典，或者是去上了城里的语言学校习得的，仅通过边听边记、边说边记就足够了。这种能力令人惊叹。

然而，如果是那些毫无头绪的语言，即使是非洲人也很难理解。斯瓦希里语虽说是在非洲人与阿拉伯人的交流中形成的，但其语言结构归根结底还是班图语式的。而阿拉伯语、波斯语和印度语族诸语言（还有近些年英语和法语）的影响主要体现在词汇部分，而非语法部分。就这层意义而言，斯瓦希里语说到底还是非洲的语言，更确切地说是班图语支的语言。而坦博人说的坦博语也是班图语支的一种。

这种同系性对于日常使用班图语支语言的坦博族等部落极为有利。因为二者的基本语法结构相同，因此只要在词汇和语法方面进行一些调整就能使用。下面，我们想分别从"过去""现在"等时态体系与亲属称呼两方面进行详细说明。

二、时态体系

如果你只知道斯瓦希里语的所谓标准语，可能很难想象许多斯瓦希里语的变种中"过去"有"远""近"之分等。而在扎伊尔各地和坦桑尼亚内陆地区，很多日常使用的斯瓦希里语方言都有这种区别。不仅是"过去"，"未来""现在"亦如此。这种区别主要体现在词尾"-ak-"前的内容上。我们先看一下"过去"时态。

"近的过去"和"远的过去"

首先，我们以第一人称单数形式为例，分别列举标准斯瓦希里语（以下简称标斯）的"过去"、扎伊尔 - 斯瓦希里语（以下简称扎斯）和坦博语中"近的过去"和"远的过去"的过去式变形。此外，这里所说的标准斯瓦希里语是以桑给巴尔方言为基础的语言，扎伊尔 - 斯瓦希里语主要是指基伍湖西岸的坦博人所使用的语言。

标斯中的"过去"并无"远""近"之分（参见表1），过去式的变形只是在主语前缀 ni- 之后加上 -li-[动词"去"的词根是 -end-，标斯的过去式变形中，通常标记为其不定形 kw-（< ku-）]。但在扎斯中则有"近的过去""远的过去"两种过去式（表1）。

表1　动词的过去式活用变化

（1）标准斯瓦希里语	（2）扎伊尔-斯瓦希里语	（3）坦博语
nilikwenda. /ni-li-kwend-a/ 1PER.SING-PAST-go-FINAL "我去过了"	a "近的过去" nilienda. /ni-li-end-a/ 1PER.SING-PAST-go-FINAL "我（最近）去过了"	a "近的过去" naéndaa. /n-a-énd-a-a/ 1PER.SING-NEAR. PAST-go-PREFINAL-FINAL "我（最近）去过了"
	b "远的过去" niliendaka. /ni-li-end-ak-a/ 1PER.SING-PAST-go-PREFINAL-FINAL "我很早以前就去过了"	b "远的过去" náendaa. /n-á-énd-a-a/ 1PER.SING-REMOTE. PAST-go-PREFINAL-FINAL "我很早以前就去过了"

扎斯中两种过去表达的不同之处在于，"远的过去"是在词尾（FINAL）-a 前加上词缀 -ak-；"近的过去"则不加。该词缀在班图语支的研究中通常被称为"前词尾（PREFINAL）"，用以表示"继续""反复"或"习惯"等体态，同时也可搭配各种时态、命令或否定表达等表示"强调"之意，或单纯表示"过去"。语言不同，前词尾的写法也不尽相同，有的写成 -ak-，有的写成 -ag-，也有写成 -ang- 或 -a- 的 [关于班图语支诸语言的用法和形态，详见 Sebasoni（1967）]。即使同样使用斯瓦希里语，坦博人说的是 -ak-，而在其南部的锡人（Shi）则说成 -ag-。下面，我们将以坦博人使用的 -ak- 为例对扎斯中的前词尾进行详细说明。

通过后文，我们不难发现前词尾 -ak 在扎斯中不仅被用来表示"过去"，同时还可以表示"未来"或"现在"。由此可见，在斯瓦希里语中该词缀的原意是表示"强调"。例如，当人们被问到"你去过巴黎吗"时，会回答道："去过，很早以前就去过巴黎了！"在这种情况下，为了强调去过这一事实，会使用"很早以前"一词。而由该词引申出的"强调"，就是前文所提及的过去式中的"远的过去"。与此相对，普通的过去表达则被视为"近的过去"。那么，在扎斯中表示"远的过去"一定要使用前词尾 -ak- 吗？答案是否定的。即使是普通的过去式表达，也可以依靠语境营造出"远的过去"的含义。在这一点上，我们或许可以认为 -ak- 原本就带有"强调"之意。

总之，扎斯中"近的过去"和"远的过去"的区别，与坦博语中"近的过去"（表 1 中 3a）和"远的过去"（表 1 中 3b）的区别是可以完全类比的。在坦博语中，通过主语前缀后的时态词 -a-（近的过去）或 -á-（远的过去）与前词尾 -a- 之间的搭配来表达"过去"。虽然二者在表达形式上并不完全相同，但是表达的内容却高度一致。而这种相似性不仅存在于扎斯和坦博语中，还存在于许多其他斯瓦希里语变种中。

"近的未来"和"远的未来"

在扎斯中"近的未来"和"远的未来"之间的区别也体现在前词尾 -ak- 的有无上。由于这种"近""远"之间的区别并未出现在标斯中，因此可以说这种区别是部落语在斯瓦希里语中的直接反应。

在坦博语中，"近的未来"和"远的未来"的区别就在于时态词 -nga-（近的过去）与 -ka-（远的过去）的不同，而在扎斯中，则依旧凭借前词尾 -ak- 的有无进行判断（表 2）。例如，当人们被问到"你去吗"时，会回答道："我去，我一定去。"于是"远的未来"的表达方式便在这一问一答中产生了。在这里，"强调"以时间的形式被映射到了未来，从而产生了"远的未来"。但在扎斯中，和"过去"表达一样，"近的未来"这一表达也可以无须区分"远""近"，当作一般的"未来"表达来使用。而这也取决于上下文。

表2　动词的将来时活用变化

（4）标准斯瓦希里语	（5）扎伊尔-斯瓦希里语	（6）坦博语
nitakwenda. /ni-ta-kwend-a/ 1PER.SING-FUTURE-go-FINAL "我去吧"	a "近的未来" nitaenda. /ni-ta-end-a/ 1PER.SING-FUTURE-go-FINAL "我（最近就）去吧"	a "近的未来" ningaénda. /ni-nga- énd-a/ 1PER.SING-NEAR.FUTURE-go-PREFINAL-FINAL "我最近就去吧"
	b "远的未来" nitaendaka. /ni-ta-end-ak-a/ 1PER.SING-FUTURE-go-PREFINAL-FINAL "我很久以后才去吧"	b "远的未来" nikaénda. /ni-ka- énd-a/ 1PER.SING-REMOTE.FUTURE-go-PREFINAL-FINAL "我很久以后去吧"

"进行现在"与"习惯现在"

在扎斯中也用前词尾 -ak- 的有无来区分"进行现在"和"习惯现在"。而标斯的现在时有 -na- 和 -a- 两种时态词（与此相应，第一人称单数的主语前缀也有 ni- 和 n- 两种）。一些语法书会将前者写成"进行现在式"（PRESENT1），将后者写成"习惯（或一般）现在式"（PRESENT2），但实际上，这两者之间的区别并没有那么明显。当然，对这两种现在式的看法因人而异、因地域而异，有的人会将其视为同一用法，有的人则只使用其中一种，也有人把这两个词分别用来表示"进行现在"和"习惯（或一般）现在"。虽说是所谓的标准斯瓦希里语，但在这方面仍有相当大的变化。

此外，坦博语的"习惯现在"式是两种变化形式的组合。前半部分是表示"坚持、习惯"的助动词，后半部分是"进行现在"式，两者组合在一起就是"习惯现在"式。具体而言，即使在坦博语中，如今它也只是以一种旧有形式残留在谚语等表达中。以 -énd-（去）为例，类似 ngénda（我总去）这样，用单一动词的变化来表示"习惯现在"形的情况并非没有。但由于这种变形中并无时态词，在第一人称单数中，主语前缀 n- 和动词词根直接接触，且存在复杂的语音语法交替变形（如上例中有 g 和无 g 的情况），因此其在如今的日常对话中已经不再使用了。

如表3所示，扎斯的"进行现在"和"习惯现在"虽在表达形式上与坦博语的不同，但却存在相同的区别。

表3　动词的现在时活用变化

（7）标准斯瓦希里语	（8）扎伊尔-斯瓦希里语	（9）坦博语
"现在" ninakwenda. /ni-na-kwend-a/ 1PER.SING-PRESENT1-go-FINAL 　"我去，正在去" 或 nakwenda. /n-a-kwend-a/ 1PER.SING-PRESENT2-go-FINAL 　"我（总是）去"	a "进行现在" ninaenda. /ni-na-end-a/ 1PER.SING-PRESENT-go-FINAL 　"我去，正在去"	a "进行现在" náénda. /n-á-énd-a/ 1PER.SING-PRESENT-go-FINAL 　"我去，正在去"
	b "习惯现在" ninaendaka. /ni-na-end-ak-a/ 1PER.SING-PRESENT-go-PREFINAL-FINAL 　"我总是去"	b "习惯现在" néndé náénda. /n-éndén-á-énd-a/ 1PER.SING-PRESENT.HABIT 1PER.SING-PRESENT-go-FINAL 　"我总是去"

那么，为什么扎斯中存在与坦博语不谋而合的区别呢？这是因为使用坦博语和扎斯的是同一批人。换言之，使用这两种语言的都是坦博人，他们头脑中自然有坦博语的体系。因此，他们在使用外来语言时，会以其原有的语言体系为依据或受到其原有体系的影响。归根结底，还是为了减轻说话者的负担，同时也为了让听话者更好地理解。这种现象在同属一个语言系统的坦博语和斯瓦希里语中格外明显。而且，即使斯瓦希里语自身吸收了这种结构，但说到底它还是属于班图语支，因此在语言上没有任何问题。当然，在标斯的不断影响下，许多地区的部落语对扎斯的影响正逐渐消退。但在扎伊尔东部地区，由于标斯对其日常生活的影响少之又少，因此该地区所使用的斯瓦希里语的结构主要依托于部落语，它就如同变形虫一般不断扩大其语言使用范围。

三、亲属称谓

斯瓦希里语中当然存在亲属称谓词。只不过即使是相同的单词，标斯和扎斯在用法上也截然不同。而这种差异，大多是因为人们在使用斯瓦希里语的过程中将坦博语等部落语的表达原封不动地翻译过来，并加以吸收而产生的。限于篇幅，我们无法系统地讲解亲属称谓词，仅以标斯与扎斯中含义差别最大的"兄弟姐妹"为例以飨读者。在扎斯与坦博语中，这一表达极为相似。在以下坦博语和扎斯的例子（例10—17）中，我们分别列举了"兄弟姐妹"的单数与复数两种形式，前者为单数，后者则为复数。

（10）a. múkulu waní, bákulu baní

（ i ）[自己 = 男性] 我的哥哥；(ii) [自己 = 女性] 我的姐姐

b. múkulu wau, bákulu bau

（ i ）[自己 = 男性] 你的哥哥；(ii) [自己 = 女性] 你的姐姐

c. múkulu wai, bákulu bai

（ i ）[自己 = 男性] 他的哥哥；(ii) [自己 = 女性] 她的姐姐

（11）a. múlumuna waní, bálumuna baní

（ i ）[自己 = 男性] 我的弟弟；(ii) [自己 = 女性] 我的妹妹

b. múlumuna wau, bálumuna bau

（ i ）[自己 = 男性] 你的弟弟；(ii) [自己 = 女性] 你的妹妹

c. múlumuna wai, bálumuna bai

（ i ）[自己 = 男性] 他的弟弟；(ii) [自己 = 女性] 她的妹妹

（12）a. mwálí wetsu, báli betsu

[自己 = 男性] 我的姐妹

　　b. mwálí wenyu, báli benyu

　　[自己 = 男性] 你的姐妹

　　c. mwálí wabu, báli babu

　　[自己 = 男性] 他的姐妹

（13）a. múshisha wetsu, báshisha betsu

　　[自己 = 女性] 我的兄弟

　　b. múshisha wenyu, báshisha benyu

　　[自己 = 女性] 你的兄弟

　　c. múshisha wabu, báshisha babu

　　[自己 = 女性] 她的兄弟

　　在坦博语中，在表示兄弟、父母等与自己关系较为亲密的亲属时，通常会加入所有格。如，tatá（我的父亲）、éhó（你的父亲）、éshe（她的父亲）等有关父母的单词，就无须再占用形容词性物主代词，因为人称意义已经包含在单词中了。而像兄弟姐妹这类本身并不包含人称意义的单词，就必须加上形容词性物主代词（因为形容词性物主代词要加在被修饰名词的后面，所以有些名词的声调多少会有些变化）。

　　坦博语中亲属称谓词的一大特征是，使用兄弟姐妹一词称呼与自己相同性别的人时有长幼之分，而称呼与自己性别不同的人时则没有长幼之分。换言之，如果自己是男人，就必须区分哥哥和弟弟（这一点和日语一样），但不必区分姐姐和妹妹，只用"姐妹"就可以了（这一点与英语相同）。如果自己是女性也一样，面对姐妹时要严格区分姐姐和妹妹，而面对男性时用"兄弟"一个词就可以了。

　　如例10、11所示，在坦博语中，哥哥和姐姐共用一词（例10），弟弟和妹妹共用一词（例11）。但无论是指哥哥还是指姐姐，是指弟弟还是指妹妹，大家都不会混淆。究其原因，如 múkulu waní（例10a）一词，只有男性才会将其用来称呼"哥哥"，对于女性来说并无所谓的"哥哥"，哥哥只是男性"兄弟"（例13）。如果是女性则只能将其用来称呼"姐姐"。而 múkulu waní 一词实际上在坦博语中指的是"我的前辈"，就表现形式而言既不专指男性，也不专指女性。múlumuna waní（例 11a）也是如此，就表现形式上而言，指的不过是"我的后辈"而已，因此男女通用。

以上，我们简述了坦博语中表示"兄弟姐妹"的词语，而同样的情况也适用于扎斯。但在例 12、13 中，坦博语中的形容词性物主代词在形式上并非"我的""你的""他（她）的"这种单数，而是"我们的""你们的""他（她）们的"这种复数。这是因为一旦加上"我的""你的"等所有格为单数的形容词性物主代词，mwáli（sg.）、báli（pl.）等词就不是"姐妹"而是"女儿"的意思。[更确切地说，mwálí wetsu（sg.）、báli betsu（pl.）的字面意思应该是"我们的女儿"]。múshisha 的用法也大致相同，并未出现在除此之外的其他语境中。无论任何情况下，扎斯的形容词性物主代词都是相同的，但与标斯不同的是它倾向于忽视单词前缀与名词在语法上的一致性。

（14）a. mukubwa yangu, bakubwa yangu

（i）[自己=男性] 我的哥哥；（ii）[自己=女性] 我的姐姐

b. mukubwa yako, bakubwa yako

（i）[自己=男性] 你的哥哥；（ii）[自己=女性] 你的姐姐

c. mukubwa yake, bakubwa yake

（i）[自己=男性] 他的哥哥；（ii）[自己=女性] 她的姐姐

（15）a. mudogo yangu, badogo yangu

（i）[自己=男性] 我的弟弟；（ii）[自己=女性] 我的妹妹

b. mudogo yako, badogo yako

（ⅰ）[自己＝男性]你的弟弟；（ⅱ）[自己＝女性]你的妹妹

c. mudogo yake, badogo yake

（ⅰ）[自己＝男性]他的弟弟；（ⅱ）[自己＝女性]她的妹妹

（16）a. dada yangu, badada yangu

[自己＝男性]我的姐妹

b. dada yako, badada yako

[自己＝男性]你的姐妹

c. dada yake, badada yake

[自己＝男性]他的姐妹

（17）a. kaka yangu, bakaka yangu

[自己＝女性]我的兄弟

b. kaka yako, bakaka yako

[自己＝女性]你的兄弟

c. kaka yake, bakaka yake

[自己＝女性]她的兄弟

在标斯中，kaka 通常指"兄弟"，特别是年长于自己的兄长，男女均可使用。同样，dada 一般指"姐妹"，特别是年长于自己的姐姐，男女均可使用。相反，在扎斯中，kaka 仅表示"女性视角下的兄弟"，而 dada 只表示"男性视角下的姐妹"。简言之，这不过是将坦博语中的 múshisha wetsu 和 mwáli wetsu 系列的词直接套用在了斯瓦希里语中。而扎斯中的 mukubwa、mudogo 的用法也完全翻译自坦博语中的 múkulu、múlumuna。

需要补充的是，标斯中也使用 mkubwa wangu（sg.）、wakubwa wangu（-zangu）（pl.）、mdogo wangu（sg.）、wadogo wangu（-zangu）（pl.）等词。不过，前者指的是"男性或女性的哥哥姐姐"，后者指的

是"男性或女性的弟弟妹妹"，就像扎斯一样，无论说话人是男是女均不在考虑范围之内。

结　语

关于斯瓦希里语与部落语的关系，大多数论述均围绕着斯瓦希里语给各部落语所带来的影响展开。在实际使用中，在坦博语中，"肥皂"是 sabúni（斯瓦希里语为 sabuni），"碟子"是 saháni（斯瓦希里语为 sahani）。此外，尽管在坦博语中用 kasí 一词代表接续助词"但是"，但在日常生活中，还是斯瓦希里语中的 lakini 一词更为常见。然而，我们也不能忽视部落语对斯瓦希里语的影响，且这种影响与斯瓦希里语向内陆地区的扩张密不可分。

本文分别以动词的"过去""未来""现在"活用形式，以及亲属称谓词"兄弟姐妹"为例，来说明扎斯与标斯在表达方式上的不同之处，以及扎斯与坦博语的相似之处。当然，扎斯和坦博语之间的相似之处不止这一点，且扎斯与坦博语以外的其他部落语也极为相似 [关于扎斯的特征，参见 Kaji（1985）]。

亲属称谓词虽说是词，但却具有系统性。例如，从扎伊尔东部地区到卢旺达地区被广泛饮用的香蕉酒，在扎斯、坦博语及坦博语以北使用的洪得语（Hunde）中都被称为 kasíkisi。即使在卢旺达语（Kinyarwanda）中，该词被前缀部分的辅音有声化为了 gasíkisi，但实际上仍是同一个词。因为在斯瓦希里语中，从后往前数第三个音节出现高音的情况通常是不可能发生的，因此可以断定这个词就是从部落语引进到斯瓦希里语的，但具体是从哪种部落语引进的仍不得而知。其周边语言亦是如此。上述例子较为典型，但每个地方都有其特有词，而斯瓦希里语正是在充分吸收这些共通之处的同时，扩大了其语言使用范围。

当然，如果吸收利用的强度过高，那么该语言就有可能不再是斯瓦希里语了。不过我们也不必太过担心。无论是在扎斯中还是在标斯中，"头"都是 kichwa（sg.）、vichwa（pl.），寒暄用语"你好"都是 habari gani?。即使是出生地相隔一千多千米以上的两人，只要使用的是斯瓦希里语，那么就能够互相理解。斯瓦希里语终究还是斯瓦希里语。

近年来，反而是借用语之间的差异越来越大。法语圈的斯瓦希里语说到底是借用了法语，英语圈的斯瓦希里语自然也从英语中借用了许多词。结果就产生了许多差异，例如，"公共汽车"在坦桑尼亚叫作 basi（<英语 bus /bʌs/），而在扎伊尔和卢旺达则被称为 bisi（<法语 bus /bys/）。此外，"事务所"一词在扎伊尔和卢旺达是 biró（<法语 bureau /byro/），而在肯尼亚和坦桑尼亚则是 ofisi（<英语 office /ɒfis/）。其中，来自近代以前的阿拉伯语的借用语，以及一部分来自波斯语、印地语等语言的借用语通过东非海岸地区输入斯瓦希里语，并已在斯瓦希里语内部稳定下来。与此相比，近年新输入的借用语包括发音在内，则并不稳定。此外，斯瓦希里语好不容易以地方语言的共通部分为基础在广大地区广泛传播，但由于借用语的来源有英语与法语两种，因此如果应对方式不当，其实用性有可能会被削弱。在这里我们应该集结英语圈和法语圈的智慧来寻求对策。

参考文献

梶茂樹、1999、「スワヒリ語の親族名称」、『スワヒリ＆アフリカ研究』第 7 号、53—77 頁

Balihuta K., 1975. *Dictionnaire de la langue swahili.* Goma: Librairie Les Volcans.

Kaji, S., 1985. *Deux mille phrases de Swahili tel qu'il se parle au Zaïre.* Tokyo: Institute for the Study of Languages and Cultures of Asia and Africa.

Sebasoni, S., 1967. "La préfinale du verbe bantou." *Africana Linguistica,* 3: 123-135.

多语国家的教育与语言政策

——以独立后的纳米比亚为例

米田信子

引 言

在"国家"这一组织结构中,"语言"既是交流工具,也是"政治"工具。此外,在实施国家的某种语言政策时,"教育"最为行之有效。尤其在多语国家,教育发挥着巨大的作用。选择教学语言或者语言学教科书往往成为重要问题。

纳米比亚于1990年实现独立,比大部分非洲国家晚了30年。独立后的纳米比亚将英语视为唯一的"官方语言",宪法中明确规定了除英语之外的其他语言的权利,推行了包含非洲诸语[①]的多语言教育政策,以将其付诸实践。然而,在政策实施过程中出现了许多问题。

本文通过观察独立后的纳米比亚采取的教学语言政策及其实施现状,尤其是通过透析非洲诸语在教育中如何被运用,来探讨多语国家所面临的教学语言问题。

一、纳米比亚的语言状况与语言政策

纳米比亚的语言

从语言系统来看,在纳米比亚被使用的语言大致可分为"非洲诸语"与"欧洲诸语"。其中,88.4%的纳米比亚人将非洲诸语[②]视作母语,非洲诸语还可细分为班图语支和科伊桑语族。

---

① "非洲诸语"(African Languages)遵从了纳米比亚政府的分类和命名。在统计调查和其他政府刊物上没有对南非语、德语、英语进行归类,但本文将它们合称为"欧洲诸语"。

② 依据1991年纳米比亚人口及住房普查(Population and Housing Census)的数据。

　　属于班图语支的有奥万博语（Ovambo）、卡万戈诸语（Kavango Languages）、卡普里维诸语（Kaprivi Languages）、赫雷罗语（Herero）、茨瓦纳语（Tswana）等。其中，使用人数最多的语言是奥万博语，半数以上的纳米比亚人将其视为母语。它由宽亚玛语（Kwanyama）、恩敦加语（Ndonga）、库万比语（Kwambi）、恩甘杰拉语（Ngandyera）、库瓦尔迪语（Kaldi）、科隆加迪语（Kolongadi）、文达语（Unda）等"方言"① 构成。卡万戈诸语包括卡纳利语（Kwangali）、恩布库什语（Mbukushu）、马尼奥语（Manyo）② 等。卡普里维诸语包括洛齐语（Lozi）、特泰拉语（Totera）、菲语（Fae）、恩巴兰古语（Mbarangwe）、叶伊语（Yeyi）、苏比亚语（Subiya）等。根据使用的区域和使用者不同，赫雷罗语可以分为三个变种③：卡奥科兰 - 赫雷罗语（Kaokoland-Herero）、中央赫雷罗语、恩班德尔语。"赫雷罗语"④ 是以纳米比亚中部地区使用的中央赫雷罗语为基础标准化后而形成的。根据说话者的来历，茨瓦纳语可以分为几个变种，但在纳米比亚，它被标准化为"茨瓦纳语"。

　　属于科伊桑语族的有科伊科伊语（Khoekhoe）和被称为"布须曼"诸语（Bushuman Languages）⑤ 的各语言。科伊科伊语曾被称作纳马 /达马拉语（Nama / Damara），现在被标准化为"科伊科伊语"。在纳米比亚被使用的"布须曼"诸语可分为中央方言群和南部方言群，且各

---

① 此处所说的"方言"和"语言"之间并没有语言学上明确的区别，纳米比亚政府和这些语言的使用者将它们视为"奥万博语"的一个"语言"下位分类。而且"奥万博语"这一"标准语"并不存在。卡普里维和卡万戈是地名，但并不存在卡普里维语和卡万戈语。"卡普里维诸语"和"卡万戈诸语"不是方言关系，而是指"在那里使用的诸语言"。

② 该语言在 1993 年被称作鲁格奇里库（Rugciriku），1999 年被改名为马尼奥语（Rumanyo）。本文为了避免混乱，将 1998 年之前的资料中出现的该语言也称为马尼奥语。

③ 此处所说的"变种"是指某一标准语言的分支中的变种。茨瓦纳语亦是如此。

④ 在 1995 年之后的教育统计（Ministry of Education and Culture, 1995, 1998）中，将赫雷罗语一并记为"赫雷罗语 / 姆班德鲁语（Otjiherero / Otjimbanderu）"，但在统计调查中并未出现"姆班德鲁语"。

⑤ 来自"Bushuman Languages"这一政府的称呼。有时为了避免使用包含"未开化"含义的"Bushuman"一词，而使用"Sun"的叫法，但这一叫法意为"采集者"，属于蔑称，纳米比亚并不偏好使用。由于没有合适的表达，本文直接采用纳米比亚政府的称呼。此外，关于"诸语"这一词语，不管是"语言"还是"方言"，均采用"languages"这一政府的分类。

自具有多个变种(Snyman, 1997)，但在政府刊物中一般统一称为"'布须曼'诸语"。

欧洲诸语包括南非语、德语、英语等，约 11.6% 的纳米比亚人将它们作为母语。其中，英语是纳米比亚宪法规定的唯一官方语言。过去的官方语言——德语和阿非利堪斯语与非洲诸语现在普遍被称为"纳米比亚诸语言"（National Languages）[1]。然而，如今纳米比亚的城市中"Independence Avenue"等英文街道与"Peter Müller Strasse"等德文街道混为一体。而且，阿非利堪斯语仍作为通用语言被广泛使用[2]，很多商店内可以看到"Aanpaskamer"（试衣间）、"Betalings"（收银）等阿非利堪斯语的标识。

语言政策和背景

1. 独立后的语言政策

纳米比亚宪法明确规定：英语为纳米比亚的官方语言，承认国内所有语言的权利。以下是纳米比亚 1990 年宪法第三条的内容。

○英语为纳米比亚的官方语言。

○在使用其他语言（除英语之外）的各州或地区，宪法并不禁止因法律、行政、司法目的而使用其他语言。

根据这部宪法，纳米比亚教育部在制定语言政策时提出了以下注意事项（Ministry of Education and Culture, 1993: 3 ）。

○不论使用人数和发展水平如何，国家所有语言的地位平等。

○（考虑）实施政策的成本。

○语言是传承文化和文化身份的媒介。

---

① "National Languages" 意为"纳米比亚的诸语言"，但称不上日语中的"国语"和"国家语言"。
② 独立后，随着时间推移逐渐开始被使用。

○从教育的角度来看，在学习读写和思考等基本技能的学校教育启蒙阶段，用自己的母语学习较为理想。

○在结束七年初等教育时，为了进一步接受教育，或是为了成为对社会有用之人，所有学生都必须具备较强的英语运用能力。

○语言政策必须促进社会的统一。

从这些注意事项可知，纳米比亚的语言政策有两大目标：一是普及与推广英语，二是保护与鼓励其他语言。此处所说的"其他语言"指的是纳米比亚的诸语言，即每个纳米比亚人的"母语"[1]。

2. 选择英语的背景

以英语为母语的人还不到纳米比亚总人口的1%（参见表1）。为何英语会被选为官方语言呢？

表1　纳米比亚使用的语言及使用者[2]

语言	使用者人数/人	比例/%
奥万博语（各方言总和）	713919	50.6
科伊科伊语	175554	12.5
卡万戈诸语（各方言总和）	136649	9.7
阿非利堪斯语	133324	9.5
赫雷罗语	112916	8.0
卡普里维语（各方言总和）	66008	4.7
"布须曼"诸语（各方言总和）	27229	4.7
德语	12827	0.9
英语	10941	0.8
其他非洲诸语	8291	0.6
茨瓦纳语	6050	0.4
其他欧洲诸语	5298	0.4

[1]　日本文部科学省等政府机构将"母语"（mother tongue）、"第一语言"（the first language）、"家庭语言"（home language）、"自己的语言"（their language）视为同一意思使用。本文均以"母语"表示。

[2]　独立后，纳米比亚的统计调查不按"民族"而按"母语"进行。表1的数据来自1991年纳米比亚人口及住房普查。

续表

语言	使用者人数/人	比例/%
其他语言	647	0.05
未知	267	0.02①

对于走向独立的纳米比亚而言，官方语言不仅仅是"通用语"，也是独立与统一的象征。因此，官方语言须与殖民统治无关，并保持民族中立。除这些条件外，选择官方语言的具体标准还有联合国纳米比亚研究所提议的以下八项内容（United Nations Institute for Namibia, 1981）。

①能够团结国民

②为国民所接受

③国民能够精通的语言

④具有实施的可能性

⑤科技用语十分齐全

⑥泛非的

⑦能够进行广泛的交流

⑧联合国的官方语言

英语满足这些标准，因此被选为独立后纳米比亚的唯一官方语言。换言之，英语虽然是许多殖民统治者使用的语言，但在独立后的纳米比亚被视为"解放的语言"而被选用，除语言的"固有"功能外，英语还承担了"中立意识形态和国家形成的象征"这一意识形态功能（Pütz, 1995a）。以下是时任教育部部长纳哈斯·安古拉（Nahas Angula）对英语被选择背景的叙述（Pütz, 1995b: 163）。

我们现在需要一种能够增强各共同体之间互相交流的语言，而英语在这一点上具有中立性。此外，我们还需要能与邻国建立

---

① 原文第三列最后一行的数据缺失，"0.02"为译者所加。——译者注

联系的语言。当然，我们也需要促进国际交流的语言。毋庸置疑，英语便是这种语言之一。如此，英语会被选为官方语言的理由便不言自明。这并非学术问题，亦非情感问题，而是出于实用且实际的理由。

然而，对 99% 以上的纳米比亚人而言，英语作为"外语"被选为官方语言，如何具有实用意义呢？如何用不熟练的英语提高沟通能力呢？英语是否真的能够成为独立后的纳米比亚的象征呢？

二、"教育中的语言政策"是如何实施的

教育中的语言政策

纳米比亚教育部明确制定了教学语言政策，以落实国家的两个目标："普及与推广英语"和"保护与鼓励母语"。此项语言政策是指1993 年发表的《学校语言政策：1992—1996 年及之后》（The Language Policy for Schools: 1992-1996 and Beyond）。其目标如下所示：

○在七年初等教育[①]中，必须让学习者充分掌握官方语言——英语，为以后英语成为媒介语做准备。

○教育必须鼓励学习者的语言认同和文化身份认同。为此，至少在 1—3 年级要将学生的母语作为媒介语，并且将母语教学贯穿于学校教育始终。

○理想情况下，学校必须提供至少两种语言作为教学科目。希望所有学生从 1 年级到毕业之前能够选修两种语言，而其中之一必须是英语。英语从 1 年级开始成为贯穿学校教育阶段的必修科目。学校要准备修读双语的课程大纲。

○4 年级以上的所有学校教学语言均为官方语言，即英语。

---

① 纳米比亚的学校教育划分为小学 1—7 年级（初级初等教育 1—3 年级、高级初等教育 4—7 年级）、中学 8—10 年级、高中 11—12 年级。

在纳米比亚的诸语言中，教育部规定英语等下述 13 种语言为教学用语：阿非利堪斯语、英语、德语（以上为欧洲诸语），宽亚玛语、恩敦加语（以上为奥万博语），卡纳利语、恩布库什语、马尼奥语（以上为卡万戈诸语），洛齐语（卡普里维诸语），朱查凡语（Jul'han，"布须曼"诸语），以及赫雷罗语、茨瓦纳语、科伊科伊语。这些语言不仅要作为 1—3 年级的教学语言，还要作为所有教育阶段的语言科目纳入学校教育中。

该政策出台后，从 1 年级起英语成为所有学校教育的必修科目。4 年级以上的教学语言也逐渐被替换为英语。1996 年，所有学校 4 年级以上的教学语言均为英语。

这些政策的焦点显然是普及与推广英语。那么，纳米比亚提出的另外一个目标——"保护与鼓励母语"又是什么状况呢？

政策中有关英语的所有言论都是具有义务性质的积极表达，但有关母语的表述则是"理想的""希望"等较为温和的表达。无论是将母语作为 1—3 年级的教学语言，还是作为语言科目学习母语，都未使用具有义务性质的表达。正如下一节所述，这种"温和"表达直接反映在实际教学中对母语的态度上。

实际教学中的实际情况

1. 初级初等教育（1—3 年级）的教学语言

教育部的政策中提到"在初等教育 1—3 年级，将母语作为教学语言是理想状态"（Ministry of Education and Culture, 1993）。这种"理想状态"在多大程度上得以实现了呢？

比较表 1 列举的语言和教学中采用的语言可知，并非"所有"语言或方言都被用作教学语言。因此，以宽亚玛语和恩敦加语之外的奥万博方言为母语的学生、以洛齐语之外的卡普里维诸语为母语的学生、以朱查凡语之外的"布须曼"诸语为母语的学生，以及以未列入普查的少数语言和方言为母语的学生们，自始至终没有接受母语教育的机会。即使母语是教学用语，在使用赫雷罗语的学生中将其作为媒介语接受教育者也只有半数左右。此外，将自己使用的茨瓦纳语和科伊科伊语作为媒介语接受教育的学生不到半数。从表 2 可知，在以非洲诸语为母语的学生中，将其作为初等教育教学语言的只有奥万博语中的宽亚玛语和恩敦加语，卡普里维诸语中的洛齐语，卡万戈诸语中的马尼奥语、卡纳利语、恩布库什语的使用者。然而，这些也仅限于纳米比亚北部村落的学校。纳米比亚教育发展研究所（National Institute for Educational Development，NIED）的调查[①] 显示，将非洲诸语作为小学 1—3 年级的教学语言的班级只有温得和克教育区。[②] 在纳米比亚，受种族隔离的残存影响，即便在城市，各民族聚集生活的现象也屡见不鲜。因此，人们更易于处于以母语为媒介语的环境中。即使在这种环境下，母语为非洲诸语的学生还是以英语为媒介语接受初等教育。恩敦加语使用者和宽亚玛语使用者聚集的班级也不例外。即，以母语为媒介语接受教育的学生仅限于以欧洲诸语为母语的孩子们和居住在纳米比亚北部的一部分以非洲诸语为母语的孩子们。"国家所有语言的地位平等"这一原则根本不成立。而且，我们也不难想象用不熟悉的"外语"接受 1—3 年级基础阶段教育的弊端。

表 2　在 1—3 年级以母语为媒介语接受教育的学生人数[③]

学生的母语		1—3年级的学生数/人	以母语为媒介语的学生数/人	比例/%
欧洲诸语	阿非利堪斯语	11303	7238	64
	英语	897	794	89
	德语	583	551	95
非洲诸语	宽亚玛语（奥万博语）	38866	31419	80
	恩敦加语（奥万博语）	24464	21667	89
	奥万博语的其他方言	28171	0	0
	马尼奥语（卡万戈诸语）	5872	5389	92

① 该调查于 1999—2000 年实施，围绕教育区内的各所小学所有 1—3 年级的不同母语学生的人数与媒介语的实际情况展开。调查结果还未刊发。

② 纳米比亚被划分为 13 个行政区（目前为 14 个行政区——译者注）。教育区域划分与其不同，被分为 7 个区。其中，温得和克教育区包括科马斯区、奥马海凯区、奥乔宗朱帕区三个行政区。

③ 笔者参考纳米比亚教育部 1998 年数据制作而成。

续表

学生的母语		1—3年级的学生数/人	以母语为媒介语的学生数/人	比例/%
非洲诸语	卡纳利语（卡万戈诸语）	11748	10264	87
	恩布库什语（卡万戈诸语）	2525	1977	78
	洛齐语（卡普里维诸语）	1442	1159	80
	除洛齐语外的卡普里维诸语	5371	0	0
	赫雷罗语	11802	6138	52
	茨瓦纳语	507	235	46
	科伊科伊语	18852	6267	33
	"布须曼"诸语	2279	421	18
	其他语言	6511	0	0
合计		171294	93519	/

2. 语言课程的修读

根据纳米比亚教育部的规定，至少修读两种语言作为语言课程是"理想"的，其中之一必须是英语，另一种语言"最好"是母语。然而，实际情况如何呢？

以欧洲诸语为母语的学生几乎都选择修读自己母语的课程，而以非洲诸语为母语的学生则鲜少如此。在以非洲诸语为母语的学生中，将自己的母语作为中学语言课程的主要是以奥万博语的两大方言——恩敦加语和宽亚玛语为母语的学生。除此之外，在中学阶段（8—10年级）选修自己母语的约占25%，而在高中阶段（11、12年级）的则仅占15%。虽然学校有义务为学生提供至少两种语言的选修机会，但许多学校以"理想的情况是选修两种语言"为理由，实际上只采用必需的英语作为语言科目，所以就读于这些学校的学生无论母语为何，都只能选择英语。至于"布须曼"诸语中唯一被选为教学用语的朱查凡语，虽被选用为教学用语，但目前尚无一所中学将其作为教学科目。

3. 非洲诸语教育的教材和人才

采用非洲诸语作为语言科目的初中和高中屈指可数，这导致了恶性循环。教育部认为采用非洲诸语作为教学科目的学校少是因为"师资匮乏"。然而，就大学和学生的角度而言，是"因为没有相应工作，所以无法成为教授非洲诸语的老师"[①]。纳米比亚大学设有非洲诸语系，学生可以攻读科伊科伊语、恩敦加语、宽亚玛语、赫雷罗语、卡纳利语、洛齐语。这些专业的学生只要取得学位便可以在高等院校教书。但是在此现状下，即便获得了任教资格，也无法运用这些语言从事相关工作。其结果是，在 1995 年招生高峰时期，非洲诸语专业共有 116 名学生，而 2000 年减少到仅 6 人[②]，这也导致了师资匮乏。不仅如此，在教材和课程研发中，以非洲诸语为母语的语言学家的参与是不可或缺的，但现状是，这些语言学者的培养也受阻。

不仅在人才方面，在教材方面非洲诸语的教育也存在诸多问题。作为教学语言的 10 种非洲诸语在教材研发和人才培养方面大相径庭。从出版教科书的葛姆斯堡·麦克米伦出版社（Gamsberg Macmillan）的出版目录可知，以非洲诸语中最注重母语教育的奥万博语为例，其方言之一的恩敦加语就有 90 种教材（参见表 3）。此外，同为奥万博语方言的宽亚玛语也有 95 种教材。但反观其他非洲语言的教材数量，洛齐语的不到奥万博语的三分之二，其他非洲诸语则均不及奥万博语的一半。尤其是教材研发进度缓慢的朱查凡语，目前其教材仍处于纳米比亚教育发展研究所校正的阶段，至今尚无教材出版。

表 3　非洲诸语的出版物分类[③]

语言	语言综合	语法	读物	合计
恩敦加语（奥万博语）	21	14	55	90
宽亚玛语（奥万博语）	24	14	47	95
卡纳利语（卡万戈诸语）	10	0	24	34
恩布库什语（卡万戈诸语）	10	0	9	19
马尼奥语（卡万戈诸语）	5	0	12	17
洛齐语（卡万戈诸语）	14	0	44	58

① 来自笔者对教育部、大学和学生的访谈。

② 1999 年前，纳米比亚大学中研究非洲诸语的教授有 3 人，随着学生人数的减少，2000 年该领域教授人数减少至 1 人。纳米比亚大学语言相关的学科和教师人数分别为：英语系（4 人）、罗曼什语系（德语系 3 人、南非语系 3 人、葡萄牙语系 2 人、法语系 1 人）、非洲诸语系（六种语言共 4 人）。由此可知，在大学中非洲诸语也并不占优势。

③ 笔者参考葛姆斯堡·麦克米伦出版社的数据制作而成。

续表

语言	语言综合	语法	读物	合计
赫雷罗语	15	4	15	34
茨瓦纳语	8	9	0	17
科伊科伊语	15	0	15	30
朱查凡语（"布须曼"诸语）	0	0	0	0

教材内容也存在问题。大多数非洲诸语的教材（尤其是"阅读"教材）都是英语教材的翻译版。因此，这些教材不一定从简单的单词开始介绍发音和拼写。例如，赫雷罗语教材从 1 年级开始便介绍了 tj /tʃ/ 和 ndj /ndʒ/ 等拼写和发音都很难的音（Tjoutuku, 1996: 217; Kavari, 1996: 229）。此外，由于教材所用的题材存在地区差异，往往和学生的生活完全迥异，因此有些学生理解困难，兴趣索然（Tjoutuku, 1996; Kavari, 1996）。

更为严重的问题是教材数量。在以母语为媒介语的纳米比亚北部的学校，每四五位学生共用一本教材。然而，教育部向教材出版社订购的非洲诸语教材的印刷数量不但没有增加，反而从之前的 3000 本锐减到现在的 750 本。[①] 这是因为大部分预算都用在了英语教材上。

除了教材之外，指导手册和指导计划书等教师用书也严重匮乏。教授非洲诸语的教师虽然是该语言的母语者，但大多没有接受过相关培训。因此，如果没有相关指导手册，指导学生便十分困难。80% 的在岗老师都在反馈这个问题（Kavari, 1996: 228），但问题并未得到解决。

政策与现实"错位"的背景因素

1. 人们的意识

纳米比亚的教育以"普及与推广英语"和"保护与鼓励母语"为目标，然而仅有前者得到有效实施。而后者，尤其是对非洲诸语的保护情况与政策目标相差甚远。

如前所述，出于教材匮乏、开发滞后、师资不足等原因，将非洲诸语引入学校教育的条件还不完善。然而，造成政策与现实"错位"

---

① 来源于笔者对葛姆斯堡·麦克米伦出版社的采访。

的最大原因是父母和教师不希望孩子们接受母语教育。1—3 年级的教学语言由父母和学校选择使用英语或母语。在笔者进行的采访中，几乎所有以非洲诸语为母语的父母和老师都表示，希望把英语作为孩子们的教学语言。即使像奥万博语母语者一样，如今以母语为教学语言的人们也不例外，许多父母向教育委员会提出，希望将教学语言自 1 年级起改为英语。根据布赖恩·哈莱克 – 琼斯（Brian Harlech-Jones）的调查，65.8% 的教师认为"在 1 年级以母语为媒介语，孩子们会学得更好"（Harlech-Jones, 1996: 105）。那么，为什么人们倾向于选择英语作为媒介语呢？

其中最重要的原因是不懂英语便找不到工作。由于英语成为官方语言，在纳米比亚，无论从事什么工作，都需要具备一定的英语能力。因此，很多父母希望尽早以英语为媒介语，以免耽误子女学习英语的时间。此外，有些父母担心必须到 4 年级才能将媒介语转换为英语。还有父母认为，与其在小学学习中途改用英语，不如一开始就使用英语更轻松。在课程选择上亦如是。现实工作中无法使用非洲诸语，所以人们可能对非洲诸语的课程兴味索然，希望将更多时间花在英语上而不是已经会说的母语上也不足为奇。

比起与工作无关的语言，选择"实用性语言"或许是顺理成章的。此外，阻碍母语教育的另一个主要原因是以非洲诸语为母语的人们极其否定自己母语的价值。虽然不同的语言存在差异，但大体而言以非洲诸语为母语者对自己的母语基本上持否定态度。即便有人以母语为豪，但也都对"母语教育"持消极态度。可以说这些观念受"班图教育"①的影响极大。作为种族隔离政策的一部分，原西南非洲（现纳米比亚）自 1958 年引入了"班图教育"制度起，各地区要以各自的母语为媒介语开展教育活动。其目的是进行种族隔离和有色人种教育。20世纪 80 年代，这项政策宣告终结，但现在其影响依然巨大。"班图教育"导致"母语教育"被贴上"低水平教育"的标签。"母语教育"让大多数纳米比亚非洲诸语使用者联想到"班图教育"，从而被认为并非理

---

① "班图"在种族隔离中是对所有黑人的蔑称，并非指"班图诸语使用者"。

想的教育。此外有报告显示，在教师方面，因为社区普遍认为教授非洲诸语的教师比英语教师的教学水平低，所以教师也不愿意教授非洲诸语（Legère, 1996b: 66）。

2. 政府的应对

纳米比亚教育制度的现状是：宪法承认民族语的权利，制定了将非洲诸语引入教育的具体政策，实际则将普及英语作为教育的重点，而不注重非洲诸语的教育，无法支持非洲诸语教育。然而，这是由制定政策的政府本身的"英语至上主义"态度所引起的。表面上宪法主张鼓励和保护纳米比亚的"全部"语言，包括非洲诸语，但事实上英语以外的语言仅被视为"接近英语的地位"，而无法与之匹敌。即纳米比亚的双语能力（多语能力）不是指同时使用两种语言（多种语言），而是指一种语言（即英语之外的语言）只是起到另一种语言（即英语）垫脚石的作用（Pütz, 1995a）。此外，据说在选择1—3年级的媒介语时，对于宪法承认的语言平等性、政府推崇的母语初等教育、以英语为媒介语接受初等教育的缺点等问题和政策，教育部和地方教育委员会并未向家长和教师进行充分的说明。换言之，人们虽然能够从社会交替中了解到英语的重要性，但却没有机会了解自己的母语以及母语教育的价值。

鉴于非洲诸语无论是作为媒介语还是作为教学科目，均未被充分纳入学校教育中，纳米比亚教育发展研究所正准备出台新的政策。新政策草案[1] 最应该关注的改善点是：①将以母语或地方方言为媒介语的年级延长至1—4年级；②不能选择媒介语，而是要将其限定为母语；③修读两种语言不是"理想情况"，而是"义务"。如果这些政策能够落地，那么在教育过程中非洲诸语想必会得到切实保护。然而，据说在实行新政策时，并无为此新设预算的计划。即在教材开发和人才培养方面未采取任何措施，而是仅仅将母语教育义务化。在教育质量方面，非洲诸语与英语的差距越来越大这一现象显而易见，对此该如何应对呢？那些希望以英语而非母语为媒介语的学校和家长们又会如

---

① 现在仍处于草案阶段。今后计划接受各地区的教育委员会与教育部的评价并于2002年实施。

何接受这个与自己的想法背道而驰的新提议呢？

　　教育并非纸上谈兵，而应反映于生活中。如果人们不能认清"学习母语"与工作以及日常生活息息相关，并充分理解它的价值，那么于他们而言这件事将毫无吸引力。为了鼓励和保护母语，不仅需要在宪法和其他文件中体现出来，还需要提供能够利用它们的具体机会。同时，为了消除纳米比亚独立前非洲诸语固有的负面印象，必须付出十足努力。若非如此，非洲诸语便无法成为"多语国家的丰厚财富"。

三、坦桑尼亚的情况

　　以上对纳米比亚教育的语言政策和实际情况进行了阐述，而坦桑尼亚推行的语言政策则与其形成鲜明对比，本小节将对二者进行比较。

　　坦桑尼亚在 1961 年独立之年将斯瓦希里语定为"国语"①。实施相关普及政策后，现在斯瓦希里语已完全渗入坦桑尼亚的各个角落。斯瓦希里语不仅是多语社会的通用语，而且是坦桑尼亚走向独立民族国家的"统一标志"，在独立后作为民族国家的民族身份发挥作用，即与西南非洲人民组织（Southwest African People's Organization，SWAPO）在纳米比亚赋予英语的作用相同。但是，与纳米比亚人使用英语不同，坦桑尼亚人认为斯瓦希里语是"自己的语言"，并且这种意识十分强烈。

　　坦桑尼亚初等教育的媒介语统一为斯瓦希里语。作为教学科目，斯瓦希里语所需学时不少，最初三年的教育尤其将斯瓦希里语的学习置于重中之重。英语从 3 年级起被列为一门学科，从中等教育阶段起成为媒介语。在中等教育阶段，斯瓦希里语是必修科目。此外，坦桑尼亚唯一的综合性大学——达累斯萨拉姆大学也设有斯瓦希里语系。

　　在教学语言的政策上，坦桑尼亚与纳米比亚截然不同的是非洲诸语的使用。在坦桑尼亚，除斯瓦希里语之外，人们还使用 130 余种

---

① "Lugha ya Taifa"（国家的语言）是指作为国家象征的语言，它与纳米比亚宪法中的"National Languages"（在纳米比亚所说的语言）的身份和功能完全不同。

非洲语言，但是在包括初等教育在内的所有教育阶段都见不到这些语言，并无任何具体措施保护其他非洲语言。结果，人们在家庭内部和民族社区等领域也频繁使用斯瓦希里语。如今，不会说本民族语言的年轻人激增。

在坦桑尼亚，斯瓦希里语的普及也给英语造成了巨大影响。现在与非洲诸语的危机同等严重的问题是人们英语能力的下降。在中等学校以上的高等教育机构中，英语仍然是媒介语。但是，不少师生依赖斯瓦希里语来理解授课内容。而且，将英语作为媒介语，导致师生们不但英语能力没有得到提升，反而"学习能力下降"。如果英语具备的所有功能能够转移至斯瓦希里语，便无可厚非。然而，对坦桑尼亚而言，英语带来的经济利益依然很大。在东非，斯瓦希里语的使用者日益增加，但其国际影响力仍微不足道。坦桑尼亚的基本语言政策有一个目标，即"在所有层次教育中，媒介语均为斯瓦希里语"。1982年，政府还发表了具体的实施年份，"中等学校自1985年、大学自1991年起将各自的媒介语改为斯瓦希里语"。但是，这一政策似乎至今都未得到落实。此外，为了提高英语能力，有人提出小学的媒介语也应该从"不赚钱"的斯瓦希里语改回英语。越来越多的精英们将孩子送去以英语为媒介语的私立小学接受教育。坦桑尼亚成功普及了"本国的语言"斯瓦希里语，并由此拓宽了初等教育的范围。而具有讽刺意味的是，事实上坦桑尼亚正在重新审视英语教育。

结 语

与坦桑尼亚相比，纳米比亚的政策具有保护民族语、提升英语能力的优点。然而现实是，支持和保护民族语的母语教育仍然停滞不前，由此，初等教育水平低和语言之间不平等的问题日益突出。与纳米比亚相比，坦桑尼亚的政策具有普及初等教育的优点。其初等教育虽然确实已得到普及，但是民众英语能力下降、民族语消失、高等教育中的学习能力下降等问题也日趋严重。

无论是纳米比亚还是坦桑尼亚，在独立的同时也都将原宗主国语

言以外的语言规定为各自唯一的"官方语言"或者"国家语言"。两国
虽然推行不同的语言政策，但最终都受英语支配。不仅纳米比亚和坦
桑尼亚，其他非洲国家的情况也大同小异。

选择某种语言作为官方语言、国家语言或教学语言，是通过权力
（多数情况是国家）赋予特定的语言以特定的权威和"力量"。而且在
非洲各国，独立以后依然是原宗主国的语言（或是与其相当的欧洲语
言）独占权威和权力。

参考文献

Amukugo, E. M., 1993. *Education and Politics in Namibia: Past Trends and Future Prospects.* Windhoek: Gamsberg Macmillan.

Haacke, W., 1994. "Language Policy and Planning in Independent Namibia." *Annual Review of Applied Linguistics,* 14: 240-253.

Haacke, W., 1997. "Internal and External Relations of Khoekhoe Dialects: A Preliminary Survey." W. Haacke & E. Elderkin (eds.). *Namibian Languages: Reports and Papers.* Cologne: Rudiger Köppe Verlag. 125-210.

Haacke, W. & E. Elderkin (eds.), 1997. *Namibian Languages: Reports and Papers.* Köln: Rüdiger Köppe Verlag.

Harlech-Jones, B., 1995. "Language Policy and Language Planning." M. Pütz (ed.). *Discrimination through Language in Africa? Perspectives on the Namibian Experience.* Berlin: Mouton de Gruyter.

Harlech-Jones, B., 1996. "Attitudes of Teachers towards English and Other Namibian Languages: Revisiting a Survey." K. Legère (ed.). *African Languages in Basic Education.* Windhoek: Gamsberg Macmillan. 90-106.

Kavari, J. U., 1996. "Learning and Teaching Problems and Attitudes towards Otjiherero." K. Legère (ed.). *African Languages in Basic Education.* Windhoek: Gamsberg Macmillan. 225-232.

Legère, K. , 1996a. *African Languages in Basic Education.* Windhoek: Gamsberg Macmillan.

Legère, K., 1996b. "Languages in Namibian Education." K. Legère (ed.). *African Languages in Basic Education.* Windhoek: Gamsberg Macmillan. 41-79.

Ministry of Education and Culture, 1993. *The Language Policy for Schools: 1992-1996 and Beyond*. Windhoek: Longman Namibia.

Ministry of Education and Culture, 1995. *Education Statistics 1995*.

Ministry of Education and Culture, 1998. *Education Statistics 1998*.

Moho, J. F., 1998. *Few People, Many Tongues: The Languages of Namibia*. Windhoek: Gamsberg Macmillan.

Pütz, M., 1995a. *Discrimination through Language in Africa? Perspectives on the Namibian Experience*. Berlin: Mouton de Gruyter.

Pütz, M., 1995b. "Official Monolingualism in Africa: A Sociolinguistic Assessment of Linguistic and Cultural Pluralism in Namibia." M. Pütz (ed.). *Discrimination through Language in Africa? Perspectives on the Namibian Experience*. Berlin: Mouton de Gruyter. 155-174.

Reiner, P., 1994. *Books in Namibia: Past Trends and Future Prospects*. Windhoek: Association of Namibian Publishers.

Snyman, J. W., 1997. "A Preliminary Classification for the !Xuu and Zul' hoasi Dialects." W. Haacke & E. Elderkin (eds.). *Namibian Languages: Reports and Papers*. Cologne: Rüdiger Köppe Verlag. 21-106.

Tjoutuku, A., 1996. "Survey on the Role of Otjiherero." K. Legère (ed.). *African Languages in Basic Education*. Windhoek: Gamsberg Macmillan. 216-224.

United Nations Institute for Namibia, 1981. *Toward a Language Policy for Namibia*. Lusaka: United Nations Institute for Namibia.

多语社会的语言选择
——基于坦桑尼亚乌凯雷韦岛的实例

小森淳子

引 言

在非洲，无论哪个国家、哪个地区，多种语言共生的多语社会都是常态。就国家层面而言，一个国家一般有多种民族语言。此外，英语、法语等原宗主国的语言作为官方语言被应用于行政和教育场合。而就个人层面而言，同时使用国家官方语言、地区通用语言、地方民族语言等多种语言的情况司空见惯。

而且，非洲的多语社会并非单纯的多种语言并存，而是日常生活中，每个人根据不同的场合和听者使用多种不同的语言。换言之，这个社会是由每个人的多语言能力和从多种语言中选择一种使用的"语言选择"行为构成的。

最终决定语言选择的是选择方的意图，只要说话者有意，便可以选择任何语言。一般而言，人们会以沟通为目的，适当选择能够相互理解的语言。但有时为了阻止对方，也可以选择对方无法理解的语言。或者为了在对方面前处于优势、为了接近对方，也可以选择不同的语言。

只要个人的意图是任意的，这种"选择意图"就不可预测，但却可以解释选择某种语言的原因。这通过明确多种语言处于怎样的序列中、各种语言承担着怎样的作用和功能来实现。

本文将着眼于多种语言之间的序列、语言的身份标记功能这两大有关语言选择的因素，并以笔者调查的坦桑尼亚乌凯雷韦岛的语言状况为例，来探讨以上两大因素与语言选择的关系。此外，除有意或无意地进行个人语言选择外，国家层面的语言选择也与语言的序列及语言所表示的身份这两大要素有关。作为示例，本文还将探讨非洲各国的官方语言与国家语言的问题。

一、坦桑尼亚乌凯雷韦岛的语言状况

1997 年，笔者在坦桑尼亚的乌凯雷韦岛就语言使用情况和个人的语言意识进行了走访调查。本文将基于调查结果，概览乌凯雷韦岛的语言状况，并就与个人语言选择相关的两大要素进行探讨 [具体调查内容请参阅小森（1998）]。

乌凯雷韦岛概况

乌凯雷韦岛位于坦桑尼亚西北部、维多利亚湖南部，面积约为640 平方千米，与日本淡路岛的大小相近，北部与乌卡拉岛相邻。乌凯雷韦岛与乌卡拉岛，以及周边岛屿一起构成姆万扎州的乌凯雷韦县，县政府位于南西奥（图 1）。本文将整个乌凯雷韦县称作乌凯雷韦。

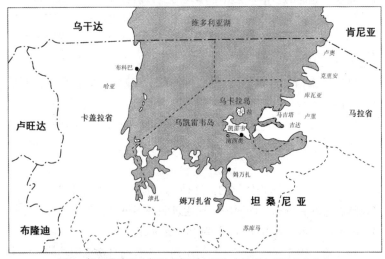

图 1　坦桑尼亚西北部及乌凯雷韦周边（斜体表示民族名称）

乌凯雷韦的主要民族是凯雷韦人（Kerewe）、吉达人（Jita）、卡拉人（Kara）。凯雷韦人于17世纪前后从维多利亚湖西部的布科巴迁徙而来，当时统治着与陆地相接的乌凯雷韦岛与大陆东部的半岛部分。截至1964年坦桑尼亚独立、各民族酋长被废除，一共产生了17代酋长。吉达人大约于18世纪末开始从大陆迁徙至乌凯雷韦。他们过去居住于马吉塔，共有3代酋长。同一时期，住在乌卡拉岛的卡拉人也因人口减少的影响开始迁徙至乌凯雷韦。

乌凯雷韦的总人口约为20万人。虽然未对各民族进行统计，但据说吉达人最多。如后文所述，这一点从吉达语在乌凯雷韦占据优势也可以窥见一斑。

而且，作为新迁徙民族，姆万扎州的主要民族苏库马人（Kisukuma）人数与日俱增，但整体而言其人口仍占少数。

我们的走访调查在乌凯雷韦的南西奥进行。南西奥是乌凯雷韦的中心地带，所以也有来自其他地区的商人和公共机构的工作人员，它呈现规模小但多民族混居的城市面貌。这一点在调查对象的民族中也有所体现（参见表1）。

表1 调查对象的民族

民族	人数	民族	人数
凯雷韦（Kerewe）	40	尼兰巴（Niramba）	2
吉达（Jita）	30	赫赫（Hehe）	1
苏库马（Kisukuma）	7	兰吉（Rangi）	1
库瓦亚（Kwaya）	5	扎拉莫（Zaramo）	1
卡拉（Kara）	4	吉古瓦（Jigwa）	1
查加（Chaka）	4	尼亚穆齐（Nyamuezi）	1
卢里（Luli）	2	卢奥（Luo）	1
哈（Ha）	2	卢旺达（Rwanda）	1
克里安（Kurya）	2	/	/

我们不分民族、出生地、在南西奥居住时长，只根据年龄和性别，从南西奥居住人口中选出男女共105人作为调查对象，他们分别

属于乌凯雷韦的主要民族凯雷韦、吉达、卡拉及其他 14 个民族。[①] 除凯雷韦人、吉达人、卡拉人外，80% 的人并非出生于乌凯雷韦。他们出于工作、结婚，以及孩子前来父母外出务工地和母亲的出生地等原因来到乌凯雷韦。如此，除地区的主要民族外，还存在其他各种民族。这种现象在非洲的大城市乃至地方中心地区也十分普遍。

如此这般，在非洲的许多地区，每个人都拥有多种语言能力。当被询问"能说或能听懂的语言"时，每个人回答的语言数平均为四五种。而且，往往年龄越大，回答的语言数越多。这是因为随着年龄的增长，居住过的地区及配偶的数量增加，接触的语言数量便也随之增加。即使排除自我陈述中夸大其词的回答，南西奥人拥有多种语言能力是毋庸置疑的，而且这种能力是从个人所处的多语环境和接触多种语言的情形中获得的。回答中所列举的语言包括坦桑尼亚的官方语言斯瓦希里语，地区主要民族语吉达语、凯雷韦语和因个人迁徙增加的各民族语言——包括母亲和配偶的民族语、曾居住过的地区的语言和附近的民族语等。下面，我们来看一下不同语言的回答情况。

斯瓦希里语

关于斯瓦希里语，所有受访者都回答"能说"。我们走访调查时使用斯瓦希里语，未出现沟通障碍。这说明斯瓦希里语已渗入坦桑尼亚，也可以视作政府致力于普及斯瓦希里语政策的成功。

自殖民地时代前起，斯瓦希里语作为贸易用语从东非的印度洋沿岸扩展至内陆地区，同时作为不同民族间的通用语被用于交流。它还超越了沿海地区民族语的范畴，作为东非地区的通用语渗透到坦桑尼亚。

在德国统治时期，斯瓦希里语开始用字母书写，用于殖民地行政和基督教的传教。在英国统治时期，斯瓦希里语被确立为标准语，斯瓦希里语词典也得以编纂。这些都奠定了坦桑尼亚独立后斯瓦希里语

---

① 调查对象中，凯雷韦人多于吉达人。虽然这与乌凯雷韦的吉达人最多的说法不一致，但这是因为笔者曾住在凯雷韦人的家中，所以经常见到凯雷韦人。卢奥族和卢旺达族分别是肯尼亚和卢旺达的主要民族，其他都是坦桑尼亚的民族。

作为国家官方语言使用的基础。与另一种通用语言英语不同，斯瓦希里语甚至对国民意识的形成做出了贡献。它作为小学的教学用语，现在已经普及到全国小学甚至乌凯雷韦的各个角落，这种渗透是切切实实的。

但是，在像南西奥这种多民族混居的城镇和远离南西奥的村庄，斯瓦希里语的渗透程度存在差异。在南西奥，即便是在路上玩耍的学龄前儿童也说斯瓦希里语，但越往村落走，就会发现越多村民说民族语（图2）。斯瓦希里语在城镇与村落的渗透存在差异，这种现象在坦桑尼亚的其他地区也存在（Polomé, 1980b; Yoneda, 1996）。当然，即使在村里，孩子们上小学后也会被强迫只使用、掌握斯瓦希里语。而且，他们会获得前往南西奥或其他地区的机会，因此他们的斯瓦希里语能力日趋完美。

图2 乌凯雷韦南西奥的状况

吉达语和凯雷韦语

紧跟斯瓦希里语之后，回答"能说"的人最多的是乌凯雷韦的主要民族语——吉达语和凯雷韦语。出生在乌凯雷韦的人，无论哪个民族，都回答说至少"能说"吉达语和凯雷韦语中的一种。即便是不出生在乌凯雷韦的人中，也有 74% 的人回答称吉达语和凯雷韦语至少能"说"一种。包括回答"能听懂"的人在内，几乎所有人（除 1 人之外）都是如此。[①]调查对象的民族构成中，吉达人和凯雷韦人占整体的 67%，而在语言方面，90% 的人回答"能说"吉达语或凯雷韦语。

如果我们将吉达语和凯雷韦语分开来看，回答能说吉达语的人比能说凯雷韦语的人多。而且，如果不考虑语言使用者的民族，则掌握吉达语的人比凯雷韦语多。例如，在双亲、配偶均非吉达人（即本人非吉达人）的回答中，能说吉达语的人占 69%，而在双亲、配偶均非凯雷韦人（即本人非凯雷韦人）的回答中，能说凯雷韦语的人仅占 28%。换言之，无论哪个民族，学习吉达语的人更多。这表明在乌凯雷韦，吉达语比凯雷韦语更有优势。

吉达语的这种优势，与乌凯雷韦的吉达人最多有关。当然，民族与语言未必一致，例如吉达人未必一定会说吉达语。但是，吉达语并无像斯瓦希里语那种官方语言地位，也没有被学校和教会使用从而得以推广。此外，乌凯雷韦历来由凯雷韦人统治，吉达人在政治上并不占优势。因此，在现在的乌凯雷韦，吉达语之所以作为地区民族语言最具优势，可以说是因为使用者多，即吉达人多。反之，我们可以说吉达语的优势体现了吉达人的数量众多。

吉达语的优势与它和其他语言的相似性也有关系。乌卡拉岛的语言卡拉语和大陆方面的语言卢里语、库瓦亚语与吉达语关系非常近。如果仅从语言的角度来看，可以说它们是一种语言的不同方言。[②]以卡拉语、卢里语、库瓦亚语为母语者，即使不是吉达人也回答能说吉达语，因此这也是吉达语跨越民族被广泛使用的优势之一。

---

① 回答"既不懂吉达语，也不懂凯雷韦语"的是一位来自莫希市的查加女性（39 岁）。她的父母和配偶都是查加人，她在南西奥居住了 3 年，是一名小学教师，在工作和家庭中几乎都使用斯瓦希里语。同样来自莫希市的另一位查加女性（45 岁）回答说，无论是吉达语还是凯雷韦语她都会说。她的父母和配偶都是查加人，她在南西奥居住了 25 年，在市场经营杂货生意。如此这般，个人经历不同，语言能力也会有所不同。

② Nurse & Philippson（1980）通过比较 400 个词来测量语言之间的相似度。研究结果显示，吉达语、卡拉语、卢里语、库瓦亚语均属于一个分类（苏格提语族），语群内的相似率高达 81.5%。

其他语言：苏库马语、英语

在斯瓦希里语和主要民族语以外的语言中，34% 的人回答"能说或听得懂"苏库马语。苏库马语是从姆万扎州直到其东南方向的广大地区通用的语言，是坦桑尼亚使用人数最多的语言。因此，有人说在苏库马语圈内的姆万扎等地居住期间学会了苏库马语，也有人因为附近有许多移居到乌凯雷韦的苏库马人，所以学会了苏库马语。由此可见，人们从日常接触的语言中逐渐掌握了多种语言。

反之，对于日常接触较少的语言，掌握它的人也会变少。与调查者的预想相反，人们的回答中掌握人数较少的语言是英语，只有 9 人回答"能说或听得懂"英语。其中 5 人是公务员、教师、公司职员、大学生，2 人是中学毕业的 20 多岁的男生和女生，2 人是在小学学习英语的 15 岁女孩。实际上，虽然不知道他们的英语能力达到了何种水平，但至少在回答时他们运用了英语，可见他们曾经接触过英语。而在乌凯雷韦，日常生活中几乎没有机会接触英语。

英语是坦桑尼亚的另一种官方语言，也是公务员和高等教育的必备语言。但是，正如后文关于语言态度的调查结果所示，在乌凯雷韦这种地方，英语既不是像斯瓦希里语那样深入人心的语言，也不是价值很高的语言。英语具有高价值是国家层面的现象，而在地区层面，斯瓦希里语的地位要高得多。虽然人们从小学开始学习英语，但由于没有日常接触的环境，也没有必需使用的场景，所以英语并非像苏库马语那样可以在日常环境中习得。

语言使用情况

下面，我们来看看上文所示的各种语言的使用情况。在多语社会，一般认为每种语言都有其特定的使用领域以及不同的用途。这种情况被称为"双语变种"（diglossia）或者"多语言变种"（polyglossia）（ロメイン，1994：58）。

所谓使用领域，是指如果设定了某些场景，例如家庭、朋友、宗教、职场、教育、公共机关等，便可以预测在相应场合使用的语言。官方语言、标准语言等威信高的语言被称为"高变种"，用于职场、教育、公共机构等公共性较强的领域；而在家庭和朋友之间，使用被称为"低变种"的民族语、地域方言，或者文言对应的口语等。

在坦桑尼亚，斯瓦希里语是高变种，地区民族语是低变种，一般根据不同领域区分使用。在乌凯雷韦的调查结果显示，人们在公共场合使用斯瓦希里语。当被问及在不同场合使用的语言时，几乎所有人都回答在公共场合（政府机关、邮局、警察局、法院、学校等）和人群聚集的场所（市场、教会等）、职场等使用斯瓦希里语（图3）。此外，正如人们的回答中提及的，"在去旅行时／与不懂凯雷韦语和吉达语的人交谈时／与其他民族的人交谈时，会使用斯瓦希里语"，这表明斯瓦希里语也作为不同民族间的通用语发挥着作用。

对于在公共场合使用何种语言的问题，受访对象的回答中也没有出现英语。在乌凯雷韦，作为高变种使用的只有斯瓦希里语，而没有英语。这与坦桑尼亚国家层面讨论的语言问题不同。国家层面的问题是在公共领域斯瓦希里语和英语的使用问题。国家层面有关公共语言的讨论是指是否赞成以下观点：虽然斯瓦希里语已经广泛普及，且完全可以作为官方语言使用，但英语并未被排除在官方语言之外，反而更加巩固了其地位。有些人担忧斯瓦希里语的现状，主张应该进一步提高其地位，而有些人主张向英语转移并强化英语的地位，这两种主张形成了对立。这一对立也体现在有关教学用语的讨论中。在坦桑尼亚，初等教育阶段使用斯瓦希里语，而在中学及以后的中高等教育阶段使用英语。一方面，关于将斯瓦希里语作为中高等教育阶段的教学用语的提议被讨论了30余年，另一方面，也有人提议从初等教育阶段开始使用英语作为教学用语，但这些提议至今悬而未决（木村，1999）。

如上所述，从坦桑尼亚的国家层面来看，斯瓦希里语和英语正在争夺官方语言的地位。但是，这种讨论与乌凯雷韦等地方无关。当然，如果想成为公务员和教师，英语能力是必要的，而且如果去中学以上的学校，英语是唯一的教学用语，所以乌凯雷韦并非完全不受英语的影响，但在日常语言使用过程中需要探讨的是斯瓦希里语，即使用斯瓦希里语还是民族语的问题。

图 3　乌凯雷韦的露天市场主要使用斯瓦希里语

除乌凯雷韦之外，坦桑尼亚各地方的语言问题在于斯瓦希里语的使用可能会导致各地民族语消亡。近年，斯瓦希里语的使用领域呈逐渐扩大的趋势，正在打破过去在公共领域使用斯瓦希里语，而在私人领域使用民族语的划分方式（Batibo, 1992; Yoneda, 1996）。民族语的主要领域是家庭，但在家庭中也有使用斯瓦希里语的情况。米田信子指出，在家庭领域，地方民族语马滕戈语（Matengo）也正逐渐被斯瓦希里语所取代（Yoneda, 1996）。在乌凯雷韦，也有人在家庭内使用斯瓦希里语，而且呈年龄越小使用频率越高的趋势。[1] 这切实表明斯瓦希里语与民族语在不同领域使用的划分方式已经被打破，且斯瓦希里语的使用领域正在日益扩大。

但就目前的情况而言，还不能认为这一定会导致民族语的衰退与消亡。虽然在家庭内也有使用斯瓦希里语的情况，但它是与民族语被同时使用的。从目前十几岁这一代人的语言使用情况来看，他们大多同时使用斯瓦希里语与民族语，而并非完全使用斯瓦希里语。此外，

① 例如，被问到对父母使用什么语言时，40 岁以上的人中，仅有 3% 的人回答说使用斯瓦希里语，而在 20—40 岁的人中有 26%、十几岁的人中有 64% 回答说使用斯瓦希里语。对于配偶，40 岁以上的人中有 13%、20—40 岁的人中有 45% 回答使用斯瓦希里语。对于儿童，40 岁以上的人中有 42%、20—40 岁的人中有 79% 的人回答使用斯瓦希里语。据调查，说话人、对话人的年龄越小，使用斯瓦希里语的频率就越高。

在与邻居聊天等家庭以外的场合，他们一般使用民族语。由此可见，与其说斯瓦希里语的渗透导致了民族语的衰退，不如说在私人领域使用的语言选项中增加了斯瓦希里语。如果将来乌凯雷韦的民族语衰退进程加快，那便是乌凯雷韦的社会经济变化比如今更加激烈，以及城市化得到进一步发展的时候。而这种变化出现之时，也正是乌凯雷韦民族语面临消亡危机之时，但目前还未面临这种紧迫状况。

在斯瓦希里语与民族语混用的私人领域，语言使用方面的有趣之处在于人们会根据不同的聊天对象和场合选择不同的语言。对于家庭内部语言使用的问题，最常见的回答是"要看对方是谁"。对于"在家庭内使用哪种语言"这一问题，很少人回答某一明确的语言。因此，我们必须分不同的对象来询问他们使用的语言，例如，是对父亲、对母亲、对孩子，还是对祖父母。如果父母双方的民族不同，使用的语言也可能不同，而且对各自的交谈对象使用的语言也并非局限于一种。有时也会出现多种语言交互使用或混合使用的情况，即所谓的"语码转换"。

因此，在语言使用不受限制的私人领域，根据说话者的情况和意图，会出现个性化的语言选择。换言之，每个人都能根据自己的语言能力和意图选择语言。那么，在拥有这种选择余地的情况下，人们是基于怎样的意图和原因对语言做出怎样的选择的呢？

语言选择的因素

选择语言时，说话者并非总能意识到自身的想法和原因，更多地是根据不同的场景和对象无意识地选择语言，有时甚至意识不到自己在说何种语言。例如，笔者曾旁听过吉达女性和苏库马女性的交谈：苏库马女性的丈夫是凯雷韦人，所以她说凯雷韦语，而吉达女性也说凯雷韦语。当笔者询问吉达女性"为什么用凯雷韦语聊天"时，她却说自己在说吉达语。说话者对于实际使用的语言和对自己正在使用什么语言的认知的意识偏差已是常态。

即便如此，从人们对于是否针对不同的对象和场合选择语言的回答以及当时得到的解释，我们能够看到某种程度的选择动机。下面将基于这些解释，探究人们选择语言的意图。

关于斯瓦希里语的使用，人们意识到其作为公共语言具有极高的地位和威信。以下解释可以反映这一点："我不对老人们使用斯瓦希里语。当我使用斯瓦希里语时，他们会说'你在逞威风'"（凯雷韦男性，42 岁），"我父亲（60 岁左右）平时说凯雷韦语，但喝醉后会说斯瓦希里语"（凯雷韦男性，24 岁）。

斯瓦希里语具有其他民族语所没有的地位，如果晚辈使用，会让人觉得说话者"在逞威风"。而相反，如果你想"逞威风"，就可以选择使用斯瓦希里语。人们选择斯瓦希里语，并非都意识到其地位高，而是与民族语相比斯瓦希里语的地位比较突出，这应该也会对说话者的选择造成影响。

那么民族语之间的情况又如何呢？关于乌凯雷韦民族语的使用，我们想指出的一点是，对话者之间也可以使用各自不同的民族语。因为吉达语、卡拉语、卢里语等语言具有相似性，所以即使说着不同的语言也能够相互理解，而用以吉达语为代表的语言与凯雷韦语进行交流，人们也能相互理解对方的语言。

吉达语和凯雷韦语同属班图语支，但由于属于不同的语言集团，因此并非因为语言上的相似性才能够相互理解，而是因为在乌凯雷韦长期生活，所以逐渐能够理解对方的语言，而且语言本身也变得类似。[1]

例如，对于"与吉达人和凯雷韦人说话时使用什么语言"的问题，大约 50% 的凯雷韦人回答说"对吉达人使用凯雷韦语"，54% 的吉达人回答说"对凯雷韦人使用吉达语"。换言之，吉达人和凯雷韦人聊天时，大约一半的人回答各自使用自己的语言，而且在那种情况下，对

---

① Nurse & Philippson（1980）指出，凯雷韦语与坦桑尼亚的哈亚语（Haya）和乌干达的恩科莱语（Nkore）、尼奥罗 – 托罗语（Nyoro–Tooro）等，同属于鲁达拉（Rutara）语族，与吉达语等的相似率达到 45.75%，而凯雷韦语与苏格提语族的相似率达到 62.50%。这是不同语言在同一地区长期共存的结果，在词汇方面的相似度尤为显著。

方也会使用对方的语言。① 这种情况也发生在家庭内部。例如，丈夫使用凯雷韦语，妻子则使用吉达语进行交流。在亲子之间也有类似现象。在乌凯雷韦使用民族语时，可以选择与对方不同的语言进行交流。

如前所述，在乌凯雷韦，凯雷韦语作为地区民族语占有优势，但其地位并不像斯瓦希里语那样高。尤其是在凯雷韦语和吉达语之间，民族意识、交谈者双方的关系和意识均会影响语言选择。下面我们来看看关于选择凯雷韦语和吉达语的回答。

凯雷韦女性（50 岁）K 女士和吉达女性 J 女士（38 岁）是邻居，两人都会说凯雷韦语和吉达语。K 女士与 J 女士交谈时用凯雷韦语，而 J 女士和 K 女士交谈时用吉达语。当问 K 女士"为什么对 J 女士不用吉达语"时，她说"想让 J 女士开心的时候，我会跟她说吉达语"。之后，询问 J 女士同样的问题，她回答说"跟凯雷韦人说凯雷韦语是在开玩笑"。她们似乎意识到，互相使用对方的语言是在迁就对方的特殊情况。在语言选择方面，并未察觉到 J 女士有向更为年长的 K 女士让步的态度。但是，笔者发现 J 女士与 K 女士的母亲（推测年龄为 70 岁）交谈时，使用的是凯雷韦语。可以推断，J 女士是为了向年长者表示尊重和让步才使用了凯雷韦语。

此外，一名 55 岁的凯雷韦男性回答称："虽然我有时跟吉达人说凯雷韦语，但吉达人较多的情况下，我会使用吉达语。"他所表达的观点是：作为凯雷韦人，自己基本上跟吉达人说凯雷韦语，但如果对方人数占多数，就会做出让步而使用吉达语。

向对方表示让步的回答还有以下几种。某吉达男性（32 岁）对夫妻之间的语言使用表述如下："我的妻子是凯雷韦人，虽然她也会说吉达语，但我对她说凯雷韦语。这是为了家庭和睦。"然后，他指了指自己的吉达人朋友（45 岁）："他的妻子也是凯雷韦人，但他的妻子很爱

---

① 在前面列举的吉达女性的例子中，即使对方说凯雷韦语，自己说吉达语，也能互相理解。但从语言的实际情况来看，她说的语言听起来像凯雷韦语，但语言本身的界限并不像说话者自己意识到的那般泾渭分明，可能会有部分语码转换，或是只有词汇传入其他语言中，其实际情况可能很模糊。与说话者的意识错位的语言实际情况，在非洲的多语言状况中也许司空见惯。对此，我们仍须进一步调查。

他，所以她也使用吉达语。"实际上，我们并不知道在这个男人和他朋友的家庭中使用什么语言，但他们可以选择使用凯雷韦语或吉达语。这些语言的选择显示了当事人之间的人际关系，反映了交谈双方的关系。

此外，这些回答当然是以"凯雷韦人说凯雷韦语""吉达人说吉达语"为前提的。从后文有关语言态度的回答中我们也可以发现，无论民族与语言的实际情况如何，人们都意识到了二者的联系之紧密，而且它能够影响语言的选择。

在语言选择方面，是否向对方让步等交谈双方的人际关系成为主要因素，这或许是理所当然的。因为虽说语言的重要作用在于传情达意，但不能忽视由此产生的人际关系，不如说语言传达应包含人际关系。这些民族语之间并没有因与斯瓦希里语的地位高低而产生的差别，也不存在领域不同导致的使用差别，而是可以作为表达说话者自身的民族身份和交谈双方人际关系的手段。

语言态度

从民族语的选择上可知，人们已经意识到"语言＝民族"这一关系。这一点从语言态度，即每个人对语言的意识和评价的回答中可以窥见一斑。在针对语言态度的提问中，我们询问了人们对语言的主观意见，如喜欢哪种语言、想学哪种语言、希望孩子说哪种语言等。通过调查结果可知哪种语言的威信更高，人们个人认为哪种语言的价值更高。威信高的语言是基于政治、社会、文化等因素相对处于优势地位的语言。优势社会的语言、有文化优势的社会的语言、官方语言和国家语言等得到行政认可的语言的威信会变高。威信高的语言表现在有关语言能力和语言态度的调查结果中，即大多数人都具备这种能力或是想获得这种能力。此外，父母希望孩子学习也是该语言威信高的一种标识（Batibo, 1992; Rottland & Okombo, 1992）。

在乌凯雷韦威信较高的语言是斯瓦希里语。这从所有人均回答"能说斯瓦希里语"的语言能力上可以直接看出，从语言态度的调查结果中也能窥见一斑。表 2 是对"喜欢哪种语言"和"想让孩子说哪种语言"等问题的回答。对于这两个问题，回答中斯瓦希里语的比例都很高。受访者列举斯瓦希里语的理由是"它是国家语言""能够和所有人互相沟通交流"等。作为国家的公共语言和通用语而被广泛使用的斯瓦希里语的价值得到了肯定。这个调查结果表明，斯瓦希里语是威信高的语言。

表 2　喜欢的语言、想让孩子说的语言

语言	喜欢的语言/%	想让孩子说的语言/%
本民族语	41	55
斯瓦希里语	38	31
英语	8	5
其他①	13	9
合计	100	100

此外，从表 2 我们可知，除威信高的斯瓦希里语外，每个人都会赋予某种语言一定的价值。需要注意的是，对于这两个问题，本民族语被列举的次数最多。很多人回答本民族语是"想让孩子说的语言"。虽然本民族语被赋予了比斯瓦希里语更高的评价，但这并非因为它具有像斯瓦希里语那样高的威信。列举本民族语的理由有"是我自己的语言""是家里的语言""不希望自己的语言消失"等等，他们认为本民族语言对自己而言很重要，希望保护并保留它们。

根据 Heine（1992）、Rottland 和 Okombo（1992）在肯尼亚实施的调查，我们也可以看到人们对本民族语的相同态度。从肯尼亚的特利克人（Terik）和苏巴人（Suba）的语言状况来看，特利克人的语言和苏巴人的语言正分别被南迪语（Nandi）和卢奥语取代，但有关语言态度的调查显示，人们希望让孩子学习的语言中被列举最多的分别是特利克语和苏巴语。

如上所述，语言态度的调查结果体现了人们对本民族语言的评价之高。可以说本民族语言中蕴含着有别于语言威信的价值。这是一种怎样的价值呢？思考这一问题，需要注意本民族语言具有的身份标记功能。

---

① "其他"语言大多是受访者母亲或配偶民族的语言。

　　无论个人还是国家，只要观察有关语言选择的现象，就会发现语言的两种功能看似相反，实则相互关联。一是语言的基本功能，即作为传情达意工具的功能；二是语言标记所属集团的功能，象征着对本民族语的高度评价。

　　语言首先作为传情达意的手段发挥作用，是沟通交流的工具。问题在于使用语言与哪个人或者哪个集团交流。在这一点上，作为工具的语言之间产生了价值差异。越是能与更多的人交流的语言，在传情达意方面的价值便越高。此外，能与在政治、经济上具有实力的集团进行交流的语言价值也会提高。语言集团的规模及其具有的政治力、经济力不同，语言作为传情达意手段的价值也不同，这就产生了语言之间的序列。人们在自己所处的多语环境中，知道哪种语言具有更高的威信。在选择语言时，人们希望选择高威信语言的情况司空见惯。

　　语言的另一个功能是能够标记使用它的说话者群体。被标记的群体包括从职业群体、年龄群体等社会中的小单位，到民族、国民等大单位，可以任意区分。语言的价值与被标记的语言群体的规模、政治力量等无关。任何语言都具有作为群体身份标记的价值，因此任何语言对其群体的成员而言都具有很高的价值。这种功能可以称为语言的身份标记功能。正因为具有这个功能，本民族语对于认为自身属于本民族者而言，总是能够得到很高的评价。

　　无论是希望学习的语言，还是想实际使用的语言，在从多个选项中选择语言时可以发现两种情形，一种是选择有用且有利、威信高的语言，另一种是选择能够标记自己所属集团的、可以作为身份认同依据的语言。这两种情形相悖的情况多于一致的情况，它们是对立和矛盾的主要原因。从国家层面来看，这是原宗主国的欧洲语言（以下称为"欧洲语言"）和非洲固有语言之间的对立。下面，我们以非洲的官方语言和国语为例来分析这种情况。

二、国家的语言选择：通用语和官方语言

　　如上所述，坦桑尼亚国家层面的语言选择不是指民族语和斯瓦希里语，而是斯瓦希里语和英语。在非洲，国家的语言选择往往是非洲

语言和欧洲语言之间的选择问题。欧洲语言作为选项被保留下来，这表明殖民统治的遗留制度一直延续至今。而且，欧洲语言依然是威信高的语言。巩固并再生产其威信的是其作为官方语言的地位，以及在高等教育中的使用。在非洲，规定欧洲语言为通用语的国家占大半。

然而，这并不意味着仅仅赋予欧洲语言价值。在语言选择上，如前所述，语言的选择包括选择威信高的语言和选择用于身份标记的语言两种情形。在国家对语言的选择上，如果前者是欧洲语言，那么后者就是非洲语言。

表 3 是选择非洲语言作为官方语言或国语的国家列表。（A）是在宪法和法令中仅规定官方语言的国家，（B）是仅规定国语的国家，（C）是同时规定官方语言和国语的国家。像埃塞俄比亚和马达加斯加一样，仅将一种非洲语言规定为官方语言的国家是例外，大多数国家都是将其与英语和法语（少数国家为阿拉伯语）一起使用。这些规定反映了人们选择非洲语言的观点和意图。[①]（C）中同时规定官方语言和国语国家的例子，明确表明了欧洲语言和非洲语言的地位。我们大致可以看出，这些国家的官方语言是英语和法语，而国语是非洲语言。

表 3　在宪法和法令中将非洲语言规定为官方语言或国语的国家 [②]

（A）仅规定官方语言

国名	官方语言
埃塞俄比亚	阿姆哈拉语（60%—65%）
中非共和国	法语、桑戈语（100%）
索马里	阿拉伯语（75%）、索马里语（98%）
尼日利亚	英语、豪萨语（32%）、伊博语（25%）、约鲁巴语（22%）
南非	英语、佩迪语（Pedi）、索托语（Sotho）、茨瓦纳语、斯威士语（Swati）、文达语（Venda）、聪加语（Tsonga）、恩德贝莱语、科萨语、祖鲁语、阿非利堪斯语

① 关于布隆迪的官方语言，在 1992 年的宪法条文中规定"布隆迪的官方语言为基隆迪语，以及由法律规定的其他语言"。法语虽然未被明确提及，但实际上是其官方语言。1974 年的宪法条文中提到："官方语言为基隆迪语和法语。"这一表述的变化反映了国家选择语言的想法。
② 括号内的数字表示该国家使用各语言作为第一、第二语言的人数比例。表 3 出自 UNESCO（1985）。

（B）仅规定国语

国名	国语
马达加斯加	马达加斯加语（100%）
塞舌尔	英语、法语、克里奥尔语（100%）

（C）均规定

国名	官方语言	国语
坦桑尼亚	英语、斯瓦希里语	斯瓦希里语（90%）
肯尼亚	英语、斯瓦希里语	斯瓦希里语（65%）
博茨瓦纳	英语	茨瓦纳语（90%）
卢旺达	法语、卢旺达语	卢旺达语（100%）
布隆迪	基隆迪语（Kirundi）、（法语）	基隆迪语（100%）
刚果共和国	法语	林加拉语、莫努库图巴语（Munukutuba，75%）
刚果民主共和国	法语、英语	刚果语（14%）、林加拉语（25%）、斯瓦希里语（39%）、卢巴语（22%）
塞内加尔	法语	沃洛夫语（80%）、富尔富尔德语（21%）、迪乌拉语、曼丁卡语、索宁克语（Soninke）
马里	法语	曼丁卡语（80%）、富尔富尔德语（12%）、桑海语（6.4%）、塔玛舍克语（Tamasheq）
毛里塔尼亚	阿拉伯语	阿拉伯语（80%）、富尔富尔德语（7%）、索宁克语（6%）、沃洛夫语（3%）

官方语言相当于 official language，国语相当于 national language，二者都是国家和公共机构规定的公用语言，即行政层面决定的语言。但一般而言，官方语言是在会议、行政、教育等场合使用的实用性语言，而国语是代表国家的象征性语言。[①] 官方语言和国语这两项规定，意味着实用性语言和象征性语言的背离，而这种背离又通过欧洲语言和非洲语言表现出来。欧洲语言被称为实用性官方语言，且被视为有

---

① 从在宪法中同时规定官方语言和国语的国家的例子来看，这些国家大多将官方语言视为实用性语言，而重视国语的象征意义。例如，瑞士的官方语言有德语、法语、意大利语三种，国语则包含法语在内，共有四种语言。在瑞士将列托 - 罗曼斯语（Rhaeto-Romance）作为母语的人数仅有 1%，而将其列入国语中是为了表示它是国家的一部分。另外，在新加坡，被列为官方语言的有英语、汉语、马来语、泰米尔语四种，而被列为国语的只有马来语。虽然马来人仅占总人口的 14%，但为了象征新加坡马来裔国家的身份，马来语被规定为国语。

价值、威信高的语言。但是，这种价值是对决定国家选择的执政者而言的价值，高威信是对于少部分精英阶层的高威信。

作为国语的非洲语言是为了显示国家身份而被选择的。语言是信息传达的工具，所以对于被官方规定使用的非洲语言，它至少应当具有实用功能，但如果是为了标记身份而被选择的语言则不一定具有实用性，也不一定致力于实用化。换言之，国语这一地位并不能保证国家为其实用化付出努力。相反，（A）和（B）的规定可以理解为：国家想赋予非洲语言作为实用性语言，而非作为象征性语言的地位和功能。像马达加斯加和塞舌尔等只规定非洲语言作为国语而非官方语言的国家，国语承载着实用性语言的功能。[①] 然而实际上，如果考虑实际应用的程度，在尼日利亚和南非等国，被规定为官方语言的多种非洲语言，其象征性地位也接近于国语。

非洲语言问题的争论焦点在于如何弥补上述背离，即如何让非洲语言承担作为官方语言的实质性功能。为此，首先必须赋予非洲语言官方语言的地位，即便只是名义上的。而之后，如何将其实用化、普及的问题将会接踵而至，但为了保证并促进这一任务实施，我们需要赋予非洲语言作为官方语言的地位。

非洲语言难以被选为官方语言的原因之一是，人们不知道该从国内众多语言中选择哪一种。从表3来看，选择非洲语言有两种方法。一是选择使用人数比例高的语言。从括号内的数字来看，有些语言的使用比例高达75%—100%。其中，被使用者作为母语使用较多的是索马里语、马达斯加语、塞舌尔的克里奥尔语、茨瓦纳语、卢旺达语、基隆迪语、毛里塔尼亚的阿拉伯语（被称为哈桑阿拉伯语的毛里塔尼亚方言）等。对于作为地区通用语普及的语言，如果包括将其作为第二语言的使用者在内，使用者人数增加的是中非的桑戈语、刚果共和国的莫努库图巴语（基于刚果语的克里奥尔语）、马里的曼丁卡语、塞内加尔的沃洛夫语等。因此，不论母语还是通用语，只要是国

---

① 20世纪80年代，马达加斯加废除了之前的官方语言法语，规定只将马达加斯加语作为国语，80年代之后，曾经写有法语和马达加斯加字符的纸币便只使用马达加斯加语。

内使用者人数比例高的语言，就可以被选作官方语言。[①] 虽然未出现在表 3 中，但还有许多国家拥有使用者人数比例较高的语言。例如，莱索托的索托语（99%）、毛里求斯的克里奥尔语（94%）、斯威士兰的斯威士语（91%）、马拉维的奇契瓦语（80%）、津巴布韦的绍纳语（70%）等。这些语言虽然使用人数占比高，但尚未被规定为官方语言或国语。它们都可能根据选择方的意图获得官方地位。

二是选择国内多种主要非洲语言。例如，3 种尼日利亚的语言、9 种南非的语言、4 种刚果民主共和国的语言等。将多种语言作为国家的官方语言并将它们实用化不太现实，但它们可能被规定为不同地区的官方语言并得到实用化。即使从非洲语言中选择，也可能产生被选择的语言和不被选择的语言、官方语言和国语等差距。但只要是非洲的语言，而不是介于欧洲语言和非洲语言之间，那么它至少是消除殖民统治残余的第一步。

结　语

本文论述的是非洲多语言状况的现状，以及语言选择的两种不同取向，即选择威信高的语言和选择在与他人相对时能产生自我认同感的语言，而且无论在什么层面、什么局面都存在这两种取向。

语言的威信高低取决于该语言集团的社会优势，它可以分为政治、经济、文化优势，以及语言集团的大小，即使用者人数的多少的优势。在乌凯雷韦，吉达语在使用者人数上比其他民族语占优势，而比吉达语更占优势的是威信较高的斯瓦希里语。从国家层面来看，英语位于斯瓦希里语之上。无论是日常对话，还是国家官方语言的选择，选择者都会利用该语言附带的价值，并为了在语言使用方面占据优势，从而选择一种威信高的语言。

但是，也存在与之相反的取向，而且这种选择也是可能的。这是基于语言的身份标记功能的取向。从乌凯雷韦的例子中，我们可知

[①] 在塞内加尔和马里，使用者人数比例较高的沃洛夫语和曼丁卡语与其他语言一起被规定为国语之一。这两个国家也可以将沃洛夫语和曼丁卡语列为官方语言，将其他语言列为国语，但并未如此规定，这表明法语的威信居高不下。

选择使用吉达语和凯雷韦语的动机是民族意识。由于语言的相似与混杂，即使不清楚实际使用的语言是什么，但如果向说话者询问语言的名称，对方一般会基于民族意识做出回答。如果是为了显示对方与自己的不同，表明自己的身份，即使不是被命名为"……语"的"语言"形式也无妨。即使与对方使用同一种语言，也有可能出现不同的方言、不同的变种，这是永无止境的。

相反，在与斯瓦希里语相对而论时，民族语作为乌凯雷韦的民族语的属性比起吉达语或凯雷韦语之间的差异更为重要。实际上在乌凯雷韦，Kiswahili（斯瓦希里语）的民族语统称为 Kilugha（用斯瓦希里语表示为"语言"），Kilugha 才是表示乌凯雷韦这一地区身份的语言，而对于 Kiswahili，其中的差异并不是问题。

在国家层面，英语和斯瓦希里语之间的对立是指欧洲语言和非洲语言之间的对立，在这一层面上，斯瓦希里语代表非洲语言，所以坦桑尼亚数以百计的民族语之间的差异都不是问题。重要的是选择欧洲语言还是非洲语言。

语言具有标记身份的功能，而使用的语言也赋予了说话者身份。于斯瓦希里语的使用者而言，斯瓦希里语使他们意识到自己已经超越本民族的范围，而正在被坦桑尼亚等更大的群体所占据，并被迫接受。认同自己属于哪个集团，语言选择的范围自然就决定了。换言之，人们使用威信高的语言取向和标记身份的语言取向这两种方式选择语言。

参考文献

木村映子、1999、「タンザニアの教育用言語問題」、北川勝彦編『「南」から見た世界（三）アフリカ』、大月書店、71—90 頁

クルマス、1999、「ことばの選択」、庄司博史編『ことばの二十世紀』、ドメス出版、28—42 頁

小森淳子、1998、「多民族社会における言語使用の実際—タンザニア・ウケレウェ調査報告」、『スワヒリ&アフリカ研究』第 8 号、1—27 頁

ロメイン（土田滋、高橋留美訳）、1994、『社会の中の言語』、三省堂

Batibo, H., 1992. "The Fate of Ethnic Languages in Tanzania." M. Brenzinger (ed.). *Language Death*. Berlin: Mouton de Gruyter. 85-98.

Brenzinger, M. (ed.), 1992. *Language Death*. Berlin: Mouton de Gruyter.

Downing, L. J., 1990. "Problems in Jita Tonology." Ph.D. dissertation, University of Illinois.

Heine, B., 1992. "Dialect Death: The Case of Terik." M. Brenzinger (ed.). *Language Death*. Berlin: Mouton de Gruyter. 255-272.

Nurse, D. & G. Philippson, 1980. "The Bantu Languages of East Africa: A Lexicostatistical Survey." E. C. Polomé & C. P. Hill (eds.). *Language in Tanzania*. Oxford: Oxford University Press. 26-67.

Polomé, E. C., 1980a. "The Language in Tanzania." E. C. Polomé & C. P. Hill (eds.). *Language in Tanzania*. Oxford: Oxford University Press. 3-25.

Polomé, E. C., 1980b. "Tanzania: A Socio-Linguistic Perspective." E. C. Polomé & C. P. Hill (eds.). *Language in Tanzania*. Oxford: Oxford University Press. 103-138.

Polomé, E. C. & C. P. Hill (eds.), 1980. *Language in Tanzania*. Oxford: Oxford University Press.

Romaine, S., 1994. *Language in Society*. Oxford: Oxford University Press.

Rottland, F. & D. O. Okombo, 1992. "Language Shift among the Suba of Kenya." M. Brenzinger (ed.). *Language Death*. Berlin: Mouton de Gruyter. 273-283.

UNESCO, 1985. "The Definition of a Strategy for the Promotion of African Languages." Meeting of Experts held in Conakry, Guinea, 21-25 September 1981. Document CLT/85/WS/72. Paris: UNESCO.

Yoneda, N., 1996. "The Impact of the Diffusion of Kiswahili on Ethnic Languages in Tanzania: A Case Study of Samatengo." *African Urban Studies*, 4: 29-73.

何谓一门"语言"

——桑给巴尔岛的"标准语"和"方言"

竹村景子

一、探寻"标准语"和"方言"的关系

1930 年 1 月 1 日，属地间语言（斯瓦希里语）委员会在肯尼亚、乌干达、坦噶尼喀、桑给巴尔四个英属东非地区成立了，该委员会旨在"促进斯瓦希里语的标准发展"，且制定了所谓的"标准斯瓦希里语"（Kiswahili Sanifu，KS）。[①] 如今 70 年过去了，独立后的肯尼亚和坦桑尼亚将斯瓦希里语视作"国语"，其同英语一起双双被赋予了"官方语言"的称号，尤其是在坦桑尼亚，在撒哈拉以南非洲的许多国家在举行各种日常活动时不得不依靠原宗主国语言的情况下，斯瓦希里语仍被视为国内最通用的语言。1965 年以来，坦桑尼亚一直考虑用斯瓦希里语代替英语作为中学与高等教育的教学语言，但至今仍未实现。如今的精英阶层甚至还出现了偏重英语的潮流，正在试图将英语教学普及至初级教育阶段（木村，1999）。话虽如此，但斯瓦希里语已经渗透进日常生活的方方面面，包括政治、经济、教育与新闻媒体，其发挥的作用是其他语言无法在一朝一夕轻易取代的。

但标准斯瓦希里语的制定过程以及该委员会的现状经常被人们所质疑（宫本，1982，1989，1990）。有人认为，"标准斯瓦希里语是仿照英语的语法结构而形成的一种新语言，它与母语者使用的斯瓦希里语相去甚远"。属地间语言委员会成立的时候，成员中没有一名斯瓦希里语母语者，即便是选择创设标准斯瓦希里语时所参照的"方言"，

[①] 委员会的根据地设在当时坦噶尼喀的达累斯萨拉姆，1942 年搬迁到肯尼亚的内罗毕，1952 年又转移到乌干达的马凯雷雷。十年后，委员会搬至肯尼亚的蒙巴萨，1963 年又调回达累斯萨拉姆。1964 年起，委员会成为达累斯萨拉姆大学的一个研究所，并改名为"斯瓦希里语研究所"。

也和当时活跃在东非的代表团密不可分（竹村，1993：48-50），我们无法否认的是其"在外部压力下制定的语言"的性质。但无论人们喜欢与否，事实就是：在坦桑尼亚，标准斯瓦希里语已经被视作现代国家团结国民的有力手段，但"无论在哪个地区，人们在使用斯瓦希里语时都掺杂了各自不同的方言形式，彼此之间难以相互理解。但如果使用在殖民政策中产生的标准斯瓦希里语，交流就会变得更加容易，标准斯瓦希里语也会慢慢地影响这些方言，哪怕只是部分的整合"（カルヴェ，1996：58）。斯瓦希里语被视为比德国殖民时期的德语和英国殖民时期的英语更"低等的语言"① （竹村，1993：39-41），而且即便是如今在国内，"威望"仍低于英语，但令人感到讽刺的是因为有了殖民产物标准斯瓦希里语，斯瓦希里语才拥有了"国语"的称号。

　　那么，作为标准斯瓦希里语基础的"方言"是什么呢？如上所述，委员会在制定标准斯瓦希里语时，各代表团就曾因选取哪个地区的方言为基础等问题而产生分歧。简而言之就是，中非大学联盟代表团推荐的"桑给巴尔方言"（Kiunguja）② [准确地说是"桑给巴尔城区方言"（Kiunguja-mjini）] 战胜了英国国教派所推崇的"蒙巴萨方言"（Kimvita），最终被采纳。在 KS 不断完善的过程中，"标准斯瓦希里语的语法变得'英里英气'，无论是词法还是句法都逐渐向英语靠拢。而作为其基础的桑给巴尔城区方言的影响正逐渐消退"（Maganga，1983：96）③。那么，现在"桑给巴尔城区方言"的价值何在？虽说它是标准斯瓦希里语的基础，但也只是"基础"而不是"标准语本身"，它现在仍与其他"方言"等同吗？抑或是，作为所有"方言"的上位变种，它被赋予了很高的地位？

　　斯瓦希里语的"方言"究竟是如何分类的呢？虽然过去学者们在斯瓦希里语"地域方言"的分类方法上略有差异，但一致认为斯瓦希里语有 16—20 种"方言"。其中，也有研究认为这些方言还存在

---

① 　Mazrui & Mazrui（1995：9）关于德国殖民时期斯瓦希里语的地位有如下论述。斯瓦希里语作为媒介语所具有的意义不止一个。从某种意义上来说，它是一种维系人际关系、进行沟通交流的手段，但它也具有位于上层统治阶层的语言与下层"部落土著语言"之间的"中间语言"的意义。
② 　宫本（1989：154）详细地说明了桑给巴尔方言的特征。
③ 　宫本（1989：157-161）列举了关于这种"变化"的一些事例作为"标准语化的语言事实"。

"下位方言"。但"众所周知'语言'和'方言'很难区分"（Nurse & Hinnebusch, 1993: 37）。苏珊·罗曼（Suzanne Romaine）以"语言""方言"概念的发源地欧洲为例，表示"在区分语言与方言时，语言学上的标准是多么无据可循，而社会因素又是多么至关重要！"（ロメイン，1997: 14）。我们平时所说的"方言"或"语言"，人们界定它们的标准是相当随意的，实际上两者的界限究竟在哪里这一语言学问题与其他问题有着千丝万缕的联系。

　　然而，当一个国家试图创设一种"标准语"来充当"国语"发挥作用时，将强大的国家性权力赋予被选中的基础"语言"或"方言"是件再正常不过之事。该语言将有望被用于教育、政治、媒体、经济等各个场合，而其他语言则恰恰相反。我们只要看看日本制定"标准语"时的状况，就能明白这一点。[①]但就坦桑尼亚而言，被选作"标准语"基础的"方言"并未被赋予高于其他"方言"，甚至高于其他"语言"的地位。许多文献指出，随着"国语"斯瓦希里语的不断发展，其余120余种民族语言的使用范围正不断缩小[②]，有些语言甚至面临着灭亡的危险。"斯瓦希里语与诸民族语言的关系"问题一直是谈及坦桑尼亚语言状况时的重要话题。但是，人们所讨论的"斯瓦希里语"不过是国内使用最广泛的语言——"斯瓦希里语"，也就是标准斯瓦希里语。然而，作为标准斯瓦希里语"基础"的"桑给巴尔城区方言"却并未受到重视，从而引发争议。"斯瓦希里语"被视为"一种语言"，那么这"一种语言"究竟是什么呢？如前所述，笔者关心的是被选为斯瓦希里语基础的"方言"与其他"方言"之间的关系。而且笔者认为有必要探讨一下标准斯瓦希里语与"方言"之间的相互影响。目前，人们似乎觉得所有的"方言"都被吸纳进了标准斯瓦希里语中。社会上往往有这样一个现象——如果具有极高社会经济价值的语言（这里指代标准斯瓦希里语）与自己日常所使用的语言（这里指代"方言"）不同，那么语言使用者无须强制也会心甘情愿地使用具有社会价值的语言。我们认为有必要探究这种现象在标准斯瓦希里语与其他"方言"之间是否真实存在。

---

① 参见イ（1996）、長志（1998）、安田（1999）。

② 参见竹村（1999: 18-19）的注释1与注释2。

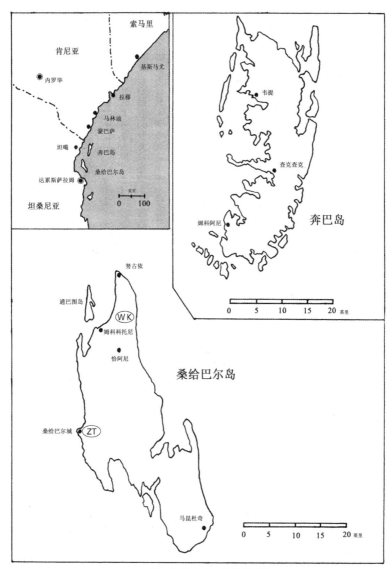

图 1　桑给巴尔岛和奔巴岛的地理位置

　　为了了解斯瓦希里语母语者（大多居住在东非沿海与群岛地区）对标准斯瓦希里语的真实看法，我们在坦桑尼亚的桑给巴尔岛和奔巴岛（图 1）对当地居民实施了"语言态度"调查。[①]调查结果显示，在当地居民看来，标准斯瓦希里语是一种仅在接受过高等教育的人们之间通用的专业用语，且"标准语"这一概念也未完全渗透到普通民众之中，他们仍对自己使用的语言（即"方言"）感到自豪。对他们而言，标准斯瓦希里语是一门"谁都容易理解的优美语言"，他们并没有认识到，甚至意识到标准斯瓦希里语是国家制定的官方规范语言（竹村，1999：12）。

本文通过对现有调查结果的分析，探讨了"方言"之间的接触情况、"方言"使用者的语言意识，以及标准斯瓦希里语对方言的影响。这是为了证实被统一概括为"斯瓦希里语"的存在实则是一个"多层语言群"（方言连续体，Dialect Continuum），同时也是为了解答笔者自身的困惑——究竟什么是"一门语言"——的第一步。

二、"方言"间的差异——着眼于词汇的差异、通婚圈和语言态度

调查背景及概要

为了探究标准斯瓦希里语对方言的影响、"方言"之间的接触情况，以及"方言"使用者真实的语言行为和语言态度，我们对斯瓦希里语"方言"使用者使用的词汇差异、通婚圈及语言态度进行了调查。我们主要在坦桑尼亚桑给巴尔岛北方省北部 A 郡（以下简称郡县）和桑给巴尔城（以下简称城镇）展开调查。首先，我们从动植物、鱼类、其他海洋生物、日用品中选取了 138 个单词，在城镇以及郡县 8 个村落就这些单词的使用差异情况进行了实地调查。[②]我们让受访者回答日常生活中最常用的单词，以便了解"地域方言"是否真如之前分类的那样分布，以及年龄与父母出生地究竟在何种程度上影响人们的词

---

① 本调查是日本文部科学省省科研经费（国际学术研究）的调查"东非地区基于地域共通语言的文化圈生成与民族城市结构"（项目负责人：宫本正兴）第二年度调查的一环。在桑给巴尔岛和奔巴岛的调查时间是 1997 年 7 月 20 日至 9 月 1 日。

② 本调查是脚注 1 中调查的第三年度调查的一环。在郡县的调查时间是 1998 年 9 月 16 日至 27 日，在城镇的调查时间是同年 9 月 9 日至 13 日和 10 月 25 日至 30 日。

汇使用。其次，我们使用了表1的问卷，在郡县的8个村落进行了关于通婚圈的实地调查。[①] 郡县从15年前就开始修建与城镇的公路，到1998年为止，已经修建到基度提村。距离修建到岛屿最北端的努古依村尚需时日，尽管道路并未完工，但作为岛民重要交通工具的公交车"达拉达拉"每天在城镇和努古依村之间往返多趟。由此可见，公路修建前后，城镇与郡县之间的人员往来频率将会有所不同。此外，直到1964年桑给巴尔岛与内陆地区的坦噶尼喀组成坦桑尼亚之前，岛上的居民都对内陆人抱有极大的不信任感，而且与奔巴岛之间也并不和睦。当时人们似乎十分排斥与村落"外"的人联姻，换言之，当地语言也一直保持着村落内流通使用的变种。综上，我们意在通过观察现在岛上通婚圈的扩大，来了解语言间的接触情况，从而明确语言保持的状态和语言变化的速度。最后，关于语言态度，我们以表2的问卷为基础，对桑给巴尔岛和奔巴岛的12个城市实施了调查。[②] 该调查的主要目的是在把握"方言"使用者的实际语言使用情况的同时，了解人们对标准斯瓦希里语的认知情况，是否会在标准斯瓦希里语和自己日常使用的"方言"之间区分主次，以及这种态度是否受到年龄、学历、职业、居住地等的影响。

表1　关于斯瓦希里语使用者的通婚圈的调查问卷

序号	问题
1	你的出生地在哪里？你能使用什么语言/什么方言（哪个区域的斯瓦希里语）？（请根据熟练程度排序）
2	你的配偶的出生地在哪里？你的配偶能使用什么语言/什么方言（哪个区域的斯瓦希里语）？（请根据熟练程度排序）
3	你和配偶是如何相识并走进婚姻殿堂的？
4	刚结婚时有没有发现彼此的斯瓦希里语存在差异？存在什么差异？这种差异导致了什么问题？
5	你的孩子使用什么语言/什么方言（哪个区域的斯瓦希里语）？如果是斯瓦希里语，那么与你自身的斯瓦希里语是否不同？
6	你认为公路建成通车前后的通婚圈是否存在差异？为什么？

① 本调查是第156页脚注1中调查的第三年度调查的一环。在郡县的调查时间是1998年10月15日至22日。

② 参见第156页脚注1。

续表

序号	问题
7	你是否接受过学校教育？（如果接受过，）"你自身的斯瓦希里语"和学校使用的斯瓦希里语一样吗？
8	你知道桑给巴尔岛的斯瓦希里语吗？（如果知道，）为何知道？你会说吗？你的孩子会说吗？

表 2　关于斯瓦希里语使用者的"语言态度"的调查问卷（部分）①

序号	问题
1	你的出生地在哪里？你能使用什么语言/什么方言（哪个区域的斯瓦希里语）？（请根据熟练程度排序）
2	在你日常生活中最实用的语言是什么？
3	在你入学前，你的父母希望你在家里使用，或是让你使用什么语言/什么方言（哪个区域的斯瓦希里语）？
4	你自己希望，或是要求学龄前孩子在家里使用什么语言/什么方言（哪个区域的斯瓦希里语）？
5	你知道标准斯瓦希里语（Kiswahili Sanifu）吗？这是一种怎样的斯瓦希里语？
6	你知道标准斯瓦希里语（Kiswahili Fasaha）吗？这是一种怎样的斯瓦希里语？
7	你如何看待在家庭内部或社区使用a"标准斯瓦希里语"/b"桑给巴尔城区方言"？
8	你如何看待在家庭内部或社区使用"你自身的斯瓦希里语"？
9	你认为"你自身的斯瓦希里语"是一种怎样的语言？为何这么认为？
10	你认为"标准斯瓦希里语"是一种怎样的语言？为何这么认为？
11	你认为"桑给巴尔城区方言"是一种怎样的语言？
12	为了让孩子继承"你自身的斯瓦希里语"，你正在做/做了/打算做哪些努力？
13	如果今后a"标准斯瓦希里语"/b"桑给巴尔城区方言"不断渗透到你的村落或社区，你认为"你自身的斯瓦希里语"还能继承下去吗？为什么？
14	你认为在你的村落或社区能使用"你自身的斯瓦希里语"对于居住者而言重要吗？有多重要？为什么重要？
15	你能马上判断出一个初次见面的人是否来自a"你的村落"/b"你的社区"吗？为什么？

---

① 表中的 Kiswahili Sanifu 和 Kiswahili Fasaha 都是指标准斯瓦希里语，但它们代表了不同的标准变体。这两个术语的区分主要来源于斯瓦希里语在坦桑尼亚大陆和桑给巴尔的不同发展和规范化过程。前者通常指的是由坦桑尼亚大陆的语言规划机构所推广的标准斯瓦希里语。它基于Kiunguja 方言，该方言源自坦桑尼亚的桑给巴尔和奔巴岛。后者指的是桑给巴尔的标准斯瓦希里语。虽然它与 Kiswahili Sanifu 在很大程度上是相似的，但在一些词汇选择、语法结构和发音上存在差异。Kiswahili Fasaha 的发展受到了桑给巴尔特有的文化和历史背景的影响，因此它在某些方面保持了与 Kiswahili Sanifu 的区别。——译者注

村落词汇的守旧性

本调查试图确认传统的"方言区划"和实际语言使用情况是否一致。我们在 15 位居住在城镇的受访者（现居住于城镇，即使有城镇以外地区的居住经历，其居住时间也短于在城镇居住的时间）和 30 位居住在郡县的 8 个村落（恰阿尼、基贝尼、姆科科托尼、摩加、努古依、基度提、马提姆韦、穆克瓦朱尼）的受访者口中得到了一个有趣的结果。尽管城镇居民一致认为自己在日常生活中最常用的语言是"桑给巴尔城区方言"，但这 15 位城镇受访者所使用的单词却没有一个是相同的。在郡县居民的回答中，我们本以为可以收集到该地区使用的"通巴图方言"[①] 或其"下位方言"中的词汇，但有些受访者给出的答案却与桑给巴尔岛南方省所使用的"马昆杜奇方言（也称为哈迪姆方言或卡埃方言）"中的词汇出现重合。[②] 这个情况还有待进一步研究论证，暂且作为今后的课题。下面，我们将以图示的形式对提取出的 9 个词进行具体说明。这些提取出的词为我们了解标准斯瓦希里语乃至"桑给巴尔城区方言"对郡县方言群的吸引力、郡县及城镇内部词汇使用分散所展现出的语言变种的多样性，以及"方言"的守旧性提供了线索。此外，图中地区名称后括号内表示有效回答人数。

1. 昆虫和节肢动物类

本节以蜘蛛、跳蚤、蝴蝶、蜻蜓四个单词为例。蜘蛛在标准斯瓦

---

① Nurse 和 Hinnebusch（1993：11）认为，这种'方言'主要在桑给巴尔岛西北部的通巴图岛和桑给巴尔岛的姆科科托尼沿海地区使用。奔巴岛南方省、马菲亚岛以及内陆地区的坦噶北部也有一些移民使用该方言。1967 年坦桑尼亚人口普查（1971 年作为坦桑尼亚政府文件发布）指出，有 53000 名"通巴图方言"使用者，其中 6000 人在奔巴岛，1500 人在其他地区。但是，我们没有查到比这更新的数据。

② 关于"马昆杜奇方言"的词汇，参见 Chum 和 Hurskainen（1994）。作者在这本词典中强调："本词典因某种特殊目的而编纂。首先，我们希望南方省的新生代们拥有自己的起源的语言。如今不同地区的人员交往日益发达，这一代人和上一代人的语言已经产生变化，到了下一代这种情况可能有过之而无不及。我们必须努力不让马昆杜奇方言本身的词汇完全丢失。……马昆杜奇方言主要在位于桑给巴尔南方省，尤其是南部各县的贝特、乔扎尼、基托加尼、韦朱、帕杰、赞比亚尼、蒙戈尼、姆尤尼、基吉姆卡吉、基普特尼、姆滕德和马昆奇等地使用。这些地区的人口发音相似。……马昆杜奇人只与自己人交流时使用方言，与其他地区的人交流则使用标准语。"（Chum & Hurskainen, 1994: 1-2）

希里语中是 buibui / buibui[①]，大的蜘蛛类是 bui / bui，但这两个单词在表示同类时经常混合使用，而表示复数时则区分使用。根据标准斯瓦希里语词典的记载，在内陆地区跳蚤与蛆虫都叫作 funza / funza，但并无人使用这个词。此外，表示蝴蝶的词有好几种，标准斯瓦希里语中的 kipepeo / vipepeo 在郡县调查中并没有听到。蜻蜓在标准斯瓦希里语中是 kereng'ende / kereng'ende[②]，但受访者却未提及，而是给出了完全不同的回答。纵观图2—5，很明显每个单词都存在偏差，而这种偏差显然无法单纯用年龄或性别差异来解释。在图中我们可以大致了解到，即使是城镇居民，如果父母中的某一方或双方均来自桑给巴尔岛北方省，那么他们就会和郡县居住者给出相同的回答，但并非所有的郡县居住者都给出了相同的回答。举若干简单的例子，在关于蝴蝶的提问中，回答 t'unguja / t'unguja[③] 或者 kitunguja / vitunguja 的都是父母出身通巴图岛的受访者；关于蜻蜓的提问中，回答 kurumbizi / kurumbizi 或 kurumbiza / kurumbiza 的都是父母出身奔巴岛的受访者。除此之外，似乎无法解释这种偏差。据说，郡县的村庄主要是通巴图岛民建设的，在询问受访者他们日常使用的语言时，也有不少人说自己使用的是"通巴图方言"，但从调查结果来看，很难想象他们原封不动地照搬了"真正的"通巴图人所使用的词汇。

---

① 斯瓦希里语的名词有单数和复数形式，分别属于不同的名词类别（gender）。在这种情况下，单数形式是 buibui，复数形式是 buibui。之后的名词的标记都是单数形式 / 复数形式。此外，在桑给巴尔岛和奔巴岛，就笔者听到的情况来看，b 的音如果不是跟在鼻音后面，那么就是内破音，本文不再特别标出。d、g、j 音同理。

② ng' 标记的音是软腭鼻音。

③ 这个词包含的" ' "符号表示有气音。p、t、k、ch 所代表的音作为音位变体都有气息，但在标准斯瓦希里语中很少区分，语法书上一般只简单介绍说"有送气辅音"。在词汇调查中，经常会出现一个词有的人用送气辅音，有的人不用送气辅音。我们还无法断定，这究竟是受学校教育和标准斯瓦希里语的影响，还是因为年轻一代正在改变"方言"。

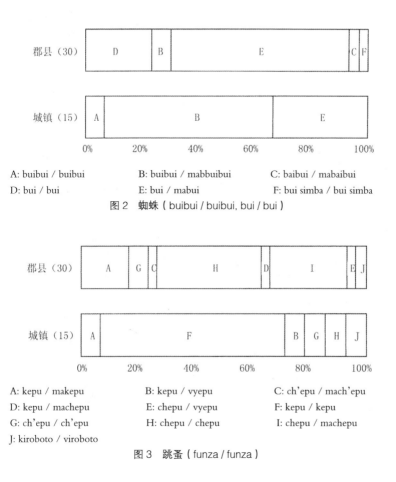

A: buibui / buibui　　　B: buibui / mabbuibui　　　C: baibui / mabaibui
D: bui / bui　　　E: bui / mabui　　　F: bui simba / bui simba

图 2　蜘蛛（buibui / buibui, bui / bui）

A: kepu / makepu　　　B: kepu / vyepu　　　C: ch'epu / mach'epu
D: kepu / machepu　　　E: chepu / vyepu　　　F: kepu / kepu
G: ch'epu / ch'epu　　　H: chepu / chepu　　　I: chepu / machepu
J: kiroboto / viroboto

图 3　跳蚤（funza / funza）

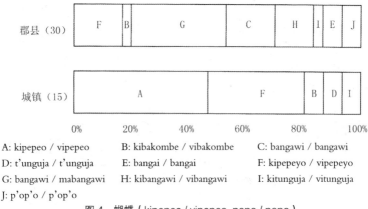

A: kipepeo / vipepeo   B: kibakombe / vibakombe   C: bangawi / bangawi

D: t'unguja / t'unguja   E: bangai / bangai   F: kipepeyo / vipepeyo

G: bangawi / mabangawi   H: kibangawi / vibangawi   I: kitunguja / vitunguja

J: p'op'o / p'op'o

图 4　蝴蝶（kipepeo / vipepeo, popo / popo）

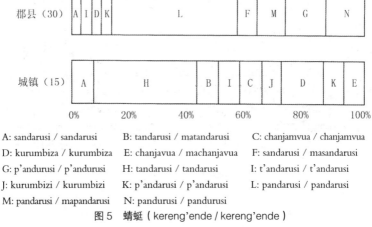

A: sandarusi / sandarusi   B: tandarusi / matandarusi   C: chanjamvua / chanjamvua

D: kurumbiza / kurumbiza   E: chanjavua / machanjavua   F: sandarusi / masandarusi

G: p'andurusi / p'andurusi   H: tandarusi / tandarusi   I: t'andarusi / t'andarusi

J: kurumbizi / kurumbizi   K: p'andarusi / p'andarusi   L: pandarusi / pandarusi

M: pandarusi / mapandarusi   N: pandurusi / pandurusi

图 5　蜻蜓（kereng'ende / kereng'ende）

2. 果实类

本节以番茄和芒果两词为例。如果在标准斯瓦希里语词典里查番茄一词，那么首先映入眼帘的是 nyanya / nyanya。虽然这个词在内陆地区很常见，但至少在桑给巴尔岛和奔巴岛该词指的是完全不同的水果（一种形状类似圣女果但非常苦的水果），指代番茄则使用 tungule / tungule 或 t'ungule / t'ungule，nyanya 一词则完全没有出现过。虽然二者在发音上存在是否含有送气音的区别，但无论是城镇还是郡县都只使用 tungule 一词。由此可见，海岛地区的语言使用具有强烈的守旧性。实际上，在恰阿尼进行现场观察时（特别是在女性烹饪时，见图6），我们发现当地人从未使用过除了 tungule 以外的单词来指代番茄。婚后居住在港口城市汤加的一位来自恰阿尼的女性，在回老家时听到笔者使用 tungule 这个词时说："你好像比我更像桑给巴尔人，我最近都用 nyanya 来指称番茄。"由此可见，海岛地区和内陆地区的词汇使用差异较为明显（见图7）。

图6　恰阿尼村人们准备婚礼的情景（妇女们正在制作大米料理"抓饭"）

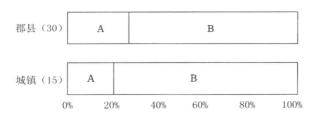

A: tungule / tungule　　　　　　B: t'ungule / t'ungule

图7　番茄（nyanya / nyanya, tungule / tungule, tunguja / tunguja）

芒果在标准斯瓦希里语中叫作 embe / maembe，但在此次调查中，有的回答中芒果的单数形式词首出现别的元音，有的回答复数形式不同。此外，由图 8 可见，虽然使用与标准斯瓦希里语中 embe / maembe 一词同形单词的人在城市中已接近 40%，但（如果忽略词首出现其他元音的情况）多数人使用单复数同形词。这意味着在创设标准斯瓦希里语的过程中，有可能是对照着表示"果实、水果"的 tunda / matunda 所属的名词类（单数形五类、复数形六类），将代表果实的名词从原本的几个"方言"使用者所认识的类目中移动到了这些类目中（芒果的单数形有九类、复数形有十类）。今后，我们将围绕这一点进一步对果实类词汇进行调查研究。

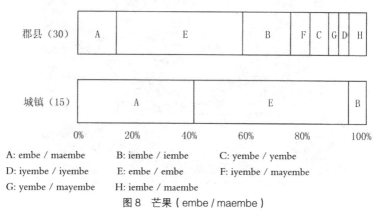

A: embe / maembe　　　B: iembe / iembe　　　C: yembe / yembe

D: iyembe / iyembe　　　E: embe / embe　　　F: iyembe / mayembe

G: yembe / mayembe　　　H: iembe / maembe

图 8　芒果（embe / maembe）

3. 海洋生物类

本节以鲟鱼、海星、水母三词为例。鲟鱼在标准斯瓦希里语中叫作 taa / taa。海星在标准斯瓦希里语中叫作 kiti cha pweza / viti vya pweza，字面意思是"章鱼的椅子"。水母在标准斯瓦希里语中叫作 kiwavi（wa baharini）/ viwavi（wa baharini），但是这个词还有"荨麻"和"（一接触就会发痒的剧毒虫子的）蛹及幼虫"的意思。因此，为了便于区分，一般都要加上修饰语"海洋的"。因为鲟鱼是海岛地区人们的常见食材，所以受访者们均做出了回答，但海星和水母只有从事渔业、居住在渔村，或小时候经常到海边玩的受访者才见过，此次大多数受访者都说"没有见过"，有效回答较少。

由图 9 可见，近半数受访者回答了标准斯瓦希里语同形词或发音上略有差异的词（包含送气音、元音之间出现的半元音）。给出不同答案的受访者中，回答 katwe / katwe 或 k'atwe / k'atwe 的，父母均来自桑给巴尔南方省；回答 nyenga / nyenga 或 nyenga / manyenga 的，父母均来自通巴图岛或奔巴岛南方省。由此我们可以推测，平时常见的鱼类（特别是作为食材的鱼类），在不同的地区或许有着独特的叫法，且这些单词即使受到其他语言变种的影响也很难改变。图 10 是关于海星的调查结果。但比起海星，更有趣的是"章鱼"（pweza）一词。有近 70% 的受访者回答了与标准斯瓦希里语同形的 kiti cha pweza / viti vya pweza 来表示海星（"章鱼的椅子"），但有两位父母双方均来自通巴图岛的受访者在回答时，使用了另外的单词（nyambo）来表示章鱼。[①] 图 11 中的水母的调查结果与蝴蝶、蜻蜓一样都出现了许多单词，但只有不到 20% 的回答与标准斯瓦希里语同形。以 konyeza 这个极具地域色彩的词为例，回答该词的受访者的父母双方或至少有一方来自奔巴岛。在父母来自桑给巴尔岛南方省的受访者的回答中没有听到 kohoo la p'ap'a（此处忽略词汇的发音和修饰语方面的细微区别），但这是桑给巴尔岛北方省的一般性说法。而且，kohoo 的意思是"痰"，他们称水母为"鲨鱼痰"或"海痰"。

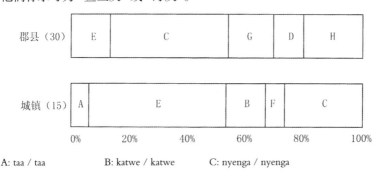

A: taa / taa　　　B: katwe / katwe　　　C: nyenga / nyenga

---

① 更有意思的是，与 nyambo 同形或者词首的硬腭鼻音变成齿龈鼻音的 nambo 这一形式，我们是从居住在肯尼亚的拉穆岛、帕泰岛、希乌岛的受访者那里听到的。如何看待这种关系是我们今后的课题。

D: t'aa / mat'aa   E: t'aa / t'aa   F: k'atwe / k'atwe
G: nyenga / manyenga   H: t'aya / t'aya

图 9　鲟鱼（taa / taa）

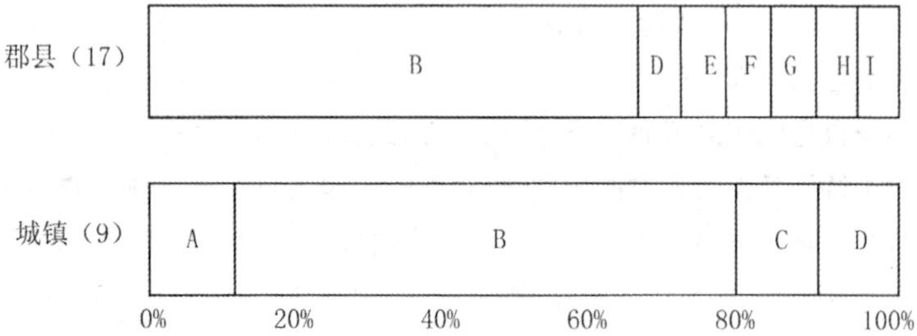

A: kiti cha pweza / viti vya pweza   B: kiti cha p'weza / viti vya p'weza
C: nyota ya pwani / nyota za pwani   D: kiti cha nyambo / viti vya samak
E: kiti cha samaki / viki vya samaki   F: kibui penbe / vibui penbe
G: p'weza mwandaa / p'weza mwandaa   H: k'ovu / k'ovu
I: kiti cha baharini / viti vya bahanini

图 10　海星（kiti cha pweza / viti vya pweza）

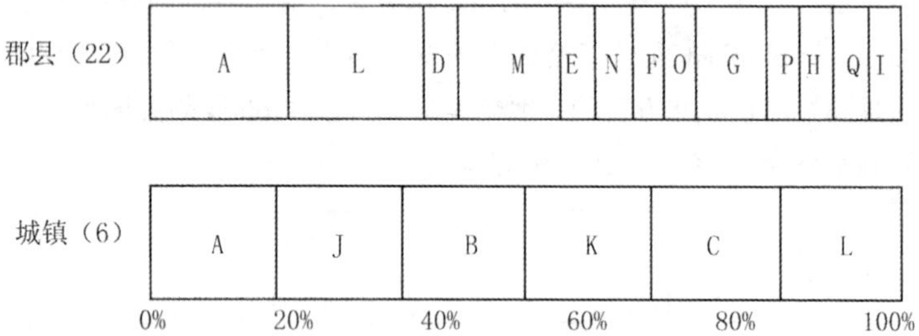

A: kiwavi / viwavi   B: tumbili / tumbili
C: nyamata / nyamate   D: kohoo la pwani / makohoo yabahari
E: kohoya la bahari / makohoo ya bahari F: kohoyo / makohoyo
G: ringiringi / maringiringi   H: kohoo la p'ap'a / makohoo ya p'ap'a
I: uymba / uymba   J: wage / wage
K: ch'unusi / ch'unusi   L: konyeza / makonyeza
M: kohoyo la p'ap'a / makohoyo ya pwani N: kohoyo la pwani / makohoyo ya pwani
O: kohoo / makohoo   P: karabai / makarabai
Q: k'ohoo la p'ap'a / mak'ohoo ya p'ap'a

图 11　水母（kiwavi / viwavi）

4. 小结

城镇或郡县中，词汇的多样性和守旧性远比我们预想的程度更深，城镇居民使用的词汇和标准斯瓦希里语中的词汇、郡县居民使用的词汇和"通巴图方言"中的词汇，并不只是简单的同形或略有发音差异的类似形式。如上述调查所示，产生差异的原因有父母出生地词汇的影响、内陆地区与沿海地区词汇的差异、原本的地方语言变种中的特殊词汇等，但无论如何，就在同一村庄得到不同回答这一现象而言，"方言"词汇具有一定的守旧性，同时也会经常发生变化。有些单词虽说是内陆地区的常用词汇，但不说郡县，就连熙熙攘攘的城镇也不用；而有些单词虽说是村落中使用的词汇，但并未原封不动地保留"通巴图方言"的词形。就此次的调查结果而言，虽然年轻一代的词汇使用变化程度并不大，但是今后随着坚持使用相对较"老"词汇的老年一代人口的减少，以及和内陆地区的频繁往来，词汇使用的变化速度也会加快。[1]

变种接触的实际情况——基于通婚圈的调查

那么，"方言"与"方言"在现实中是如何接触的呢？我们使用表1中的问卷在郡县的8个村落（努古依、恰阿尼、基度提、马提姆韦、姆科科托尼、基贝尼、穆克瓦朱尼、贡巴）进行了面对面的调查，通过调查结果确认通婚与"方言"的变化是否有关。表3统计了受访者的年龄与性别。

---

[1] 1998年，往返于桑给巴尔岛与内陆地区达累斯萨拉姆的船只一天至少有5趟，如果加上往返于桑给巴尔与坦噶或桑给巴尔与肯尼亚蒙巴萨的航船与航班，那么进出桑给巴尔岛的人不在少数。在城镇看到内陆地区的人不再是稀罕的事情，而去达累斯萨拉姆的岛民也不再是凤毛麟角了。此次对城镇土生土长的男女老幼的语言态度的调查中，也有人认为"最近年轻人使用的语言听不懂，感觉卑俗肮脏""年轻一代没有好好使用桑给巴尔城区方言"，也许我们应该关注今后城镇居民特别是年轻人的语言使用情况。

表3　受访者的年龄与性别（郡县8个村落）

村落	努古依	恰阿尼	基度提	马提姆韦	姆科科托尼	基贝尼	穆克瓦朱尼	贡巴	合计
20多岁男	4	1	3	7	0	0	1	1	17
30多岁男	2	3	3	0	7	1	1	0	17
40多岁男	0	0	2	2	4	0	2	0	10
50多岁男	2	0	0	0	2	0	0	0	4
60多岁男	1	0	2	2	5	4	1	1	10
90多岁男	0	0	0	0	0	0	0	1	1
10多岁女	0	0	1	0	0	1	0	1	3
20多岁女	1	4	6	4	0	3	4	5	27
30多岁女	3	3	2	2	2	6	2	2	22
40多岁女	5	3	0	0	0	3	0	2	13
50多岁女	1	4	1	3	0	2	0	2	13
60多岁女	0	1	0	0	0	0	4	4	10
70多岁女	1	0	0	0	0	0	5	0	7
80多岁女	0	1	0	0	0	0	1	1	3
合计	20	20	20	20	20	22	21	20	163

图12总结了受访者及其配偶日常使用的斯瓦希里语变种。由图12可知，60%以上的受访夫妻日常使用相同的斯瓦希里语变种，他们认为这是一种"在居住地使用"的变种（例如，如果是努古依人，就称其为 Kiswahili cha Nungwi，意为"努古依的斯瓦希里语"；或称为 Kinungwi，即"努古依方言"）。但在有港口通往通巴图岛的姆科科托尼，有许多从其他地区移居过来的人，也有许多在政府机关工作的公职人员，因此其调查结果和其他村落出入很大。此外，对于女性而言，即使出生于其他地区/村落，她们也不会一直使用出生地的语言变种，而是会在婚后主动替换为居住村落的变种。来自其他地区/村落的女性受访者或其配偶的回答也证明了这一点，例如，"我现在很少使用过去用的变种""我忘记了我家乡的斯瓦希里语，说不出来"。但实际上，这样的女性少之又少。这是因为通过图13我们可以发现，结婚对象不是亲戚，或者不是同村人的情况还不到总数的3%。因此，可以得出以下结论：①结婚的范围仅限于同村或亲戚居住的邻村；

②因此，不同的语言变种之间互相接触，一个家庭混用两个变种的情况几乎不存在；③最终，这个地区的变种往往会被保留下来。

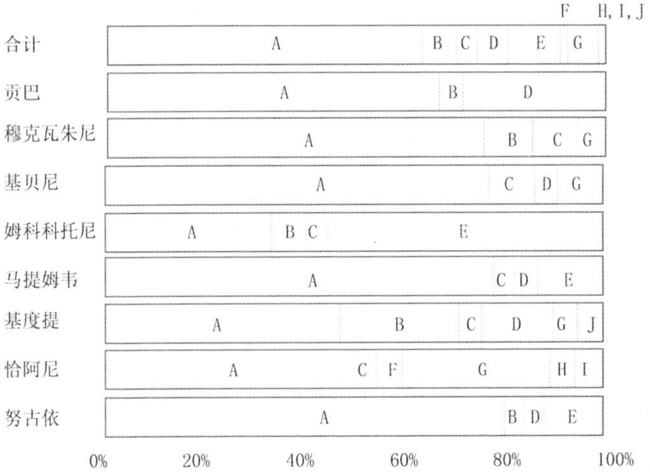

A：本人和配偶均使用居住地变种（包括新婚时一方使用出生地变种，然后变更为居住地变种的情况）
B：本人为居住地变种，配偶为出生地变种
C：本人为居住地变种，配偶为居住地变种或出生地变种
D：本人为出生地变种，配偶为居住地变种
E：本人和配偶均为出生地变种
F：本人和配偶均为居住地变种和出生地变种。
G：本人为居住地变种和出生地变种两者，配偶为居住地变种
H：本人为居住地变种和出生地变种的混合，配偶为居住地变种
I：本人为居住地变种和出生地变种二者，配偶为出生地变种
J：本人和配偶均为居住地变种和出生地变种的混合

图 12　受访者与其配偶日常使用的变种之间的关系

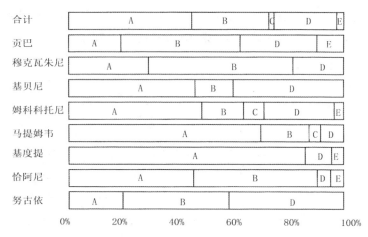

A: 亲戚之间，父母决定的
B: 父母之间是老朋友或者邻居，父母决定的
C: 亲戚之间，自己喜欢而决定的
D: 亲戚以外的人，自己认识并喜欢而决定的
E: 通过媒人认识的来自不同地区的人，父母决定的

图 13　受访者的婚姻情况

　　但是，他们心中是否有保留自己居住地语言变种的意识呢？实际上这些变种又在何种程度上得以保留呢？从表 1 第 5 问的回答来看，在 146 名有孩子的受访者中，有 135 人（约占 92.5%）表示："自己说的话和孩子说的话没有区别。"因此，表面上看（在人们的认识中）即使换了一代人，"方言"也不会迅速发生变化。在进行"语言态度"的调查时，面对表 2 第 13 问，25 名受访者中有 21 人回答"（自身的斯瓦希里语）会继承下去"，有 19 人认为"想让自己的孩子使用的语言／方言"是"居住地变种"，即"自己所使用的斯瓦希里语"。由此可见，大多数母语者并无"方言情结"，也未对语言变化抱有危机感。此外，也有极少数的受访者表示：孩子们使用的变体"与自己的斯瓦希里语略有不同，因为他们在学校学习另一种斯瓦希里语"，"住在城镇的孩子说的是城市的语言，而不是他们村子的语言"。这里的"学校的斯瓦希里语"指的是教学用语标准斯瓦希里语，而"城市语言"指的是"桑

给巴尔城区方言"，他们也意识到自己村落的变种或多或少受到了这些变种的影响。实际上，上述结论与在恰阿尼进行现场调查的结果略有不同。因为我们发现老年人（70多岁）与年轻人（15—20岁）所使用的恰阿尼变种在语法和词汇上具有显著的区别。① 在年轻人中，90%以上的人至少上过小学，换言之，他们会在"斯瓦希里语"课上认真学习标准斯瓦希里语的语法，也会（在名义上）使用标准斯瓦希里语去学习其他课程。虽然很难说年轻人所使用的语言都实现了标准斯瓦希里语化，但也并非如人们所想的那样完全保留了地区变种，变化确实已经发生。

对于表1第6问，超过60%的人回答道："以前，结婚对象都是由父母在亲戚之中，或附近村子里挑选的，很少有父母会同意子女与其他地区的人结婚，但最近由于许多地区都可以自由出入，再加上父母也不反对，因此，无论是哪里的人都可以自由恋爱并结婚。"但我们

---

① 下面将举例说明恰阿尼老年人（A）和年轻人（B）的语法和词汇的差异。

1. 我没见过那种东西。

（A）Sechona.（Si-e-ki-on-a：第一人称单数否定主格词缀—过去时制词缀（否定形）—七类宾格词缀—动词词根—词尾）

（B）Sikuchona.（Si-ku-ki-on-a：第一人称单数否定主格词缀—过去时制词缀（否定形）—七类宾格词缀—动词词根—词尾）

2. 正在下雨。

（A）Vuya inakunya.（i-na-ku-ny-a：九类主格词缀—现在时制词缀—不定词词缀—动词词根—词尾）

（B）Mvua inanyesha.（i-na-nyesh-a：九类主格词缀—现在时制词缀—动词词根—词尾）

3. 吃过中饭了吗？

（A）Kushakulya（Ku-sha-ku-ly-a：第二人称单数主格词缀—完成时制词缀—不定词词缀—动词词根—词尾）vituvya mchana?

（B）Umekula（U-me-ku-la：第二人称单数主格词缀—不定词词缀—不定词词缀—动词词根—词尾）chamchana?

此外，我们也对恰阿尼变种实施了调查，包括是否可以将"恰阿尼变种"视为通巴图方言的其他变种等内容，我们打算今后继续实施相关调查。W. H. 怀特利（W. H. Whiteley）指出，Kimtang'ata（怀特利将其定义为"姆力玛方言"，是北起现在位于坦桑尼亚和肯尼亚国境的锡莫尼，南至坦桑尼亚巴加莫约的萨达尼地区所使用的方言的"南部下位方言"）和恰阿尼变种在肯定过去式的词尾出现"元音和谐"的现象酷似，当然除了少数例外（Whiteley, 1956）。怀特利认为，Kimtang'ata 的词汇与 Kiunguja（这里可以认为是"桑给巴尔城区方言"）极为不同，反而与 Kipemba（奔巴方言，但此处应该忽视了各个村落语言变种的差异）更为相似。我们认为，我们有必要对大陆一侧沿岸地区的语言变种及其语法也实施调查。

并未发现通婚范围有所扩大。换言之，与其说是"通婚"影响了某个地区语言变种的变化，倒不如说交通工具的增加，以及（借用受访者的说法）"由于政治变化，（1964 年，桑给巴尔）革命后，内陆人民对奔巴岛居民的歧视消失了，使得奔巴岛居民可以自由进出内陆地区"，许多人（特别是年轻一代）开始以去村外的世界为目标，而掌握一定的交流手段（标准斯瓦希里语或城区变种）成了刚需，这一现状对语言变种产生了很大影响。

语言变种的优劣和标准斯瓦希里语——基于语言态度的调查

虽说"每个人基本具有使用多种语言乃至变种的能力，掌握并区分一种语言的几个变种是人类的基本能力"（シュリーベン=ランゲ，1990：120），但实际上，无论在哪次调查中，当被问到自己会的语言时，大多数受访者的回答都不是唯一的。从"我只会使用一种变种"到"能使用多种变种或'语言'"，笔者曾指出这种能力差异与受教育经历的有无、当前居住地以及有无搬迁等都存在着一定关联（竹村，1999：12）。那么，会使用多种语言的受访者们是否认为这些语言有优劣之分呢？我们想通过表 2 第 11 问和表 1 第 8 问的答案来进行验证。

首先，对于表 2 第 11 问，恰阿尼的 25 名受访者中，有 13 人对"桑给巴尔城区方言"给予了肯定评价，理由有"这是一门谁都能理解的语言""这门语言的发音比乡下话好听""无论和谁都能使用这门语言进行沟通""自己去城里也会使用这门语言"等。30—40 岁年龄段的人这样回答的比例较高，且他们都具有在城里工作，或在城里接受中等或高等教育的特征。其次，对于表 1 第 8 问，回答"知道（桑给巴尔岛的斯瓦希里语）"的 54 人中，53 人表示"在城里一定会使用/尽量模仿"。由此可见，至少对于居住在郡县的人们而言，城镇就是"都市"，那里"聚集着各种各样的人"，所以"每个人都需要会说那里的语言变种"。相反，对于居住在城镇的人而言，对于表 2 第 11 问，90% 以上的人对桑给巴尔城区方言持肯定评价，理由有"它是东非最美丽的斯瓦希里语""是一门能与人沟通的语言""是一门无论是郡县人还是外国人都容易掌握，在学校、银行、职场等处都能使用的语言"等。他们当中也包含了许多来自其他地方的人，这些人在谈及自己出生地的语言变种时表示"故乡的语言是父母使用的语言，是很重要的""和为自己感到自豪一样为这门语言感到骄傲，所有的'方言'都是'标准语'的根，所以必须珍惜"。然而，这种对故乡变种的观念上的赞美却未反映在实际的语言使用中。虽然没有确切的数据作为支撑，但大人们让城镇里出生长大的孩子掌握城镇的变种，却未让他们努力学习家乡的变种这一现象就足以支撑这个观点。此外，在城镇出生长大的受访者一般认为，"人们希望镇上的所有人都使用'桑给巴尔城区方言'，且无论是哪个地区的人都想努力使用它。如果一意孤行地使用乡村'方言'，反而会引起不必要的误解"。

这样看来，桑给巴尔虽然只能算是一个小小的"城市"，但随着城区内各地区人口的聚集、经济活动的不断发展、交通网络的日益发达，那里的语言变种显然比其他变种拥有更高的地位，至少在岛上是这样。认为"桑给巴尔城区方言"就是标准斯瓦希里语的受访者在有关通婚圈的调查中占有效回答的不足36%，在有关语言态度的调查中，持这一观点的恰阿尼与城镇受访者占40%，其中仅城镇就达到了64%。有人评价说，这是"谁听都能理解的斯瓦希里语，完全没有低俗的语言表达""最近不仅在沿海地区，在许多地区都使用的语言，它的专业术语也得到了完善，地位比以前提高了很多，是一门了不起的语言""使用者众多且获得国家认可的语言"。这表明，不管人们是否知道"桑给巴尔城区方言"只不过是"标准语"的"基础"，认为它是其他变种的"上位变体"的人并不在少数。

结语："标准语"的影响与"方言"的未来

综上所述，城镇以外地区的方言会受到标准斯瓦希里语和"桑给巴尔城区方言"的影响，从而发生变化，不管"方言"使用者是否愿意，总有一天该变种会被威望更高的方言变种所吞噬。但假设从明天开始，所有的恰阿尼变种使用者都放弃恰阿尼变种而去使用城区变种，那自然要另当别论，但这种语言更替是不可能发生的。如果有更替，那必定会经历两个变种并用的时期，恰阿尼变种的语言使用范围逐渐缩小，直到最后只剩下城区变种被广泛使用。不过"地域方言"消亡的可能性不大。安田（1999：327-328）在总结日语"方言"接受方式变化时，使用了"新方言"的概念[1]，即"标准语的干涉导致方言发生变化"，这个概念在斯瓦希里语的"方言"中也十分适用。如上所述，理所应当地，标准斯瓦希里语被视作一种广泛用于教育、媒体、政治和经济活动等国家层面的斯瓦希里语，其在 70 多年前由属地间语言委员会制定，在坦桑尼亚独立后由达累斯萨拉姆大学斯瓦希里语研究所接手，其正字法、发音和语法不断完善，但其并未在全国各个领域作为官方规范语言被使用。况且在"口语"层面，受出生地、教育背景、职业等条件的影响，标准斯瓦希里语与各种语言变种错综复杂地混合在一起，即使打算在正式场合"使用标准斯瓦希里语"，但从"最接近标准斯瓦希里语的语体"到"最接近某种方言的语体"，个人语型内部的语码数量十分庞大。依据传统方法分类得到的"地域方言"变种，只不过是老年群体所使用的方言中的一部分而已，尤其是在受教育率较高的年轻人所使用的方言当中，"新方言"变种占据了大部分比重（标准斯瓦希里语与自己出生地区变种的混合程度不尽相同，"新方言"本身也是由众多部分组成的）。我们尚不清楚今后坦桑尼亚的标准语政策是否会强化，但只要标准斯瓦希里语的作用是"民族一体化"，那么它的使用范围就不会变小，如果想要获得社会经济利益，母语者们也会有意识地去使用它（或是与之相近的语体），"新方言"的使用频率也会随之升高。但是，方言语码的分类不能像"这种语体是标准斯瓦希里语""这种语体是地域方言"这样如同数学计数一样清晰明确。根据使用者、使用情况与使用对象的不同，所使用的变种的形式会发生一定的变化，变体和变体也可能会混合在一起使用。如前所述，居住在郡县的人们知道自己一直以来使用的变种不会被其他变种所取代。只要这种意识持续存在，"地域方言"这一语码就不会从个人语言系统中消失。今后，我们将更加关注作为"方言连续体"的斯瓦希里语的状态，进一步阐明"一种'语言'"内在的多样性。

---

[1] "新方言"是真田信治提出的概念，详见真田（1996：10）。

参考文献

イ・ヨンスク、1996、『「国語」という思想—近代日本の言語認識』、岩波書店

長志珠絵、1998、『近代日本国語ナショナリズ』、吉川弘文館

カルヴェ（林正寛訳）、1996、『超民族語』、白水社

木村映子、1999、「タンザニアの教育用言語問題」、北川勝彦編『＜南＞から見た世界3 アフリカ・国民国家の矛盾を超えて共生へ』、大月書店、71—90頁

真田信治、1996、『地域語のダイナミズム』、おうふう

シュリーベン＝ランゲ（原聖、糟谷啓介、李守訳）、1990、『社会言語学の方法』、三元社

竹村景子、1993、「多民族国家における国家語の役割—タンザニアのスワヒリ語の場合」、『スワヒリ＆アフリカ研究』第4号、34—99頁

竹村景子、1999、「『方言』と『標準語』—スワヒリ語話者の言語意識調査から」、『アフリカ研究』第55号、1—20頁

宮本正興、1982、「現代スワヒリ語の性格—標準語の創造」、『民博通信』第18号、31—39頁

宮本正興、1989、『スワヒリ文学の風土』、第三書館

宮本正興、1990、「文字と文明—アフリカからの発想」、梅棹忠夫、小川了編『ことばの比較文明学』、福武書店、21—58頁

ロメイン（土滋田、高橋留美訳）、1997、『社会のなかの言語』、三省堂

安田敏朗、1999、『＜国語＞と＜方言＞のあいだ—言語構築の政治学』、人文書院

Chum, H. & A. Hurskainen, 1994. *Msamiati wa Pekee wa Kikae*. Helsinki: Nordic Association of African Studies.

Maganga, C., 1983. "Juhudi za Ukuzaji wa Kiswahili Tanzania Bara." *Makala za Semina ya Kimataifa ya Waandishi wa Kiswahili I–Lugha ya Kiswahili*. Dar es Salaam: Taasisi ya Uchunguzi wa Kiswahili, Chuo Kikuu cha Dar es Salaam. 93-105.

Mazrui, A. A. & A. M. Mazrui, 1995. *Swahili State and Society: The Political Economy of An African Language*. Nairobi: East African Educational Publishers.

Mkude, D. J., 1983. "Mtawanyiko wa Lahaja za Kiswahili." *Makala za Semina ya Kimataifa ya Waandishi wa Kiswahili I–Lugha ya Kiswahili*. Dar es Salaam:

Taasisi ya Uchunguzi wa Kiswahili, Chuo Kikuu cha Dar es Salaam. 62-83.

Nurse, D. & T. J. Hinnebusch, 1993. *Swahili and Sabaki: A Linguistic History.* Berkeley: University of California Press.

Whiteley, W. H., 1956. *Ki-Mtang'ata: A Dialect of the Mrima Coast–Tanganyika.* Kampala: East African Swahili Committee, Makerere College.

被建构的"语言"

——以东非国家（肯尼亚、埃塞俄比亚）为例

稗田乃

一、何谓"民族"？何谓"语言"？

非洲的"民族"并非自然产生的群体，"民族"这一群体框架是人为创造出来的，这种认识在非洲研究者之间正逐渐形成共识。例如，在英国进行殖民统治的东非，人们通过被称为"间接统治"的方式被分割和统治。殖民政府让传统酋长统治着居民，按照传统酋长的权力所及的区域，将居民分割开来。非洲酋长统治居民，英国殖民地行政长官监督非洲酋长的统治。传统酋长统治的集团框架之一，即由一位传统酋长统治的集团或这些集团的集合体，被称为"部落"或"民族"。但是，这毕竟是殖民政府所承认的治理结构，并不一定是实际的有效治理。实际上，既存在着没有传统酋长的社会，且居民也未必认同这种传统酋长的统治。因此，以"部落"或"民族"命名的社会政治集团可以说是殖民政府虚构出来的。

那么，"语言"又是怎样的呢？现在，在非洲使用的多达800—1000种的语言是自然产生的吗？

语言学家不会认为，属于某个语言社会的个人会在集团内使用毫无变化的同一种语言。他们认为，同一种语言中存在着地理上的或社会上的各种变体。此外，语言学家还认为，如果将讨论还原到个人语言的层面，即使是同属于一个语言集团的个人，也不会说同一种语言。语言学家认为，不存在划分一种语言（或方言），与另一种语言（或方言）的纯粹语言学方法。但是，现实生活中，语言之间是有界限的。如果像语言学家所认为的那样，在语言学上不存在纯粹由使用同一种语言的个人构成的集团，那么语言与语言的界限是如何被划分

的呢？例如，我们可以想象一下日语的一种方言和另一种方言之间是如何划分界限的。我们会发现，我们在现实生活中划分一种语言与另一种语言之间的界限时，会使用山川、河流、大海等地理上的界限，或者使用国境、县界等政治上或行政上的界限。

无论语言学者如何主张不存在使用相同语言的集体，现实生活的个人也可能感觉到自己使用的是"××语"，并主张自己所属集团的其他成员与自己使用相同的语言。但是，这只是个人主张个人的身份。反之，当人们主张使用"××语"时，也可以说"××语"是存在的。

身份的表露是一种心理过程，不容易理解，因此身份与语言的关系也不容易明确。但是，我们必须强调的是，语言未必能保证身份。换言之，说着"同一"语言（个人如此认为）的人类集团，并不构成同一"民族"。并非因为个人会说"××语"，就是"××民族"。例如，在一个被称为"民族"的集团内人们使用多种语言，这并非奇闻怪事。

本文第四节所观察到的事例表明，一个"民族"集团中使用多种语言。但是，近代西欧的语言意识形态是以一个"民族"对应一种"语言"为原理的。而且，近代西欧语言意识形态给我们灌输了一个思想，即一个"民族"使用一种"语言"。近代西欧产生的近代西欧语言意识形态导致的结果便是，我们在提及"××民族"时，很容易会认为那是使用"××语"的人们所在的集团。

非洲的"民族"与"语言"的关系，正是基于近代西欧语言意识形态而创造出来的。如前所述，为了实施殖民统治，殖民政府将实际上并不存在的"部落"或"民族"创造为一种社会组织。而这一近代西欧语言意识形态则被用于强化"民族"的存在。换言之，殖民政府利用一个"民族"说一种"语言"的原理，建构了使用同一种语言的集团构成一个"民族"的理念。人们为了定义"民族"，使用了"语言"。因此，为了设定"民族"的界限，我们就必须设定"语言"的界限。而为了设定"语言"的界限，则需要借助语言学家的力量。

二、殖民地时代的"语言"建构

划定"语言"的界限，是殖民政府赋予语言学家的任务。但是，正如上一节所探讨的，从纯粹语言学的观点来看，划清语言的界限终究是不可能的。当时的语言学家所做的，就是"发现""语言"，设定"语言"的边界，整理并记录"语言"的语法。

不可否认，只有当语言学家将一种语言命名为"××语"，并为其编纂语法书和词典，"××语"才算存在。实际上，语言使用者使用自然产生的各种语言与周围的人进行沟通交流。但是，这些语言，即使在一个语言社会中使用，就严格的语言学意义而言，也不可能是同一种语言。"××语"语法这种抽象物原本是不存在的。可以说，"××语"语法是语言学家创造出来的。语言学家的思维方式不同，各个语言学家信奉的语言理论不同，因此存在着不同的"××语"语法，这一点也显而易见。但是，创造"语言"并不仅仅意味着语言学家给语言赋予了"××语"的名称，并撰写了"××语"的语法。创造"语言"也意味着语言学者通过给语言赋予了"××语"这个名称，撰写"××语"语法，编纂"××语"词典，或是设计"××语"的书写方法，出版"××语"读物的方式，让说话者意识到自己在使用"××语"。

让我们回到殖民地时期的非洲。1894 年英国将乌干达设为"保护地"，1895 年"英属东非保护地"（相当于现在肯尼亚的大部分地区）成立。1902 年肯尼亚颁布了《皇家土地法令》（Crown Lands Ordinace），1920 年"英属东非保护地"更名为"肯尼亚殖民保护地"。但是，本文所指的殖民地时期，从 19 世纪后半期开始算，比上述年代更早。因为在"语言"问题上发挥重要作用的天主教传道团的活动，早在这个时期就已经开始了。那么，我们来看看在殖民地时期，语言学家们实际都做了些什么。

国际非洲语言文化协会（International African Institute，IAI）成立于 1926 年。在这以前市面上已经有非语言学研究者编撰的非洲语言词典或语法书，但该协会的重要活动之一是，开发、推广研究非洲语言所必需的实用语音学描写法。《实用非洲语言正字法》（*Practical Orthography of African Languages*）第一版在最初的两年里，在英国国内销售了 3000 册，在德国销售了 500 册。第二版以三种语言出版，分别是英语、法语和德语。此外，1930 年，D. 韦斯特曼（D. Westermann）和 L. C. 沃德（L. C. Ward）出版了《学习者实用非洲语音学》（*Practical Phonetics for Students of African Languages*）。

这些事实表明，"发现""语言"和"描写"语法的需求在当时是极大的。在《实用非洲语言正字法》出版之前，自 19 世纪末期起，以德国为中心，陆续出版了一些非洲语言的语法书、词汇集和研究著作。此外，20 世纪初，英国也开始出现非洲语言的语法书、词汇集和研究著作。在《实用非洲语言正字法》出版之后，特别是 1945 年之后，非洲语言语法书、词典、研究著作大量问世。如此，不管语言学家们是有意还是无意，总之，他们"发现"了非洲的"语言"，并对这些"语言"进行了描写。

三、"语言"建构的实践——以肯尼亚西部地区为例

不管我们是否相信，语言学家们一般是从纯粹的学术角度"发现""语言"，并对描写"语言"感到喜悦的。此外，实际上也有人在非洲的土地上创造出"语言"。在创造"语言"的实践中，发挥重要作用的是基督教传教团。创造出语言的是一位接受基督教传教团委托的语言学家。早期，对非洲居民的教育是由基督教传道团负责的，因此其在创造"语言"方面发挥了重要作用，因为语言政策（即给予通过无数使用者的语言实践而形成的语言一定的地位，并将其在各语言之间定位）最有效的手段就是垄断教育。我们将以基督教传教团在肯尼亚西部使用卢希亚语（Luhya）的地区进行的语言标准化为例，来考察殖民地时期语言是如何被创造的。① 但是，他们实际做的事情并非语言的标准化，而是制定卢希亚语方言间共同的正字法。然而，相同的正字法必然伴随着发音、语法和词汇的标准化。

––––––––––

① 在非洲大陆上使用的所有语言，大致可以系统地分为四类。从地理位置上看，从北到南分别是亚非语系、尼罗河—撒哈拉语系、尼日尔—刚果语系和科伊桑语系。卢希亚语属于尼日尔—刚果语系中的次级语群，属于班图诸语。卢希亚语的使用者居住在肯尼亚西部与乌干达接壤的地区，人数大概有 300 万人，现在可能有所增加。就使用者人数而言，卢希亚语在肯尼亚的语言中名列前五。

卢希亚语的发展经历了下述历史过程，现在被认为存在 16 到 17 种语言（或方言）（表 1）。如前所述，我们不可能纯粹从语言学的角度划分方言的界限。但是，基于说话者使用同一种语言（或方言）的认识，方言之间被划分了界限。然而，实际划分的界限与肯尼亚殖民政府所划分的行政区划——居住区的边界几乎完全一致（图 1）。

表 1　卢希亚语中的方言

北方方言	布库苏方言
中部方言群	旺加方言、马拉马方言、措措方言、基萨方言、马拉奇方言、萨米亚方言、哈约方言、（湖岸）尼亚拉方言、（北）尼亚拉方言、卡布拉斯方言、尼奥莱方言
东部方言群	伊苏哈方言、达霍方言、提里奇方言
南方方言	洛戈里方言

图 1　卢希亚语方言的分布

所谓居住区，是指殖民政府承认的由一位传统酋长统治的区域。在使用卢希亚语的地区，不知是幸运还是不幸，居住区与自然形成的群体的边界偶然一致。或者，殖民政府认为居住在相同居住区的居民具有共性，这个主张受到了认为可以因居住区这个行政区划获利的非洲人或其他人的支持。因此，在居住区使用的语言被认为具有某种共性。但是，如果说居住区内部存在共性，那么这种共性不是语言，而是本质上基于亲属关系的社会组织的产物。很明显，方言之间的界限并非纯粹基于语言学的标准。尽管如此，在现实生活中人们却划分了"语言"（方言）之间的界限。

当时，有 4 个基督教传教团在使用卢希亚语的地区活动。非洲之友教会（Friends of Africa，FOA）于 1920 年扎根于此，使用洛戈里方言进行活动，并在 1907 年之前用洛戈里方言出版宗教书籍。英国圣公会差会由 W. 查德威克（W. Chadwick）于 1912 年发起。为了开展活动，他使用彼此极为相似的旺加方言、马拉马方言、基萨方言、措措方言。通过收集这四种方言和萨米亚方言、哈约方言、马拉奇方言中的词汇，他将最终形成的"语言"命名为汉加语（Hanga），并用它翻译了《新约圣经》。

罗马天主教会最初使用干达语（主要在邻国乌干达使用），但很快就改用旺加方言开展活动。罗马天主教会的原则是用当地居民的语言交流，所以会用传教地区的语言来出版宗教书籍。因此，他们也使用了伊苏哈方言和布库苏方言。上帝会（Church of God，COG）于 1905 年来到这里。教会制定了尼奥莱方言的正字法，并利用它出版了宗教书籍。到 1929 年为止，教会还用尼奥莱方言翻译了《新约圣经》。

这些基督教传教团将各自活动的地区的方言用于传教。此外，他们还使用各自随意制定的正字法出版宗教书籍等。因此，在有两个以上基督教传教团活动的地区，就存在两种以上的卢希亚语书写方式。在殖民政府和肯尼亚《圣经》协会的建议下，为了节约出版经费，人们开始着手摸索一套卢希亚语的统一书写法。但是，由于基督教传教团之间的内讧，即担心正字法被统一为其他基督教传教团正在使用的正字法，以及非洲居民对统一卢希亚语正字法的消极意见，卢希亚语正字法的标准化并未取得进展。但是，尽管有这种阻力，在英国圣公会差会的主导下，卢希亚语正字法的标准化还是被推进了。

此后，对非洲居民的教育逐渐移交给殖民政府。在语言政策制定方面，殖民政府也开始发挥重要作用。但是，许多基督教传教团通过担任政府教育政策委员，继续在教育政策的制定中发挥重要作用。最初，在英国圣公会差会的 A. 欧文（A. Irving）的主导下，肯尼亚国内试图通过使用斯瓦希里语来统一非洲居民。① 但是，由于非洲居民希望使用自己的本土语言，而且基督教传教团也坚持使用本土语言，因此试图通过斯瓦希里语统一居民的计划宣告失败。

1926 年，国家正式规定了本地民族语的教育。1927 年，为了确立卢奥语、基库尤语、斯瓦希里语以及卡维龙多湾（Kavirondo）所使用的班图诸语言（卢希亚语也属于班图语支）的正字法而成立了专门的委员会。1934 年，为了资助出版小学阶段使用的民族语教科书，殖民政府规定接受援助的民族语需符合使用者众多、有政府认可的标准化正字法等条件。由此可见，殖民政府显然支持语言的标准化，或者至少支持正字法的标准化。因此，当时还没有标准正字法的卢希亚语被排除在这个政策之外，但这也削弱了人们对卢希亚语正字法标准化的抵触情绪。

到了 20 世纪 30 年代，肯尼亚国内出现了被称为"联盟"的居民组织。在使用卢希亚语的地区也组织了北卡维龙多中央联盟。这将以往只有基于亲属关系的社会政治组织的人们统一为超越亲属关系的社会政治组织——"卢希亚民族"。或者说，这为"卢希亚民族"这一身份的酝酿铺平了道路。在 1935 年至 1939 年的殖民政府报告中都出现了"卢希亚"这一名称，这表明殖民政府承认了此前并不存在的"卢希亚民族"。但实际上，在当时并不存在"卢希亚民族"。但是，从此以后，卢希亚语正字法的标准化获得官方承认，并得到了财政上的援助。部分接受过教育、接触过英语和斯瓦希里语（当时已经拥有标准化正字法）的非洲居民，也意识到拥有标准化正字法的语言所带来的益处。他们支持卢希亚语正字法的标准化。

1941 年 4 月 4 日，首届卢希亚语正字法标准化委员会召开会议。委员会决定将标准化工作委托给语言学家阿普雷比（Aprebi）。阿普雷比向委员会提出了如下建议。她提议写法以大多数卢希亚人的发音为

① 斯瓦希里语以东非三国——肯尼亚、坦桑尼亚、乌干达为中心，在其周边国家也被用作通用语。第一语言为其他民族语的人们在与其他民族交流时，使用斯瓦希里语的人也大有人在。

基础，语法采用中部方言群的语法，词汇可以采用卢希亚语的任何方言，但要采用最广为人知的。

对于接受英国圣公会差会资助的阿普雷比采取的标准化，非洲之友教会表示了抵制，认为她为了标准化而采用了极具地域特色的方言，但这一标准化方案逐渐被人们所接受。阿普雷比再三强调，标准化不是为了语言本身的标准化，因此这并非为了改变人们的说话方式，而只是为了实现书写方式的标准化。然而，即使发音的选择基于多数派，确定特定发音的同时会排除其他发音，从而导致发音的标准化。此外，语法也通过采用中央方言群的语法实现标准化。在词汇方面，采用某一特定方言的词汇来实现标准化。阿普雷比如此实施了语言的标准化。

到了 20 世纪 50 年代，殖民政府对语言标准化的热情逐渐消退，对标准化的资金援助也逐渐减少。英国圣公会差会和《圣经》协会对阿普雷比提供了资金上的援助。负责教育的教师们也不想教孩子们卢希亚语。相反，从小学教育的第一年开始，教师们教授英语的热情高涨。尽管如此，当时大部分教师培训学校都是基督教传教团经营的，因此这些教师培训学校出身的人掌握了卢希亚语正字法标准化的大权。

四、"语言"建构和语言形成

上一节，我们参考 P. A. N. 伊特贝特（P. A. N. Itebete）的论文（Itebete, 1974），回顾了肯尼亚西部地区卢希亚语正字法标准化的历史。但是，其中试图揭示的是殖民地时期近代西欧语言意识形态，即基于一个"民族"对应一种"语言"而创造出"语言"的过程。下面，我们总结一下创造"语言"的过程。

在肯尼亚西部使用卢希亚语的地区，殖民政府将人们划分为不同的居住区。为了配合这个居住区的边界，方言分布的边界被划定了。因为人们认为居住区存在某种共性，这被视为语言上的共性。在划分居住区之前，使用卢希亚语的人们以村落为单位，以亲属关系为纽带组成社会政治组织，分散居住。在那里还没有"卢希亚民族"这种社会政治组织，人们也没有"卢希亚民族"这种身份。此外，也不存在"卢希亚语"。随着居住区的设定，根据"卢希亚语诸方言"，人们被划分到不同的居住区。但实际上，居住区的界限并非由语言标准决定的。

生活在这些居住区的人，在殖民统治体制中作为"卢希亚民族"而被统一起来，并得到了承认。殖民政府通过各种方法将创造出来的"卢希亚民族"的意识灌输给非洲居民。我们从联盟的活动中也可以窥见其结果。

卢希亚语正字法的标准化本身并未取得成功，标准化正字法也未得到普及，但对非洲人灌输"卢希亚语"的意识是成功的。换言之，这时"卢希亚语"已经被创造出来了。此外，基于一个"民族"对应一种"语言"的近代西欧语言意识形态，"卢希亚民族"也被创造出来了。

再来看不以近代西欧语言意识形态为基础的语言生成过程。但需要说明的是，正如我们在以下具体例子中看到的，虽说语言是自然生成的，但这并不意味着语言是横空出世的。我们将语言的生成定义为使用多种语言的人转变为使用一种语言的群体的行为。

流经埃塞俄比亚西南部的奥莫河越过国境汇入肯尼亚的图尔卡纳湖。在与肯尼亚接壤的边境沿着奥莫河稍稍往北处，住着穆尔莱人（Murle）（图 2）。但是，因为在苏丹也住着同样名称的人，为了加以区分，我们姑且称他们为奥莫-穆尔莱人。奥莫-穆尔莱人居住在乃加汤人之间，形成了"乃加汤民族"内的一个地域集团。[①] 奥莫-穆尔莱人中，至今仍有 9 名老人（1990 年调查时）会说他们原本的语言——奥莫-穆尔莱语。包括这 9 名老人在内，奥莫-穆尔莱的所有人都能说乃加汤语。这表明奥莫-穆尔莱人将他们的语言从奥莫-穆尔莱语转换成了乃加汤语。从奥莫-穆尔莱语的角度来看，这是语言交替导致其消亡，而从乃加汤语的角度来看，则是乃加汤语的生成。换言之，使用奥莫-穆尔莱语和乃加汤语两种语言的群体，变为使用一种语言的群体。可以说，乃加汤语通过吸收之前使用其他语

---

① "乃加汤人"的社会组织原理是从多个地域集团中形成被称为"乃加汤人"的一个集团。

言的人，获得了乃加汤语使用者。语言就是这样通过获得使用者而生成的。因为，当人们主张说"××语"时，"××语"就存在了。随着"乃加汤"这个民族的成立，当他们主张乃加汤语时，乃加汤语随之产生。

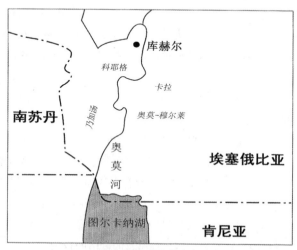

图2 穆尔莱人的分布

"乃加汤人"并未将其他群体排除在自己群体的框架之外，而是将他们作为地区群体吸收到"乃加汤人"之中，以此来扩大自己的势力。我们不难想象，在"乃加汤人"中，过去说着与"乃加汤语"不同语言的群体已经成为地区群体。奥莫－穆尔莱人的身份认同是作为"乃加汤"民族集团中的一个地区群体的"恩加利图奇"（乃加汤人对奥莫－穆尔莱人的称呼）。在生活方式和习惯上，奥莫－穆尔莱人和乃加汤人几乎一模一样。但是，如果仔细观察，我们就会发现奥莫－穆尔莱女性与乃加汤女性的服饰略有不同。奥莫－穆尔莱人也详细叙述了他们离开故地向奥莫河流域迁徙，并与乃加汤人相遇的历史。

此外，在奥莫－穆尔莱人的北边、奥莫河的东岸，住着卡拉人。在卡拉人之中，混住着贡巴人（Ngomba）。贡巴人现在全部说卡拉语，已不会说贡巴语。根据他们的记忆，过去人们说的是与卡拉语完全不同的语言。这表明贡巴人已经将他们的语言从贡巴语转换为卡拉语。从贡巴语的角度来看是语言的消亡，而从卡拉语的角度来看是语言的生成。

贡巴人说的是卡拉语，而且在生活、服装、习俗等文化上，现在也完全无法与卡拉人区别开来，在政治上也与卡拉人采取一致的行动。在卡拉社会之外，贡巴人展示卡拉人的身份，但在卡拉社会之中，他们仍然保持着贡巴人的身份。

科耶格人也混居在卡拉人中。卡拉人约有2000人，而科耶格人只有约200人。这些科耶格人会说他们的语言——科耶格语（Kowegu）。但是，科耶格语是他们的第二语言，而第一语言已经变成了卡拉语。这表明，第一语言和第二语言正处于语言交替的中间阶段。从被放弃语言到目标语言的更替并非同步进行的，被放弃语言先是第一语言、目标语言是第二语言，再到被放弃语言成为第二语言、目标语言成为第一语言。科耶格人的语言更替处于后面这个阶段。如果这个阶段继续发展下去，就会过渡到不再使用科耶格语的阶段。

科耶格人在政治上也采取和卡拉人完全相同的行动。但是，卡拉人和科耶格人之间存在着一种歧视性关系。卡拉人与科耶格人不会从同一容器中摄入流食。在非洲，用同一个容器分享酒、咖啡、粥等流食的行为在社会上发挥着重要作用，因此，是否接受轮番吃喝，是非洲社会文化方面的重大因素。此外，科耶格人与卡拉人之间没有通婚。这种歧视性的态度总是迫使科耶格人和卡拉人确认自己的身份。

这些事例表明，不基于近代西欧语言意识形态而生成语言的现象在历史上并不罕见。如前所述，这里所说的语言的生成，并不意味着语言是凭空产生的，而是意味着从多种语言中衍生出一种语言。此外，语言的生成并不意味着语言结构本身发生了变化。无论是原本就使用相似的语言，抑或是原本使用毫不相干的语言，使用多门语言的居民通过接触和建构社会政治关系孕育同一集团这个身份，从而产生使用相同语言的意识，这就叫作语言的生成。此时，实际的语言使用可以采取任何形式。不管使用的是同一种语言，还是不同的语言，都没关系。重要的是，说话者要有使用同一种语言的意识。例如，奥莫－穆尔莱人和乃加汤人原本使用完全不同的语言。他们经过民族迁徙，在奥莫河流域与乃加汤人接触，建立起牢固的社会政治关系。结果，奥莫－穆尔莱人放弃了奥莫－穆尔莱语，采用了乃加汤语。此外，贡巴人过去说的恐怕也是与卡拉语不同的语言。科耶格人也使用着与卡拉语系统和结构完全不同的语言。但是，现在这些集团间建立了密切的社会政治关系，开始说卡拉语。人们使用乃加汤语和卡拉语的事例，都表明了语言生成的过程。

从表面上看，自然生成的语言和基于近代西欧语言意识形态的"语言"的创造看似经历了相同的过程。但是，自然生成的语言并不排斥其他群体和其他语言。一个集团内部，允许异质的人类集团和异质的语言。在一个集团内，语言的使用是在看似相反的功能的竞争中决定的，而不是被某种意识形态所左右。这个功能，是指将语言所具有的交流最大化的功能，以及将交流尽可能局限于少数成员，谋求共同体团结的功能。语言更替是为了扩大交流的功能而产生的。

此外，近代西欧语言意识形态是一个"民族"对应一种"语言"的原则。它具有不承认集体中的异质语言这一排他性。然而，非洲社会原本承认其内部的异质，并不具有排他性。但是具有排他性的近代西欧语言意识形态已被带入了非洲。

参考文献

稗田乃、1999、「民族のアイデンティティと言語、死語のプロセスの類型論」、庄司博史編『ことばの二〇世紀』、ドメス出版、140—154 頁

Hieda, O., 1991. "Omo-Murle, A Preliminary Report." *Swahili & African Studies*, 2: 73-91.

Hieda, O., 1996. "Multilingualism in Koegu: Interethnic Relationships and Language." *Senri Ethnological Studies*, 43: 145-162.

Itebete, P. A. N., 1974. "Language Standardization in Western Kenya: The Luluyia Experiment." W. H. Whiteley (ed.). *Language in Kenya*. Oxford: Oxford University Press. 87-114.

第三部分

开发与环境的现状

　　今天，无论是在城市、农村，还是在畜牧业、狩猎采集业，在对非洲社会的田野调查工作中，开发援助问题屡见不鲜。环保非政府组织和国际开发机构的活动象征着无国界的新市民联合。保护环境、尊重人权已成为全球化时代的国际标准。然而，这种看法是否失之偏颇？在以发展为必然的社会观和以居民参与为理想的援助观背后，殖民统治以来的支配民众的权力被再生产。如果因为"开发援助"和"环境保护"这样的大义而降低了当地居民的生活条件，那么这就演变成了强者逻辑下新的压迫手段。现在作为非洲社会变革的原动力而备受关注的，是生活在那里的人们的生活动机，以及基于自身技术的实践，而不是伴随全球化而从欧美涌来的思想。

民主化时代农村地区的社会变迁

——以马里南部为例

赤阪贤

一、民主化时代的到来

1960 年也被称为"非洲年"，这一年里许多非洲国家摆脱殖民统治实现独立，马里共和国也从法属苏丹独立出来。在第一任总统莫迪博·凯塔（Modibo Keita）的带领下，马里脱离法兰西共同体，独自走向非洲社会主义的道路。但是，出于经济政策的失败和贪污腐败等原因，这条道路陷入僵局。1968 年，穆萨·特拉奥雷（Moussa Traoré）中尉发动军事政变，推翻了凯塔政权，成立了军事政权。虽然特拉奥雷总统在 1979 年完成了向文职政府的转移，但其继续实行马里人民民主联盟（Union démocratique du peuple malien，UDPM）的一党制。20 世纪 70 年代末，经济政策的失败暴露，以学生等为主导的反政府运动频繁发生。

1991 年 3 月，首都巴马科爆发流血事件，在军方介入下总统特拉奥雷被捕。图马尼·杜尔（Toumani Touré）中校建立了军人过渡政权，由于他承诺向文职政府过渡，因此基于 1992 年制定的多党制宪法，于 1992 年 4 月举行了总统选举。来自马里民主联盟（Alliance pour la Démocratie au Mali-Parti Africain pour la solidarité et la justice，ADEMA）的阿尔法·科纳雷（Alpha Konaré）当选总统。此后，马里的言论自由、表达自由、集会自由因民主化而得到保障，并迎来了一度有 46 个政党分立的多党化时代。

1990 年前后，马里开始出现民主化的征兆，具体表现为媒体的多样化。以前，马里人民民主联盟旗下的刊物 *Resol* 在日报中一家独大，

但现在 *L'echo*、*Cowli* 等刊物也开始发行。1992 年，巴马科的周报有 13 家，其中 9 家在 1990 年以后发行。20 家月报中有 13 家是在 1990 年以后发行的（Keita, 1992）。现在，有 20 多份报纸在马里街角的报摊销售。而且，各个城市和城镇也陆续出现了地方性 FM 广播电台，各自歌颂着民主化时代的到来。

科纳雷就职总统、成立第三共和国后，首都巴马科的气氛也发生了很大的变化。虽然汽车的噪音和尾气依然存在，但为了整顿环境，政府在市区各处建造了公园，公园里设置了各种各样的纪念碑。其中，还有已恢复名誉的首任总统凯塔的铜像。独立广场上竖立着"殉教者们"的雕像，以追悼那些为了推翻统治了 27 年的特拉奥雷政权，实现马里民主化而流血牺牲的年轻人。

这里笔者想起了一件逸事。1999 年夏天，还是特拉奥雷政府执政的时候，距离独立纪念日 9 月 22 日还有一个月时，马里国家电视台的画面上不停地播放着庆祝"马里建国 1000 年"的宣传节目。电视台播放了位于北部通布图古城（Tombouctou）或加奥（Gao）中被认定为世界遗产的清真寺等的简短影像。从公元 10 世纪开始，各王国相继兴盛起来。电视台试图用马里曾经在非洲大陆上创造过的辉煌来引起民众对于本国历史的自豪感，并提升其国民意识。一本附有彩色照片的小册子《马里三十年》也在市场上销售，这本书记录了独立 30 年的历程，并对特拉奥雷政权的功绩自吹自擂。但是实际上，特拉奥雷政权已经是穷途末路。始于 1990 年的撒哈拉沙漠游牧民族图阿雷格人（Tuareg）的叛乱日益激化，原本为了追悼军事冲突中罹难者的独立日活动全部被迫取消。

二、多文化、多语言状况和国民统一

民族的多样性

马里共和国是位于撒哈拉沙漠南部边陲的萨赫勒诸国之一，自 20 世纪 70 年代起遭受干旱等灾害，经常被列为最贫穷的国家之一（图 1）。同时，班巴拉（Bambara）、马林克（Malinke）、多贡（Dogon）、塞努福（Senufo）等 30 多个民族展现了马里多样的文化，其中最具代表性的是面具、雕像、金属加工、纺织、印染等华丽的工艺品，以及知名乐师的音乐文化。多元文化呈现蓬勃生机。文化的多样性为社会带来了活力，但同时也可能成为谋求民族团结时的不稳定因素。加纳、马里、桑海等帝国都有过兴盛和衰亡的历史，这种历史意识是否会对国民的团结有所启示呢？

图 1 马里周边地图

　　从民族和语言的角度解决国民的分裂和统一问题也是不可或缺的。包括首都巴马科在内的南部和西部居住着曼德语族的班巴拉人和马林克人。沃尔塔语族的米扬加人（Minyanka）和多贡人居住在南部和中部的边境地带。还有牧牛民族富尔贝人（Fulbe），以及靠近撒哈拉沙漠的马里北部和东部的尼日尔—撒哈拉语系的桑海人（Songhai）和柏柏尔语族（Berber）的图阿雷格人等，马里的民族分布多样。以从北部地区移居到包括首都在内的南部地区为代表的国内人口迁移也非常激烈，各民族之间的接触机会也在飞跃增加。在这种情况下，语言的作用至关重要，原宗主国的法语被指定为通用语，而马里国内最具影响力的四种语言，即班巴拉语、富尔贝语、桑海语、塔玛舍克语（Tamasheq）被指定为国语。这些国语的字母化识字教育始于20世纪60年代，80年代又成立了全国识字和应用语言学理事会（Direction nationale de l'alphabétisation fonctionnelle et de la linguistique appliquée, DNAFLA）。在国语中，班巴拉语的使用人口众多，而且与马林克语的关系很近，也是首都巴马科地区居民的语言，因此势力非常强大。此外，班巴拉语自殖民地时代起就是军队使用的语言，在国内各地普及也有很长的历史，这也是班巴拉语势力强大的原因之一。现在，马里全国范围内逐渐出现了"班巴拉语化"的现象，在国内，"班巴拉语"已经成为通用语（lingua franca）（カルヴェ，1996）。国语的字母化工作也取得了一定的进展，但其他语言的教学资料的制作等却很缓慢（DNAFLA, 1987）。

村民合作社和识字教育的普及

马里纤维公司（La compagnie malienne pour le développement des textiles，CMDT）提供的经费支持对马里识字教育的普及发挥了一定作用。尼日尔河右岸的热带稀树草原地带，以紫御谷（Pennisetum glaucum）等杂粮栽培为主的自给农业历史久远，但近年来城市近郊农业这种商业性农业进一步扩大，出口农作物棉花的生产快速增长。CMDT将包括年降雨量在1000毫米左右的马里南部的锡卡索、库提亚拉、布古尼三个区，以及圣、法纳、吉塔、巴马科四个地区设为棉花生产区。前三个区是米扬加等民族居住的地方，自古以来就盛产棉花，近年来国家试图将种植地区扩大到班巴拉人居住的地区。

CMDT项目的特色是，以将当地农村的开发援助纳入配套项目作为推广种植经济作物棉花的回报（Bingen, 1986）。具体而言，就是促进各村落组成村民合作社，接受开发政策。包括奖励棉花的栽培以及玉米和稻谷等谷类的栽培，鼓励圈养家畜以得到有机肥料，修缮道路、提供汽车，改善医疗状况，培养人才等项目。

村民合作社的成立，以班巴拉等曼德系民族村落中存在的"通"（ton）这一传统组织为基础。"通"有各种各样的形式，最普遍的是青年男子结成村落的共同劳动组合。已婚妇女们也抱团取暖，互相扶助。CMDT在引进村民合作社时利用了已有的"通"的组织原理，目的在于使村落成员顺利达成共识。但是，村民合作社的领导并不由村长等年长者担任，而是任用了能理解新事业的年轻人。

为了培养人才，政府致力于成人的识字教育和算术教育。在上述国语中，政府选择了居住在首都巴马科附近的民族的语言——班巴拉语。CMDT之所以把重点放在班巴拉语的识字教育和算术教育上，是因为过去的农民大多为文盲，棉花批发商们便利用这点牟取暴利。在棉花种子的选择、肥料和农药的使用、生产额的确认等农业经营的各个方面都需要阅读和写作能力，通过让农民掌握阅读和写作能力，可以改革他们的意识（プラデルバン，1995）。

CMDT致力于识字教育是因为马里的教育文化政策面临的危机。马里各地区间的初等教育入学率存在巨大的差距。根据1993年的统计，男生的小学入学率停留在38%，而女生仅为24%。首都巴马科特区的教育覆盖率高达89%，而莫普提大区为20%，卡伊大区仅为19%。成年人的不识字率高达69%，男性为61%，而女性为77%。从这些数据可以看出，国家的教育政策还不完善，不满足于此的各地社区开始成立学校。这些学校被称为村立学校或共同体立学校。在这种不依赖国家的学校建设中，CMDT功不可没。以锡卡索大区的科隆杰巴县为例，CMDT在美国非政府组织的协助下，为该县207个村庄建设了26所学校。

三、地方分权化的问题点

公社的诞生

进入民主化时代后，是否引进将集中在中央的权力分散到地方的地方分权化（decentralization）成了争论的焦点。从20世纪80年代中期开始，在国际货币基金组织和世界银行的指导下，马里开始实施结构调整计划，换言之，全球的动向也波及了马里。但是，分权化的动向也使得城市和农村的现实差距、南北的地区差距问题浮出水面。巴马科市郊的地区已经出现了不借助政府的力量而创建的由居民主导的保健中心，在医疗保健方面实行受益者负担的原则（重光，1995，1996）。这次引进的地方分权化的目的，是排除中央集权的弊端，重视地方的主体，首先建设与民众生活密不可分的学校和诊所，完善运动场和球场等运动设施，创设文化空间等。

经过长时间的讨论，1999年秋天，地方分权化开始具体实施。国家废除全国287个"郡"（arrondissement）级行政单位，取而代之的是数量为其两倍以上的701个公社。以往的行政划分是将国家分为八个州，再细分成数个县，在基层设置郡。实施地方分权，首先是将最基层的郡改为了由数个村庄组成的公社（村落联盟）。

此次行政区划的重新划分，是对独立后沿袭至今的殖民地时代的遗留制度的重新审视。19世纪后半叶，"瓜分非洲"时期，非洲各地的传统王国面临解体，社会发生了巨大变化。20世纪初，法国为了在包括现在的马里在内的苏丹西部地区确立殖民统治而设定了行政区划。虽然一般说是法国的直接统治，但实际上是以传统的政治组织为基础，在最基层设置了行政区。1937年，在法属西非的苏丹，共有719名土著首领被动员（Delavignette, 1968）。而且，这个数字和这次地方分权化创建的公社的数量几乎一致。从这一事实可以推测，这次的分权化有可能使潜在的旧文化分界复活。

源于古老地域意识的乡愁

以笔者正在调查的韦雷塞布格村落为例。这个村落也是郡政府所在地，它从班巴拉农耕民的村落发展成"城镇"的规模，笔者在其他地方对此有过论述（赤阪，1992，1993）。在这个村落中央的大街上，有一家名为"吉图姆"的小店，司机们可以在这儿吃点简餐。店名是因为这一地区在很久以前曾被称为"吉图姆"。吉图姆是古老政治组织"卡夫"的名称。在班巴拉和马林克等曼德裔农耕民居住的马里南部地区，在殖民地时代以前曾存在被称为卡夫或卡霍的小国家或酋长国。1880 年，经过尼日尔河右岸地区的法国人路易 – 古斯塔夫·班热（Louis-Gustave Binger）在游记《从尼日尔到几内亚湾》中也对卡夫进行了大量记述。

卡夫是得到曼德人广泛认可的特有政治组织，同时也带有非洲传统社会的分裂国家的性质。以往的研究认为，卡夫是部落组织乃至世系组织与国家之间的中间形态。它分布在马里南部的班巴拉卡夫，在马里王国等西苏丹王国瓦解之后，与卡尔塔王国（Kaarta）一起被 17 世纪在尼日尔河中游地区成立的塞古王国所统治。一般而言，卡夫的首领拥有曼萨的称号，曼萨是"中世纪"势力强大的马里王国（帝国）的国王（皇帝）的称号，自诩王国继承人的曼德系各民族沿袭了这个称号。

19 世纪末，萨摩里·杜尔（Samori Toure）在苏丹西部建立了强大的政治势力。在其执政的时代，几乎所有的卡夫都失去了独立性。但是，在杜尔政权覆灭之后，卡夫在殖民地以行政区的形式再次恢复了势力。在法国地理调查所制作的二十万分之一比例尺的地形图上，也散布着吉图姆和其南部的凯莱亚杜格等指代卡夫的地名。

从行政区到郡的改变

殖民地时代，传统的政治单位是行政区划的基础。例如，在吉图姆的例子中，首领（曼萨）的居住地萨南科罗最初被作为行政区的行政所在地。但是后来，吉图姆和附近的马拉卡杜格合并，行政中心转移到面向主要交通要道的韦雷塞布格，其名称也被重新命名为韦雷塞布格。凯莱亚杜格也一样，曼萨的居住地多索拉被定为行政中心，后来中心又被转移到现在的凯莱亚。这两个行政区的行政所在地都是从巴马科延伸的主要道路（国道）上的村落，明显是原宗主国为了殖民统治的效率而优先考虑了交通的便利性。

其后，这些行政区在 1960 年马里共和国独立时，各自更名为郡，并延续至今。顺便提一下，马里的人口约为 1113 万，如果除以 287 个郡，每个郡大约有 3.9 万人。韦雷塞布格郡的面积与日本神奈川县相当，域内包含 70 个村落。根据 1987 年的人口普查结果，各个郡的人口中，韦雷塞布格有34817人（72个村），凯莱亚有22404人（40个村）。

被称为"贾穆"的父系氏族或父系统治所构成的集团是班巴拉等曼德系诸民族卡夫的基础。贾穆也指固有的"姓"，在班巴拉大约有40种贾穆。吉图姆是贾穆为萨马凯的卡夫，萨马凯这一贾穆以马里南部的首都巴马科到南部的布古尼一带为中心分布。

每个卡夫都有关于起源的口头传说，但吉图姆的始祖是被称为恩格罗·萨马凯和姆皮耶·萨马凯的两个人。二人都从现在几内亚东部的凯鲁阿内出发，征服了当地的原住民，建立了卡夫。他们分别是将卡夫一分为二的塞利玛纳和法布内拉世系的祖先，这些世系构成了卡夫的下级单位。此外，被这些人征服的富尔贝（富拉尼）牧牛民、铁匠、奴隶等也从属于他们。

组成凯莱亚杜格卡夫的贾穆是巴加约戈，在当地的传说中，凯莱亚杜格的起源是恩法姆萨·巴加约戈，他在通布图的编年史中也是作为著名的马拉布（伊斯兰教的导师、教育家）出场的传奇人物。据说他到过凯莱亚地区，第一次将伊斯兰教带到当地，并奠定了卡夫的基础。当地至今还留有他沉入《古兰经》的水井。后来，他在现在科特迪瓦西北部的科罗去世，据说在他的墓地至今仍会举行巴加约戈一族的礼节。

凯莱亚杜格的第一位首领（曼萨）是凯莱亚·曼萨，其谱系可以上溯九代。在第四代的科勒巴芬统治时期，法国开始了殖民地化，到了第六代塞利巴的统治时期，凯莱亚杜格的地区中心从多索拉转移到凯莱亚。第九代切莫戈时期迎来了马里的独立。卡夫的组织应该是具有多层结构的，凯莱亚杜格也下辖多个规模较小的卡夫。卡夫的分割来源于世系组织内部的分裂结构。初代的凯莱亚·曼萨的弟弟婆罗摩独自形成了名为婆罗摩拉的小单位，但同样也因世系的分化而形成了拉罗热拉、特宁巴拉、丁基涅多格等小规模卡夫。如此，卡夫内部保持着多层结构，同时也存在着原住民与外来征服者之间的对立、融合关系。原住民作为"土地之主"，继续保持着礼节上的优越性，但也产生了被征服者所同化、抛弃自己的贾穆而使用征服者贾穆的倾向。

在经历了从殖民地时代到独立时代之后，传统的政治组织卡夫变得有名无实，被认为表面上已消失。但是，在政治、经济领域，卡夫的框架依然存在，这在国会议员的选举、集市的选址等方面也有所体现。随着此次地方分权化政策的实施，吉图姆、凯莱亚杜格等郡将被细分，传统的地区框架将会复活。如果这有助于地方达成共识，那当然是万幸，但也有可能使旧的人际关系纽带和地区利己主义意识复活。

四、马里南部地区的社会变迁和开发

基础设施的完善

马里南部的农村地区由于毗邻首都巴马科，受到城市化的直接影响，其变化也很显著。变化的另一个原因是国内人口的迁徙，人口迁徙有以下三种类型：①农村和城市之间、②农村和农村之间、③城市和城市之间（Diarra, 1991）。类型①中的典型例子，是因萨赫勒的旱灾而从北部地区迁移到包括首都在内的南部地区的迁徙。首都巴马科的人口从 1960 年的 13 万增加到 1974 年的 33 万，1987 年又增加到 66 万，30 年间急剧增加了 5 倍。1983 年的统计显示，约有 25 万人从市外迁入。而类型②甚至造成了首都近郊的村落扩大到了城镇规模的现象。例如，巴马科附近的撒南科罗巴、韦雷塞布格等郡的行政所在地，各自的人口增加到了 5000 人至 7000 人左右。

带来变化的主要因素是，国际经济援助和国内外非政府组织的开发，以及医疗保健、教育等方面的社会投资不断取得进展。基于女性、儿童、青年等社会弱势群体的政策得以实施。例如，距离巴马科近郊 30 千米的撒南科罗巴，于 1987 年设立了儿童收容设施"SOS 儿童村"。这些孩子出于妈妈未婚先孕或父母离婚等原因生活困难。设施内附设小学、保育园、菜园等，居住着 12 个家庭，共有 123 个孩子在这里生活和学习。

20 世纪 70 年代，在几内亚边境附近的尼日尔河上游地区实施的尼日尔河上游水资源开发计划（OERHN）是一个大规模基础设施建设项目。民主德国援建的电力开发项目在距首都巴马科 150 千米的塞林格处，拦截了尼日尔河的一条支流桑卡拉尼河，并在那里建造了巨大的水库。1980 年完工后，出现了长 60 千米、宽 2—3 千米的水库湖，一些村落因被水淹没被迫迁移。新出现的水库容量达 20 亿吨，水力发电规模达 4.4 万千瓦，水电全部输往首都巴马科。开发计划后来变更为上游计划（OHV），不仅开发电力，还改建周边地区的道路，为因大水而被迫迁移的周边村庄修建学校和诊所等。最终，该项目在水坝所在的坎加勒郡修建了 7 所小学（6 所到三年级为止，1 所到六年级为止）。郡内共 17 个村落，因此小学的普及率很高。

塞林格水库的建设和相关事业，引发了国内各地劳动人口的迁移，使得在原本为马林克人和班巴拉人居住地的上游计划实施地区，聚集了各种各样的民族。例如，居住在尼日尔河中游地带从事渔业的博佐族（Bozo）千里迢迢移居到水库边，形成村落并经营渔业。西非的主要河流相继建设水库，它们作为新出现的内陆水面有着相应的利用价值，并迅速成为淡水渔业发展的适宜地。以渔业为生的博佐人利用自己的专长，在水库捕捞罗非鱼和鲶鱼科的鱼类。捕获的鱼由来自首都巴马科的批发商收购，作为贵重的生鲜食品立即运往城市以满足居民的需求。

支持女性自立的尝试

撒哈拉以南非洲等发展中国家的农村社会，人们在从事各种劳动时往往形成男女的性别分工。例如，在班巴拉，纺织缝纫是男性从事的工作，而洗衣做饭等是男性不从事的工作。这种劳动分工在家庭内部大体上强迫妇女从事过重的劳动。从起床到就寝的一整天中，女性几乎都被迫忙于家务，根本不可能在经济上独立（キサムビング，1997）。因此，减轻打水挑水、谷物脱粒等劳动，成了支持女性自立的一个课题。

欧美各国积极援助马里，其中最具代表性的是 1980 年在韦雷塞布格开设的农村妇女活力培育中心（CFAR）。它实际上位于紧邻韦雷塞布格北边的村落坦图布格。随着韦雷塞布格村落的扩大，它已经与坦图布格融为一体。这个地点因距离首都较近而被选中，但也有研究表明，从 1968 年已存在的以成年男性为对象的村庄活力培育中心（CAR），以及在韦雷塞布格举行的天主教教会活动中可以看出，村民的进取心已经萌发。

农村妇女活力培育中心得以成立是基于美国的黑人妇女组织的考察，以及马里和美国政府层面达成的协议。在马里方面，支持一党制的马里人民民主联盟主导的妇女组织马里妇女联盟（UNFM）积极参与其中（Traore, 1986）。这一举措的目的是，跨越马里国内存在的各种民族和宗教的藩篱，提高有关农村妇女问题的知识储备，减轻她们的劳动负担，提高识字率，给予她们在农村经济中发挥积极作用的机会。

该活动以帮助农村地区妇女自立为宗旨，致力于在当地乡村挖掘和培养人才，开展了鼓励蔬菜种植、普及卫生思想、扫盲教育等工作。每年，从村落中选出两名已婚女性，在农村妇女活力培育中心住一到三个月，参加营养、健康、蔬菜栽培、婴幼儿保育、识字教育等专家开设的两到四周的讲座。讲座用班巴拉语进行，以海报、挂图、幻灯片等作为辅助教材。之所以使用班巴拉语，是因为韦雷塞布格地区是班巴拉人居住的地区，这是讲师和听讲的农村妇女之间的共通语言。

虽然集训形式的研修引发了一些家庭的不满，但该中心之所以选择已婚女性作为教学对象，是为了使她们回村后在开展活动时能拥有更大的话语权。接受了教育的女性将取得推广员的资格，回到各自的村庄后开展活动。1982 年 11 月至 1983 年 6 月期间，共有 171 名推广员接受了培训，在获得若干津贴的同时，为了能够进行应急救助，她们还将预防疟疾的药物和急救箱等物品带回了村子。

自 1983 年夏天起，该中心在 5 个村庄开展农业试点工作，鼓励民众在菜园里种植蔬菜，这与班巴拉农村的传统文化毫不冲突。除了原来农民在家庭共同田地（名为"佛罗巴"）里耕种的主食谷物外，已婚女性还可以自己耕种蔬菜，收成归自己所有。在试点工作中种植的蔬菜，除了自家消耗以外，如果有盈余，还可以在集市上销售，这对已婚女性的经济援助发挥了很大作用。

NGO 的积极活动

其他国家的援助活动也不断地进入当地。例如，德国技术合作署（Deutsche Gesellschaft für Technische Zusammenarbeit，GTZ）开始着手解决森林荒废的问题。外国非政府组织的活动也非常活跃。让我们来看看总部设在美国犹他州的韦雷塞布格－犹他联盟的例子。该组织最早在韦雷塞布格建立总部，并在农村地区积极开展了活动。活动始于 20 世纪 80 年代，美国盐湖城市民极为关心非洲的旱灾和饥荒，并组织了募捐活动。援助对象选择了位于最贫穷国家之一的马里、旱灾导致井水干涸的韦雷塞布格地区。1985 年联盟工作人员初入该地时，援助活动的重点是为了确保水源而开凿水井，以及改善医疗保健状况这两点。活动开始至今已经过了 15 年，迄今已经开凿了 70 多口深水井。为了改善人们饮食的营养结构，联盟鼓励村民栽种蔬菜，同时为了防止家畜糟蹋农作物，努力推广并在 18 个村落中建造了用栅栏围起来的菜园。联盟还着手改善初等教育，这几年致力于"教育中心"的建设，已建成 22 个。这些中心不仅用作学校的教室，而且还开展成人识字教育。此外，中心还开设班巴拉语的读写和算术教育，通过这些教育而具备一定识字能力的成年人超过 5000 人。

该联盟援助计划的特色是，关注当地人民的迫切需求，且在实施计划时起用当地人。马里方面的代表来自北部，既非本地人，也非班巴拉人，他在盐湖城进行了 4 个月的研修后定居在韦雷塞布格。马里代表是一个有教育经验、有说服力的行动派人物，他号召村民们参与周围的项目，把有能力的人才吸纳进自己的团队。在健康维护项目中，每个村落招募两三名志愿者作为健康保健工作人员进行培养。这些人员在既无诊所也无药店的村子里，凭借简单的医疗知识开展工作，同时还销售药品。

1997 年，联盟又开办了联盟共同银行，同时开始经营小型贷款机构。基金从 2000 美元起步，向希望创业的成员发放 1 万西非法郎（约合人民币 120 元）至 5 万西非法郎（约合人民币 600 元）的贷款。有一百多人参加其中，每月储蓄一千西非法郎。虽然半年利息为15%，但到目前为止还款率为100%，其中不乏成功创业、收入高达2000美元者。马里开展民主化以来，农村地区的银行等金融机构的设置得到促进，韦雷塞布格也设立了农业银行的分行，虽然扩大农业生产项目的贷款被限制，但合作社银行也促进了商业的灵活发展。1999年夏天，村里的能人新成立了一家贷款银行，此外还有一家同类型的金融机构也准备开张。这种趋势体现了农村地区村落居民的生产意愿，我们在考虑援助的时候，有必要理解他们的企业性。

从与友好城市的交流中学习

国际援助有各种各样的形式，其中之一就是以自治体之间的交流为基础的友好城市合作（法语意为双胞胎城市）。这个活动在第二次世界大战后的20世纪50年代中期，在美国和法国几乎同时被发起，但二者有一些差异。与侧重于城市间友好交流的美国式合作相比，法国式合作倾向于以援助东欧和落后国家为目的。近年来，法国、加拿大等法语圈国家在地方政府层面与马里进行了交流。最近一次是在1998年2月，加拿大魁北克省的圣伊丽莎白市与撒南科罗巴建立合作关系，开展了脱壳机、种子银行等的援助，法国奥弗涅大区的欧里亚克市与马里的布古尼市也达成了合作关系。

自1987年起，韦雷塞布格与法国布列塔尼大区的小城蓬蒂维结为友好城市。蓬蒂维人口不到15000人，是莫尔比昂省的行政中心。位于布拉韦山谷的蓬蒂维是一座古老的城市，曾经一度因为皇帝拿破仑参与了城市建设而被称为拿破仑维尔。今天，它还以举办古典音乐节而闻名。友好城市的马里方负责机构是马里的韦雷塞布格村，但实际上是由韦雷塞布格郡的行政首长负责。除了相互访问以外，最近交流活动的中心转移到了蓬蒂维的年轻人利用年末的圣诞节假期访问韦雷塞布格村庄，以及在短时间内搭建教室和诊所上。受援方的当地青年也积极配合，仅用两周的时间就完成了建设，并在年底12月31日举行竣工仪式。蓬蒂维的市长、自治体负责人、法国驻马里大使、马里教育部部长等有关人士出席了仪式，附近的村庄也举行了盛大的舞蹈表演和乐器演奏活动。

蓬蒂维和韦雷塞布格之间的交流活动给了我们一个启示。日本与海外的友好城市交流也很活跃，但主要为与欧美城市的合作。遗憾的是，与撒哈拉以南非洲的交流只有几内亚一例。笔者认为有必要通过日本的援助来培养这种市民层面的交流活动，但其在很多情况下因语言不通而受阻。然而，马里可以利用殖民地时代遗留下来的法语与法语圈国家进行交流，这很有讽刺意义。

五、日本援助的事例

马里与日本的关系

如果长期在马里的村落工作，那么开发、援助的课题不知不觉间就会出现。作为调查基地的韦雷塞布格，也于 1999 年通过日本的政府开发援助建成了教学楼。日本为马里国内的一百多所学校设计并修建了教学楼。马里共和国没有日本大使馆，两国外交和通商关系也很淡薄，但近年来日本对马里的援助不断增加，从 1991 年到 1997 年，累计无偿资金援助超过 262 亿日元（约合人民币 13 亿元）。现在，马里正处于国家经济重建的过程中，教育和保险医疗方面的问题尤为严重。上述英国的政府开发援助虽然关注了这些问题，但仅限于主要道路沿线的较大村落，援助之手并未触及边境的自然村。缺乏教育机会的孩子们和焦急等待优质医疗的村民们被遗忘在村落。笔者本人也参与了其中一个村庄——马弗雷尼村的开发援助，下面笔者将介绍一下援助合作的经过。

在日本对非洲国家的援助中，草根无偿援助合作属于比较小型的项目，其特色在于通过各国 NGO 等中介，迅速准确地应对当地的需求。1997 年，项目向 30 个国家提供了合计约 12 亿日元（约合人民币 6 千万元）的援助。在马里的小规模（草根）无偿资金合作是 1991 年度开始实施的，1997 年度实施轮椅运输计划，图巴职业训练中心建设，尼亚拉古村教室建设，迪亚拉古洛开发计划以及马弗雷尼村开发计划，通过共六个项目提供了共 3600 万日元（约合人民币 180 万元）的资金援助。

保护森林的马弗雷尼村

草根援助的对象是马里南部的马弗雷尼村，是一个人口约 690 人的小村庄，行政上属于扬福利拉省坎加勒郡，位于该郡东南部的边境，处于孤立状态。马弗雷尼村距离首都巴马科约 150 千米，未受到城市化的影响；与拥有医疗和教育设施的行政中心坎加勒相距 30 千米，而且途中有无法通过的河流，需要乘坐渡船，非常不便。其位置位于和邻近的凯莱亚郡和韦雷塞布格郡的三郡交界处，也就是行政区的夹缝中，小学、诊所等基本设施的建设相当落后。

村民们以种植水稻、高粱、小米等农作物为生，由于附近没有定期集市，农产品没有变现的手段，也没有蔬菜栽培等商业性农业活动。城市近郊的村庄为了现金收入，大肆砍伐热带草原的树木作为柴火或木炭贩卖的现象越来越普遍。为了保护森林，马弗雷尼村禁止村民贩卖薪炭，从首都来采购的卡车也无法驶入村中。

当前的政府成立后，马里国内民主化不断发展，政府放弃了统制经济政策，经济活动开始活跃起来。该地区最近也引进了芦苇栽培，马里纤维公司为了收集货物在此修建了道路。近年来，马里国内的 NGO 组织 Kilabo 以成人为对象开设了识字教育教室，同时为了改善营养状况，指导村里的妇女经营菜园，但挖掘水井的数量还远远不够。

与马弗雷尼村的相遇，要追溯到笔者 1968 年在韦雷塞布格村开展调查的时候。当时，笔者曾访问过房东的故乡马弗雷尼村。1996 年，时隔约 30 年后的再次造访让笔者大吃一惊。孩子们不上学，每天都过着无所事事的生活，重病患者要被送到几十千米外的城市，整个村庄面临着被现代发展所淘汰的困境。于是，笔者在听取村民需求的基础上，构思了对村落的援助计划。

草根援助计划的实现

在设立在马里的日本 NGO 西非农村自立协会（Association for the Cooperation and Rural Self-Support in West Africa，又名 CARA，负责人为村上一枝）的介绍下，笔者参加了由兼辖马里的日本驻塞内加尔大使馆发起的小规模（草根）援助计划的招募，在提交的计划书中阐述了马弗雷尼村，以及邻村列那、贾拉柯洛尼、尚布古、尚图拉、坦格莱尼、多索拉组成的村庄联盟的需求。这些村庄既无学校也无保健中心，因此有必要在该联盟的中心马弗雷尼村设置保健中心。

在与大使馆的斡旋和实际业务上，CARA 给予了全面的帮助，幸运的是，我们的计划被受理，并获得了总额为 3153.66 万西非法郎（约合人民币 36 万元）的援助。1998 年 1 月 1 日，日本驻塞内加尔大使馆与马弗雷尼村在巴马科签订了合同。巴马科的建筑商承包了工程，1998 年 5 月开始着手建设小学教学楼（图 2）和保健中心（包括产院，图 3），同年 8 月竣工。完成后的设施由当地负责运营，但还有许多问题尚未解决。因为没有医生愿意到保健中心就职，因此不得不在当地村子里培养学历出众的本地青年担任护士。由于村子里没有学校，该青年就读于位于邻国科特迪瓦共和国北部城镇的学校，毕业后在巴马科的里塞工作。这位青年立刻去巴马科的巴南卡布格进修，取得了护士资格证，通过不懈努力，在 10 月时使保健中心成功开业。保健中心附属的产院也没有正规助产士，只能委托当地传统的接生婆担任辅助工作。两个设施都对患者提供免费诊疗服务，最初是在工作人员无工资的情况下起步的。

图 2　马弗雷尼小学

图 3　保健中心的护士和助产士

保健中心自 10 月开业起，5 个月以来已经治疗了 200 多名患者，包括 78 千米外的尚布古、贾拉柯洛尼、列那等村落附近的村民。10 月及 11 月接受治疗的 100 名患者中，男女各占一半，包括 8% 的 3 岁以下儿童，34% 的 10 岁以下儿童，以及 30 岁到 50 岁的青壮年，占 33%。从接诊的患者来看，外伤 19 人、疟疾发烧 18 人、呼吸系统疾病 2 人、腹泻及腹痛 9 人、发烧 9 人，其余为泌尿器官异常、皮肤病、背痛及膝盖痛、眼疾、牙痛等。可以看出该地区对设施新、药品齐的马弗雷尼村诊所的期待。

到了 1999 年，助产士的配置问题也得到了解决。韦雷塞布格的长老 S 先生的孙女、曾在巴马科近郊的巴南巴村工作过的助产士 A 女士申请调到此地。她充分发挥以往的经验，组织了由地区居民组成的保健工会，建立了由受益者承担费用的诊疗体制。诊所规定生育费用为 1000 西非法郎、诊疗费 250 西非法郎、外伤等处理费 250 西非法郎等。这些费用收入将成为诊所的医疗运转资金。此外，从 1998 年 10 月到 1999 年 9 月的约一年时间里，诊所共接生 42 次，诊疗人数达到 600 人左右。从患者来自的村庄来看，马弗雷尼村保健中心在广大周边村庄的健康管理中发挥了有效的作用。然而，当初预想的医药品的补给问题、血压计等医疗器械不足的问题依然存在。

新设的学校并非村里建立的私有学校，而是公立的学校。尽管如此，受国内整体上教师不足的影响，教师的派遣被推迟到新学期开始的 9 月，遗憾的是这一年度未能开校，新校舍未能迎来学生。到了 1999 年，政府也没有派遣教员的打算。为了 9 月能开学，村子只能自行努力确保师资。家有学龄期子女的父母们组织了家长会。他们是识字教育的听讲生，是深知教育重要性的一代。

旨在解决马里教育危机的教师培训讲座于 7 月中旬至 9 月中旬在韦雷塞布格举行，为期约两个月。在失业青年居多的情况下，不仅是本地，还有来自各地共计 100 人的应聘者蜂拥而至。家长会代表在这些毕业生中面试了几个人，最终录用了毕业于加提布格农业专门学校的一名年轻人担任教师。这位年轻人本想当农林方面的公务员，但由于就业困难，只好报考教师。教师一个月的工资为 25100 西非法郎，由家长会负担。学生家长的支出还包括购买文具，如 750 西非法郎的便携式黑板、150 西非法郎的粉笔、20 西非法郎的黑板擦，以及装这些器具的 400 西非法郎的手提袋等。而且，因为上学时要求身穿干净利落的服装，还要购买衣服和凉鞋。

1999 年 9 月，马弗雷尼小学开始入学登记。由于马弗雷尼村失学儿童过多，学校将入学年龄限定在 10 岁以内。9 月 15 日这一天，马弗雷尼村共有 73 名 5 岁到 10 岁的儿童报名入学，并完成了登记。虽然附近村庄的报名时间较晚，但截至 9 月 16 日，隔壁的贾拉柯洛尼村已有 3 人入学，共计 76 人。

今后，教师住宅建设和学校厕所建设（政府要求）等紧急问题将摆在当地村庄的面前。由于经济上的问题，村长等村里的元老们目前尚未采取行动，但以家长会为代表的年轻一代一定会发挥积极作用。

近年来，马里在民主化的推动下推进地方分权化政策。这个政策所产生的村落联盟能否有效地汲取当地居民的意见，能否复兴旧的地域框架，我们有必要认清今后的走向。但是，考虑到南部农村地区开展的各种发展援助和非政府组织的活动，以及马里人自身生活的改善，我们看到了一线光明。在马弗雷尼村的事例中我们也看到，教室、诊所的建设等来自日本的物质援助仅仅是一个契机，村民们为了改善生活而努力，实现了以自立为目标的自我收获。在马弗雷尼村的事例中，居民们以村民联合的经验和识字教育的成果为基础，建立了保健医疗工会和家长会，在设施的运营方面充分发挥了自主能力。

参考文献

赤阪賢、1992、「アフリカの市と交易」、日野舜也編『アフリカの文化』、勁草書房

赤阪賢、1993、「個人史から地域史へ—マリ南部の事例による」、赤阪賢ほか編『アフリカ研究—人・ことば・文化』、世界思想社

重光哲明、1995、「直接民主主義的『市民』—マリ共和国、バマコでの実験（保健センターの閉鎖をめぐって）」、『現代思想』第 23 巻第 12 号、180—188 頁

重光哲明、1996、「サブ・サハラ・アフリカにおける参加型保健センター」、『国際協力研究』第 12 巻第 1 号、77—83 頁

キサムビングほか（吉野馨子訳）、1997、『女性—食料確保を握る鍵（農文研ブックレット 13）』、農耕文化研究振興会

カルヴェ（林正寛訳）、1996、『超民族語』、白水社

プラデルバン（犬飼一郎訳）、1995、『アフリカに聞き入る—草の根からのアフリカの開発』、めこん

Bingen, R. J., 1998. "Cotton, Democracy and Development in Mali." *The Journal of Modern African Studies*, 36(2): 265-285.

Delavignette, R., 1968. *Freedom and Authority in French West Africa.* London: Frank Cass.

Diarra, S., 1991. "Un obstacle de taille au développement harmonieux du pays." *Pop Sahel,* 16: 9-12.

La Direction nationale de l'alphabétisation fonctionnelle et de la linguistique appliquée (DNAFLA), 1987. *Une institution malienne d'éducation pour le développement.* 2nd ed. Bamako: DNAFLA.

Jonckers, D., 1994. "Le mythe d'une tradition communautaire villageoise dans la région Mali-sud." J.-P. Jacob & P. L. Delville (eds.). *Les associations paysannes en Afrique.* Paris: Apad-Karthala.

Keita, M. K., 1992. "Réflexion sur la presse écrite." *Le Mali, la transition* (Politique Africaine 47). Paris: Karthala.

Traore, H., 1986. "The Ouelessebougou Training Center for Rural Women Extension Agents." L. E. Creevy (ed.). *Women Farmers in Africa.* Syracuse: Syracuse University Press.

Vengroff, R., 1993. "Governance and the Transition to Democracy: Political Parties and the Party System in Mali." *The Journal of Modern African Studies*, 31(4): 541-562.

姆布纳鱼不好吃吗？

——非洲马拉维湖的食鱼文化与环境问题

嘉田由纪子　中山节子　劳伦斯·马列卡诺

一、对谁而言是问题？问题为何？

姆布纳鱼在日本观赏鱼爱好者中颇有名气。这是一种鱼身呈蓝色或黄色的美丽热带鱼，在生物学上属于慈鲷科，下属种类有200余种。姆布纳鱼生活在淡水中，体型小，且容易饲养，日本是姆布纳鱼的大买家。姆布纳鱼的原产地为马拉维湖[①]。马拉维湖的面积约为日本琵琶湖的46倍，是非洲第三大、世界第十大淡水湖，距今约有200万年以上的历史，是名副其实的"古湖"（图1）。在这漫长的历史长河中，经过物种的演化，湖中以慈鲷科为主栖息着近千种鱼类。这些生物种类大部分都是马拉维独有的品种，因此该地作为保护生物多样性的热点，备受外界关注。

很少有人知道姆布纳鱼是马拉维湖边居民的食物。这种鱼栖息在沿岸区域的礁石中，即使没有渔船和大型渔网的穷困渔民和孩子也能将之捕获。由此可见，姆布纳鱼在当地居民的日常生活中举足轻重，在风浪大到无法出海时，它能成为珍贵的"配菜"。

本文作者之一嘉田由纪子于1995年首次访问了马拉维湖畔的村庄——琴培村，并在那里认识了两位少年——十二岁的詹姆斯和十一岁的哈里森。嘉田给他们看了姆布纳鱼的照片，得知了这种鱼在奇契瓦语（Chewa）中的名称。两人异口同声地说："姆布纳鱼不好吃，

---

① 马拉维湖被三个国家包围，每个国家对它的称呼都不同。在马拉维共和国，它是马拉维湖，在坦桑尼亚是尼亚萨湖，在莫桑比克是尼阿萨湖。因殖民地时期原宗主国的势力斗争，围绕湖面和湖岸的国界线也因发行地图的国家不同而不同。这正呼应了本书的主题——殖民主义的遗产。本文将讨论范围限定在笔者访问的马拉维共和国沿岸地区。因此，本文将该湖称为"马拉维湖"。

图 1　马拉维湖的位置

我不吃。"被问及怎么不好吃时，他们说："口感像海绵，而且没有味道。"当时嘉田半开玩笑地追问道："没有吃过的话应该不知道有没有味道吧？"他们回答道："大家都这么说。"实际上琴培村有不能吃姆布纳鱼的情况。在孩子们之间，这种思想似乎也根深蒂固。这是因为这个村落被马拉维湖国家公园所包围着。

马拉维湖国家公园是为了保护马拉维湖独有的本土物种姆布纳鱼而于 1980 年设立的，并于 1984 年被列入《世界遗产名录》(The World Heritage List)。公园区域包括陆地部和湖中的姆布纳鱼栖息地，湖周边一百米以内禁止捕捞。在当地被指定为公园时，周边本有数个村落，原本这几个村落要迁出该区域，但当地首领直接向卡穆祖·班达 (Kamuzu Banda) 政权提出上诉，将居住地和前部沙滩划到了公园区域之外（牧本，1999）。但是，村民仍然被禁止沿岸捕鱼，后山的树木采伐也遭到限制。这里存在着保护生物多样性的国际大义与需要进行渔业活动和采伐薪炭的地区生活之间的矛盾。

现在，保护生物多样性已经成为全球性课题，世界各国都制定了以建立保护区为中心的政策。但是，在实施这些政策的过程中，也必须考虑到与之直接相关的当地人民的生活需求。换言之，如果不能确保当地人民的生活需要，环境保护问题根本无从谈起（鸟越，1997；嘉田，1995）。许多发展中国家都面临以下困境：如果不考虑当地人民的生活，只追求环境保护，那么就会导致强者谈仁义、弱者被抛弃的现象。

本文有两个目的。第一，姆布纳鱼可谓马拉维湖的象征，在马拉维的鱼类的研究中它是如何被命名的呢？在殖民主义视角下，姆布纳鱼出现的过程，是研究史与政治史交织的产物。第二，包括姆布纳鱼在内，人们在当地日常生活中是如何认识并食用鱼类的？本文通过追溯当地饮食文化，寻找人们赋予鱼类的意义，从日常生活的问题引申到今后的资源保护问题。

探究这两个问题，也可以呼应本书的共同主题——在殖民主义和结构调整政策影响下人们的创造性和生活战略（松田，1999）。[1]

二、全球化的生活和环境问题

在 1992 年地球高峰会议（UNCED）[2]之后，保护生物多样性成为世界性政治问题。马拉维自然保护局、农渔业局等部门自 20 世纪 80 年代起便已经开始着手解决自然资源问题，但等到地球高峰会议之后的 1994 年才出台了《国家环境活动计划》，制定了"环境政策"。在制定政策的过程中，英国的咨询顾问制定了基本草案，之后经过马拉

---

[1] 此外，本文的研究基础为 1996 年至 1998 年，丰田财团援助的"非洲、马拉维湖周边植根于当地生活文化的生态保护方法开发的相关研究"（负责人：嘉田由纪子）和 1998 年至 2001 年计划进行的日本国际协力机构（JICA）的研究合作"马拉维湖生态综合研究"（日本方面的负责人游磨正秀是京都大学生态学研究中心副教授，马拉维方面是已故的马拉维大学高级讲师哈贝·卡布瓦吉）的一部分成果，本文的观点由笔者负全责。

[2] 地球高峰会议又称"联合国环境与发展会议"（The United Nations Conference on Environment and Development，UNCED）、里约热内卢高峰会，是联合国重要会议之一。20 世纪 60 年代以来，世界范围内的环境污染与生态破坏问题日益严重，环境问题和环境保护逐渐为国际社会所关注。1992 年 6 月，联合国环境与发展大会（又称地球首脑会议）在巴西里约热内卢举行。178 个国家的 1.5 万名代表与会，其中 118 个国家的国家元首和政府首脑参加了大会。会议通过了《里约环境与发展宣言》（又称《地球宪章》）、《21 世纪行动议程》、《气候变化框架公约》和《生物多样性公约》等一系列重要文件，确立了要为子孙后代造福、走人与大自然协调发展的道路，并提出了可持续发展战略，确立了国际社会关于环境与发展的多项原则，其中，"共同但有区别的责任"成为指导国际环境合作的重要原则。——译者注

维政府和援助国的协调，于1997年出台了行动计划《环境影响评价指南》。在这个指南中，"水土流失"被视作最重要的问题，接下来依次是"森林砍伐""水质污染""渔业危机""保护生物多样性""人口增加""人类居住地破坏"和"大气污染"。与日本所谓的"典型七大公害"（大气污染、水质污浊、土壤污染、地面沉降、噪声等）相比，马拉维的"环境问题"有两大特色：一是贴近日常，二是受国际舆论的直接影响。

在马拉维，与日常息息相关的环境问题究竟是什么？马拉维有85%的人口居住在农村，是一个依靠种植玉米和木薯为生的农业国。"水土流失"会带来食物生产能力降低和水体污浊的双重影响。此外，80%的人口直接使用井水、河水、湖水，30%的人口过着没有厕所的生活。在此情况下，居住地周边的水质、卫生水平，也反映了居民的生活水平。"森林砍伐"也是生活问题。马拉维约有八成以上的人口依靠木柴作为生活的热源，在他们的生活中，身边有什么木材，特别是负责搬运木柴的妇女和孩子们步行所能到达的范围内有什么样的木材，决定了他们的生活。相关研究也指出，人口增加和对木柴需求的增加对森林砍伐的影响很大（Kalindekafe et al., 2000）。"渔业危机"问题也不例外。马拉维国民摄取的动物性蛋白质的70%来自鱼类，而且其来源以马拉维湖等湖沼渔业为主。马拉维是非洲少有的"内陆渔业国家"。因此，渔业资源问题也是国民的"餐桌问题"。

但是，相关部门在制定具体计划时是否考虑过上述贴近日常的问题呢？将"保护生物多样性"问题化的政策本身，不就与地区人们的日常生活背道而驰吗？环境问题和生物多样性等话语，也有可能导致弱者被抛弃。这将所谓发达国家的思想和社会风气与经济援助绑定，并且这种绑定关系反映在国家政策上（Dobson, 1997）。上述琴培村的事例，可以说是当地小型社会的象征。①

---

① Dobson（1997）记述了国际顾问、国际组织和马拉维政府如何合作制定环境计划，并对其方法进行了评价。但是，我们过去数年在当地的所见所闻和研究分析显示，这些国际组织和顾问的大多数对湖边地区的直接接触很少，当然我们也没有了解当地居民的生活情况，只是龟缩在首都写报告，因此我们坚持想把这一情况记录下来。

回过头来看，引入外在理论并非始于现在。自 19 世纪后半期，大卫·利文斯顿（David Livingstone）"发现"这个美丽的湖泊以来，它所拥有的鱼类是如何引起国际关注并成为保护对象的呢？首先，本文将结合有关姆布纳鱼的研究史与政治史来进行论述。

三、马拉维湖鱼类研究史、政治史

自然科学意义上的姆布纳

根据笔者的文献探索，"姆布纳"这个词最早被引入生物学用语，是在 1959 年 G. 弗赖尔（G. Fryer）的著作中。他以在马拉维湖西岸中部恩卡塔贝港的调查为基础，详细介绍了这种栖息在岩石之间（最长 20 厘米左右）色彩鲜艳的小型慈鲷（图 2）。前人的研究把这类慈鲷分为九属，并指出了它们的亲缘关系。①

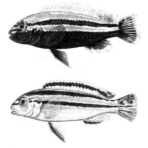

图 2　姆布纳鱼（雄、雌。上：雄；下：雌。绘制：D. Voovelt）

弗赖尔认为，住在恩卡塔贝的汤加渔民将这些鱼"视为一种生态单位，并以汤加语命名为'姆布纳'"，这"非常有趣"。但是，如果把这些鱼作为一个类群来对待，就必须定义"科"和"属"之间的范畴，这恐怕会引起分类学上的混乱。为了避免这种情况，弗赖尔将这些鱼

---

① 以下为姆布纳鱼的属种分类：Cyathochromis Trewavas（1935 年提出，以下均为提出时间）、Cynotilapia Regan（1922 年）、Genyochromis Trewavas（1935 年）、Gephyrochromis Boulenger（1901 年）、Labeotropheus Ahl（1926 年）、Labidochromis Trewavas（1935 年）、Melanochromis Trewavas（1935 年）、Petrotilapia Trewavas（1935 年）、Pseudotropheus Regan（1922 年）；现在姆布纳鱼共分为 11 种，新增的两种为 Iodotropheus Oliver & Loiselle（1972 年）、Maylandia Meyer & Foerster（1984 年）。

统称为"姆布纳"。此外，弗赖尔还指出，在湖岸边的其他地区和其他民族中也有类似的鱼群，根据地区的不同而不同（Fryer, 1959）。换言之，"姆布纳"这个词，是使用湖边特定民族语的人们基于对本地鱼类的认知而产生的名称。

那么，"姆布纳"这个词及其代表的鱼扬名国际，进而成为保护对象，其中经历了怎样的过程呢？我们将结合马拉维湖鱼类的研究史与政治史来探究。

探险家、分类学家的时代

将马拉维湖鱼类引入科学研究的工作，在利文斯顿第二次探险时（1861 年）就已经开始了。同行的博物学家约翰·柯克（John Kirk）将湖中的鱼作为标本带回了英国。标本被收藏在大英博物馆（现已移交给伦敦自然史博物馆），由阿尔贝特·金特（Albert Günther）分类并发表（Ribbink et al., 1983）。

哈里·约翰斯顿（Harry Johnston）是第二个采集标本的人，他是建立尼亚萨兰自治领的主要人物，也是第一任保护地长官兼总督。在自治领成立三年后的 1894 年，金特对约翰斯顿的标本进行了分类和记载。此后一直到 20 世纪 30 年代，许多探险家和英国、德国军队的相关人员在当地采集标本之后，由大英博物馆和柏林博物馆的分类学家来进行记录，这是当时的主流（Ribbink et al., 1983）。对马拉维湖鱼类的研究始于分类学，在这个过程中研究者们发现，几乎所有的鱼类都是只生活在这个湖的固有品种。

从研究初期开始，参与标本采集的人大部分都是与这一地区的殖民地化和势力斗争密切相关的欧洲人。收集到的标本被收进各个国家的博物馆，由专门的分类学家们进行分类、记录，并命名。在当时的生物分类学中，为了保持"科学客观性"，要求分类学家独立进行记录。

在英国探险家走访该地的日记中，有很多关于湖边居民的捕鱼技术和鱼类标本的当地名称的描述。然而，这样的本地信息很少成为后续研究的主题，而是作为鱼类科学知识以"脱离实际生活"的形式被生产出来。在 20 世纪 90 年代笔者访问马拉维湖时，情况依旧未变。当地人关心的作为食物的鱼类，却几乎未成为图鉴或科学记载的对象。

保护地政府对生态研究的奖励

尼亚萨兰自治领政府直到 1930 年之前对渔业都不感兴趣，采取"不干预主义"。但是，当时国际劳工组织指出，在南部姆兰杰山麓的英国茶叶种植园中，当地劳工存在营养失调问题，这让殖民政府颇为头疼。因此，作为高蛋白食物的马拉维湖鱼受到当地政府的关注，为了扩大渔业产业，对马拉维湖鱼的科学研究显得尤为重要。此后，英国生物学家至少三次被派往马拉维湖岸。前文提到的弗赖尔的研究也是其中的一环。

总之，作为殖民地行政的一环，在政策的支持下，需要在湖边长期进行的生态学研究得以实现。换言之，研究是为了英国殖民地行政的需要而实施的。

虽说如此，从当时的报告中可以看出，被派遣到当地的英国研究者对吸收当地传统知识的热情很高。前面提到的姆布纳鱼研究的鼻祖弗赖尔就是其中之一。他在上述里程碑式论文中三次反复强调"'姆布纳'是汤加语"，这让后来不懂汤加语的研究者也开始引用这一名称。

独立后观赏鱼出口业的兴盛

从 1964 年尼亚萨兰自治领独立成为马拉维共和国到 1983 年的近 20 年间，几乎没有出现研究姆布纳鱼的相关论文。但是因为观赏鱼出口业的兴盛，"姆布纳"这个时期开始在国际上为人所知。

在弗赖尔关于姆布纳鱼的论文发表 3 年后，5 条姆布纳鱼作为观赏鱼被出口；在 20 世纪 70 年代中期的鼎盛时期，姆布纳鱼每年的出口量增长到超过 40 万条（Ribbink et al., 1983）。与此同时，姆布纳鱼作为观赏鱼而闻名于世。

马拉维政府对观赏鱼出口业实行特许制，只允许少数欧美居民出口。现在，在 1973 年获得许可的英国企业，实际上垄断了马拉维湖鱼的出口，其经过如下：

> （自 1958 年起，我在尼亚萨兰自治领政府任职，14 年间辗转各个部门工作。）有一天，当时的水产局局长来找我，问我要不要办理许可证。马拉维共和国独立后，我的职位迟早会被马拉维人取代，所以为了让我能继续留在这个国家，我就答应了。
> （Herlong, 1985）

1977 年，水产局担心商业性滥捕姆布纳鱼问题，便开始了保护姆布纳鱼的研究项目。基于这一时期进行的生态学调查，研究者们开始讨论"划定保护区是不是保护姆布纳鱼的有效手段"。其中隐含着"分离性自然保护理论"，即尽可能以与人们的生活分离的形式来保护珍贵的固有物种。在这样的趋势下，1980 年，本文开头提到的马拉维湖国家公园被设立，并在 1984 年被列入《世界遗产名录》。

如上所述，回顾有关马拉维湖鱼类的研究状况，我们可以发现其中有三处殖民主义残留。

（1）早期的鱼类研究依赖于国家博物馆主导的信息收集。虽然在采集标本的时候接触到了当地居民的知识，但在将其转化为科学知识的过程中，忽视了这种鱼在当地日常生活中被赋予的意义和当地现有的知识。

（2）殖民者只关注渔业，而对于人们生活中感兴趣的饮食文化，以及与渔业相关的社会关系却漠不关心，因为对于经营殖民地的种植园工人而言，渔业是营养供给的主要来源。

（3）随着马拉维的独立，政府允许少数欧洲人出口观赏鱼，并寻求出口业的可持续发展，鼓励他们对姆布纳鱼的研究。

那么，现在在人们的日常生活中，鱼类是如何被认识、被利用的，又被赋予了怎样的意义呢？接下来，我们将通过湖边地区和城市地区的比较来详细介绍。

四、对食鱼文化的依赖和嗜好

在湖边，人们聊得最热烈的话题之一就是"鱼"。但如前所述，除了观赏鱼，我们对其他鱼类的知识极其有限。因此，笔者和生态学研究者们一起访问了湖边的村庄，让捕鱼者和孩子们对着潜水捕获的鱼，询问他们这种鱼在本地的名称和特色。在这种情况下，当地人对鱼特别是对能吃的鱼非常关心。中山节子在马拉维湖的中部恩卡塔贝周围的渔村，对当地渔业组织的研究中发现，当地日常生活的话题和关注的焦点是能否吃到"配菜"（汤加语为"丹迪"）（中山，1997）。此外，马拉维全国万户以上家庭为对象的家庭调查显示，当地家庭现金支出的 80.0% 是食物支出。从占家庭整体支出的项目来看，鱼排在主食玉米、副食油和蔬菜之后的第四位，占家庭整体支出的 5.4%。

如前所述，从殖民地时代开始，研究者们的关注点仅限于鱼类本身的生态，以及科学上普通鱼和观赏鱼的种类。此外，马拉维渔业部门虽然也在进行市场调查，但并未调查真正的市场消费者的看法，对当地人的关心程度非常低。

市场上鱼的销路等信息反映了人们的偏爱和喜好，但出于价格的高低和供应的多少等原因，可能与实际的喜好和需求有差距。此外，人们的认识也不仅仅停留在经济和营养上，更包括了他们对鱼和产鱼水域的文化认知。最典型的就是对食物的禁忌。换言之，即使营养丰富、捕获难度不高的物种，如果它被当地精神文化所排斥，那么人们也不吃，或者说不能吃（Douglas，1969；ダグラス，1985）。特别是屠宰、食用动物，是包含动物世界与人类之间本质矛盾的问题，在这个领域，各种文化都有自己独特的解释体系（嘉田、橋本，2001）。日本研究人员过去对非洲社会中"可食用动物"的研究有许多成果，加上玛丽·道格拉斯（Mary Douglas）的象征性理解，人们对于生态条件关系的理解在不断加深（伊谷，1980；市川，1982；左藤，1993；寺嶋，1998）。此外，近年来，身体感觉和对疾病的看法之间的关系不断加深，可以说现象学的研究也越来越深入（河合，1998）。在这些研究中，以鱼为对象的研究有安溪游地的因性别差异和个人生活史所产生的食物禁忌研究（安溪，1985）。

上述研究主要集中在同质社会的质性调查上。因此，为了从数量上探究现在马拉维人对鱼的认识和吃鱼的实际情况，包括其在城市与农村的差异、与自然公园建设的关联，我们实施了小型调查。我们在马拉维湖附近村庄的两处地点（被国家公园包围的琴培村和北部恩卡塔贝地区）、城市中的两处地点（首都利隆圭和大学城市松巴），合计四处地点，从小学高年级学生和大人两个年龄层中各选出 30 到 60 人，根据调查问卷对约 400 人进行了调查，时间限定在 2000 年 8 月到 10 月的两个月间。话虽如此，但我们想说明的是，这些样本并非统计性地抽取出来的，而是依靠熟人任意选择的人群，因此绝对不能代表整体。

五、对鱼类的嗜好和食物禁忌

在对鱼类喜好的调查中，我们对实际生活中"经常吃的鱼"、如果条件允许"想吃的鱼"和"不想吃的鱼"进行了调查，并结合其理由进行了询问，还询问了关于鱼的逸闻趣事。

在鱼类名称调查中，平均每名受访者列出了 19 个名称。其中吃过的鱼平均为 10 种（这里的名称不是生物学上的，而是日常名称，即使是同一种鱼，如果有两个以上的名称，也计入其数量）。城市中的成年人平均列出了 13 种，儿童平均列出了 9 种；渔村的成年人平均列出了 23 种，儿童平均列出了 22 种，差别非常小。在琴培村和恩卡塔贝的调查结果几乎毫无差别。

在日常生活中，人们"最常吃的鱼"共有 30 种。整体来看，数量最多的是一种叫"乌塔卡"的小型慈鲷，其次是栖息在近海的名为"乌西巴"的小型鲤科，再次是尚博（罗非鱼）和穆切尼（大型慈鲷）。在城市，干鱼和熏鱼是主流，频繁食用的鱼种反映了个人的喜好，调查结果却意外地多样化。与此相对，在被国家公园包围的琴培村，无论是成年人还是小孩，经常吃的鱼绝大多数是乌塔卡，其他鱼种很少。同样是在湖边，在北部的恩卡塔贝地区，无论是成年人还是小孩经常吃的鱼却多种多样。可见这种差异与国家公园带来的捕捞限制有关。

如果不考虑价格和可获得性，湖边地区的成年人"想吃的鱼"有三四十种，儿童也有二三十种。即使是吃的鱼种类比较少的琴培村，人们想吃的鱼的种类也越来越多。不过，这意味着，比起实际能吃到的鱼，人们更渴望吃到多种多样的马拉维湖鱼。

总体而言，人们"经常吃的鱼"是乌塔卡、乌西巴这种小型且便宜的鱼类，如果条件允许，那么"想吃的鱼"有尚博鱼、穆切尼鱼、"坎潘戈"这种大型鱼类。一方面，湖边和城市居民在"想吃的鱼"方面差别很小，如果问其缘由，几乎所有人都把"好吃"作为想吃的理由之一。在给出多个理由的人中，想吃大型鱼的理由大多是"肉厚""刺少""味道像肉一样""适合成年人食用"，选择食用小型鱼的理由大多是"料理方便""马上就能买到""价格便宜"。关于这一点，城市和湖边地区的差别不大。

此外，关于"不想吃的鱼"，城市和湖边地区的差别也不大。首先，整体而言，两处居民最不想吃的鱼都是"鳗鱼"，有 40% 的人选择，尤其是湖边居民；而城市居民最不想吃的鱼是一种叫作"穆兰巴"的鳍鲶鱼近亲。鳗鱼在城市里没有市场化，许多人连见都没见过。关于鲹科的坎潘戈，不喜欢吃它的人在湖边和城市都有，整体上属于第三忌讳吃的鱼。第四种人们不想吃的鱼是倒游鲶的同类——"科洛科洛"。这三种鱼都属于鲶鱼目。

关于不想吃的理由，湖边受访者回答最多的是"长相和行为不像鱼"，而城市受访者回答最多的是"会引起疾病"。可以说，这反映出了在湖边能直接观察到鱼的机会更多。湖边受访者最忌讳的是鳗鱼，最多的理由是"长得像蛇"。与此相对，城市受访者最忌讳的是鲶鱼类，回避的理由是"会引起疾病"，人们举的具体事例有"皮肤粗糙""掉头发"等与皮肤有关的理由。换言之，像鲶鱼类这种"没有鳞"的鱼和皮肤的特点直接联系在一起。此外，"令人恶心""让人过敏"等理由也不在少数。吃了某种鱼就会"生病"究竟是个人经验总结出来的现象，还是道听途说，在这次的调查中无法确认。

正如本文开头所介绍的，在被国家公园包围的琴培村，"不想吃的鱼"中，姆布纳鱼被成年人排在第 1 位，被儿童排在第 2 位。作为理由，最常见的是开头提到的"不好吃"，52 人中有 35 人把"不好吃"作为理由。但在同样可以吃到姆布纳鱼的北部恩卡塔贝地区的采访中，100 人里只有 3 人认为"姆布纳鱼不好吃"。这该如何解释呢？国家公园规定禁止捕捞姆布纳鱼，"不好吃"这一理由，总是被归结于个人的喜好问题，但也有可能与整个地区产生的"自我认同"有关。在不想吃姆布纳鱼的人中，虽然也有少数人的理由是"因（马拉维湖）国家公园化而不让吃""要给游客吃"等，但比起"不好吃"这一理由，这还是绝对的少数派。

关于上述食物禁忌的含义，我们几乎找不到历史资料。但是，鳗鱼作为当地不能食用的鱼的代表，其姿态和行动都与"蛇"联系在一起，这或许可以说是一个启示。在奇契瓦族和恩戈尼族（Ngoni）中，蛇被视为水神和人类之间沟通的媒介。[①]

对于没有鳞的鱼，马拉维的各种基督教宗派，特别是"赛文斯蒂·艾文特派"非常忌讳。此外，正如道格拉斯所指出的，"没有鳞的鱼"在《旧约圣经》中也被认为是禁忌之鱼，所以当地居民对此的排斥也许是受基督教的影响（Douglas，1969；ダグラス，1985）。

至于主观理由可以有多种解释。例如，不吃鲶鱼的理由是它身体光滑，与人的皮肤相似。松巴的一位男性说："据说它是《圣经》中使亚当断臂之物，所以不能吃。"也有人说，没有鳞的鱼是"污秽的鱼""带来不幸的鱼"。此外，在穆斯林之间，也有以鲶鱼类为禁忌的倾向，有穆斯林说："穆兰巴在教主穆罕默德死的时候吃了他的尸体，所以是污秽的鱼。"

正如道格拉斯所说，脱离营养层面的物质论，赋予食物文化意义，也可以说这是对生活世界有序化的追求。这种有序化背后指向的，可以说是"人与动物的分离"。反之，被认为接近人类的鱼类是不宜食用的。其典型就是大型鲶鱼——坎潘戈。特别是在琴培村，它被视为与人类在物种上相近的鱼。下面的逸闻趣事就体现了这一点。

---

① 参见 Schoffeleers（1979）。笔者通过与马拉维大学宗教学教授约瑟夫·查坎加（Joseph Chakanza）与马拉维大学历史学教授伊莎贝尔·菲里（Isabel Phiri）交流得知。

坎潘戈大的可长达近 1 米。在琴培村访谈的 72 名成年人中有 23 人，30 名儿童中有 18 人讲述了"穿 T 恤的坎潘戈"的故事，其主要内容是看到（或听说）死去的坎潘戈穿着 T 恤，所以人们不吃这种鱼。关于那个情景，受访者的描述也是五花八门。有说 T 恤的材质是人造丝（薄化纤的纤维）的，有说颜色是白色的，也有强调 T 恤是全新的，等等。在孩子们当中，也有人说坎潘戈穿着学校校服。很多人都没有具体说明自己何时知晓这一见闻，而说出具体日期的人有说是发生在"1995 年""两年前""两周前"等的，不一而足。

除了 T 恤之外，还有两个关于坎潘戈的胃里有东西的故事：一种说胃里有"运动服"，另一种说有"硬币"。

无论是衣服（布）还是货币都是阿拉伯人和罗马人带到马拉维湖边的"外来文化"，如果考虑到这一点，就有可能解释这些符号具有的某种意义。换言之，坎潘戈是与人类处于"交界地带"的鱼。一方面，它被评价为肉厚、油脂多、味道鲜美；另一方面，也可以说它是"接近人类""难以称其为鱼"的双重存在。类似这种分类不明确、存在双重意义的食物禁忌，在许多文化中均有体现，但在马拉维，可以说鲶鱼类是最典型的。

通过以上的小型调查，我们可以发现，在马拉维湖被捕捞的鱼类中，可以分为"日常生活中经常吃但没有多少人喜爱的类型"（如有鳞的小型鱼乌塔卡、乌西巴），"平常没怎么吃过，但是如果有条件就想吃的鱼"（大型有鳞鱼），"想吃和不想吃的人都有的鱼"（大型无鳞鱼），"绝大多数人都不想吃的鱼"（鳗鱼、科洛科洛）这四大类。其中，对姆布纳鱼的认识尤其具有特殊的意义。从鱼的类型看，它属于小型的有鳞鱼类，也属于保护动物，是"想吃和不想吃的人都有的鱼"。琴培村的村民甚至将其纳入了"游客专用鱼"这一全新的范畴。这种新范畴，正是使得日本等国的人得知何为"姆布纳鱼"的原因。

六、恩卡塔贝的姆布纳鱼利用情况

中山节子在 1996 年至 1999 年间对恩卡塔贝附近的村庄进行了

长达 15 个月的调查，结果发现姆布纳鱼在湖岸居民的生活中占有重要的地位。正如前文所述，恩卡塔贝是姆布纳鱼研究的发祥地。在嘉田由纪子等人的鱼类喜好调查中，琴培村作为非自然保护区的湖边村庄，被选为对照组。

恩卡塔贝是马拉维湖西岸中部的主要港口城市，也是马拉维北部的鱼类集散地之一。和其他地区一样，姆布纳鱼很少作为食物在恩卡塔贝的市场上流通，水产局的渔业统计中也没有针对姆布纳鱼的项目。在调查期间，热带鱼出口企业来访的情况也只有一次。对于恩卡塔贝的大部分人而言，姆布纳鱼可以说没有商业价值。

那么，姆布纳鱼在当地生活中具有何种意义呢？下面我们来详细介绍一下。

钓姆布纳鱼是成为渔夫的第一步

人们在恩卡塔贝捕鱼的主要对象，除了包括姆布纳鱼在内的大、小型鱼以外，还有被称为乌西巴的鲤科小鱼、鲶科的坎潘戈、鳍鲶科的穆兰巴等，这些鱼作为商业鱼种十分受重视。捕鱼用的是鱼线、鱼钩、芦苇竿等简单的渔具。渔场设在岸边或靠近岸边的湖中，一个人也能去，十分方便。因为可以用蚯蚓作为鱼饵，所以不像其他以乌西巴为饵料的捕捞活动那样需要依赖其他鱼。因此，姆布纳鱼适合捕鱼经验不足、没有大型渔具的少年和女性。

在中山节子的调查地，钓姆布纳鱼属于男性学习捕鱼技巧的初级阶段。少年们到了四五岁，就开始在湖边的礁石上用木竿钓鱼。他们自己划着小船来到礁石上，在那里进行手钓。能熟练驾船和游泳之后，亲戚和附近的成年男性就会带他们去近海捕鱼，在此之前，少年们的主要捕鱼活动是钓鱼。

负责钓姆布纳鱼的基本是少年，这是一个有利条件。姆布纳鱼栖息的湖边岩石通常是男女有别的场所。白天适合钓鱼的时间段，也是人们在湖边洗澡、洗衣服的时间段。在这个村子里，成年男女几乎不会在湖边公然共度时光。洗澡的地方也严格区分为男性在湖的北侧，女性在南侧。孩子们玩水的地方也在南侧，而过了南侧则是男人的地

盘。湖中多岩石处是钓鱼的好地方，如果成年男性在女性正在洗澡的
地方钓鱼，一定会引起很大的骚动。但如果是少年们，则只会被口头
驱赶。少年们可以轻松地"跨越"性别的区域，活动范围遍及广阔的
前部湖滩。

　　在中山节子的调查中，钓鱼的主要是七岁到十八岁的少年，不到
10 人。他们白天结伴去湖边挖蚯蚓钓姆布纳鱼，划着船来到岸边的岩
石旁，垂下钓线。虽说是钓姆布纳鱼，但也能钓到各种各样的鱼。在
这个地区，"姆布纳"分类下有大约 30 种不同的鱼。猜中钓到的姆布
纳鱼的名称，看谁钓到的鱼更多、更稀有，或者趁同伴不注意的时候
躲到船下等，钓鱼时可以玩很多游戏。如果运气不好，鱼钩钩在岩石
上，少年们就跳进水里抓住鱼线，潜入水下五米左右取下鱼钩。就
这样，少年们学会了鱼的名字和游泳、驾船等在湖上必需的知识和
技巧。

　　通过钓姆布纳鱼学到的东西不仅仅是这些。等少年们回到沙滩
上，在附近玩耍的小孩子们都凑了过来。在众人的注视下，少年们一
边说着鱼的名字，一边一尾一尾地用草茎将其绑在一起。这个时候，
没有一位少年会把捕到的鱼全部带走，一定会分两三尾给别人。对于
恩卡塔贝的渔民而言，"逮到鱼就要分给别人"是根深蒂固的行为规
范。钓鱼对少年们而言，不仅使其学习了关于鱼和湖泊的知识和身体
技巧，还提供了掌握分配成果等社会性行为的机会。

姆布纳鱼作为配菜的重要地位

　　少年们将钓到的姆布纳鱼带回家，做成配菜。湖岸的汤加人对这
种配菜表现出了非同一般的重视。下面，我们介绍其中一户人家 A 的
事例。A 在宅基地上建有两栋房子，住着 20 人左右，包括 3 名 18 岁
以上的男性和 6 名女性，平时一起吃饭。为了方便起见，本文中把日
常一起吃饭的小组称为"户"。这个家族拥有捕捞乌西巴的大网、捕
捞淡水鲈鱼和鲶鱼的渔具等。使用这些工具的是家族中女族长的长子
（ 37 岁 ）、幺儿（ 18 岁 ）和长女的儿子（ 13 岁 ）。此外，钓姆布纳鱼主
要靠长子的两个儿子（ 11 岁和 8 岁 ）。

从 1998 年 6 月 1 日开始的半年时间里，这家人的 212 顿饭中，姆布纳鱼作为副食出现的次数有 27 次，平均每八顿饭中就有一顿吃姆布纳鱼，在吃了鱼的 169 顿饭中占 16%。这户人家在 11 顿饭中消耗了约 9.3 千克的姆布纳鱼（其他小型慈鲷也包含在其中）。

每天早上 7 点左右，这家的大人们都会聚在一起讨论一天的活动安排。大家最关心的是如何为中午和晚上两顿饭准备食材，堪称"配菜"会议。根据月亮的盈亏和天气的变化，有时前一晚没有任何收获（鱼），也没办法买到其他副食，或者有人不能吃家里现有的副食，这时就需要少量的其他食物作为补充。在这种时候，就得指望少年们钓的姆布纳鱼了。

例如，族长的长子在给家族供应副食这方面举足轻重。然而，他在半年的时间里只去捕了 37 次鱼。在晚上，出于种种原因不能下网时，他会用朋友的网和乌西巴去钓鲶鱼，但是不能吃主要的战利品鳍鲶鱼。当地医生禁止他吃除了鲶鱼之外没有鳞的鱼，以及身边随手可得的植物性副食。夜间捕捞乌西巴的活动在满月前后会暂停。此外，根据季节的不同，有时会有持续的恶劣天气，可能导致很长一段时间无法出海。依赖于乌西巴的捕鱼活动几乎都只能停止，市场上的鱼也消失了。即使在这种时候，姆布纳鱼依然能钓得到。族长的长子说："在这时，如果家里有男孩就很幸运了。如果继续刮风，自己又不能出海捕鱼，那么姆布纳鱼就成了主菜。"他每天有饭吃，就是因为儿子们会去钓鱼。也许是因为如此，当少年们钓到姆布纳鱼时，家族成员只会称赞，绝不会说负面内容。少年们钓来的姆布纳鱼，会成为一家人的菜肴。

女性家族的珍贵菜肴

在汤加社会，捕鱼一般是男性的工作。话虽如此，偶尔也会遇到已经成年并有小孩的女性在捕鱼。中山节子在此逗留期间，发现有三名女性在湖边的礁石上用鱼竿钓鱼。她们都是因为家中无男性而来捕鱼的。

下午的湖边，沐浴和洗衣服的女性熙熙攘攘。其中，三位相伴而来的女人，在大家都开始返程的 4 点多才来。三人都是怀抱婴儿的十几、二十几岁的女性，在湖边洗衣服，也只是洗一下自己和孩子之前穿的衣服，很快就结束了。随后，三人一边互相照顾孩子，一边一人负责挖蚯蚓，一人继续洗衣服。挖到蚯蚓后，她们把长度约为一米的鱼线系在芦苇的茎上，用不熟练的手法将蚯蚓穿在钓针上。在刚才用来洗衣服的那块岩石后面，黑色的阴影在不停地移动。这些黑影就是姆布纳鱼。

女人们在岩石上看着鱼，往里面扔鱼钩，但能钓上来并不容易。她们一边闲聊，一边轮流钓鱼，耐心等待，一直坚持到天黑，往往只能钓到两三条，也有完全钓不到的时候。即使问她们钓上来的鱼的名称，她们也只会说是"姆布纳鱼"，不像少年们那样，一条一条地互相告诉彼此鱼的名字，并以此为乐。但只要能钓到一条，她们就会欣喜若狂。

这三位女性居住的地区各不相同，彼此并无血缘关系。有从其他村落嫁过来但孩子尚小便丧偶的寡妇，还有嫁到其他村却带着孩子回到娘家的人，她们的家族中都没有捕鱼的男性。即使在这样的家族里，姆布纳鱼也是女性能够自己获得的珍贵的菜肴。

根据中山节子的调查，恩卡塔贝的居民日常都吃姆布纳鱼。对他们而言，姆布纳鱼超出了爱吃或不爱吃的范畴，具有特殊的价值，在学习湖岸文化、保证家族食物供给等方面都占有重要的地位。

七、作为共同实践者的非洲和日本

在"发展与环境"的并存成为问题的今天，不能单纯地将"发展"解释为生产力的扩大，而应将其解释为"人们可选择范围的扩大"。如此一来，为了保护生物多样性而建设国家公园，就会减少人们的选择，因此也是一种"反发展"的行为。当这种反发展行为从外部引入时，居住在当地的居民是如何接受的呢？琴培村就是一个典型。在为了"保护生物多样性"而实行的国家公园建设的影响下，被迫"禁渔"的琴培村把姆布纳鱼捕捞受限的外部原因，归结于"姆布纳鱼不好吃"

这样一个与喜好相关的问题，这难道不是一种面对捕捞限制的自我安慰吗？通过创造出"姆布纳鱼是游客专用鱼"这一新的范畴，当地人扩大了自身可选择的范围。

通过恩卡塔贝的事例，我们可以发现，姆布纳鱼本来可以作为临时的配菜，对于没有出海渔具的少年和年轻人而言，它也是重要的捕捞对象。不仅如此，它还为少年们成为渔民的社会化过程赋予了重要的意义。国家公园的建设改变了姆布纳鱼在湖边地区生活中的意义。它从被食用的对象，变成了面向游客的鱼。

今后，马拉维的鱼类资源压力不会减少。马拉维的人口以每年约3%的速度持续增长。从人们的喜好来看，无论是城市居民还是湖边居民，"以鱼为菜"的愿望都很强烈，而且人们尤其喜欢吃尚博鱼等鳞片大的鱼。在没有冷藏、冷冻设施的状态下，大型鱼需要熏制，这直接导致了对木材的需求，加剧了森林砍伐的压力。考虑到以渔业为职业的年轻人的增加、渔业人口的增加、渔业参与限制的薄弱，对马拉维湖鱼类的需求只增不减。这就需要考虑如何保护生物多样性的问题。鱼类作为人们的"生存食粮"，有什么方法可以保护它们呢？

本文开头介绍的詹姆斯和哈里森现在已经17岁和16岁了。五年过去了，詹姆斯在离琴培村二十千米左右的高中读书。今年，笔者和詹姆斯一起走在琴培村，询问了他五年前的事情："那时候你说姆布纳鱼不好吃所以不吃它，现在你还是这么想吗？"他说："我们自己也吃姆布纳鱼。但是，如果吃得太多导致姆布纳鱼数量减少，提供给游客的姆布纳鱼就会变少，从事旅游业的人们就无法维持生活了。"他还说："我想学习有关鱼类、国家公园和环境的相关知识，从事对这个地区的人们有用的工作。所以我想上大学，也想去日本留学。"哈里森则选择了一条更加安逸的道路。在琴培村，有许多向游客兜售土特产或带领游客乘船观赏姆布纳鱼的"沙滩男孩"。年轻男性只有做渔民或"沙滩男孩"两种选择，哈里森就选择了成为"沙滩男孩"。这的确也是一种选择，然而该地区的旅游业也隐藏着各种各样的问题，关于这一点，我们将另行撰文再述。

"姆布纳"原本来源于汤加语，在全球流通的过程中，姆布纳鱼所具有的社会、文化意义发生了变化，它成了作为生物多样性象征的观赏鱼。正如本文所述，这一过程也可以说是殖民主义的遗产本身。但是，这种自然之物意义的简单化、象征化真的和日本完全无关吗？日本正面临着各种环境问题。例如，说起琵琶湖，就只将其看作是一个装水的"水缸"；说到净化"水质"，就是要把湖中的氮、磷等物质还原出来，这种思考方式，也是在某种意义上仅仅把物质要素看作自然世界的全部意义，这是不是也可以说是现代科学思想的象征性作用呢？在这方面，我们可以说忽视了水、湖与人们的关系，即生活与文化的具体联系，这会不会也是一种"精神的殖民地化"呢（嘉田，1995）？殖民主义残留不仅是他国的事情，而且是隐藏在我们日常生活中的课题。

　　非洲和日本，马拉维湖和琵琶湖，我们在琴培村和恩卡塔贝反复讨论确保生物存续和人类生存之间的矛盾。而且，虽然问题的表现形式不同，但就其本质而言，都存在着生物保护和人类生活的矛盾这一共同课题。其中所隐藏的现代科学管理主义思想在某种意义上是相通的。"无论是研究人员还是当地的居民，抑或是孩子，即便在立场上存在差异，也都是该时代的共同生活实践者。"（松田，1999）作为共同生活实践者，共同思考，集思广益，从实地得出经验，思考并付诸实践才是我们应该做的。"精神殖民"是隐藏在现代社会各处认知上的暴力。

参考文献

安渓遊地、1985、「ザイール川とタンガニイカ湖漁撈民の魚類認知の体系」、『アフリカ研究』第21号、1—56頁

伊谷純一郎、1980、『トゥルカナの自然誌』、雄山閣

市川光雄、1982、『森の狩猟民』、人文書院

嘉田由紀子、1995、『生活世界の環境学』、農山漁村文化協会

嘉田由紀子、1998、「所有論と環境保全—その資源問題と途上国の環境問題への現代的意味」、『環境社会学研究』第4号、107—123頁

嘉田由紀子、橋本道範、2001、「殺生禁断と漁業制度」、鳥越皓之編『自然環境と環境文化』、有斐閣、47—76 頁

河合香吏、1998、『野の医療―牧畜民チャムスの身体世界』、東京大学出版会

佐藤弘明、1993、「象肉が食えないバカピグミーの象猟人」、『浜松医科大学紀要』第 7 号、19—30 頁

田中二郎、1978、『ブッシュマン』、思索社

ダグラス（塚本利明訳）、1985、『汚穢と禁忌』、思潮社

寺嶋秀明、1998、『共生の森』、東京大学出版会

鳥越皓之、1997、『環境社会学の理論と実践』、有斐閣

中山節子、1997、「湖辺トンガ族における漁獲分配とおかず文化」、嘉田由紀子編『アフリカ・マラウイ湖周辺の生活文化に根ざした生態系保全の方法開発に関する研究』（トヨタ財団助成報告書）

牧本直喜、1999、「アフリカ、マラウイ湖国立公園と周辺住民のかかわり‐自然保護と住民生活の葛藤」、『環境技術』第 28 巻第 3 号、58—67 頁

松田素二、1999、『抵抗する都市』、岩波書店

Ankei, Y., 1989. "Folk Knowledge of Fish among the Songola and the Bwari: Comparative Ethnoichthyology of the Lualaba River and Lake Tanganyika Fishermen." *African Studies Monographs*, 9: 1-88.

Dobson, T., 1997–1998. "Radical Restructuring of Environmental Policy to Preserve Biodiversity in Southern Africa; Malawi at the Crossroads." *Journal of Natural Resources & Environmental Law*, 13(1): 149-175.

Douglas, M., 1969. *Purity and Danger: An Analysis of Concepts of Pollution and Taboo*. London: Routledge & Kegan Paul.

Fryer, G., 1959. "The Trophic Interrelationships and Ecology of Some Littoral Communities of Lake Nyasa with Especial Reference to the Fishes, and A Discussion of the Evolution of a Group of Rock-Frequenting Cichlidae." *Proceedings of the Zoological Society of London,* 132(2): 153-281.

Herlong, D., 1985. "Interview to: Stuart Grant, Jul-85." In J. M. A. Azas, 1996—2000. "The Cichlidroom Companion." http://petsforum.com/cichlidroom/interviews/i006.html (Accessed: 2000).

Kalindekafe, M. M. F. & M. Kamata, 2000. "Land Use Histories and Fuel Wood Consumption in a Highly Populated and Degraded Area in Nkhata Bay District, Malawi." *Natural History Research*, 6(1): 23-38.

Ribbink, A. J. et al., 1983. "A Preliminary Survey of the Cichlid Fishes of Rocky Habitats in Lake Malawi." *South African Journal of Zoology*, 18(3): 149-310.

Schoffeleers, J. (ed.), 1979 (reprinted in 1999). *Guardians of the Lands*. Gweru: Mambo Press.

对塞内加尔开发政策的考察

——农业开发主体的话语

三岛祯子

一、对"发展"必然性的质疑

独立 40 年后的非洲国家，由于欠发达 [1]，所以从发达资本主义国家等主导的国际发展机构得到了大量援助。从殖民政府继承而来的单一作物经济在 20 世纪 60 年代末已经陷入了停滞的危机，因经济作物的国际价格暴跌，加之受石油危机引发的全球性通货膨胀、干旱频发等因素的影响，独立 20 年后多数非洲国家陷入了严重的经济危机。外债不断累积，国家经济更加依赖外国援助，而这又进一步加剧了"欠发达"的状况。

综观当今非洲各国，自然和人工环境恶化，人民生活困难，这是不争的事实。但是人们把这种情况定义为"欠发达"，这是因为基于以下认知——把从"欠发达"到"发达"的转变视为必然的发展过程，认为发达工业国家曾实现的经济发展，将会普遍发生在地球上的任何一个地区。发展理论将"发达"和"欠发达"两极分化，试图从二者的关系中寻找"欠发达"的原因。"北"和"南"、"发达国家"和"欠发达国家"也即"发展中国家"、"先进资本主义世界"和"第三世界"、"中心"和"边缘"、"中枢"和"卫星"等分类，是根据人们的生活穷困与否来区分的绝对意义上的"欠发达"，还是在与其他国家的比较中相对意义上的"欠发达"？此二者虽然有所不同，但总体而言都是在我们

---

[1] 欠发达一般是指经济增长停滞或极其缓慢的状态，人均年收入低于 500 美元的国家被定义为欠发达国家。然而，根据依附理论经济学家的说法，将低水平的生产等同于欠发达是错误的，一个国家或地区（中枢国家）掠夺另一个地区（卫星国家）（フランク，1979）或区域中心与周边地区的不平等性（アミン，1983）才是"欠发达"。

历史上经历过的资本主义经济的框架内分析的。

对非洲的独立国家而言，"发展"也具有两种含义的必然性。它如同颂扬黑人文化的"黑人性"运动 ① 提振了独立的气焰一般，是新生国家的目标，体现了标榜脱离殖民地统治的抵抗思想。但同时，这也是与原宗主国利益相结合的非洲统治阶层的权宜之计，因为创造自立之路的"发展"才是动员国民的最佳意识形态。

正因为这些，我们过于拘泥于"发展"的必然性，而忽视了在发展援助的名义下展开的内政和外交的本质。例如，将"欠发达"的原因归结于非洲国家自身存在的问题的内因说，将焦点放在了独立国家的社会结构和统治阶层上。许多后殖民主义的社会学研究都将民族国家可能形成的社会阶层确定为主题。② 或者，也有将开发援助这一外部干涉视为新殖民主义的想法。但是，由于这些分析都将"发展"作为最终归宿来思考，所以缺乏对多样化发展道路和发展主体 ③ 的动态的视角。

本文的重点是把握"发展的必然性"所产生的发展实质。换言之，这不仅需要评估政策的内容，而且需要搞清楚谁参与了该政策的制定以及以何种形式参与的。在这里，我们将关注点限定在农业这一许多非洲国家的核心产业上，重点介绍塞内加尔（图 1）的农业发展政策。我们聚焦于政府和农民这两个发展主体，以及他们如何在为特定目标而设立的行政组织中发挥各自的作用，随着农业发展政策的变化而发生怎样的变化，并探讨了在农民之中存在的多样的发展主体。

---

① 指 20 世纪 30 年代到 50 年代，加勒比地区和非洲法语圈出身的作家们提倡的文化运动，由艾梅·塞泽尔（Aimé Césaire）首次提出。它指的是一种黑人意识，主张黑人与黑人文明的独特贡献、价值观和特性。它针对法国的殖民统治和同化政策，以重新确认基于非洲传统的黑人文化价值为目标。——译者注

② G. 巴朗迪耶（G. Balandier）和 I. F. 巴亚尔（I. F. Bayard）发现了塞内加尔国内权力结构的矛盾。

③ "发展"和"开发"在英语中都用 development 一词来表示，但是在本文中，相对于贫穷的"欠发达"而言，"发展"一般是指富裕的状态，而"开发"则是实现"发展"的手段和过程。

图 1　塞内加尔及周边国家

二、塞内加尔农业的开发问题

独立后，塞内加尔政府延续了殖民地时代的产业基础，把以花生生产为中心的农业发展作为经济发展的基础。然而，除了花生的国际价格暴跌外，干旱和过度生产造成的水土流失导致20世纪90年代末花生产量下降，进而导致了经济危机发生。此外，由于石油和美元而赚得盆满钵满的发达工业国家流入的贷款，塞内加尔依赖外国资本的经济结构出现了危机。此外，塞内加尔政府设立了价格平衡稳定基金（Caisse de Péréquation et de stabilisation des prix，CPSP）以提高花生的价格，价格一时上涨的花生出口使国家财政支出日益扩大，赤字也随之增大。

塞内加尔经济的危机状况在很大程度上是农业开发的结果。损害粮食生产基础的单一性经济的弊端自不必说，从殖民地时代开始的政府主导干预的行政开发进一步造成了"欠发达"的结构。急于"发展"的政府寻求众多的开发公司来管理从生产到流通的全过程，通过积极的干预来提高花生的收益，但这导致了公共部门的扩张，财政压力加大。同时，也剥夺了农民的自主性和独立意志，失去了开发的可能性。最终，过度增加的政府财政负担无法维持干预政策，开发公司陷入了功能不全的困境。而且，这导致政府既不能管理农民，也不能帮助农民。

塞内加尔政府接受了国际金融机构指导下的结构调整计划，迫切需要对农业开发进行根本性改革。随着首任总统利奥波德·塞达尔·桑戈尔（Léopold Sédar Senghor）的辞职，作为农业开发主导者的开发合作援助公司（Office national de coopération et d'assistance pour le developpement，OCAD）也随之解体。1984 年新农业政策的实施倡导农民拥有自主性和责任，实现自立务农。换言之，这意味着政府不负责任的干预开发政策的终结。

但是，刚独立时，政府在推进开发政策的过程中，进行必要的强烈干预也是理所当然的。对于在民间经济力量和参与国家建设的社会阶层尚未完全形成的情况下起步的新生国家而言，除此之外没有其他更有效的办法。但问题是，在之后的发展中，干预变成了"官僚主义的束缚和过度保护"（Ministère du Plan et de la Coopération du Sénégal, 1989: préambule）。

研究者从政治角度出发，对干预组织的形态及其运作方式进行了批判。社会学家和人类学者着眼于参与干预的统治阶层的存在以及对农民的态度，探讨了政府与农民的关系问题。[1] 如同后殖民主义时代的许多非洲国家一般，在塞内加尔，人们最熟悉的参与政治的机会是在农村展开的农业发展项目，政府和农民都参与其中。在干预时，政府和农民这两个视角都很重要。

---

[1]　关于塞内加尔社会，M. 迪奥普（M. Diop）关注官僚资产阶级的形成，J. 科潘（J. Copan）、M. C. 迪奥普（M. C. Diop）、M. 迪乌夫（M. Diouf）等人也提到了马拉布（伊斯兰教导师）的影响力。

三、干预组织的设置和发展的主体

在塞内加尔，政府对农业开发的积极干预可以从殖民地时代找到原型，从中沿袭下来了确保流通渠道和管理农民的两条方针。（Diarassouba, 1968: 87-98）。

在从自给自足的传统农业向以经济作物为中心的货币经济的转变过程中，产品的流通需要殖民政府及时干预。为了保证出口农产品的稳定供应，中介商人应运而生，其中大部分都是黎巴嫩和叙利亚的商人。[1] 如此，为了防止塞内加尔民间商人的出现，殖民政府在自己和农民之间设置了一个中间层，以便从生产者那里高效地收集产品，使法国的贸易公司进口的谷物和日常用品能够正常出售给生产者。这一切在塞内加尔独立后由农业流通公司（Office de commercialisation agricole, OCA）[2] 负责。

干预的另一个特征是为了提高殖民地的收益而对农民进行管理，为此，政府通过农业开发组织建立了行政基础。作为农业合作公司前身的互助和农业贷款协会（Sociétés indigènes de prévoyance, de secours, de prêts mutuels agricoles，简称农协）[3] 在 1910 年成立后多次改组，但仍然是一个强制农民投资和执行政府要求的行政组织。农协的董事会包括选出的地方名流，以三年为任期，由法国行政官员管理，只是名义上的农民互助组织。独立后，各区都成立了发展合作援助公司[4]。成为干预中心的发展合作援助公司被派到农协指导机构运营，并与行政组织和各种公司联系，统一实施农业开发相关的开发计划，实施流通、供应及金融等干预政策。

这些干预组织被要求成为农业开发的主体。为了培养与农民之间

---

① 殖民政府在政策上接受了来自黎巴嫩和叙利亚的移民。

② 1960 年创立，1967 年更名为塞内加尔农业流通公司（Office de commercialisation agricole du Sénégal）。

③ 1953 年改为农业生产互助组织（Sociétés mutuelles de production rurale），1956 年改为农村发展互助组织（Sociétés mutuelles de développement rural）。

④ 独立之初以地方开发援助中心（Centres régionaux d'assistance au développement）之名成立，1971 年进行了重组并更名。

的中间人，殖民政府设立了学校，要求农村权贵的儿子们接受法语教育。虽然他们没有主动响应，但作为"人质"，这些"奴隶"或"旧俘虏"① 的孩子们还是被送到了学校。独立后，农民对政府的不信任感和戒备心依然很强，农民代表的身份在农村社会中毫无决定权。如此一来，农村的权贵就可以无视行政的意愿并在幕后控制农民。此外，一旦认识到与政府的关系能带来利益，传统的权贵就会与政治权力勾结，积极地加入干预组织。在塞内加尔，穆里德教团的伊斯兰教导师马拉布与政治权力勾结，插手花生生产的事件非常有名。②

　　干预组织的核心角色是负责组织运营的官员。独立后，法国行政官员被塞内加尔人取代。但是，官员是在国家这一新框架中被建构起来的一种精英阶层，与农民的性质完全不同。而且，被派到异乡的塞内加尔官员只会说法语，对当地语言完全一窍不通，与法国行政官员没有任何区别。

　　正如致力于农业发展的工会和国营公司具有行政组织的作用一般，后者也具有发展农业，同时管理农民的职能。以 1950—1954 年的农业危机为契机，政府试图以理想的农业合作公司为基础进行农村重组，在各省设立了农村普及中心（Centre d'expansion rural，CER）。该中心作为助力发展的机构，协助农民和农业合作，开展农业技术和民生改善宣传活动，以提高农民的发展意识。然而，由于该中心由中央部委和机构派遣的主任和推广人员组成，所以它只不过是农协和农业公司等处官员的地方机构。

　　独立后的政府加强了国家权力分散和地方分权，提出了农民自己参与制定和实施发展政策的理想。第一个措施是 1972 年的更改行政区划。塞内加尔国土被重新划分为 10 个行政区，形成行政区下辖省、县、村社和乡村的五级行政制度。村社由多个村落组成，每个村落都有村议会，由各村选出的村议会议员、村议长和县长组成，并拥有依靠地方税收和国家补贴的独立预算和执行体制（图 2）。以村社作

---

① 塞内加尔民族众多，世袭制下存在着不同的社会身份。有身为社会权力阶层的"贵族"，也有铁匠、皮革工匠以及说书人等"手艺人"，还有"奴隶"和"旧俘虏"。
② 关于穆里德教团与花生生产，科潘和 C. T. 西（C. T. Sy）的研究具有代表性。

为农村发展主体的构想，通过 1964 年颁布的《国家土地法》（Code du domain de l'Etat，简称《国土法》）肃清被传统土地管理形式束缚的旧农业体系，来实现民主的农业发展。此外，《国土法》所划分的可耕作地区由村社管辖，农村议会取代传统权贵，获得了分配区域内土地用益物权。但是在具体实施过程中，许多传统的权贵被选为村议员，这反而导致传统的土地管理形式的合法化。

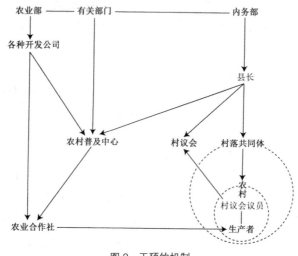

图 2　干预的机制

综上所述，干预组织可以说是为了防止农民在经济上独立或发起政治运动而产生的，是一个在农村没有实质性合作伙伴的"表面组织"（Ela, 1990: 83-85）。干预在政治理念和现实反应之间存在许多矛盾，如果不解决它们，干预就无法在农业发展中发挥核心作用，因而被视为导致"欠发达"的主要原因。然而，真正的问题恰恰相反，在于干预未能在政府和农民之间建立合作关系，即没有通过干预去关注并激励多样的发展主体，因此导致无法累积"发展"的原动力。

四、塞内加尔河上游地区的干预变迁

干预在农业发展政策中发挥了核心作用，那么农民对此采取了怎样的应对措施呢？随着干预的结束，干预组织又发生了怎样的变化呢？下面，我们以塞内加尔上游地区为例进行探讨。图 3 沿河的阴影部分是塞内加尔河流域的农耕民居住区。

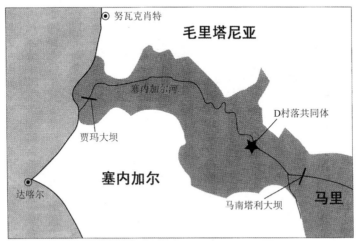

图 3　塞内加尔河流域的农耕民居住区 [①]

因为塞内加尔河上游不是花生的产地，所以在这里，对农业开发的干预并不彻底。塞内加尔河三角洲区域开发公司（Société d'Aménagement de Delta du Fleuve Sénégal，SAED）积极干预村落灌溉区（périmètres irrigués villageois，PIV）小规模农业灌溉区的开发。再加上国际组织和外国的援助，对塞内加尔河进行大规模开发的可能性越来越大，外界对塞内加尔河流域的关注也随之高涨。

一方面，开发公司帮助开发了灌溉用地并安装了灌溉水泵，并通过农业合作公司进行从生产到分配的一切管理（图 4、5）。开发公司干预期间，灌溉地由拖拉机进行维护，在灌溉水泵出现故障时会立即着手修理，也没有出现过燃料耗尽的情况，开发公司还进行了从栽培到收获的详细指导，种子和肥料的配给也十分充分，在结算时会从生产所得中扣除这些投入资金作为补偿。灌溉用地通过农协分配给农

---

① 本图根据 *Jeune Afrique* 第 1492 期制作而成。

民，但加入农协需要以家庭为单位，只有一家之长才能成为其成员。此外，还有一部分耕地由合作公司成员共同耕种，所得收益作为灌溉用地的共同运营经费。

图 4　在塞内加尔河左岸设置的灌溉用泵

图 5　修建灌溉水渠的导管

　　另一方面，以外出打工后返村者 ① 为主的农民开展了独立自主的
运动。贾贝·索（Diabé Sow）组织的巴克尔农民联盟（Fédération des
paysans de Bakel）试图废除以家庭为单位的务农方式，建立社会主义
式共同农场。虽然其中有一些外国提供的直接援助，但所有发展援助
都要由开发公司经手，农民们虽然支持巴克尔农民联盟的活动，但不
得不加入实质上官僚主义的开发公司。因此，政府和农民在建立合作
关系之前往往是对立的关系。

　　塞内加尔河上游的《国土法》实施了大约 20 年。行政改革之后，
各村社都设立了农村议会，议会在该地区具有很大的传统权力。直到
1984 年为止，议会对土地没有实质性的权限，但 1984 年之后事情出
现了转机。一是塞内加尔河上的两座水坝的完工令大规模农业开发成
为可能；二是随着新农业政策的实施，出现了停止干预和农业自由化
的声音。利用水库进行农业开发需要大量的设备，这对地方小农而言
是不可能之事，而且如果外部资本引入大规模灌溉农业，农民就只能
成为大农场的农业劳工。为了避免这种情况的发生，必须采取行政防
护措施。随着干预时代的结束，农民们试图维护地区利益，开始利用
以往为干预而发挥作用的组织，将传统土地管理模式合法化。

　　如此，村议会正在从干预组织转变为居民参与组织。从 D 村社的
例子来看，实际上议员的平均年龄高达 53 岁 ②，全体议员都是"贵族"
出身，但观察一下 1996 年的议员选举，我们就会发现村议会已发生
了划时代的变化，即该地区自设立议会以来，首次出现了年轻人和非
贵族出身的候选人。

　　农协方面一旦停止干预，生产活动就会完全瘫痪。在实施新农业
政策以后，开发公司对村落灌溉地区进行了整顿，但灌溉设施却一直
处于闲置状态。在塞内加尔河上游的索宁克社会中，农协的行动本身
就很难为当地人所接受。首先，正值壮年的男性几乎都外出打工，代

①　该地区的主要民族索宁克族从事农耕并在此定居，但索宁克男性到外国，特别是到法国打工
的现象十分普遍。移民在每个村庄建设清真寺、学校、诊所等设施，也有返村者投资灌溉农业的
例子。关于移民和农村开发，三岛（1997）有详细论述。
②　根据笔者对 D 村社的调查，基于 1984—1996 年议员的平均年龄计算得出。

表家庭成员的工会成员也大多不在。其次，该地区没有可作为经济作物的农产品，即使是由开发公司指导种植的水稻、进口大米，它们的价格也都很便宜。而且，人们也不愿意出售珍珠稷和玉米等传统粮食作物。因此，由于不符合传统的农业形态，在大多数村庄中，村落灌溉地区的共同耕地经营模式基本消失了。在索宁克社会中，每个家庭都有被称为 te hoore 的耕地，这是一种让家庭成员参与生产粮食的自留地。此外，成年男女都会从族长那里分配到耕地。像这样的传统农耕以家庭为基础存在，加之索宁克社会等级森严、社会地位不平等，要引入全村协同工作的机制难度很大。

的确，灌溉农业在干燥的萨赫勒地带是一种能够确保稳定收成的农业形态，但在设施、设备和运营上也需要很高的成本。在不再存在干预、管理和援助的今天，人们正在摸索更合理、更现实的实现灌溉农业的方法。

五、农民团体的介入

农村中存在一些农民自主组织的农民团体①。这些团体通过在村社登记，可以获得土地分配和农业贷款。这些继承自农协的男性团体，加入者初期以家族族长为主，后来逐渐演变为以从属于村中长老团体的已婚男性为主要成员。不能加入这个团体的已婚青年组成了一个包括单身男女在内的青年团体，同时已婚妇女组成了另一个妇女团体。此外，也有因宗教关系或政治利益而组成的团体。根据笔者在塞内加尔河上游地区的调查，这些农民团体存在以下特征和问题。

在因年龄、性别和社会身份而阶层分化的索宁克社会中，正如农业合作公司的例子所示，将村庄以平等为基础团结在一起非常困难。渐渐地，人们被分成具有相同社会或政治利益的团体，开始以个人而非家庭为单位加入团体。②灌溉地和灌溉设施则利用了 20 世纪七八十年代由开发公司整修后一直闲置的村落灌溉地区。但是，这时

---

① 被称为 Groupemet，谁都可以组织。除了登记手续以外，没有行政上的义务和责任。
② 但是，个人加入集体并不会放任家庭的共同耕地不管。在人们的意识中，家庭消费的粮食是传统农业生产的，灌溉农业则用于补充传统的雨养农业和浸水农业。

的农业生产开始基本以个人为单位，小组共同耕作在此后不久便逐渐消失了。在公共耕地耕作，收益不直接分配给参与者，这对生产者不仅完全没有吸引力，甚至成了一种负担。对于有外出务工人员的家庭而言，支付会费比提供劳动力更容易。因此，灌溉设施的运行和维护费用的支付不使用公共耕地的利润，而是改从参与者支付的会费中来开支。

小组成员可以自担风险自由耕作，因此只有一些有动力并有资源支付灌溉农业所需投入的人才能持续地进行耕作活动。村落灌溉地区的运营和维护也不全是由整个团体来完成的，也有不少是由多人同伴或个人来完成的，有很多男性成员便是如此。一般而言，男性对外出打工的兴趣比务农强烈，投身农业的意愿较低，在团体中的合作关系也比较淡薄。虽然在青年团体中也有经营共同耕地的例子，但其收益多用于同伴的婚礼礼金等，并不属于合作团体的范畴。

此外，尽管妇女团体没有足够的耕地，其他条件也比男性团体差，但几乎所有已婚女性都会加入。她们会利用男性团体经营失败后废弃的耕地来共同经营。但是，从集体劳作中很难获得巨大的利润，团体的活动最多只能丰富成员的餐桌。塞内加尔社会认为，女性不适宜管理金钱，这也成为女性开展更多活动的障碍。但是，在许多没有男性的村子里，女性非常团结，她们通力合作支撑着团体的活动（图6）。

除了妇女团体之外，大部分团体有的是私人经营，有的甚至根本不务农，只是名义上的生产小组。他们之所以在名义上作为开发主体，有各种各样的原因。

第一是政治上的原因。如前所述，要想获得灌溉农业必需的大片耕地，必须得到农村议会的批准。为此，具备团体资格是非常必要的。只有拥有耕地的生产者团体，才可以在引进开发项目时成为获得援助的对象。

第二是权利的影响。从村议会分得土地用益物权的团体成员，即使不立即参与生产，也能保有相应的权利。

图 6　共同种植蔬菜的妇女团体和给干农活的人增添活力的男性说书人

　　第三是经济上的制约。自开发公司的干预结束以来，灌溉设施未得到任何维护，所有灌溉水泵几乎都出现过故障且已经无法使用。团体筹措不到修理旧水泵，或购买新水泵的资金，即便购买了新水泵也难保在将来不会出现故障。这同时也是人们动机的问题。由外出务工人员共同出资也不是不可能，但是仅仅针对部分团体出资，而不是对整个村庄的情况还未有先例。

　　因此，也存在外出务工的男性或外出务工人员家庭个人投资灌溉农业的情况 ①，但不能将其一概归为灌溉设施的私有化。当地人不可能永远外出务工，虽然外出务工对于灌溉农业而言是很重要的替代手段，但是因为人们对于实现灌溉农业没有紧迫感和必要感，再加上没有足够的经济能力，灌溉农业的发展也十分缓慢。然而，人们却正以加入团体的形式，开始为将来做打算。

---

① 法国的非政府组织针对个人意愿进行援助，通过以往的发展援助常识所无法想象的方法推进灌溉农业的普及。虽然援助的受益者招致了村民的嫉妒和反感，但项目还是在很大范围内展开。其中隐藏着法国收紧移民政策的政治意图，以为回国的打工者提供一种可以轻松谋生的手段。

六、结　语

　　"必然的发展"需要政府的强力干预，并在此过程中设定各种各样的发展主体。有人指出，这就是塞内加尔"欠发达"的原因，因为它在"发展"中优先考虑国家而不是人民，它创造了干预这种便利的方法，却没有在农民中寻找发展的主体。换言之，农业开发的主体正是干预农业的主体。政府对这一点的反省，体现在通过了新农业政策并放弃了一半的责任。干预政策摇身一变成为阻挠"发展"的"罪人"，农民则成了受害者。农民不仅没能摆脱"欠发达"的状态，而且由于政府的过度援助和保护，消磨了开发的自主性，变得无法自力更生。

　　然而，虽说政府和农民之间确实未形成发展伙伴关系，但农民也不只是被动地接受政府的指示。正如我们所看到的，一些农村权贵已经成为发展的主要参与者，并妥善利用了与政府的合作和对抗关系。农民们也正积极地谋求改变，或按兵不动，静观其变。

　　干预导致的农业开发的失败，在于政府没有理解农民是多元的，把农民看作一个整体范畴，结果导致只对一部分人进行了干预，而没有关注农民的感受。综观新农业改革后农民团体的形成过程，我们不得不承认其包含着复杂而利己的思想。这些情况似乎都说明了，"发展"之路不仅仅是走前人的老路。

参考文献

アミン（西川潤訳）、1983、『不均等発展—周辺資本主義の社会構成体に関する試論』、東洋経済新報社

フランク（大崎正治ほか訳）、1979、『世界資本主義と低開発—収奪の《中枢—衛星》構造』、拓殖書房

三島禎子、1997、「出稼ぎ労働者と地域社会—セネガル河上流域の変容」、小倉充夫編『国際移動論—移民・移動の国際社会学』、三嶺書房、67—94 頁

ロドネー（北沢正雄訳）、1978、『世界資本主義とアフリカ—ヨーロッパはいかにアフリカを低開発化したか』、拓殖書房

Buijsrogge, P., 1989. *Initiatives paysannes en Afrique de l'Ouest.* Paris: L'Harmattan.

Ela, J.-M., 1982. *L'Afrique des villages.* Paris: Karthala.

Ela, J.-M., 1990. *Quand l'État pénètre en brousse...: Les ripostes paysannes à la crise.* Paris: Karthala.

Diarassouba, V.-C., 1968. *L'évolution des structures agricoles du Sénégal: Déstructuration et restructuration de l'économie rurale.* Paris: Cujas.

Diop, M., 1985. *Histoire des classes sociales dans l'Afrique de l'Ouest, Tome 2: Le Sénégal.* Paris: L'Harmattan.

Diop, M. C. & M. Diouf, 1990. *Le Sénégal sous Abdou Diouf.* Paris: Karthala.

Konate, A., 1990. *Le cris du mange-mil, Mémoire d'un préfet sénégalais.* Paris: L'Harmattan.

Ministère du Plan et de la Coopération du Sénégal, 1989. *Plan d'orientation pour le développement économique et social (7e plan).* Dakar.

Seck, P. I., 1993. *La stratégie culturelle de la France en Afrique.* Paris: L'Harmattan.

Sy, C. T. (sous la dir. de), 1988. *Crise du développement rural et désengagement de l'Etat au Sénégal.* Dakar: NEA.

津巴布韦农业中的非洲农业基本结构 [①]

末原达郎

引 言

津巴布韦农业的基本问题，与我们回顾的非洲农业历史息息相关，存在许多课题。尤其是"土地问题"，即使在独立 20 年后的 2000 年仍然是津巴布韦的核心政治和经济问题，同时也体现了非洲农业的根本性问题。本文中，我们通过分析津巴布韦具体的小规模农业经营模式，考察土地问题中固有的殖民主义残留问题和非洲农业的基本结构。

有几种方法可以对非洲农业进行广义分类。例如，商业农业与生计农业的对立、湿地农业与旱地农业的对立、大规模农业与小规模农业的对立等分类方式（末原，1990）。然而，当我们重新回顾整个非洲历史时，就会发现从某个时期起，非洲农业被分成了两种截然不同的类型。一种是由定居于此的殖民者发展起来的农业，另一种是当地人从事的农业。过去，在非洲，特别是撒哈拉以南的非洲地区，几乎不存在殖民者为了农业发展而定居下来的情况。但从某个时期起（南非从 17 世纪开始，非洲的其他地区从 19 世纪末开始），从事农业活动的殖民者会在殖民地定居，并开始发展与当地农民传统耕作方式完全不同的农业类型（宫本、松田，1997：356-357）。

殖民者从事的农业生产活动，虽然生产了各种农作物，但大多以"销售"为目的。而当地农民从事的农业活动，则主要以自给自足、供

---

① 本文是日本文部科学省资助的"东非和南部非洲食品生产商业化带来的社会重组的比较研究"项目（项目负责人为池上甲一）的阶段性研究成果，根据未发表的同名研究成果报告中的"津巴布韦城市附近社区土地的商业农业"部分撰写而成。此外，新增了小规模农业在非洲农业整体中的地位，以及与大规模商业农业的比较等内容。

自己食用为目的。前者在农作物的种类、农业生产的规模和耕作技术方面也与后者有所不同。这种由殖民者发展的殖民地农业类型，进入20世纪后发生了变化。殖民者通过各种形式从当地非洲农民手中夺取土地，并将土地分给欧洲定居者的方式被制度化和推广。非洲各国实施的《土地法》和《土地分配法》（Land Apportionment Act）明确区分了当地居民和欧洲定居者从事的农业，割让了前者在传统习惯法体系中经营的农田，将其置于现代国家制度中，而对后者的农田以现代法律为依据进行管理。

然而，20世纪60年代之后，非洲迎来了独立时代。许多殖民地纷纷摆脱了原宗主国的统治，获得独立。实现独立的新政府没收了殖民者拥有的多数殖民农场，或是将其分给非洲人、转卖、损毁等，使得非洲的面貌发生了显著变化。

但是，非洲的这种整体变化并不适用于非洲南部地区。20世纪60年代，在南非共和国，依然存在种族歧视政策。白人政府对白人统治有危机感，在军事和经济上都强化了种族歧视政策。作为非洲南部地区的政治、经济中心，直到20世纪90年代，南非才解除了种族歧视政策。1994年，国家才允许各种族参加议会选举。

津巴布韦作为与南非毗邻的南部非洲国家之一，也深受南非种族歧视政策的影响，为了少数白人政权能维持白人统治体制而采取了各种政策。为此，1965年白人政府单方面宣布独立，以罗得西亚为国名，摆脱英国统治，企图维持种族歧视制度。然而，到了20世纪70年代，津巴布韦非洲民族联盟（Zimbabwe African National Union，ZANU）和津巴布韦非洲人民联盟（Zimbabwe African People's Union，ZAPU）主导的内战在全国各地爆发，要求白人政府归还土地和实现民族解放。1980年，内战结束，经过全民公投，津巴布韦终于脱离英国，实现了真正的独立，新兴国家津巴布韦从此诞生。

一、津巴布韦的农业与土地问题

津巴布韦的农业可大致分为公共土地的小微农户农业和被称为私有地和农场的大型商业农场农业。实际上，前者是非洲当地人经营的小规模农业，后者是欧洲殖民者经营的大规模农业（吉国，1992：82）。

津巴布韦农业分小规模农业和大规模农业，这两种极端形式有力地反映了津巴布韦的政治史和经济史。津巴布韦于 1980 年获得独立，而在此之前作为英国殖民地，以罗得西亚为名。从 19 世纪末起，欧洲人正式对津巴布韦实行殖民统治，入侵后不久便将重点置于农业管理而非矿产资源。关于津巴布韦农业在 20 世纪 80 年代末之前的研究，佐藤诚曾发表过优秀的研究成果。我们将基于佐藤诚的研究展开讨论（佐藤，1984，1989）。1930 年，津巴布韦制定了《土地分配法》，该法在法律上承认白人殖民者合法私自占有津巴布韦约 1/2 的国土面积。大多数非洲居民被迫生活在占国土面积 42% 的公共土地上（佐藤，1984：58；1989：91）。

自津巴布韦独立以来，土地问题一直是一个重要问题，但至今仍悬而未决。尽管白人殖民者占有的大规模农场在数量上有所减少，但拥有大规模农场的殖民者仍有不少。自 1991 年以来，国际货币基金组织和世界银行实施结构调整政策，使得普通市民因物价高涨而困苦不已，同时许多公共机关的官员被迫退休。为此，市民和农民的不满转向了土地问题。他们在求见罗伯特·加布里埃尔·穆加贝（Robert Gabriel Mugabe）总统时，要求大地主重新分配土地，穆加贝总统也承诺将重新分配土地。

穆加贝总统计划从白人大地主手中购买土地，并重新分发给非洲居民，所需资金为 400 亿津巴布韦元（时值约合人民币 60 亿元）。当然，作为债务国的津巴布韦政府不可能拥有如此多的资金。穆加贝总统计划请求发达国家代付这 400 亿津巴布韦元。

1998 年，这些问题，即独立以来搁置的土地分配问题、结构调整导致的通货膨胀、新的经济差距出现等问题一下子浮出水面，现行经济政策受到质疑。穆加贝总统与各援助国召开了一次会议，就土地分配的资金数额进行洽谈，但该计划最终未能实现。

此外，2000 年穆加贝政府首次引入多党制度，举行大选。大选前，得到执政党支持的退役军人们占领了全国各地的白人大规模农场。这些退役军人们也是独立战争的战士，他们高喊"摆脱殖民统治"的口号。"4 月 6 日通过了一项法律，赋予总统土地征用权"（林，2000），但英国没有承认该法律，而穆加贝总统在 6 月大选前宣布已完成农场的征用。为此，不可否认穆加贝政府将土地问题作为获取政治权力的标语加以使用。在 2000 年 6 月 24 日至 25 日的大选中，津巴布韦执政党非洲民族联盟－爱国阵线（Zimbabwe African National Union-Patriotic Front，ZANU-PF，简称"民盟党"）赢得了多数选票，但反对党民主改革运动党（Movement for Democratic Change，MDC）也获得了近半数选票。此后，即使在 2001 年，退役军人们依旧占领着白人的大规模农场。尤其是 8 月 7 日，一名白人农场主在奇诺伊死亡，与之相关的几位农民因此被捕，引发了混乱。

本文中，我们将回到起点，从 20 世纪 90 年代末正迎来转折点的津巴布韦农业中，阐明目前公有土地上的小规模农业经营状况，通过与欧洲人经营的大规模农场农业进行比较，讨论津巴布韦农业存在哪些农业结构性问题。

二、集体土地上的商业性农业

津巴布韦有 173 个公共区域，占津巴布韦国土面积的 42%。20 世纪 90 年代，约 600 万人、100 万个家庭在此居住。而 20 世纪 60 年代的公共区域有约 300 万人、50 万个家庭居住。30 年间，人口几乎增加了一倍。此外，每一个公共区域的面积都比较小，人口密度相对较高，约每平方千米 25.7 人（Moyo，1995）。

自给农业被视为公共区域农业的基础，但 20 世纪 80 年代中期以来，商业农业得到发展，越发强势（吉国，1992：84）。1986 年，小规模农业中生产的农作物 45% 被送至市场，55% 用于自给自足，二者占比十分接近（吉国，1992：85-87）。根据吉国恒雄的分类，小规模农业被视为既包括公共区域的部分，也包括其他地区，因此比例较高。但是，即便只计算公共区域的农业，其商品化比例也在逐年上升。

但是，在公共区域的农业中，存在管理用地面积有限的问题。表

1 是从整个津巴布韦抽样得到的数据，显示了每个家庭可用的土地面积。

表 1　各户可利用的土地面积[①]

土地面积/公顷	占调查农户整体的比例/%
0.4047—1.2141	33
1.2141—2.4282	37
2.4282—3.6423	17
3.6423—	13
（样本总数：745）	100

穆尼亚维利村的农业

奇纳姆拉公共土地是距离首都哈拉雷最近的公共土地之一，位于哈拉雷东北 30—70 千米处。在奇纳姆拉公共土地的南端，有一个叫作东博夏娃的小村落。村落南侧是哈拉雷近郊的一个大型商业农场区，有一条双向两车道通向农场区。东博夏娃北侧是公共区域，也有一条单车道。重型卡车和巴士不得不一半车身悬在未铺设的区域中，经过这里的车辆车身总是沾满灰尘。

大农场地区的房屋鳞次栉比，一般由大农场主的豪宅和附属于大农场的农民居住的小屋组成。但是，一进入奇纳姆拉公共土地，便能看到房屋呈现村落的形态。在非洲大陆的其他国家，我们也可以看到十几户到几十户房屋沿着道路随机排列的情况。房屋之间有厨房、花园，还有种满树木和鲜花的小庭院。

在考古界，几乎无人不知津巴布韦有一个村落叫东博夏娃村。即便津巴布韦多岩石山，但还是不得不提及横亘于东博夏娃村以东约 3 千米、东北约 10 千米处的巨大岩石山。这些岩石山的斜面上，绘制了许多壁画（岩画）。这些壁画宽约 20 米，高约 3 米，上面描绘了野生动物、狩猎的人类、形似家畜的牛等。虽然我们还无法确定东博夏娃和恩科马的岩画是什么年代绘制的，但从津巴布韦的其他岩画可以推测，这些壁画是在约二千年前到一万三千年前的新石器时代绘制

---

① 本表出自 Moyo（1995）。

的。这个地区也是人类已经生活了二千多年的地区。此外，人们能在这里生存下来，一般认为这些巨大的岩石山发挥了重要作用。

该地区的岩石山是由宽数百米，高 100 多米的大型岩块构成的山体，雨水冲刷岩石表面，凿出深洞，形成水流，有时岩石会破裂，或是形成阴影地带和小河。

例如，恩科马的岩石山是宽约 1 千米、长约 2 千米的岩石山群，落差有 300 米，山中流出三条溪流，这些溪流最终汇入科罗拉多河。岩石山可以为山麓提供充足的水源。当然，除了河流等出现于地表的水系外，还有地下流动的水脉，这些水脉有时会流出地表形成小泉水。如果掘地数米，那么就可以得到一口水井。

靠近城市的村落——穆尼亚维利

从人口超过 112 万（1992 年）的津巴布韦首都哈拉雷到奇纳姆拉公共土地南端的东博夏娃，约有 30 千米，驾车单程需要 30 分钟。从东博夏娃到我们的调查中心穆尼亚维利村，距离 20 千米，驾车需要 30 分钟。从大城市哈拉雷出发就只需要 1 小时，即便是巴士也仅需 1 小时半到 2 个小时，这个距离很近。尽管看不到什么城市景观，但穆尼亚维利村却独具城郊农村的特色。

津巴布韦是撒哈拉以南非洲国家中道路交通条件最好的国家之一，从穆尼亚维利村出发的巴士一天有两班或三班，可以到达哈拉雷南部市场姆巴雷。这意味着村落生产的农作物可以立即运往哈拉雷的姆巴雷市场。无须自己开车，只要乘坐巴士，即可从穆尼亚维利村到哈拉雷上班。事实上，穆尼亚维利村的村民中，有部分人在哈拉雷政府部门和企业工作，每天都会往来哈拉雷通勤。此外，村里不仅有全职农民，也有兼职农民，尽管人数不多。无论是就业还是销售方面，交通便捷是穆尼亚维利村农业的特点（图 1）。

图 1　津巴布韦共和国和穆尼亚维利村的位置

　　穆尼亚维利村由 6 个小村落构成，人口总数为 13475 人，农民（农业经营者）有 1925 人。奇纳姆拉公共土地占地 358 平方千米，人口总数为 54490 人，人口密度是每平方千米 152 人。以农民数量计作农户数量，则平均每户占地是 4.2 公顷。占地面积包括岩石山本身的区域，如果减去分散在整个奇纳姆拉的岩石山，则每个农民的实际可用面积约为 3 公顷。

　　即使在穆尼亚维利村内，由于地形和海拔的差异，农业生产条件也差别很大。在热带地区，地形的细微差别导致风力和降水状况不一。在这里，我们将通过四个穆尼亚维利村农民从事的特色商品农业的例子，具体分析在城市附近的公共土地上从事的小规模商品农业。每个例子都是穆尼亚维利村发展商业农业的典例。

"奇美农业"①——利用（奇美）浇灌泉的小规模蔬菜生产

穆尼亚维利村分布着巨大的岩石山。这些岩石山脚下有地下水脉，有些地下水会自然涌出地表。而在其他地方，人们可能会通过挖一小块地，制造出小喷泉。当地的绍纳人将这些小喷泉或小型人工池塘称为"奇美"（tsime）（图2、3）。

图2　穆尼亚维利村的岩石山（岩石山流出的水成为灌溉奇美农业之源）

穆尼亚维利村的许多农民充分利用奇美喷出的水生产蔬菜，以供应城市。我们将这种农业称为"奇美农业"。奇美农业规模过小，加之没有像样的灌溉设施，不能称之为灌溉农业。然而，人们却将奇美农业与津巴布韦其他地区的小规模灌溉农业联系在一起。同时，奇美农业象征着津巴布韦岩石山与人类之间的关系。S先生的田地主要以三处小型奇美喷泉构成。其中，有两处奇美喷泉较小，直径只有1米；另一处呈扇形，宽4米，长3米，是三处中最大的。有大型奇美的地

① 除奇美农业之外，与之相似的浅湖农业（vlei）和洼地农业（dambo）也经常被提及。浅湖指的是因雨季积水或溢出形成的湿地或低地，而洼地是地表下有水流的洼地和湿地。奇美农业是一种极小规模农业，它利用岩石山脚下的天然泉水，或通过挖掘大型的池塘引水灌溉农田。根据位置的不同，它可能位于浅湖或洼地，但并非一定位于湿地或洼地。此外，由于"奇美"这个词出自绍纳语，与津巴布韦独特的地形和生态环境有关，因此比起非洲常见的浅湖和洼地等词，与它相关的农业指的是特定地区的农业。本文将其称为"奇美农业"。奇美农业需要通过软管或水桶来补充水源，比小规模灌溉的规模更小，加之没有浇灌用的水泵，有些情况下并不属于灌溉农业的范畴。因此，本文我们没有使用"灌溉"这个词。

方，原本也会有小型奇美。但在1992年至1993年的旱灾期间，为了确保蔬菜灌溉用水，人们改造了小型奇美喷泉。当时还建造了一条由小石块堆砌而成、高约一米的堤防。在奇美喷泉的周围，人们开垦了羽衣甘蓝田、科波田、油菜田、番茄田、四季豆田等。每一块田地约0.01—0.02公顷，规模非常小，通常每块田地仅种植一种作物。人们会将购买来的化肥撒到土壤中。

图3　奇美——农田的宝贵水源

S先生一家经营着一块7.5英亩（约3公顷）的田地。其中，儿子经营2英亩，女儿经营2英亩，他自己只经营3.5英亩（1.4公顷）。S先生在自己经营的田地里种植了多种蔬菜，其中玉米占1.5英亩，辣椒、番茄、大豆、科波、羽衣甘蓝等各占1英亩（图4）。

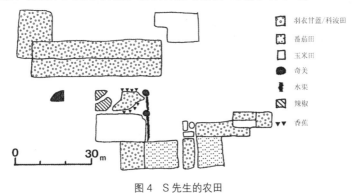

图4　S先生的农田

S先生会从奇美喷泉开出小型水渠，或者用水桶和胶管来浇灌农田。有些菜园比奇美喷泉高，这种情况下通常会使用水桶进行浇灌。但是，当菜园低于奇美喷泉时，通常会开水渠，并用软管抽水。

8月是羽衣甘蓝出货的旺季。S先生一家六口（包括妻儿在内）会进行收割工作。将约2公斤的羽衣甘蓝捆扎成束，14束成1袋，以12袋为1批装运出货。出货时会将收割的蔬菜置于路边，而收货的卡车每天来回一两次（图5）。卡车主要有以下两种：穆尼亚维利蔬菜运输协会的卡车和收货人员的卡车。收购的羽衣甘蓝会于当天直接被送到哈拉雷市南部的穆巴雷·穆西卡市场。羽衣甘蓝的售价是7捆7津巴布韦元（时值约合人民币1.6元，为8月期间的价格）至20津巴布韦元（2月期间的价格）之间，每天至少能赚1200津巴布韦元。S先生每月收割和销售两次羽衣甘蓝。

图5　把羽衣甘蓝捆在卡车上，直接送往哈拉雷的穆巴雷·穆西卡市场

人们将农田分为大型菜园（绍纳语称为宾杜，bindu）和用于种植谷物的普通农田（绍纳语称为蒙达，munda），S先生同时拥有这两类农田。刚才介绍的是作为奇美农业的宾杜。S先生家的蒙达与宾杜不在同一个地方。与宾杜相比，蒙达位于较高的斜坡上。因此，"蒙达

农业"不能利用奇美的水，这是一种完全依赖雨水的农业，通常在降雨开始后才能开始种植农作物。

和 S 先生一样，穆尼亚维利村的许多农民都经营着非常小的菜园（0.1—0.2 公顷左右）和面积约为菜园十倍的普通农田（2 公顷左右）。在菜园，农民们全年用奇美的水来浇灌这些蔬菜，而后将蔬菜售往城里。这些菜园（宾杜）中的奇美农业，成了农民赚钱的重要手段。据 J. E. 杰克逊（J. E. Jackson）称，关于津巴布韦公共区域的小规模农民的园艺农业，目前几乎无相关的研究和资料（Jackson, 1997）。

"蒙达型"经济作物栽培农业

虽然棉花种植不像奇美农业那样普遍，但穆尼亚维利村约有 30 户种植棉花的农民。棉花种植区集中在穆尼亚维利村西北部的尊古村，这里比其他地方更适合种植棉花。棉花种植于普通田地（蒙达），并与其他蔬菜和谷物（如玉米和番茄）轮作。下文将介绍小规模棉花种植户 K 先生的经营情况。除普通农田，K 先生还经营着菜园（宾杜）。

K 先生的房子周围有 3 块棉花田，位于离屋子 1.5 千米的斜面山坡上，有 6 块棉花种植田和 2 块玉米田（已收割），还有一块 0.5 公顷的菜园。他一共经营着 12 块农田。

村民的棉花田规模不一，较小的棉花田只有 0.02 公顷，最大的有 0.3 公顷。第一年用来种植玉米，第二年往往会用来种植棉花。这些农户将棉花作为经济作物，而将玉米用于自己食用。此外，因为菜园的面积比其他的村落小，农户们并不热衷于种植蔬菜作为经济作物。

K 先生有 4 英亩棉花田，共收获 5.5 公斤棉花，收入约 6600 津巴布韦元（时值约合人民币 1500 元）。如果在这片土地种植玉米，那么预计收获 1.5 吨玉米，可获利约 3600 津巴布韦元。一般而言，棉花的价格比玉米价格高。

图 6 展示了 K 先生经营的普通农田与菜园。图中上方相对较大的板块是普通农田，以棉花和玉米为主要作物。普通农田的左侧为较大型的奇美喷泉，奇美周围的田地类似菜园，主要种植科波、花生等。图中下方展示的是种植科波和番茄的菜园，面积较小。因为是湿地化

的菜园，所以排水是一个重要的问题。

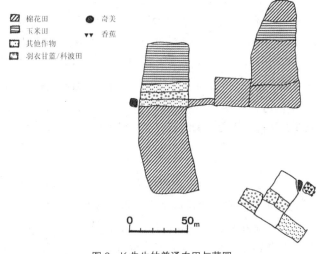

图例：
- ▨ 棉花田
- ▤ 玉米田
- ▥ 其他作物
- ▦ 羽衣甘蓝/科波田
- ⬤ 奇美
- ▼▼ 香蕉

0 ___ 50 m

图6　K 先生的普通农田与菜园

传统酋长式多元化农业经营

我们暂且将农业经营中的一种特殊模式定义为传统酋长式多元化农业经营，虽然在穆尼亚维利村仅有一例，但在公共土地的各地都可能看到。这里所说的传统酋长与是不是真正的传统酋长无关。本文提到的 M 先生，实际上并非传统酋长。但是，对于那些积极推动耕作的人而言，M 先生的生活方式和耕作方式与传统酋长、村长，或者有权有势的宗族世系酋长存在共同点。此外，不仅在津巴布韦，在赤道非洲的其他国家也有这种类型的农业经营者。虽然传统酋长式多元化农业经营独特而稀少，但我们认为这是一种重要的耕作方式。

从穆尼亚维利村中心向北延伸的道路沿线，M 先生陆续为其家人建造房屋，并在其中心形成了一个小村落。在穆尼亚维利村里的许多其他小村落，现代化的方形房屋通常会沿着道路排成两排，M 先生建造的房屋与这里的景观有所不同。M 先生建造的小村落里，传统的圆形棚屋与牲畜棚、粮仓连在一起，形成一个集群。

　　M 先生年过五十，有 5 个妻子、15 个儿子和 18 个女儿，大多数都住在这个村子里。穆尼亚维利村承认一夫多妻制，但实际上许多村民都是一夫一妻。仅凭有 5 个妻子这一点，M 先生在村里就显得独树一帜。

　　M 先生拥有 32 英亩农田（约 13 公顷），饲养着 46 头奶牛、22 头山羊、12 头绵羊。M 先生的生活方式类似于居住在赤道非洲各国的"富裕农民"。然而，M 先生同时也是一个农业经营者，他正在进行一种新型的农业经营，在公共土地上积极引进新作物。M 先生把 32 英亩土地中的 28 英亩用于农业经营，剩余的 4 英亩租给他的儿子们。在 M 先生 28 英亩的土地中，花生田 6 英亩，玉米田 5 英亩，烟草田 4 英亩，甘薯田 2 英亩，粳谷 1 英亩，旱稻 0.25 英亩，剩下 8 英亩多作为休耕地和牲畜的放牧地。他在每一块田里，选择并种植适合土地条件的作物。例如，即使在干燥的情况下，旱稻和粳谷也可以种植在相对潮湿的地方。

　　M 先生经营的田地中最具特色的是烟草田。在公共土地上的小规模农户中，烟草田经营者较少。M 先生的这片烟草田，前一年收获了 800 千克烟草，收入约 37000 津巴布韦元（时值约合人民币 8400 元）。烟草种植单位面积销售额大，但肥料成本和种子成本较高，管理和收割后的烘干、分拣等工作都很麻烦。M 先生还在土地的一隅建了一个用来烘干和分拣烟草的棚子。此外，为了把前年种玉米的田地改造成烟草田，M 先生还用耕牛的粪便制成堆肥用于耕作。烟草种植需要大量资金和人手，而且价格波动较大，因此普通小农很少种植。

　　M 先生除了栽培小米、红薯、甘薯等实现自给自足的农作物，以及花生、玉米等兼具自给和交易功能的农作物外，还积极栽培烟草等高投机性经济作物。

现代农业的尝试

　　C 先生现年 44 岁，和妻子育有两个孩子。他的田地位于离村子中心稍远的山丘上。他在田地的正中处盖了一座有围栏的房子，农场的入口装有铁质防护栏，必须推开护栏才能进入农场。与非洲农民的住房风格不同，他的农场会令人联想到种植园主和欧洲农场。

二十年前，C 先生继承了父亲的 8 英亩土地（约 3 公顷），并从村子中心搬到这里居住。他修整了道路，挖了一个池塘作为水源。15 年前，C 先生制作了一个设备，该设备能利用马达将池塘里的水抽到家里的储水罐中。因此，C 先生家中装有简易的自来水管，只要转动水龙头就能出水，还有抽水马桶、淋浴室等。村里除了 C 先生，没有农民能过上这样的生活。C 先生还在主楼内放置储气罐，设置厨房，安装盒式收音机，过上了城市居民般的生活。此外，他还拥有一辆皮卡车。

与上一节提到的 M 先生不同，C 先生是一位追求现代生活方式的农业经营者。他自身也意识到这一点，并有意识地形成了与普通村民不同的生活方式，他一边经营农业，一边与村民交往。自来水、淋浴室、抽水马桶、厨房等象征性地代表了"现代化"的生活方式。

C 先生搬到自己的田里后，开始种植的第一种农作物是番茄。但是，到了 20 世纪 80 年代，C 先生陆续增加了蔬菜的品种，尝试种植黄瓜、羽衣甘蓝和南瓜，1984 年起开始种植土豆，1991 年起开始种植苹果、芒果、鳄梨、桃子等水果和大蒜。C 先生被视为穆尼亚维利村里最成功的农民，是少数现金收入最高的农民之一。C 先生之所以能在农业经营方面有所建树，是因为他十分勤劳。他不仅每天有空便会去田间转悠，还会迎合市场的需求尝试种植新的蔬菜和水果，不断尝试栽培新的品种等，颇有研究热情。

例如，C 先生自 1992 年起，每年都会种植数棵苹果树、桃树、鳄梨树和芒果树，并详细记录每棵树的产量、果肉口感、使用的肥料种类和用量等，仿佛在独自进行农业种植试验。像 C 先生这样，对每个品种单独进行栽培试验并记录具体情况的农民，在非洲小农中很少见。

其实 C 先生的品种选育试验，是基于津巴布韦的农业教育体系进行的。C 先生夫妇在农业培训中心接受了一年的培训。这段时间中，他积累了有关试种适销农作物和品种对比试验方面的经验。C 先生似乎已经把这些融入了日常生活实践中，他的现代生活方式与现代耕作方法同时被这个时代所"培养"而成。

公共土地的农业特征

综上所述，穆尼亚维利村是哈拉雷市附近公共土地上的一个村落，村民应城市居民的需求生产经济作物，以此作为现金收入来源。实际上，在公共土地上的经济作物生产形式多种多样。本文提及了其中四种类型。在穆尼亚维利村，无论哪种类型的农业生产，都属于小规模、无灌溉设施的经济作物生产。

其中，最为重要的便是被称作"奇美农业"的农业。奇美农业利用天然泉水、池塘或者奇美喷泉浇灌，比所谓的灌溉更加原始。奇美喷泉只要通过浅挖地表、筑坝便能制成。农户开垦 1 英亩大小的小菜园，并利用这些少量的水进行农业生产，向城里提供大量的羽衣甘蓝、科波、番茄、辣椒等蔬菜（图 7）。同时，出售菜园里的蔬菜，也确实为穆尼亚维利村的大多数农民带来了不可或缺的现金收入。值得我们关注的不是大规模经营的商业农业，而是为应对城市蔬菜消费需求的增加，公共土地上正在不断发展壮大的小型奇美农业。

图 7　奇美农业的羽衣甘蓝和科波田的收成

此外，在公共土地上，还出现了超越这些小规模菜园农业的商品农业。在本文中，我们以传统酋长型农业经营者和现代理性主义型农业经营者为例进行了介绍。前者基于传统的家庭劳动力和人际关系，不断摸索、栽培利润更高的烟草和蔬菜，同时进行传统作物种植。在某种意义上而言，前者可谓创业型农业经营者。而后者将作为近代科学的农作物栽培法为己所用，进行各种栽培比较试验，试图以最快的速度引进新作物和新品种。对普通农民而言，这些尝试非常新奇，可以说这类农业经营者展现了脱离普通农民的农业模式。无论哪种类型都具有积极地从公共土地外引入信息和技术的特点。这些尝试，以及两种类型的农业经营者，让公共土地的商业农业——奇美农业不再拘泥于小规模，不再处于停滞状态，而是朝着更积极、更有利可图、更大规模的农业经营模式发展。

津巴布韦的大规模商业农业——与公共土地上的农业相比

津巴布韦农业最重要的特征在于其大型商业农业的规模之大以及农业在国土面积中的占比之大。从面积占比可以看出，大型农场约占津巴布韦国土总面积的 30%。其中大部分农场位于雨量较大、农业生产条件较好的地区，属于 Ⅰ、Ⅱ 区[①]。与上述在公共土地上平均大小约为 3 公顷的农业经营相比，大型农场的规模非常大，平均规模为 2400公顷，几乎是其 800 倍。

这里我们想介绍其中一个大型农场。Ⅰ 农场位于津巴布韦第二大城市布拉瓦约以东约 100 千米处，农场的主人是来自欧洲的一户人家。从布拉瓦约到格韦尔的主路上，有许多大型农场。其中，很多被称为私有土地或农场，呈以直线包围而成的四边形或五边形几何区域。这些农场大多是 5 千米至 10 千米的长边，或 2—3 千米至 5 千米短边的方形，但 Ⅰ 农场从主路向外延伸，无长边和短边之分，边长均为 10 千米，总面积超过 1 万公顷。该农场由 Ⅰ 先生一家经营。他们饲养了 5000 头牛，种植了 100 公顷玉米和 30 公顷的辣椒。

农场里有一个村子，农民们会从那里出发到农场办公室工作。此外，村子周围还建有自给自足的菜园。与哈拉雷附近农场的长屋型农

① 津巴布韦的国土从农业生产角度被划分为 5 级，其中以首都哈拉雷为中心的 Ⅰ 级和 Ⅱ 级土地区域适合生产谷物，Ⅲ 级土地区域只适合种植耐旱作物和放牧。——译者注

民住宅不同，这里的民房与普通公共土地上的村庄并无二致。农场拥有最新的大型拖拉机和灌溉设施。农场主的房屋是位于小山丘上的英式农舍，内部配有现代化设备，他们从事耕作的方式与公地耕作完全不同。

三、结　论

在本文中，我们将津巴布韦公共土地上的小规模商业农业与欧洲农场主的大型商业农场的农业进行比较，揭示了非洲农业面临的基本结构性问题。究其根本，问题在于当地农业和殖民农业之间存在的差异。在津巴布韦，有关殖民农业和当地农业，土地相关问题一直是人们议论的焦点。因此，津巴布韦的农业问题也一直被视为"土地问题"。然而，如果我们仔细观察津巴布韦的两种农业类型，就会发现问题不仅限于土地的大小和分配方式。一方面，殖民农业现在引进大型机械，使用化肥和除草剂，配备灌溉设施和信息设备，采用现代耕作方式，根据农产品的市场价格生产经济作物和牛肉。可以说，无论是规模还是耕作方法和技术，殖民农业采用的都是欧式或美式体系。另一方面，当地农业是一种在适应当地环境的同时，善用环境而创造出来的小规模农业。当然，在殖民地时代，土地肥沃和雨量充沛的地区被殖民者所掠夺。即使成为商品化农业，其耕作技术和方法本身也是在当地环境中为适应自给自足的粮食生产而创造出来的，与大规模的农业经营和大规模农场的农业有着本质不同。即使扩大当地人民的农业规模，当地农业也不会成为在殖民农业基础上发展起来的大规模商品农业。它的耕作方法、耕作技术和经营方式都与殖民农业截然不同。

从最初传入非洲开始，殖民农业就继承了欧洲式农业技术和如何经营农业的观点。农业研究和教育也是从欧洲直接引进的。其主要目的不是改善当地人民的农业和粮食生产，而是帮助欧洲殖民者改善农业经营，进行有利于农业管理的相关研究和教育。例如，当地农民对小规模农业的记录和分析并未成为农业或农学的研究对象。

日本很少直接引入欧洲殖民农业。此外，实际上日本在引入欧洲农学和农业技术时，致力于将二者与本地小农掌握的传统农业技术知识相关联。而在非洲农业方面，现代技术、农业系统与传统农业、小规模农业技术的阶段性对接很少，二者严重脱节。

综观津巴布韦的农业，我们可以看到，不仅在规模上，而且在农业技术、农业研究和农业教育等方面，殖民农业的耕作方法都根深蒂固。我们认为，如果不脱离这种殖民农业和农学体系而重建一个新的农学系统，那么津巴布韦农民的粮食问题和农业问题就无法解决。

国际货币基金组织推行的结构调整政策将津巴布韦公共土地上的小规模商业农业纳入市场体系中。这意味着全球性大规模商业农业与植根于当地粮食生产的小规模商业农业之间存在直接竞争。在不同原则和组织的推动下，两种类型的农业，即全球性大规模农业和当地人的小规模农业，已成为非洲国家津巴布韦极具象征意义的冲突形式。事实上，这种冲突与其他国家出现的国际冲突的结构是相同的，即当地家庭式小规模农业与美国式大规模农业之间的冲突。

参考文献

佐藤誠、1984、『飢餓からの解放』、芽ばえ社

佐藤誠、1989、『アフリカ協同組合論序説』、日本経済評論社

末原達郎、1990、『赤道アフリカの食糧生産』、同朋舎

林晃史、2000、「アフリカ」、『知恵蔵』、朝日新聞社

宮本正興、松田素二編、1997、『新書アフリカ史』、講談社

吉国恒雄、1992、「ジンバブエ農業の成功と小農の躍進」、川端正久、佐々木建編『南部アフリカ─ポスト・アパルトヘイトと日本』、勁草書房

Jackson, J. E., 1997. "Vegetable Crop Production in Communal Areas in Mashonaland East and Mashonaland West: Results of a Survey in 1988." J. E. Jackson, A. D. Turner & M. L. Matanda (eds.). *Smallholder Horticulture in Zimbabwe*. Harare: University of Zimbabwe Publications. 3-9.

Jackson, J. E., A. D. Turner & M. L. Matanda (eds.), 1997. *Smallholder Horticulture in Zimbabwe*. Harare: University of Zimbabwe Publications.

Moyo, S., 1995. *The Land Question in Zimbabwe*. Harare: Sapes Books.

作为统治手法的森林保护
——基于肯尼亚西部马拉戈利地区的拒绝植树造林现状

松田素二

引 言

广阔的热带草原是东非最具代表性的景观。游牧民族和野生动物所处的世界无比广阔，他们生活在纵贯非洲大地、南北绵延数千千米的东非大裂谷之间。此外，东非还存在另一个世界——森林世界。其森林带从刚果雨林向东延伸，经卢旺达和乌干达到达肯尼亚西部。东端是肯尼亚仅存的热带雨林——卡卡梅加森林（Kakamega）。该森林栖息着世界上 80% 的毒蛇，因其独特性而闻名世界。

卡卡梅加森林西南部约 40 千米处有一个小森林——马拉戈利森林，占地面积为 470 公顷（图 1）。马拉戈利森林的西端，有一个名为凯隆戈的山村，笔者自 1979 年起便经常来到这里。森林从东部的尼亚戈利地区向西延伸，其范围从凯隆戈村至山谷间隔处。在肯尼亚的行政区划上，该地区属于西部省韦希加县（Vihiga）蒙戈马区（Mungoma）。

马拉戈利森林中有几个村庄（图 2）。在凯隆戈村对面森林的斜坡上，是达布温格村。村民们还自发建了一所小学。达布温格村的人们将树木间的小片土地用来栽培玉米，以此谋生。过去，人们常常使用林木烧炭，但自 20 世纪 80 年代以来这种现象几乎消失了。而传统的手工陶器令这片森林举世瞩目。时至今日，达布温格村和邻近的伊尼亚扎村仍在制作各种尺寸的陶器，这些陶器每天早上被运往向西 10 千米的鲁安达市场售卖。马拉戈利森林的杉树和松树郁郁葱葱，给蒙戈马区的许多村庄增加了几分生机。

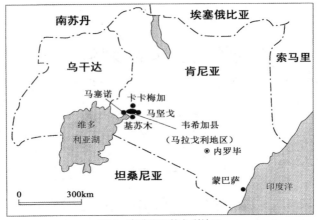

图 1　东非和马拉戈利地区

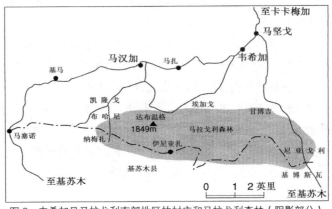

图 2　韦希加县马拉戈利南部地区的村庄和马拉戈利森林（阴影部分）

　　但是，当笔者 1998 年再次探访凯隆戈村时，眼前的一切令人难以置信。对面的山坡上，原本绿波翻涌、万木成荫的森林，此时此刻却是草木萧疏的模样，地表上只散布着巨大的花岗石。曾经被绿树掩映的村庄、田地，以及建在山脊上的小学，已毫无遮挡，一览无余。北坡的大部分树木都被砍伐殆尽，变成了一座秃山（图 3）。更令人惊讶的是，听说村民们都参与了砍伐。这究竟是怎么一回事呢？一直与这片森林和谐共处的人们究竟遇到了什么事情？

当笔者第二年、第三年再次探访该地时，森林的情况愈加糟糕。2000年春天，马拉戈利森林的植被几乎消失殆尽。下大雨时，由于缺乏储蓄水分的树木，雨水径直流到山脚下的河里，造成大量水土流失。结果，原本并不高的田埂受其影响，庄稼收成急剧恶化，人们的生活顿时困窘不堪。但令人费解的是，人们将愤怒的矛头指向了政府林业局和非政府组织计划重新植树造林一事上，这又是为何呢？本文的研究目的在于从森林的变化和对立中，探讨殖民统治带来的影响，考察当地居民为突破困境所做的实践和探索。

（a）曾经郁郁葱葱的森林，1980年

（b）如今光秃秃的森林，2000年

图3 马拉戈利森林的过去与现在

一、环境保护和森林砍伐

卡鲁拉森林事件

进入 21 世纪后，肯尼亚社会意识到森林保护是国家面临的重要问题之一。这是因为肯尼亚的森林每年都在大面积消失。生态学中一般认为，如果森林比例低于国土面积的 10%，就说明当地环境不稳定。肯尼亚的森林面积为 140 万公顷，仅占国土面积的 2.5%。此外，据相关报道，每年有 5000 公顷的森林在消失。因此，政府和国际组织将森林保护和植树造林作为最重要的课题，并采取了各种措施。

然而，讽刺的是，肯尼亚政府对森林明里暗里的剥夺使森林保护成为国民关注的问题。在源于 1998 年的卡鲁拉森林事件中，当时作为卡鲁拉森林的一部分，内罗毕近郊仅存的天然树林已被出售给私人开发商之事被曝光。虽然这 1000 公顷的森林是国有森林，但其中的 85 公顷以不合理的低价卖给了政府高级官员及其支持者。经调查，国土和自然规划部部长透露，卡鲁拉森林已经有一半被出售给民间人士。为了抗议这种行为，环保组织、国际组织和大学生们进入森林并强行植树。1999 年 1 月，他们与警方发生大规模冲突，造成多人受伤。在这个过程中，人们普遍呼吁，森林不仅给人们提供木材和牧草，还能净化空气，储存水源，让生活更加美好。以此为契机，肯尼亚各地都开始发起保护森林和防止过度开发的活动。

活动之一就是将《森林法案》提上国会议程。[①]《森林法案》于 1996 年首次提交国会，但在卡鲁拉森林事件后，为修改和制定法案内容，各县开始积极组织公开听证会。该法案的序言部分列举了森林的以下作用：首先，森林具有保持土壤水分的功能；其次，可以依靠森林发展肯尼亚农业，维持温暖潮湿的气候；再次，森林是肯尼亚保持生物多样性的场所，也是野生动物的栖息地。除了为肯尼亚人民提供家用木柴外，森林还产生各种经济利益，例如建筑材料等。该法案指出了森林的多种功能，并在文件中强调将尽一切努力促进森林资源的

---

① 《森林法案》仍在不断修改，目前在听证会等场合征集意见的是 2000 年 4 月的《森林法案》（The Forest Bill, 2000）。该法案由七部分构成，共 67 条条文。

可持续利用，维护和发展生物多样性。该森林法案包含了许多崇高理想和为实现理想的方略。

拒绝社区参与

该法案强调了社区参与管理。肯尼亚之前的法律中，没有明文规定社区参与森林管理。然而，在《森林法案》第四部分增加了"社区参与"的内容，并首次正式将其法制化。关于社区参与，该法案规定让森林方圆 5 千米半径内的居民加入林业协会，并让他们参与森林管理的决策制定。

通过立法，在肯尼亚社会中，森林成了社区、国家和国际社会的共同财产，当地居民参与了森林管理，朝着促进森林可持续发展的方向迈出了一大步。同时，这也包含了对此前一些官员与私营企业勾结，无序实施森林过度开发行为的反思。然而，开头提及的马拉戈利森林居民的所作所为却有悖于理想需求。他们砍伐赖以生存的森林，拒绝植树。这种做法对他们而言不亚于"自杀"。

马拉戈利森林的居民也参加了 8 月在韦希加县举行的《森林法案》听证会。参会人员包括县林业局的官员、地方长官和副长官、前教师、公务员和教会部长等村中有权势者，以及来自内罗毕的国内外非政府组织的代表。本次会议详细阐述了法案规定的"居民参与"相关理念和方式，并细心地向居民代表说明这是"有利于地方"的政策。然而，居民代表并未信服这个说法。他们回到了各自的村庄，向村民们说明了会议的情况，并再次邀请林业局的官员到当地进行讨论。然而，面对林业局，村民们并未欣然接受"居民参与"森林管理这一规定，而是拒绝了该提案。林业局的官员最终放弃劝说，离开了马拉戈利森林。

对每个人而言，"居民参与"的相关规定似乎都是"正确的""有意义的"，那为何村民们会拒绝呢？他们不仅拒绝了该提案，还拒绝国家利用公共预算，接受国外援助改造荒林、重新造林的提议。这究竟是为何呢？要回答这个问题，需追溯到百年前。

二、马拉戈利地区与殖民统治

武装控制和基督教化

1894 年，马拉戈利森林的部分地区成为英国殖民地。当时，英国旨在统治尼罗河的源头乌干达（当时为布干达王国）。英国教会的海外传教团在英国极具影响力，他们对在布干达王国尤其是首都门戈（今坎帕拉）进行传教工作最感兴趣。这是因为自从亨利·斯坦利（Henry Stanley）在伦敦一家报纸上发表题为《在尼罗河源头的高度文明王国等待基督教的福音》的文章之后，非洲的传教热急剧升温。而在公私合作的背景下，一些贵族和资本家资助的特许公司被称为"大英帝国东非公司"。这家公司于 1989 年成立，怀揣着发财致富的梦想，向东非内陆派遣了许多商队，其中有因统治尼日利亚北部而闻名的弗雷德里克·卢格德（Fredrick Lugard）领导的商队。该公司还与当地的领导人和酋长缔结了友好（保护）条约，开辟了一条贸易路线。然而，由于最有利可图的贸易商品只有象牙，该公司将烂摊子留给英国政府后宣布解散。从此，英国开始了对东非的殖民统治。

1894 年，肯尼亚西部并入英国殖民地乌干达的东部省。其行政中心位于马拉戈利森林向西北约 40 千米的旺加帝国的帝都穆米亚斯。英国殖民雇佣军部队、马赛人（Maasai）和干达人组成的部队驻扎在穆米亚斯，为惩罚和平定拒绝为殖民政府服务或提供食物和水的"桀骜不驯的百姓"，出动了军队。惩罚部队也多次来到马拉戈利森林。[①]有一次，他们在森林里射杀了一位用弓箭反抗的村民，并掠夺了一头牛。1900 年前，肯尼亚西部归顺于英国的压倒性武力统治下。

武装起义和消极怠工的问题稍稍得以解决，旧天主教和新教等教会的传教士便从坎帕拉涌进肯尼亚西部，除了西北部的布克斯和特索地区外，肯尼亚西部的其他地区都被基督教化。其中，来自美国的教友派（Religious Society of Friends，RSF）的海外传教团来到马拉戈利

---

① 英国在 19 世纪 90 年代的 10 年间以压倒性的武力控制了肯尼亚西部。J. M. 朗斯代尔（J. M. Lonsdale）对反抗民族受到的惩罚进行了详尽的研究（Berman & Lonsdale, 1992）。关于马拉戈利，参见结合殖民地史料和当地口头传说进行考察的拙论（松田，1998）。

后，在村子里建造了无数教堂。因此，马拉戈利成为肯尼亚西部最早基督教化的地区。[①]

这些传教团设立了附属于教会的传教学校和诊所。在那里接受教育或治疗的孩子掌握了简单的英语阅读和写作，这使他们对"白人文化"产生敬畏之情，成为殖民统治的协助者，加速了殖民化进程。当时，马拉戈利森林中还没有建造教堂，但到了20世纪30年代，教友派和英国国教会相继在邻近的凯隆戈村、查布阿博村和纳梅扎村设立了传教点，并积极开展传教活动。

马拉戈利问题

在殖民统治初期，马拉戈利地区的基督教化进程明显比其他地区顺利，并成为殖民政府统治的典范。马拉戈利人并未像中央省和裂谷省的"白色高地"那样被白人殖民者掠夺了适合耕作和养殖的土地，因此很少与白人直接发生冲突。相反，对马拉戈利人而言，在教堂和学校里白人是教育自己的"老师"。这些由白人传教士培养的年轻人被称为传教青年，他们成为低级公务员、传教助理、种植园工人等，成了白人期望的"温和而忠诚的劳动力"，并被纳入殖民统治体制中。

肯尼亚西部的各民族通过种植高粱和穄子过着自给自足的生活，他们对殖民政府多次的赋役要求和强迫雇佣劳动的行为抱以怠慢的态度。然而，马拉戈利森林的人们早在20世纪初就已经在肯尼亚西部的中心城市基苏木体验过雇佣劳动。第一次世界大战期间，许多村民因被强制征用而离开了森林。之后，村民接受了这种生活方式，都自发地离开村子去打工。就这层意义而言，马拉戈利是殖民统治下的"非洲优等生"。在种植园，马拉戈利人被任命为农业生产的监工（被称为"尼亚帕拉"），负责监督和督促那些采摘茶叶和咖啡豆的纯体力劳动者。在白人公馆里，管理伙计、厨师、长工、守卫等的主奴也多为马拉戈利人。特别是在内罗毕和中央省，20世纪30年代倡导民族主义的工会和民族协会开始展开组织性活动后，这种趋势愈加明显。

① 关于西肯尼亚的基督教化，特别是教友派教会对马拉戈利地区的渗透，以及在教友派教会被培养的传教青年成为殖民统治协作者的情况，参见 Rasmussen（1995）和 Kipkorir（1980）。

而在 20 世纪 50 年代的"茅茅起义"（Mau Mau Rebellion）[1] 和紧急状态期间，马拉戈利人作为保护白人豪宅的"守门员"与武装运动者持枪相对，站在了同样是非洲人的游击队战士的对立面。

事实上，自殖民初期以来，马拉戈利人就被视为"亲白人民族"，被殖民势力所利用。马拉戈利人离开村庄，掌握"雇佣劳动"这一新生活方式的原因还有一个，即马拉戈利人满为患，土地面积狭小。在马拉戈利，南面马拉戈利山高高耸起，北面缓坡连绵不绝，到处分布着 10 亿年前形成的花岗岩巨石，每块田地的面积不足 1 英亩。但是，在这些生产力较低的土地上却聚集着肯尼亚最密集的人口。

因此，马拉戈利社会的发展前景对殖民政府而言也是"一大难题"。1940 年，该地区的农业官员——N. 汉弗莱（N. Humphrey）的记录中便体现了这一点。他详细记录了马拉戈利的粮仓里几乎没有储备玉米和高粱的情况。他对每个家庭的耕作面积和牲畜（牛）持有数量进行比较，发现在西肯尼亚北部的卡布拉斯地区，每个家庭有 31 英亩田和 6.7 头牛，即使在旺加中部地区，也有 13.5 英亩田和 4.3 头牛，而在南部马拉戈利地区，仅有 3.5 英亩耕地和 9.9 头牛。[2] 显而易见，这将使马拉戈利地区后代的生计变得极其困难。这就是"马拉戈利问题"。为了解决这个问题，政府积极鼓励农民从事雇佣劳动，并使他们接受这样的生活方式。

解决"马拉戈利问题"的另一种方法是让人们搬迁到其他地区。为将非洲各民族的人民圈于被称为"保护区"的家园中，殖民政府严控非洲各民族的流动，禁止他们跨越殖民政府设定的民族边界。然而，为应对"马拉戈利问题"，殖民政府允许居民们移居到坦桑尼亚边境附近人口稀少的南尼亚扎县。因此，许多家庭从 20 世纪 30 年代末到 40 年代从南马拉戈利地区迁移至这里。其中，不乏马拉戈利森林村落的居民。他们预料到，通过男子均分继承的方式，森林中的小片

---

[1] 也称"茅茅运动"，是 20 世纪 50 年代肯尼亚人民反对英国殖民者的武装斗争运动。茅茅是该运动组织的名称，其意义说法不一。一说为当地人举行反英秘密宣誓时，在门外放哨的儿童发现敌情时常发出"茅-茅"（Mau-Mau）的呼喊声，以作警告，由此得名。——译者注

[2] 关于"马拉戈利问题"，时任北卡比隆多省农业部门负责人的汉弗莱向内罗毕提交了一份详细的报告，并警告说如果不尽早采取对策，事态将陷入令人绝望的境地（Humphrey, 1947）。

耕地将不断被细分化而难以经营，所以决定移居到新地方。如此，马拉戈利森林的居民在殖民地时代通过在内罗毕等地区从事雇佣劳动以及南尼亚扎县移民活动，支持和守护着一个小社区。

三、马拉戈利森林和殖民政府

在森林里植树

对马拉戈利森林的居民而言，植树是一个全新的概念。此前，居民靠自然植被的循环作用，有效利用树木资源。树木没有被砍伐制成商品出售。每家都种植树木，以此作为建造小屋的材料。因此，在森林中砍伐树木的情况很少见。如果是烧炭和柴火，枯树和低矮的树枝便已足够，无须特意砍树。因为没有像这样系统地伐木，所以也没有必要植树。

但来自欧洲的传教士并不这么认为。他们试图教村民们砍伐树木，以此为商品将其货币化。为此，比起生长周期长的传统树种，种植短时间内能成长为参天大树的桉树、松树、杉树更加行之有效。1939 年，一位白人传教士贝利从东邻的提力奇地区的教友派传教点——凯莫希镇来到马拉戈利森林，试图在此种植桉树。他似乎怀着善意，在肯尼亚西部各地进行种植。但森林里的居民对入侵者的"暴行"感到惊讶和愤怒，他们将贝利所种植的桉树全部拔起以示抗议。

但是，一度被居民破坏的植树活动，在下一阶段又恢复了生机。此次植树是由殖民政府推动的，其原因是战争。随着二战的爆发，铁路运输、军营建设等都需要大量的木材，为满足这一需求，殖民者们开始在各种森林进行采伐。很快便造成森林砍伐过度。政府不断砍伐了人们不曾砍伐（因此得到了保护和保存）的树种。殖民政府林业局在其 1944 年的年度报告中辩解道："虽然人们认为这是过度砍伐，但是被砍伐的大部分树木都是适合用作军需，且本地不需要的树种，所以没有任何问题。"[①]

然而，在战争期间过度砍伐森林的情况愈加严重的背景下，殖民

---

① 参见林业局年度报告（Colony and Protectorate of Kenya, 1945）。

政府在战后立即提倡植树造林。在马拉戈利森林，1950 年，政府再次下令种植松树和杉木。因此，森林的居民和政府再次发生冲突。

植树的强制性和冲突性

在政府的指导下，非洲地级自治机构非洲区议会（African District Council，ADC）开始采取行动。马拉戈利森林由当时的北卡比隆多省议会管理。这些非洲自治机构是白人政府为预防和管理非洲的民族主义而创建的福利型自治机构，实际由白人行政官书记负责管理。该协会在 1952 年批准了植树。然而，他们试图在居民们耕种的田地里种植树苗，这遭到了森林居民的强烈反对，最后植树造林的行动也被搁置了。

20 世纪 50 年代，肯尼亚殖民政府基于"分区"的思想，采用并推广了自然保护政策，划分了人与自然环境或野生动物之间的界线，并强调保护后者。甚至在森林方面，为保护森林和管理资源，采取了限制人员进出和居住的政策。马拉戈利森林也在该政策中被宣布国有化。1957 年 4 月 3 日，马拉戈利森林的 1160 英亩森林保留地被划为国有土地。[1]

一旦森林成为国有土地，居住在那里的居民就会被视为"非法侵占者"，国家可以自由管理这片森林，无论是植树还是伐木。1957 年 8 月，政府强制在国有化的马拉戈利森林植树。按照"南马拉戈利山种植计划"，到年底政府已种植了 9 万棵树木。[2] 然而，森林的居民强烈反对这一计划。他们成立了马拉戈利山农民联盟，并通过拔除幼苗和抵制植树作业继续抗议。许多村民因此被捕入狱。被捕的村民会被带到基苏木的法庭，并被关押在看守所。当时村民们的辩护人是欧文·科德克（Irwin Codec），他也是新生国家肯尼亚的首任总统乔莫·肯雅塔（Jomo Kenyatta）的律师。在他的努力下，所有被捕者均被无罪释放，但还是有几人死于狱中。其中一位冤死狱中者的妻子生活在森

---

① 马拉戈利森林被正式宣布为国家森林是根据 1957 年的第 266 号法律条文。
② 北尼亚扎省 1957 年度报告中，"非洲人区域委员会"一项记录了马拉戈利森林问题，即种植 19 万棵树（肯尼亚国家档案馆，DC/NN/1/38）。

林里的达布温格村，直到 2000 年 8 月她还对冲突记忆犹新。据她回忆，在当时在马西诺从事警察工作的马戈梅雷和在邻村查瓦沃村担任小学教师的奥戈拉的带领下，村民们举行了大规模抗议活动。令他们最为愤怒的是，代代相传的土地被单方面占用，成为国家森林，且政府未提供任何补偿和其他耕地。

在 1985 年的北卡比隆多省马拉戈利县的年度报告和秘密接管报告中，确实记载了 1985 年的冲突事件。[①] "马拉戈利山地植树计划无疑是成功的。然而，这遭到了一些居民的强烈反对。他们经常举行非法集会和抗议，比如拔掉刚刚种植的幼苗。"除此之外，也有一些文章指出，政府很清楚居民抗议的原因在于政府征用了包括住宅和耕地在内的整片森林，但对居民无任何补偿，也不提供替代土地。因此，为了平息居民的抗议行动，政府曾试图承诺森林产生的相关收益将返还给居民。结果，截至 1960 年，1160 英亩的森林完成了 670 亩的植树，植树面积约占森林的一半。[②] 尽管森林被国有化，但居民们仍住在森林中，继续与实施植树计划的森林和谐共生。

四、独立后的马拉戈利森林

强权下的自然保护

1963 年，肯尼亚从英国获得独立，并在乔莫·肯雅塔（Jomo Kenyatta）总统的领导下建立了一个基于非洲民族主义的政权。然而，马拉戈利人在白人统治下被赋予了"合作者"的角色，在白人公馆内对仆人和种植园进行现场监督，但他们却无法进入新政权的中心。相反，马拉戈利被参与反白人斗争的基库尤人和卢奥人的新兴权力精英人才嘲讽为"仆人部落"。马拉戈利人也未担任部长或高级公务员等职务，在独立后的肯尼亚社会中被边缘化。

---

① 关于马拉戈利森林居民与警察之间的冲突，可以参考 1958 年的韦希加省秘密接管报告（肯尼亚国家档案馆，DC/NN/2/2）。其中记录称，这一问题几乎不可能解决，报告建议在负责人的见证下确认主张土地权利的个人的主张和界限。

② 北尼亚扎省 1960 年的年度报告在阐述了马拉戈利森林的种植计划进展顺利之后，指出政府最大的担忧并非村民的阻挠，而是旱季的山火（肯尼亚国家档案馆，DC/NN/1/1960）。

据马拉戈利森林的居民称，因为实现了独立，拥有同一个非洲政府，所以他们坚信殖民政府会将单方面收归国有的土地归还他们。自 17 世纪末以来，马拉戈利森林周边地区一直是各族群的交会点，人们沿维多利亚湖向西和向南迁徙。现在森林居民的祖先驱逐了 18 世纪居住于此的尼亚戈利人，并于 19 世纪中期定居于此。[1] 在长达一个半世纪的时间里，他们在森林中建造村落、开垦田地、烧制陶器，使森林成为他们的生存空间。对他们而言，森林无疑是他们的领地。

然而，位于内罗毕的新政府同白人政府一样，违背居民意愿，重提森林国有化。对马拉戈利的居民而言，这是一个很大的打击。新政府采取了新政策，对肯尼亚的土地进行编号、登记并明确所有权。同样在马拉戈利地区，这项登记工作从 20 世纪 60 年代末到 20 世纪 70 年代初一次性完成。然而，整个马拉戈利森林却被排除在外。根据政府的判断，由于森林属于国有土地，无须再次登记是理所当然之事。时至今日，国家仍不承认森林居民拥有自己的土地。因此，他们仍然是"非法侵占者"，是可能被驱逐出境的对象。

为有效保护和培育肯尼亚宝贵的森林资源，新政府设立了护林员，并限制"外来者"进入森林。但是，森林中有几个村庄，而护林员的办公室却在森林之外，所以直接限制外来者进入森林是不可能之事。新政府就那样从殖民地政权手中继承并沿用了现代分区思想，划分人和森林之间的界线，并分别进行管理。

新政府还构想将森林作为观光资源进行有效利用。例如，参考其他地区陆续建造的"国家公园"式空间，并引入野生动物。实际上，森林里原本就有豹子出没，但自 1970 年以来，豹子和鬣狗的数量迅速增加。结果，牲畜和儿童相继遭到豹子和鬣狗的袭击。森林居民将这些事件视作政府为将自己赶出森林而采取的行为。这种说法并无明确的证据。但是，综合豹子剧增、提案设立旅游区、建议驱逐当地居民等情况，居民们却信以为真。

---

[1] 关于马拉戈利的移居路线，有两种说法：一种说法是从南部的坦桑尼亚国境沿维多利亚湖北上，另一种说法是从乌干达沿维多利亚湖畔东进。现在后者成为定论。关于口头传说的迁徙路径的推断，推荐阅读 Were（1967）。

20 世纪 90 年代的剧变

在实现独立后，森林的居民虽然在法律上被视为"非法侵占者"，处于不稳定的生存环境中，但仍与森林和谐共生。然而，20 世纪 90 年代之后一切都变了。首先，1990 年，杉树遭遇蚜虫袭击，杉林受到严重破坏。政府试图驱除害虫，却以失败告终。因此，1992 年，县环境保护委员展开调查，并决定只允许在受损区域进行选择性商业采伐。这是全面破坏森林的前奏。最初，县林业局向承包商颁发了采伐许可证，承包商也只砍伐了受损区域的杉木。但是，颁发该许可证的过程不清不楚。许可证只发给政客支持的供应商，当地供应商却无法获得许可证。而最主要的问题在于，森林的居民完全不知道该项许可证制度。

森林的砍伐就这样开始了。起初，是在受损区域进行选择性砍伐，但供应商对此置之不理，不断将具有商业价值且完好无损的树木一一砍掉。从 1993 年到 1996 年，在如此杂乱无章地伐木之后，许多外来供应商无视许可证制度，开着卡车进入森林砍伐树木。当地权贵也不错过这个时机，包下卡车竞相伐木。

随着森林砍伐的推进，森林中的豹子流离失所，袭击了村民和牲畜。面对这种情况，森林居民决定砍掉村子周围的所有树木，以赶走豹子。其中一些村民还加入了竞争伐木的队伍，并从中获益。当周围的树木陆续被"他人"砍掉时，他们自己也被卷入了困境之中。如此一来，马拉戈利森林瞬间变成了一座秃山。1997 年底，合法和非法采伐让人们赖以生存的茂林消失殆尽。这就是笔者在 1998 年所见的惊人风景。

五、植树造林和森林共同体

植树造林运动

因过度砍伐而消失的森林令政府十分震惊。政府遂与联合国、海外非政府组织协商，致力于恢复马拉戈利森林。森林是全人类的财产，通过社区参与管理，促进森林可持续发展的《森林法案》制定运动也在此时活跃起来。肯尼亚政府和联合国自不必说，活动还牵涉到瑞典政府国际开发署等援助机构，以及"森林行动网""肯尼亚资源项目"和"东非野生动物保护组织"等区域性非政府组织协会。可以说，无论是公共部门还是私营部门都在努力恢复"失去的森林"。

在新森林法案的核心内容"社区参与"制度的指导下，为使马拉戈利森林的再造林计划取得成功，政府和非政府组织成立了由各方自己组织的地方委员会——森林管理委员会（Forest Management Committee，FMC）。在再造林计划中，该委员会将代表"社区"参与管理。当地的名人权贵、教会负责人、妇女代表等加入其中，正式形成了代表整个社区的团体。林业局为该委员会规划了再造林计划，并获得他们的认可。如此一来，社区参与"再造林"计划已准备就绪。

然而，1998 年、1999 年，林业局官员带着委员会成员参观森林再造林的预备工作时，森林居民态度冷淡，不愿配合工作。有时为了赶走这些外来人员，甚至会发生小冲突。这是因为，该委员会本应代表社区的利益，然而实际上掌握实权的是退休教师和官员、政府基层行政机关的领导助理和村长。比起居民，该组织更偏向政府。这些名人权贵不住在森林里，他们在周边购买了房子并在城市工作。因此，森林居民不信任他们，他们被政府视为社区代表者，却被社区视为政府的代言人。面对这种情况，政府认为当地人不了解实情，下令让林业局官员向村民做进一步解释。为此，林业局官员从 2000 年的夏天开始，拿着再造林的相关说明书频繁访问森林。例如，7 月份他们来到森林东南部的基塞利村，向村民宣传再造林的必要性。

8 月，在韦希加县的县政府所在地姆巴莱举行了《森林法案》的公开听证会，政府召集了来自马拉戈利各地的当地代表，汇报了马拉戈利森林的遭遇，强调再造林的必要性。参会的不仅有当地长官和村官，还有省级高级官员、内罗毕的非政府组织以及每个村的代表。来自森林东南部三个村庄的 9 名代表参加了会议。林业局希望得到当地村民的理解，并立即开始植树造林，以"恢复马拉戈利森林"，这对每个人都无比重要。可以说，林业局对待此事非常严肃认真。但事情并未如他们所愿。来自森林的参会者回到村子后便召集村民，举行了听证会和会议内容汇报会。村民的最终决议是——拒绝重新造林。

森林居民的排斥

为什么森林居民会做出对自己不利的决定呢？为什么依靠山林为生的他们，面对给生存环境带来打击的水土流失、木柴不足等情况，却拒绝植树呢？究其缘由，在于政府无视了从殖民地时代起到如今村民的生存环境。毋庸置疑，植树是"正确的"行为。然而，在此之前，有一个必须解决的前提。例如，在哪里种树，其产生的利润归谁所有。每个氏族、集团和家族都会划分森林里的土地，由此居住在森林的人们会拥有自己的领地。而在这样的背景下，森林的各种资源有些作为私有财产，有些作为公共财产。高层人员以"自然保护和资源管理"的名义强行将森林"国有化"，这完全侵犯了村民的生存环境。

因此，对森林的居民而言，说是种树，其种植的地方是由多层权力共同作用而决定的。虽然植树很重要，但若没有考虑到这一点，就无法说服森林里的居民。然而，林业局和非政府组织却忽视了这些土著民的权利，陷入"在国有土地上种树"的幻想之中。村民们批评在殖民地时代实行的这种单方面分区，要求和森林之外的村庄一样，引入土地登记制度，为他们耕种和居住的土地编号。他们还要求将政府在领地里种植的树木及其相关的一切都委托给村民。换言之，如果在这里种植一棵树，那么他们就会像自己的父亲和祖父那样，自行管理和照顾，按照惯例，把资源分配给社区和自己。政府和非政府组织无法接受村民的要求。在他们看来，村民不过是"不了解环境危机，自私自利的麻烦人"。因此，围绕马拉戈利森林的矛盾对立仍在继续。村民对强制植树持谨慎态度，正在向移民内罗毕的森林居民的互助协会寻求帮助，思考法律斗争等措施。

以上是截至 2001 年 9 月，马拉戈利森林事件的详细经过。那么，这些事件究竟揭示了什么？给我们带来什么思考呢？

六、结语：生活保障的思考

今天，我们无法否认森林保护的重要性。毫无疑问，在日益恶化的全球环境中，人类赖以生存的，能净化空气、水和土地的森林，其重要性不言而喻。基于这种认识，人们提出了各种保护森林和实现可持续发展的方案。例如，宣布社区参与管理的肯尼亚《森林法案》就是其中之一。

然而，本文提及的马拉戈利森林事件也反映了一个事实。即当一个不接受批评的"强者"提出保护自然的想法时，该理念有可能会否认并摧毁人们的生活世界。

对马拉戈利森林居民提出的"森林保护（再造林）"主张，是基于殖民政府采纳的西欧现代"分区"思想提出来的。这种思想无非是将人与自然分成两个世界，即将其中一个作为保护对象。在森林中，村民以实践和智慧构建了一个与自然相互依存的生活环境，村民有时会破坏森林，也会从森林那里得到恩惠。然而，"分区"思想的出现，使村民的实践和智慧被视为不合时宜，并遭到摒弃。1957 年，为实现森林保护，而将森林"国有化"就是这种分裂和排斥思想的体现。随后针对马拉戈利森林采取的措施，也是这一理念的延伸。如果不从根本上重新审视将村民逼到"森林外"的思想和基于此的政策，再造林的提案也只不过是体现"强者"支配的另一种形式。

事实上，今天的《森林法案》与过去纯粹的"分区"思想不同，更加强调社区参与管理。这显然是一大进步。但是我们在这里谈论的社区究竟是什么呢？实际上在马拉戈利森林，政府设立了由居住在森林外的地区权贵组成的委员会，将其作为代表社区意见的工具，任由政府利用。除了这些形式上的问题，《森林法案》并未说明村民参与管理会得到什么好处。村民只能进森林采集杂草树枝，或是采摘蜂蜜和果实。与采伐树木和开垦土地等市场经济直接相关的经济利益则被国家垄断。由此可见，今天强调的"社区参与"实际上并未给森林居民带来任何好处，而只是名义上的居民参与。在马拉戈利森林，分裂和排斥的想法始终如一。

马拉戈利森林如今的模样，是在殖民地时期根植于肯尼亚社会的现代统治思想的体现。那么，森林居民针对此采取了什么实际行动呢？当然，他们并未明确针对现代统治，也未抨击其源头。他们只在登记土地、种植树木的利益分配、提供替代土地等与生活密切相关的方面有所要求。但是，他们为了生活所需和便利，与森林建立了关系。这与单方面保护和单方面开发的动机有着根本不同，可以称之为生活动机。

森林中的部分居民现在正在考虑在自己的房屋周围种植小树。他们的行动不同于政府、非政府组织的再造林计划，后者试图在全球和国家范围内定位、保护和培育森林，森林居民则是根据生活需要对周围的树木进行管理、采伐和利用。森林社区没有成文的规则或处罚，也没有森林委员会。但是，直到 20 世纪 90 年代，并未出现极端的过度采伐和滥砍乱伐现象。这是因为每个家族、宗族都有明确的领地。而防止财产、资源浪费的伦理思想根植于他们心中。因为土地完全归家族和宗族所有，即使产生了购买或出售其中一部分土地的想法，也会被这种思想所禁锢。就这样，在法律上被称为"非法侵占者"而被排除在外的森林居民，以自己的方式与森林建立了关系。

面对今天的危机，森林的居民们纷纷向政府请愿，在为法庭斗争做准备的同时，试图重新恢复其与森林间的共生文化。而政府强制重新造林是阻止居民行动的绊脚石。因此，现在需要肯定居民在住处周围开展的小活动，支持和推进这些活动。如此，森林保护的思想和实践才能从殖民地时代的"强者统治逻辑"转化为社区生活的逻辑。

参考文献

グギ・ワ・ジオンゴ（宮本正興、楠瀬佳子訳）、1987、『精神の非植民地化』、第三書館

サルトル（鈴木道彦ほか訳）、2000、『植民地の問題』、人文書院

古川彰、大西行雄編、1992、『環境イメージ論』、弘文堂

ヘイスティングズ（斎藤忠利訳）、1988、『アフリカのキリスト教』、教文館

松田素二、1990、「拘束と創造―アフリカ都市出稼ぎ民形成のダイナミズム」、『歴史学研究』第 612 号、31―43 頁

松田素二、1997、「植民地文化における主体性と暴力」、山下晋司、山本真鳥編『植民地主義と文化―人類学のパースペクティブ』、新曜社

松田素二、1998、「西ケニア山村からみた大英帝国」、井野瀬久美恵、栗本
英世編『植民地経験』、人文書院

Ambler, C., 1988. *Kenyan Communities in the Age of Imperialism: The Central Region in the Late Nineteenth Century*. New Haven: Yale University Press.

Berman, B., & J. M. Lonsdale, 1992. *Unhappy Valley: Conflict in Kenya and Africa* I & II. London: James Currey.

Colony and Protectorate of Kenya, 1945. *Forest Department Annual Report*. Nairobi: Government Press.

Comaroff, J., 1985. *Body of Power, Spirit of Resistance: The Culture and History of a South African People*. Chicago: University of Chicago Press.

Gordon, D. F., 1986. *Decolonization and State in Kenya*. Boulder: Westview Press.

Humphrey, N., 1947. *The Ligutu and Land*. Nairobi: Government Press.

Kipkorir, B. E. (ed.), 1980. *Imperialism and Collaboration in Colonial Kenya*. Nairobi: Kenya Literature Bureau.

Matsuda, M., 1998. *Urbanisation from Below: Creativity and Soft Resistance in Everyday Lives*. Kyoto: Kyoto University Press.

Ochieng', W. R., & R. M. Maxon (eds.), 1992. *An Economic History of Kenya*. Nairobi: East African Educational Publishers.

Ogot, B. A., & W. R. Ochieng', 1995. *Decolonization and Independence in Kenya*. London: James Currey.

Rasmussen, A. M. B., 1995. *A History of the Quaker Movement in Africa*. London: British Academic Press.

Schatzberg, M. G., 1987. *The Political Economy of Kenya*. New York: Praeger.

Scott, J., 1986. "Everyday Forms of Peasant Resistance in South-East Asia." *Journal of Peasant Studies,* 13(2): 5-35.

Stichter, S., 1982. *Migrant Labour in Kenya: Capitalism and African Response 1895–1975*. London: Longman.

Throup, P., & C. Hornsby, 1998. *Multi-Party Politics in Kenya*. London: James Currey.

Werbner, R., & T. Ranger (eds.), 1996. *Postcolonial Identities in Africa*. London: Zed Books.

Were, G. S., 1967. *A History of the Abaluyia of Western Kenya 1500–1900*. Nairobi: East African Publishing House.

PART 4

第四部分

历史和表象之问

　　从殖民统治时代，到迎来全球化时代的今天，在以欧美价值、欧美制度为中心的世界里，非洲社会始终处于边缘地段。政治上的民主主义政体和经济上的市场体系一直是非洲的终极目标。除政治、经济领域外，欧美中心主义对其他领域也拥有巨大的影响力，那就是如何看待社会、如何表现历史的认识领域。人们常说，与欧美的近代世界观相对，非洲拥有传统的本土世界观。然而，这种传统世界观其实也是被捏造出来的。因此，即使试图依靠传统世界观对欧美进行批判，也会很快被重新定位到其世界观中去，徒劳无功。如何面对自己从未插手而遗留下来的这种表象的殖民统治并获得解放，是后殖民非洲面临的最大课题。

世界观的殖民地化和人类学

——刚果民主共和国姆布蒂族和俾格米族的造物主与死者

泽田昌人

一、埋葬在黑暗中的"传统宗教"

1960 年被称为"非洲独立年"，在这一年，许多非洲国家摆脱原宗主国获得独立，至今已有 40 多年。这些新生独立国家都推举非洲人为元首，并都加入了联合国。换言之，从制度上看，这些国家在政治上无疑是独立的。然而，这 40 年间，非洲在经济和文化上真的实现独立了吗？仅从文化上来看，例如，在非洲哲学领域，非洲能否创造出属于自己的哲学，而不是效仿欧洲，这是一个问题。[①]"非洲哲学"的修饰语"非洲"一词是否必要，或者说非洲能否拥有与欧洲不同的非洲思想，非洲哲学勉强处在这进退两难的边缘地带。对于了解东亚哲学传统两千多年历史的人而言，这种思想状况多少有些奇怪。而对于在东亚土生土长的笔者而言，欧洲以外的地方即使存在与欧洲性质不同的哲学，也不足为奇。但是，这种混乱既是没有用文字留下传统文化的社会将被殖民化的历史结果，也是生活在与过去隔绝的当代社会中的非洲知识分子的宿命。

从殖民地时代到现在，比哲学更彻底地与过去断绝关系的是宗教。如何理解所谓的非洲传统宗教是基督教神学、宗教学和人类学的一大主题。约翰·姆比提（John Mbiti）因著有《非洲的宗教和哲学》

---

① 普拉西德·唐普尔（Placide Tempels）的《班图哲学》（*Bantu Philosophy*）因强行概括班图人的思想并将其与西方思想进行极端对比而受到许多研究者的批评。唐普尔等人一直试图概括非洲人的传统思维方式，但保兰·洪通吉（Paulin Hountondji）等人认为，哲学在本质上是普遍的，因此"植根于非洲文化传统的哲学"只是一种幻想（Ochieng'-Odhiambo, 1995: 23-32; Oruka, 1990: 73-93）。此外，在非洲文化传统中出生长大的民间哲学家对传统形成了批判性的独特思想，人们正尝试挖掘这些民间哲学家（Oruka, 1991）。

（*African Religions and Philosophy*）一书而名声大振。与此同时也出现了许多批评该书的声音，主要是指责姆比提作为新教神职人员，把非洲的传统宗教理解和描述得得过于近似基督教。这里出现了一个关乎历史是否连续的问题，即能否使用殖民后引进的基督教和哲学来阐述殖民前的非洲文化和思想。

众所周知，基督教在非洲的传教活动及其附属的学校教育、职业教育等社会活动，对非洲殖民地的管理发挥了重要作用。A. K. 蒂贝龙德瓦（A. K. Tiberondwa）表示："非洲的文化被欧洲传教士、殖民主义者以及盲目跟从他们的非洲人所轻蔑、妨碍。这实际上主要是基督教传教士所传播的文化帝国主义的一种形式。"（Tiberondwa, 1998: 81-82）笔者自己也曾惊讶地看到，某个教会学校的入口处写着"耶稣是各民族文明唯一且真正的源泉"。然而，"文明"一词会作为耶稣的语言在《新约圣经》中出现吗？这难道不是借用基督教和耶稣之名创作出的毫无依据的口号吗？基督教在非洲的传教活动是一项有意识地移植包括基督教在内的欧洲文明的活动。而这一历史性大工程并未因为殖民地时代的结束而停滞不前，至今仍在进行。

非洲的宗教和思想长期以来被西方有组织地改变，人们对此并非毫无异议。例如，奥克特·皮比提科（Okot p'Bitek）是一位研究非洲传统宗教的人类学家，他在《西方学术界中的非洲宗教》（*African Religions in Western Scholarship*）的开篇阐述道："迄今为止的社会人类学是由西方学者发起，为西方利益服务，除西方社会外的社会性学问。"（p'Bitek, 1971: 1）。他的这本著作在论述的深度和广度上达到了罕见的水准，充满了对于 E. E. 埃文斯－普里查德（E. E. Evans-Pritchard）等英国宗教人类学家的批判。但遗憾的是，无论是日本还是欧美国家，很少有人引用他的学说。R. E. 霍顿（R. E. Horton）认为，皮比提科的这项工作影响力缺缺的原因之一就是，这本书很快就不能印刷了（Horton, 1993: 161）。这与这本书的内容涉及东非且只由某一家出版社出版关系颇大。在信息发出量的这种巨大差异中，就连关注非洲宗教的研究人员都在不知道皮比提科这一非洲研究人员提出异议的情况下，就去议论埃文斯－普里查德所著的《努尔人的宗教》（*Nuer*

Religion）一书。

在本文中，笔者将尝试证明，非洲中部被称为姆布蒂－俾格米人（Mbuti Pygmy，以下简称姆布蒂人）的"传统宗教"所提出的学说是被基督教歪曲的产物。[①] 笔者的看法仅限于姆布蒂人这个人口稀少且居住在狭小地区的群体。他们是居住在非洲的为数不多的狩猎采集民族，因此他们的宗教是原始的，且一直被认为保持着宗教的本质。故而，尽管他们是少数民族，在一段时期内，他们的宗教仍然在宗教研究中占据重要地位。笔者将给大家介绍有关姆布蒂人世界观的脍炙人口的学说。下文中，笔者将尽量避免使用"宗教"一词，转而使用"世界观"一词。虽然无论使用哪一个词，都不可能明确定义其含义，但笔者担心使用"宗教"一词会被认为与所谓的世界宗教或大宗教具有同样特质的信仰，因此还是选用"世界观"一词为好。

二、基于舒伯斯塔的姆布蒂族世界观——造物主的存在

上文提及的姆比提的《非洲的宗教和哲学》一书，是涵盖了非洲传统宗教和哲学广泛文献的概论图书。作为一本优质入门书，它不断再版，影响力不可小觑。下面我们将介绍姆比提对姆布蒂人宗教的描述。在第四章"神的性质"中，他写道："在班布蒂（Bambuti，姆布蒂人的复数形式——引用者）部落，神（God）自始至终存在，永不覆灭。"（Mbiti, 1989: 33）。这一部分引用自 P. 舒伯斯塔（P. Schebesta）某本书 171 页后的内容。找到相应的位置后，我们可以发现，关于是否存在"埃皮里皮里"的问题在该书 172 页有着同样的记载，上面甚至还写着消息提供者的说明，即那是创世神，他创造了人间万物（Schebesta, 1936b: 171-172）。换言之，姆比提通过舒伯斯塔的一本书，记述了姆布蒂部落存在创世神一事。而且，这本书里出现的有关姆布蒂人的内容，其引用文献几乎都仅限于舒伯斯塔的两本书。虽然有许

---

① 姆布蒂人居住在刚果民主共和国东北部的伊图里地区，主要以狩猎和采集为生。该地区位于非洲热带雨林的东北边缘。在姆布蒂部落中，埃菲族群与巴雷塞族群毗邻，后者以烧田耕作为主要生计。本文中，除非与本文的讨论直接相关，否则将省略对姆布蒂人居住地区及其生活的详细描述。详见市川（1982）和寺嶋（1997）。

多地方没有标明引文的出处，但可以确定的是，其中一些一定引自这两本书中的一本。

姆比提的这本书虽然收集了大量的资料，但给人的印象却是只罗列了繁杂的信息，很难称之为条理清晰的论述。例如，在"神与自然"一章中，关于雷和闪电有这样一段描述：

> 在众多的民族中，班布蒂人、巴文达人（Bavenda）、埃维人（Ewe）、伊拉人（Ila）称雷是上帝（God）的声音；基库尤人和祖鲁人等其他民族认为雷是神的动作；约鲁巴人和蒂夫人等民族则将雷声看作神愤怒的标志……关于闪电的看法也与雷的相似，基库尤人称闪电是神的武器，神从一个圣地转移到另一个圣地时，就会用闪电来开路；努尔人和绍纳人坚信，闪电出现时，上帝会给予他们启示或者出现在他们面前；而巴丘瓦（Bachwa）、班布蒂、伊拉、兰戈（Lango）、祖鲁等民族则认为，神在惩罚恶人或实施一些有目的的行为时会使用闪电。此外，还有一些民族将闪电人格化，视闪电为神（a divinity）或其他生物。（Mbiti, 1989: 53）

该书中有关风、星、雨的这种记载层出不穷。从中我们可以得知，哪些民族有相似的观念，哪些民族有不同的观念。但这种观点的异同无法像动物和昆虫标本那样进行测量或展示，姆比提在书中也完全没有提到我们该如何予以判定。在这一点上，笔者甚至认为他是把这种观念当作标本或物体来看待的。

在本文中，笔者将聚焦姆布蒂部落有无创世神一事，不再把姆比提的繁杂叙述拎出来讨论。但是，笔者还是需要介绍一下有关姆布蒂人的描述的出处——舒伯斯塔的观点。舒伯斯塔的著作中有如下描述："在过去，俾格米人心中神（Deity）的观念要远比现在明确得多，后来受其他事物的影响，神的观念逐渐模糊起来。在原来的观念中，创世神没有名字，只是被称为'父亲'或'祖父'，后来随着时间的流逝，神的属性逐渐被这个种族（姆布蒂人——引用者）的始祖或祖先，甚至是月亮所替代。他们在俾格米人的神话中扮演着比神更重要的角色，几乎取代了神。"（Schebesta, 1936b: 171）显然，舒伯斯塔认为姆布蒂部落存在创世神。

　　语言学家 A. 弗比希勒（A.Vorbichler）是舒伯斯塔的学生，他曾记录了姆布蒂部落的分支——埃菲人的大量口头传说。他也明确地承认了创世神的存在。据他称，埃菲男子外出打猎时，会这样呼喊："神啊，祈求您一定不要下雨，一定不要让我遭遇暴风雨。"此外，他还表示，森林之神创造了大地，也创造了人类（Vorbichler, 1980: 175-176）。

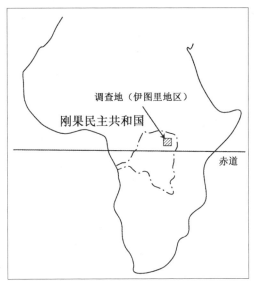

图 1　笔者与舒伯斯塔等人的调查地

　　舒伯斯塔于 1929 年到 1955 年间在伊图里地区对姆布蒂人（图 1）做了 4 次调查，并留下无数著作，他的学生弗比希勒忠实地记录了埃菲人的口头传说。他们都认为姆布蒂部落存在创世神，甚至连姆比提人本身也十分重视那些资料，但笔者还是无法认同。因为包括笔者在内的日本研究人员从 20 世纪 70 年代起便开始调查姆布蒂人，然而在这期间，没有任何研究人员从姆布蒂人那里听到过创世神的故事。原子令三是第一个完整概括了俾格米人世界观的日本人，但他的论文中既未出现至上神，也未出现创世神的字眼（原子，1984）。而原子令三并非不知道舒伯斯塔这个人。无论怎么说，姆布蒂人自己完全未提及创世神的故事。令人遗憾的是，如今原子令三已不在人世，他无法直接回答这个问题。至于笔者为何思考得这么深入，是因为自 1985 年起笔者先后七次拜访姆布蒂族的分支埃菲族群，然而从未听到过有关创世神的故事。当然，舒伯斯塔和弗比希勒与笔者和原子令三调查的地区不同。这是否意味着，在同样被称为"姆布蒂人"的集团中，世界观迥异的地域集团也同样得到了认可呢？这种可能性的确存在，但我们的研究人员在相距甚远的三个地方分别开展了调查，可仍然没有人发现创世神，这到底又是怎么回事呢？此外，是否承认有创世神说明人们在世界观上存在巨大的差异。而居住在狭窄的地区、拥有相同的生活方式、使用同一种语言且内部通婚的集团，即埃菲族群中可能有多种相差甚远的世界观共存吗？难道经过多年调查，依旧没有人打听到其他地区的埃菲族群流传着创世神的传闻吗？

抑或是，他们调查的时候的确存在创世神，但在之后的几十年间，创世神的观念逐渐开始衰退，到现在已经消失得无影无踪了？可是，在 1929 年舒伯斯塔实施第一次调查时，伊图里地区已经出现了基督教的传教活动，而且这些传教活动至少到 20 世纪 90 年代初期都很盛行。此外，传教士们在姆布蒂人身上倾注了大量的心血，这一点，只要稍微了解这一地区传教活动的人就很清楚。那么，在基督教持续传教几十年的过程中，与基督教具有整合性的创世神观念是否存在衰退的可能呢？

接下来，笔者想简单介绍一下之前调查过的埃菲人的世界观。大家从中可以了解到，舒伯斯塔等人的主张和笔者的所见所闻究竟有多不同。

三、埃菲人的世界观——死者为大

姆布蒂部落居住在伊图里地区，而埃菲人便是该部落的其中一支。关于他们的世界观，我们已经介绍了其中一部分（Sawada，1998；澤田，1999，2000）。关于埃菲人的世界观的详情，笔者将另行撰文再述，在此不再赘述。因为笔者的首要目的是让读者知道，笔者为什么会对舒伯斯塔等人的主张心生疑问。

埃菲人死后会去哪里？对于这个问题，埃菲人的回答十分明确。他们一致回答称："死后去森林"或"死后生活在森林里"。没有人回答死后要去神那里。当然，由于长期受到传教活动的熏陶，大多数埃菲人都知道基督教徒死后会被召唤到神那里去。但是，他们对死后的生活有着独特而明确的想象，那就是过着和生前一样的生活。此外，死者生活的森林并不在冥界，而是在与埃菲人日常生活息息相关的森林深处的区域。换言之，埃菲人死后只是水平地移动到森林深处，而生活方式则与生前一样。这与基督教徒的生死观完全不同，基督教徒认为，人死后会去上帝所在的地方——天堂生活。

对死后生活的这种想象构成了埃菲人世界观的核心。然而，他们既不祭祀祖先，也不向祖先许愿。在埃菲人生活里的种种场景中，我们都可以捕捉到"与住在森林里的死者交流"这一主题。例如，埃菲人有时会在森林深处看到疑似死者的身影或是听到他们的说话声。不过，碰到这种情况的埃菲人屈指可数。此外，据说死者村庄所在的山上会传来鸡鸣声，如果有人接近那座山的山脚，有时还能听到"不要靠近"的斥责声。

在梦中遇到死者的情况也很多。我们让埃菲人讲述了自己的梦境，虽然其中有些梦是我们平常也会做的，但大部分梦中都出现了死者，这是埃菲人梦境的一大特色。在梦中，他们有时会去死者的小屋，被已故的父母赶回；有时又和已故的叔叔在一起喝酒。在后一个梦境中，死者只说了一句"我现在住在别处"，便抛下挽留他的人，消失得无影无踪。这句话的意思就是，他要回到森林深处的死者之村。死者有时还会在梦中传授他们一些方法和技能。例如，据说用来捕鱼的鱼毒的制作方法十分珍贵，一般不示外人，要想掌握这方面的知识，只有两种办法，要么从已经在梦中得到答案的人那里获取，要么自己在梦中获取。此外，为射死猴子，埃菲人会在箭上涂抹一层毒药；为了尽可能多地酿造出美味的椰子酒，他们会调配一些药物。可以说，无论是毒药的制作方法，还是药物的调配方法，都是从梦中获取的。因此，埃菲人的生活技能至少有一部分是死者赋予的。

不仅是埃菲人，一般而言，非洲的俾格米人都以其合唱（在大多数情况下，歌曲一定会伴随着舞蹈）的精湛度和动听度而闻名（Sawada，1990；澤田，1989，1991）。那种雄厚的合唱的精妙之处，大家现在只能通过 CD 等媒介来聆听、体会。埃菲人自己似乎也为他们的合唱比邻近各民族的动听而感到自豪。他们把邻近的农耕民的合唱，以及偶尔在广播里听到的流行音乐都视为"毫无价值的垃圾"，并断言最喜欢的是自己的合唱。他们载歌载舞时，脸上看不到任何喜怒哀乐的表情。那是一种仿佛深藏于内心的静谧且真挚的神情。他们的舞蹈自古以来就十分有名。据文献记载，在古埃及王朝时期，埃及人会让俾格米人随行并让他们跳舞。

这些堪称埃菲人文化精华的歌舞，几乎都是死者在梦中教给他们的。但是，其中几乎没有古老到连起源都不为人知的歌舞，大多数都是这几十年间居住在各地的埃菲人在梦中看到听到，并教给其他人后传播开来的歌舞。梦见唱歌的埃菲人也并非有什么特别宗教作用之人。原本在埃菲社会中就不存在宗教性职务分工。当采访这些埃菲人时，他们仍然一致表示："我梦见自己在唱歌，吓了一跳。"似乎对埃菲人而言，这是一件意想不到的事情。

因此，埃菲人现在演唱并起舞的歌曲原则上都是死者们在森林深处演唱并起舞的歌曲的复制品。这些歌曲不仅作为娱乐消遣为大家所喜爱，在举办葬礼时也派得上用场，乍看之下会觉得这不妥当，但若考虑到这些歌曲是死者与生者交流过的证明，即它是由死者教给生者的东西，便不难理解了。此外，埃菲人载歌载舞时，他们的情感都暗藏于内心深处，笔者认为，这就说明这个场面对埃菲人而言也是生者与死者直接交流的过程。下面，笔者将介绍一位埃菲女子做的梦，因为这个梦境与笔者那深信不疑的想法有着某种联系。在梦中，这位埃菲女子和其他女子一起前往一个村庄唱歌跳舞，途中，她们在森林里遇到了许多已经死去的女子，于是决定一同前往。到达村庄后，死者停留在村外的森林里，只有生者与村庄的村民开始载歌载舞。随后，气氛逐渐高涨起来，这位埃菲女子招呼死者们一起，死者们便一齐跑到村子里来，和大家一起又唱又跳。现场气氛更加热烈了。就在生者和死者载歌载舞到最高潮时，村子里有名男子生命垂危，在场一位已经死去的女子给了他一些药，这名男子便起死回生了。

这个梦虽然荒唐无稽，但也包含着有趣的主题。在这里需要注意的是，在生者和死者的共同参与下，歌舞达到了最高潮。这难道不是他们唱歌和跳舞的理想状态吗？

如果死后的生活与生前的生活相同，生前的歌舞是死后的复制品，那么这两种生活是不是互为镜像的关系呢？而同时，这又给人一种说不定"死后的生活才是原本的生活"的感觉。例如，死者会在梦中教训生者的生存方式不当。在某一名男子的梦中，亡父对他说："最近你们这群小子不再热衷于在森林里狩猎采集了。你要知道，埃菲人的生活除了森林活动再无其他。"在这名男子看来，大概是因为他们最近一直在帮助邻近的农耕民做农活，而忽视了原本的生存方式——狩猎采集，这才受到了亡父的告诫。而居住在边境地带的埃菲人，也不可能完全不受到经济政治变化的影响。他们知道，除了狩猎采集之外，还有农耕、去城市务工、淘金沙等多种生活方式可以选择。但是，传教士们异口同声地表示，埃菲人"顽固"地不愿接受现代生活。对此，笔者认为主要是基于以下原因：对埃菲人而言，死后的生活才是"原本"的生活。死者在梦中劝告生者，让他们回到"原本"的生活。换言之，死后的生活是衡量其生前生活的一把标尺，只有这把标尺在梦中反复被确认，生者才有意志放心地继续过原本的、传统的生活。

大家可能已经知道，在埃菲人的世界观中，死者占据着重要的位置。那么，大家应该也能明白，在死者与生者的关系上，创世神是毫不相干的。话说回来，在与埃菲人的问答中，他们的话语里几乎不会出现创世神之类的字眼。对于是什么创造了山川树木和天空的问题，埃菲人通常只是简单地回答说："不知道。"但如果你继续要求他回答，他一定会说："这是老天爷造的。"你问他老天爷叫什么名字，他的回答便是"耶稣"或者"基督"。简而言之，在埃菲人的世界观里，森林、河流、天空都是被给予之物，不需要解释其创造的原理。而对于需要了解这些知识的外人，他们则回答称基督教的教义。

下面一节中，笔者要思考为何舒伯斯塔和弗比希勒所说的创世神完全未出现在笔者的调查中。除了第二节末尾讨论的两种可能性之外，也许还有第三种可能。笔者认为，这正是歪曲包括埃菲人在内的姆布蒂人世界观的原因。

四、"原始一神教"论和俾格米族

根据 M. 伊利亚德（M. Eliade）的研究，从 19 世纪中叶起，宗教史的研究正式开始（Eliade, 1959: 229-231）。这一时期与欧洲殖民者入侵亚洲和非洲的时间一致，也与各地宗教资料开始汇集在一起的时间一致。人们利用同一时期出现的生物进化论，将该宗教资料按发展阶段进行了整理。在宗教史的研究潮流中，爱德华·泰勒（Edward Tylor）等人提出各种说法，设想宗教经历了一个从"原始"宗教向以基督教为模板的一神教逐渐进化的过程。与这种以基督教为中心的理论完全不同的是"原始一神教"论。威廉·施密特（Wilhelm Schmidt）认为，在被认为最"原始"的民族身上可以看到至上神（Supreme Being）的观念，不应将一神教视为宗教进化的最高阶段，相反，应将一神教视为人类宗教的原始形态，并且认为多神教、泛灵论是其退化的产物（石川ほか，1987：55，163）。

施密特的"原始一神教"论广为人知，但非洲俾格米人在这一假说的构建中发挥的重要作用却可能无人知晓。施密特认为，非洲和亚洲的矮个民族即俾格米人代表了人类发展过程中最古老的阶段（Schmidt, 1971: 190-191）。他还指出，研究亚非地区俾格米人的宗教是极为重要的。他表示，这些民族既没有泛灵论和祖先崇拜的信仰，也不将自然人格化，并且巫术也不盛行。在此基础上他提出了如下主张：这些俾格米人显然承认并崇拜至上神。在任何一个俾格米人那里，至上神都是创造者，是全世界至高无上的主宰者。他断言，其他一切超常存在的事物都比它低劣得多，并从属于至上神（Schmidt, 1971: 191）。在施密特看来，俾格米人处于人类社会和文化发展过程中的最低阶段，而造物者——至上神被俾格米人所承认，这意味着一神教是人类宗教的原始形态。换言之，"原始一神教"论强烈地依赖于对俾格米人宗教的相关研究。

但是，施密特是如何获得有关俾格米人宗教的资料的呢？关于俾格米人中的非洲俾格米人，他这样描述道："到最近为止，非洲俾格米人的信息尤其少。但是……在刚果多亏了舒伯斯塔，我才知道这个大陆上的俾格米人确实拥有至上神……"（Schmidt, 1971: 258）换言之，他是从舒伯斯塔那里获取的资料。但是，施密特的这本书是在 1931年出版的，而舒伯斯塔第一次访问刚果姆布蒂族群是 1929 年到 1930年（Dupré, 1999: 34）。此外，舒伯斯塔撰写的第一本关于姆布蒂人的书是 1933 年出版的，在施密特撰写这本书时，一般人无法获取姆布蒂人的相关信息。然而，施密特却私下从舒伯斯塔那里获得了有关姆布蒂人的信息。这是因为舒伯斯塔其实是施密特的学生。

舒伯斯塔是少数民族摩拉维亚人（Moravian），1887 年出生于德国西里西亚，1967 年在匈牙利维也纳去世。据说当时摩拉维亚人受到了普鲁士的压迫（Dupré, 1999: 133）。他本人是少数民族出身，这也是他终生对少数民族保持热情的原因之一（石川ほか，1987：319）。舒伯斯塔长大后，在天主教神学院学习，并成了神职人员。1912 年至1916 年，他以传教士的身份在莫桑比克传教。1920 年，他成为由施密特创建的安特罗普斯研究所的一员，并于 1926 年取得了维也纳大学民族学和埃及学的博士学位。1924 年到 1925 年期间，他对马来西亚的塞芒人（Semang）开展了调查。此后，他根据施密特的说法，即俾格米人留下了人类社会和文化最原始的面貌，意识到自己有必要调查非洲俾格米人，于是在 1929 年，他首次到访了当时正处于比利时殖民统治下的刚果（现刚果民主共和国）东北部的伊图里地区。1934年至 1935 年，他在同一地区进行了再次调查。通过这两次的调查，他出版了三本关于俾格米人的书籍。第二次世界大战后，1949 年至 1950 年，他又展开了第三次调查，并在 1954 年至 1955 年实施了最后一次调查。每一次调查都在同一地区——伊图里进行。其中最后一次调查是带着他的学生——语言学家弗比希勒一起去的（Dupré, 1999: 135-136）。

换言之，对姆布蒂人的正式研究始于舒伯斯塔这位受到施密特"原始—神教"论影响的人。随后，弗比希勒也继承了这一流派。本文第二节中，笔者引用过以下这段话："在过去，俾格米人心中神的观念要远比现在明确得多，后来受其他事物的影响，神的观念逐渐模糊起来。"（Schebesta, 1936b: 171）这正是对施密特"原始—神教"论的最佳描述。值得注意的是，这一部分内容既非姆布蒂人自身的解释，也并非舒伯斯塔根据历史资料推测出的结论，而是他个人的臆测。舒伯斯塔曾亲自拜访姆布蒂部落，并通过与当地人的亲切交流收集到大量资料，然而最后他还是选择相信姆布蒂人自古以来就拥有至上神——创世神这一必定错误的说法。其直接原因是前面提及的他受到了施密特"原始—神教"论的直接影响，其间接原因则是宗教信仰问题。

如前所述，舒伯斯塔是天主教神父。他的弟子弗比希勒以及施密特同样也是神父。他们都在神学院研究基督教教义。这一职业要求他们不得做出任何越界的行为。神父这一身份应该不会与误解姆布蒂人的世界观直接挂钩，但在他们的宗教背景下，人们一出生就接受了"原始—神教"论的洗礼，调查者自然而然就会被诱导去进行一些缺乏根据的臆测。除此之外，或许还有其他原因。舒伯斯塔在当地天主教会的帮助下实施了调查。此外，他似乎还曾与教会的欧洲神父一同进行过调查。这是因为，至今还保留有一群姆布蒂人围绕在他和其他身穿神父服的神父身边的照片（Schebesta, 1936a: 144-146）。姆布蒂人在初次见面时尤其害羞，其中许多人会一边琢磨对方的想法一边回答问题。在笔者的印象中，姆布蒂人对待外国人，特别是白人（也包括日本人），会非常谨慎谦恭，尽量顺着对方的意思回答。如果这个印象无误，并且舒伯斯塔调查时也是如此，那么在舒伯斯塔面前，有时甚至连身穿神父服的神父也在场时，对于是否存在创世神或至上神的相关提问,姆布蒂人不可能只是回复一个冷淡的否定性答案。他们听过神父们的传教,应该知道神父们的信条,而且他们也没有任何理由非得做出违背神父们意愿的回答。

无端的臆测到此为止,最后我们来探讨"原始一神教"论被接受并适用于姆布蒂人的思想背景。

五、世界观的殖民地

如前所述,在提倡"从泛灵论等原始宗教到一神教"这一学说的过程中,"原始一神教"论出现了。前者的思考方式明显是以基督教为中心的,它将亚非世界观贬低为低发展阶段之物,同时将基督教传教士的活动提升到崇高地位。在过去很长一段时间,人们都习惯称非洲的文化、社会为"原始的"。出生于乌干达的大学者——皮比提科回顾道:"1960 年在牛津大学求学时,我无时无刻不在反抗非洲人和非西欧人是野蛮的、原始的这种污蔑性表述,但还是无济于事。"(p'Bitek,1971: vii-viii)正如本文第一节所述,传教士蔑视非洲的社会和文化,他们通过发展非洲的社会和文化,为殖民主义做出了贡献,这也是基督教中心主义、西方中心主义的发展阶段论风靡一时的原因。与此相比,施密特的"原始一神教"论岂不是完全相反吗?

也许舒伯斯塔从"原始一神教"论中感受到了这种魅力。据说他后来写道:"只要不把别人看成大人,就会觉得把对方当作孩子来对待是合理的。这其实就是将对方的心灵和精神殖民化。"他认为当时施密特的学说"不是基督教徒的辩护学说,而是原始的、最初的人的辩护学说"(Dupré, 1999: 134)。"原始的""最初的"民族也承认基督教式的至上神,这正是基督教普遍化的民族学证据——这一护教论式的表述似乎并未体现在他对施密特这一学说的理解中。相反,在他的认识中,那些被轻视者才是为数不多从很久以前就一直信奉与基督教相同的至上神者。但是,"原始一神教"论成为"原始"民族的辩护学说显然需要一个前提——那就是拥有至上神比没拥有要好。最终,无论是朝一神教进化的发展阶段论,还是"原始一神教"论,都在共享"越像基督教越优秀"这一护教论式设想。

　　这种看似为非洲人辩护的学说一直流传至今。皮比提科将这种辩护学说的提倡者称为非洲民族主义者，他批判了乔莫·肯雅塔、列奥波尔德·赛达·桑戈尔（Léopold Sédar Senghor）甚至是姆比提等人。皮比提科称："他们对西方任何轻率记述非洲文化和宗教的研究人员都表示强烈抗议。……他们想让别人知道，跟西方人相同，非洲人也已经走向文明了。他们给非洲大大小小的神穿上希腊式长袍，推动他们走在西方世界前列。……说老一代人类学家过去报告称非洲人只不过是异教徒的野蛮人这一说法大错特错，让非洲人安心，并断言非洲人从古至今一直都是具有宗教信仰和道德的人。"（p'Bitek, 1971: 41）哲学家夸西·维雷杜（Kwasi Wiredu）在其雄心勃勃的论述中，对姆比提的主张进行了批判，称其"把非洲人的思考同化到了西方的范畴里"，甚至把这样的研究人员称为"具有殖民心性之人"（Wiredu, 1998）。或许皮比提科和维雷杜的批评有些过于严苛了。姆比提等众多学者想要为那些被西方轻视、失去信心的非洲人及非洲社会、文化加油鼓劲，大概舒伯斯塔也有此意愿，这一行为动机本身是高尚的。出于让非洲人和欧美人处于平等地位的目的，用基督教教义重新解释了非洲人的世界观，这对于基督教的信徒，比如姆比提和舒伯斯塔而言，并非那么罪大恶极之事。

　　但是如果知道下面关于基督教传教情况的事例，或许就能稍微理解皮比提科等人的感受了。

　　1911年，意大利天主教牧师问阿乔利族长老："是谁创造了你们？"由于卢奥语中没有"创造"的概念，于是牧师换了一个问法："是谁塑造了你们？"可长老们还是没有听懂，因为人是从母亲的肚子里生出来的。长老们回答这位来访者说："不知道。"但传教士们却说，不知道是不行的，并坚持要长老们给出一个令人满意的答案。这时，一位长老想起，人出生时是正常的，但如果患上了脊髓结核，背部就会变得弯曲，体型也就与普通人有所差异，这一定就是牧师口中的"塑造"。于是他回答说："是卢班加。"

所谓卢班加，就是阿乔利人认为会让人们身上长癞的恶灵的名字。听到长老的回答后，这些耶稣的代理人们开始训诫了："不要赶走这个恶灵，也不要把他送到猪群里，因为他正是你们阿乔利人神圣的父亲，是他创造了你们。"（p'Bitek, 1971: 61）

这个故事还有后续，据说现在，这个地方的人们相信，卢班加既是创世神又是至上神（栗本，1988: 274）。如果这个事例让你觉得阿乔利人坦率得近乎愚蠢，那就错了。它告诉我们，军事力量占有绝对优势的殖民权力以及与其保持紧密合作的基督教会，真真切切地以武力改变了人们的世界观。皮比提科愤怒地宣称："我们可以确信，当某本书上写着某个非洲民族信仰创世神时，这些诱导总是符合调查者的计划。"（p'Bitek, 1971: 62）

舒伯斯塔和弗比希勒对姆布蒂人世界观的一些所作所为，与这件逸闻中传教士们的行为并无太大差异。在原始一神教和他们的宗教背景的强烈影响下，也可能是基于对姆布蒂人的"人性"共鸣，此二人在著作中歪曲了姆布蒂人的世界观。该著作被新教神职人员姆比提提起，并被当成姆布蒂人世界观的定论。无论是此二人还是姆布蒂人，对他们而言，没有传教士试图利用他们的著作来将创世神的观念强加于人，这是一件非常幸运的事。如果姆布蒂人的世界观被改变了，那么现在我们对姆布蒂部落存在创世神一事恐怕也不会产生任何疑问，而施密特的"原始一神教"论或许也得到了这些"民族学证据"的有力支持。

人类学者造成世界观发生变化，这是特例吗？笔者并不这么认为。英国人类学界的泰斗埃文斯 – 普里查德编著了《努尔人的宗教》一书，该书因记载详细、分析缜密而成为宗教人类学的经典，但有不少人批评其表述内容受到了基督教世界观的强烈影响。宗教学者山折哲雄在该书日译本卷末处的解说中写道："我感觉自己不知不觉陷入了基督教的世界观之中。当我假设世上存在单一的神，存在折射社会的各种精灵时，脑海中就会浮现出一神教的思考框架，将基督教神学美化。……这一理论性偏见未免组装得过于精密了些……"山折哲雄对埃文斯－普里查德的叙述和分析的合理性表示了强烈的怀疑（エヴァンズ＝プリチャード，1995：303）。此外，卢克·德·赫施（Luc de Heusch）也探讨了埃文斯－普里查德所使用的"罪"的概念，并认为："他拼命想要将努埃尔人（努尔人——引用者）的思考套到犹太基督教的神学体系中去，这是毫无根据的。"（ウーシュ，1998：16）

然而，埃文斯－普里查德并非在不知不觉中受到基督教神学的影响。以基督教神学为范本来解释努埃尔人的世界观，这是他在方法论上的选择。他在《努尔人的宗教》的卷末处主张道："基督教、伊斯兰教、印度教、佛教等世界宗教，文献丰富、历史脉络清晰，我们应以这些民族学研究为基础，开展对'未开化'宗教的研究。"他还感叹称："如此一来，他们便会明白，'未开化'宗教与世界宗教的性质并无不同，也无须做特殊的解释。"（Evans-Pritchard, 1956: 314）此外，在探讨宗教人类学诸理论的书籍中他也提到，如果过去认真研究基督教的神学和历史，现在就能更好地了解"未开化"宗教的想法和实践（Evans-Pritchard, 1965: 16-17）。他有意识地以基督教的世界观为范本来描述努埃尔人的世界观，甚至主张不信教的人不适合研究宗教，可见他对自己的立场充满了自信（Evans-Pritchard, 1965: 121）。

从埃文斯－普里查德对工作的批评中可以看出，这种方法和态度必然会导致世界观的歪曲。舒伯斯塔也是如此，随着这些歪曲的作品成为著作和经典，宗教人类学也不得不逐渐背离该民族的世界观。不仅如此，考虑到后世的非洲学生也会使用这些书来学习，我们不难想象其影响之大。其结果就是，越来越多的人认为西方文化才是世界的普遍文化，而非洲的诸文化不过是西方文化的特殊变奏曲而已。这也可以说是非洲世界观的殖民化，它与政治经济上的殖民化一样，必定会导致非洲人与过去的传承和智慧断绝联系。从而，成为无根之草的人只好依靠外部提供的世界观生存。当然，世界观的改变会给整个社会文化领域带来巨大的变化，之后这一民族也会持续地参照外部模式来维持和发展自己的社会和文化。维雷杜仿照皮比提科，提倡"非洲哲学和宗教的去殖民化"，因为他认识到，这一问题将导致非洲人的非洲相关知识出现根本性、永久性和不可逆的歪曲。

参考文献

石川栄吉ほか編、1987、『文化人類学事典』、弘文堂

市川光雄、1982、『森の狩猟民』、人文書院

ウーシュ（浜本満、浜本まり子訳）、1998、『アフリカの供儀』、みすず書房

エヴァンズ＝プリチャード、1995、『ヌアー族の宗教（下）』、平凡社

栗本英世、1988、「ナイル系パリ族における jwok の概念―『超人間的力』の民俗認識」、『民族学研究』第 52 巻第 4 号、271―298 頁

澤田昌人、1989、「夢にみた歌―エフェ・ピグミーにおける超自然的存在と歌」、『民族藝術』第 5 巻、76―84 頁

澤田昌人、1991、「エフェ・ピグミーの合唱におけるクライマックスへのプロセス」、藤井知昭、山田陽一編『民族音楽叢書 7 環境と音楽』、東京書籍、135―168 頁

澤田昌人、1999、「生前の生活と死後の生活―アフリカ熱帯雨林における死生観の一事例」、楠瀬佳子、洪炯圭編『ひとの数だけ文化がある―第三世界の多様性を知る』、第三書館、25―46 頁

澤田昌人、2000、「葬送儀礼と合唱における死者の音声―アフリカ熱帯雨林での事例」、山田陽一編『講座・人間と環境 11 自然の音・文化の音―環境との響きあい』、昭和堂、133―157 頁

寺嶋秀明、1997、『共生の森』、東京大学出版会

原子令三、1984、「ムブティ・ピグミーの宗教的世界：モリモとバケティ」、伊谷純一郎、米山俊直『アフリカ文化の研究』、アカデミア出版会、137―164 頁

Dupré, W., 1999. "Paul J. Schebesta and the Study of Mbuti Culture." K. Biesbrouck, S. Elders & G. Rossel (eds.). *Central African Hunter-Gatherers in a Multidisciplinary Perspective: Challenging Elusiveness*. Leiden: Research School for Asian, African, and American Studies, Leiden University.

Eliade, M., 1959. *The Sacred & the Profane: The Nature of Religion* (trans. W. Trask). New York: Harcourt Brace & Company.

Evans-Pritchard, E. E., 1956. *Nuer Religion*. Oxford: Oxford University Press.

Evans-Pritchard, E. E., 1965. *Theories of Primitive Religion*. Oxford: Oxford

University Press.

Horton, R., 1993. "Judaeo-Christian Spectacles: Boon or Bane to the Study of African Religions?" R. Horton. (ed.). *Patterns of Thought in Africa and the West*. Cambridge: Cambridge University Press.

Mbiti, J. S., 1989. *African Religions and Philosophy: Second Edition*. Oxford: Heinemann. ［原书第一版的日译本：大森元吉訳、1970、『アフリカの宗教と哲学』、法政大学出版局］

Ochieng'-Odhiambo, F., 1995. *African Philosophy: An Introduction*. Nairobi: Consolata Institute of Philosophy.

Oruka, H. O., 1990. *Trends in Contemporary African Philosophy*. Nairobi: Shirikon Publishers.

Oruka, H. O., 1991. "Sagacity in African Philosophy." T. Serequeberhan (ed.). *African Philosophy: The Essential Readings*. St. Paul: Paragon House.

p'Bitek, O., 1971. *African Religions in Western Scholarship*. Nairobi: Kenya Literature Bureau. (First published by East African Literature Bureau).

Sawada, M., 1990. "Two Patterns of Chorus among the Efe, Forest Hunter-Gatherers in Northeastern Zaire—Why Do They Love to Sing?" *African Study Monographs*, 10: 159-195.

Sawada, M., 1998. "Encounters with the Dead among the Efe and the Balese in the Ituri Forest: Mores and Ethnic Identity Shown by the Dead." *African Study Monographs, Supplementary Issue*, 25: 85-104.

Schebesta, P., 1936a. *My Pygmy and Negro Hosts* (trans. G. Griffin). London: Hutchinson.

Schebesta, P., 1936b. *Revisiting My Pygmy Hosts* (trans. G. Griffin). London: Hutchinson.

Schmidt, W., 1971. *The Origin and Growth of Religion* (trans. H. J. Rose). New York: Cooper Square Publishers, Inc. (First edition, 1931).

Tempels, P., 1959. *Bantu Philosophy* (trans. A. Rubbens). Paris: Presence Africaine.

Tiberondwa, A. K., 1998. *Missionary Teachers as Agents of Colonialism in Uganda*. Kampala: Fountain Publishers.

Vorbichler, A., 1980. "Das Weltbild der Zentralafrikanischen Pygmäen." W. Raunig. (ed.). *Schwarzafrika*. Innsbruck: PINGIN-Verl.

Wiredu, K., 1998. "Toward Decolonizing African Philosophy and Religion." *African Studies Quarterly*, 1(4): 17-46.

后殖民时代的移民文学

——以喀麦隆女作家贝亚拉为例 [①]

元木淳子

引 言

20世纪90年代，以法语为官方语言的撒哈拉沙漠以南非洲出现了新一代作家。吉布提共和国的作家阿卜杜拉赫曼·瓦贝里（Abdurrahman Waberi）称其为"后殖民儿童"。这些作家共有20余人，其中大多数人出生于"非洲独立年"（1960年）之后。他们在法国接受高等教育，并在法国从事作家一职。不同于传统作家，他们并非被迫流亡，而是自愿选择留在法国，并经常回到非洲开展教育事业等工作。他们在原宗主国的大都市工作，并让那方土地的财富回流到自己的出生地。从这一点看，他们可以被称为移民作家。此外，这些人频繁地往返于两大洲之间，或许应该称其为"移动人"。瓦贝里的报告中还提到，尽管马格里布地区（Maghreb）[②]的法语文学严重滞后，但他们也终于开始谈论起移民问题。喀麦隆女作家卡里斯·贝亚拉（Calixthe Beyala）率先创作了一部关于非洲移民的小说，本文将试图探讨她是如何从新的角度提出问题。为此，我们需要首先明确殖民统治与文学之间的关系，同时尝试确定贝亚拉在现代非洲文学史上的地位。之后，在小说《名声扫地》（*Les Honneurs perdus*，1996）中，我们将一起探讨其中描述的移民女性未来应有的姿态。

---

① 在本文的撰写过程中，名古屋大学大学院的和崎春日教授在喀麦隆的民族构成等方面给了笔者许多指导，特此感谢。

② 非洲西北部一地区，在阿拉伯语中意为"日落之地"。——译者注

一、非洲文学和贝亚拉

作家与作品

卡里斯·贝亚拉（图 1）是 1961 年出生于喀麦隆经济大都市杜阿拉的艾旺多人（Ewondo）。她在贫穷的环境中长大，中学毕业后去了欧洲，辗转于模特等行业，并与西班牙人结婚，后又离婚。1987 年，她在巴黎发表了法语小说《烈日灼烧》（*C'est le soleil qui m'a brûlée*），诗意地表达了生活在非洲城市的穷苦姑娘无处发泄的愤怒。贝亚拉的这部处女作共卖出了一万册，这在非洲文学界史无前例。也因此，贝亚拉成了一位令人印象深刻的非洲年轻女作家。随后，在《我叫唐加》（*Tu t'appelleras Tanga*，1988）等作品中，她猛烈地抨击了非洲社会的男性中心主义和虐童现象，成为非洲女权主义的急先锋，并闻名于世。1992 年，贝亚拉推出移民系列小说的第一部《贝尔维尔王子》（*Le petit prince de Belleville*），自此踏上了描绘居住在巴黎的非洲移民工人家庭的故事之路。这些移民系列小说使得贝亚拉在法国确立了其作家的地位，成为非洲人中极为罕见的以笔立身的职业作家。综合这两个系列，贝亚拉于 1994 年出版了《非洲姑娘阿塞兹》（*Assèze l'Africaine*，又名《直到眼泪留下》），该书讲述了一个在喀麦隆出生长大的姑娘偷渡到法国后跌宕起伏的人生故事。

本文要讨论的《名声扫地》应该称为《非洲姑娘阿塞兹》的续集，其独特之处在于：该书以信奉伊斯兰教的喀麦隆女性为主人公，努力从正面解决宗教、性和移民问题。这是一部代表贝亚拉创作巅峰的作品，贝亚拉也因此成为首位获得法兰西学院小说大奖的非洲人。但是不久，随着剽窃事件的曝光，《名声扫地》在各种意义上成了一部引发争议的作品。

贝亚拉备受法国媒体的关注，她对种族和性别歧视发表了尖锐的言论。

图 1 卡里斯·贝亚拉

多年来，她开展了主张"非洲人以正当的比例表现在西欧影像艺术领域中"的运动。此外，她还在喀麦隆设立孤儿院，投身社会公益事业。在生活上，她是不婚主义者，现在和两个孩子一起组成了单亲家庭。

殖民统治与文学

那么，贝亚拉在非洲文学史上处于何种地位呢？用欧洲语言写成的非洲文学本就是殖民统治的产物，非洲仍未摆脱殖民统治带来的影响。在撒哈拉以南非洲，原宗主国的语言至今仍是学校教育的教学语言，是孕育着西方语言文学的土壤。此外，在非洲的许多地区，印刷、出版和流通机构还未达到完全由民族资本全部掌控的程度。因此，原宗主国的首都仍然是文学制度的一大中心。非洲作家在原宗主国的大都市出版作品并获得当地权威文学奖后，便会获得国际声誉，这一体制至今仍在发挥作用。

在不断受到殖民统治的影响这一意义上，非洲作家自然对这种后殖民主义的文学制度有充分的认识。为了实现体制上的根本性去殖民化，20世纪80年代，肯尼亚作家恩古吉·瓦·提安哥提倡振兴民族语文学。他一语道破真相，"用欧洲语言写成的传统文学就是披着非洲外壳的欧洲文学"，他还宣称"自己今后只使用母语基库尤语进行创作"。这个问题一经提出便在非洲文学界引起了热烈的讨论。自此，非洲各地兴起了挖掘口头文学和使用民族语书写的运动（元木，1994）。2000年，非洲作家和知识分子公开发表了关于非洲语言和文化的《阿斯马拉宣言》（The Asmara Declaration），提倡弘扬民族语文学。

毋庸置疑，培育民族语文学乃是正道。但在现阶段，将民族语文学视为唯一的存在形式，尤其是在非洲的法语区国家，恐怕是不太可能的。在非洲的英语区国家，初等教育中普遍包含民族语读写的相关课程，故而民众拥有民族语文学的基础。但在法语区国家，除了马达加斯加等部分地区外，法语是唯一的教学语言。因此许多作家继续使用原宗主国的语言进行写作也是理所当然之事。

综观用欧洲语言写成的非洲文学的历史，这种文学虽然存在于殖民制度内部，但其本质是寻求去殖民化，打破体制本身。即，20世纪

30 年代的黑人精神运动先于非洲民族主义的政治要求，是一场促进非洲人觉醒的诗歌文学运动；20 世纪 50 年代出现了反殖民主义的小说，它们试图明确殖民统治的矛盾，并展望真正的独立。此外，在独立后实行一党专政的国家，作家往往作为批判体制的象征，担负着与审校力量斗争、维护言论自由的责任。

20 世纪 80 年代，随着西方女权主义批评的流行，女性作家开始崭露头角。她们大多是富裕阶层出身的精英知识分子，从妻子或家庭主妇的立场谈论女性问题。与此相反，贝亚拉首次从当事人的角度讲述了贫穷女孩的心境，为女性文学打开了新局面。

进入 20 世纪 90 年代，在全球化的影响下，劳动力向国际转移，英语作为"世界语言"掌握霸权。与此同时，美国等英语国家兴起了后殖民主义批评。尼日利亚作家本·奥克瑞（Ben Okri）获得布克奖后，移民的"世界文学"开始受到关注。与之相抗衡的是，法国将原殖民地捆绑为法语区国家，大力宣扬法语区文学。在这样的形势下，贝亚拉从女权主义和后殖民主义的交叉点出发，阐述了非洲女性和移民的问题，并被推上了可以匹敌奥克瑞等人的位置。但是，法语区文学在法国本土始终只是边缘文学，而非洲文学作为其中一部分，其市场价值也很低。在这样的背景下，贝亚拉获得了少有的成功。借用谢克·哈米杜·坎（Sheku Hamidu Khan）小说里的话来说，这也是一种"暧昧"且危险的"冒险"。

一些后殖民主义批评家认为，出身原殖民地国家的学者所提出的观点解构了本土文学正典、丰富了本土语言。如果殖民统治的本质只是单方面地发展本国，与致富殖民地、发展殖民地并无关联，那么这样的批评也只不过是将其作为原宗主国的语言"养料"回收过去罢了，而与宣扬原殖民地居民的作品、发展原殖民地的文化毫不相关。这意味着，原殖民地正孕育着帮助殖民地遗留制度生存下去的危险势力。只要在这样的制度中活动，无论作家写什么、说什么，其作品都难逃被本国意识形态所回收的命运，甚至对本国社会的批判也会被处理得毫无攻击力。

这同样也适用于贝亚拉。尽管她在小说中毫不留情地揭露了法国社会的种族歧视问题，但书评拔掉了其谴责的尖刺，图书也是附上写有"完美地融入法国社会的非洲女性的发言"的腰封后再推向市场。此外，移民非洲女作家这一身份使贝亚拉经历了双重难度的斗争。在法国，人们认为"黑人女性没有写小说的智慧"，她必须与这种偏见作斗争，不断证明自己的能力；而在非洲，人们则嫉妒她是靠笔赚钱的女人，她必须与这种嫉妒心作斗争。

二、《名声扫地》的世界

谁在说？

那么，在《名声扫地》中，贝亚拉想对谁说些什么呢？该作品由两部长篇小说构成。第一部题为《神话的诞生》，描写了女主人公赛达20世纪40年代前半期出生于杜阿拉，并于40年后前往法国的故事；第二部则讲述了她此后10年的移民生活。

主人公的故乡是被称为古斯古斯的杜阿拉近郊的贫民窟，和贝亚拉的其他小说一样，该地被设定为受贫困和恐怖支配的地方。人们为瘟疫所苦，害怕士兵的掠夺，男人们在妓院里解忧。

主人公的父亲是穆斯林，他的殷切祈祷落空了，因为他的孩子——主人公是个女孩。父亲悲愤交加，激动地咆哮："胎儿本是男孩，却被附近的药剂师变成了女孩。"他和邻居起了争执，并挖了对方的眼睛，最后还赔了一大笔钱。赛达的确是伴随着这些负面的神话而诞生的。不久，喀麦隆迎来了独立，但父亲一直处于失业状态，生活十分艰难。女儿在父亲的严密监视下，守着"贞洁"过日子。她羡慕朋友嫁入豪门，自己却恋爱不成、相亲失败，最终在失意中迎来了40岁。

父亲去世后，终于获得自由的赛达只身前往巴黎投靠亲戚。但是不久，她就被赶出亲戚家，随后住进了塞内加尔女性加伦巴的家里，给她当保姆。加伦巴的家位于移民地区贝尔比尔。主人公在这里遇到了各色人等，她与摩洛哥移民缔结婚约，而后又闹得不欢而散，还经历了加伦巴自杀等事。最终，她与一位法国男人开始共同生活。

小说的叙述者是主人公自己，她回忆着自己 50 多年的人生。不可思议的是，这位主人公保留有自己在娘胎时的记忆。她用夸张和讽刺的口吻讲述了自己周围的世界，让人捧腹。因此，该作品并非简单的写实回忆录，其中还包含着充满强烈的批评精神和讽刺意味的悲喜剧性童话元素。例如，小说中写道："一个身无分文的居民说，如果家里没有男人，就没有人继承财产。"作者就这样在笑声中揭示了贫困、根深蒂固的社会观念和平民的悲哀。

那么，主人公属于哪个民族呢？书中提到，古斯古斯地区是富尔贝、贝蒂（Beti）、巴萨（Bassa）、巴米累克（Bamileke）和巴穆姆（Bamun）等民族融合的地方，却没有明示主人公所属的民族。唯一的线索是，主人公的女性朋友在与有钱人订婚后，便不再说富尔贝语，由此可以推测，主人公也是富尔贝人，但这只是推测而已。此外，加伦巴也只被设定为塞内加尔卡萨芒斯地区的一名天主教徒，而该地区爆发了独立运动。如此，贝亚拉避开了对出场人物民族的特定。可以说，小说中产生的宗教和文化问题与整个撒哈拉沙漠以南非洲息息相关。

那么，主人公以什么作为个体身份的支柱呢？贝亚拉的小说故事背景不仅涉及民族，还涉及种族、宗教、语言等等。《名声扫地》一书中使用了大量的英语和 nègre（黑人）这一法语单词来作为显示个体身份的新元素。其中，在描写妓女的引诱话语和知识分子的拜金主义表现时使用英语。在全球化背景下，无论是以英、法两种语言为通用语的喀麦隆，还是法国的移民社会，英语作为社会推广语言的势头正在增强。表示"黑人"的 nègre 一般是蔑称。正因如此，"在法国，没有人敢说 'nègre'，而是说 '有色的人'"（Beyala, 1996: 376）。此外，小说中还有喀麦隆的精英女性用英语称自己为 black，称民众为 nègre 的场景。叙述者经常使用这个蔑称，她称古斯古斯和贝尔维尔的非洲男性为 nègre，称女性为 négresses。这表明，对于那些被称为 nègre 的非洲人的心情，作者贝亚拉感同身受，她将自己的认同感植根于他们身上。同样的表现倾向也得到了喀麦隆女作家、贝亚拉的前辈——韦雷韦雷·李金（Werewere Liking）的认可。20 世纪 30 年代，黑人知识分子以从 nègre 派生出来的新词 Négritude（黑人精神）为旗帜，发起了一场傲然肯定黑人（nègre）身份的文艺运动。但自那以后，男作家们不再把 nègre 一词作为积极意义的词语来使用。如今女作家使用这一单词，说明她们试图从超越非洲民族主义的立场出发，对阶级和文化异化问题展开讨论。

在《名声扫地》中，"阿拉伯人"一词作为"穆斯林"的同义词，被非洲人和法国人广泛使用。与"阿拉伯人"相比，表示"黑人"的中性法语词 noir 是指非穆斯林的非洲黑人。因此，主人公赛达自称"阿拉伯人"，却称雇主加伦巴为 noir。

此外，表示"白人（的）"的法语 blanc 中还包含着"接受了西方教育的（人）"的意思。叙述者将接受了学校教育的非洲人称为"白化黑人"。这一单词意为学校教育会导致非洲人在精神上白人化。如此，在复杂地规定着个体身份的称呼之海中，主人公选择了哪个词语来表现自我，这就成了一个问题。

对谁说？

那么，叙述者在呼唤谁呢？对于用欧洲语言写作的非洲作家而言，他们的读者包括理念读者和现实读者。前者是激励创作的非洲同朋，后者则是非洲和西方的知识分子。然而，理念读者大多被排除在学校教育之外，因而也被排斥在作品之外。这样一来，作家最想倾诉的对象反而离作品最远。为了打破这一局面，直接与同朋对话，作家奥斯曼·森贝内（Ousmane Sembène）开始了电影制作。这种分裂感在贝亚拉这样的移民作家身上更为明显。要想成功，其作品就必须回应移民地社会的关心。如果该作品备受好评，作者的活跃状态就会传到故乡，从而作品也会被朗读或概括，以口头形式传递给同朋。

《名声扫地》中，叙述者称古斯古斯地区的居民为"我们"，称其他人为"你们"。而贝亚拉在真正意义上呼唤的，是梦想着逃离古斯古斯、叙述者用"我们"介绍的女性同朋们。在这个意义上，这部小说也体现了非洲文学的悲剧性扭曲。

然而，作家正是利用这种扭曲来写作的。对贝亚拉而言，主人公赛达的性别和国籍虽与自己相同，但民族和宗教却截然不同。假设这部小说只流通于喀麦隆国内，那么即使小说中没有明示主人公的民族，人们也必定会关心他者表象的问题，比如艾旺多人作家能不能谈论富尔贝民族，非穆斯林能不能谈论伊斯兰教。但实际上，小说首先流通于法国，因此批评中完全没有这样的剖析。人们只是将其视为一名非洲女性回应了法国社会对伊斯兰移民女性的关心的证言。可以说，人们只将这部小说理解为自我表现的作品，而忽略了他者表象的问题。贝亚拉凭借该小说获得了法兰西学院小说大奖，踏上了凯旋的道路。就结果而言，这一作品成功避免了被喀麦隆国内宗教和民族对立的争议所牵连的风险。这样一来，《名声扫地》便在后殖民制度中引出了替无法表达自我的人写作的可能性。这难道不是解决贾亚特里·查克拉沃蒂·斯皮瓦克（Gayatri Chakravorty Spivak）所说的"无法说话的属下阶层"问题的一种尝试？正因为贝亚拉不是穆斯林，所以她才能触碰穆斯林所不能谈论的禁忌，并揭示真相。

一直以来，贝亚拉对以男性为中心的社会进行着猛烈的抨击，而这正是因其在法国社会才得以实现。当时，喀麦隆的批评界由男性占据，他们对首次亮相的贝亚拉极为冷淡。直到后来贝亚拉在法国功成名就，他们才勉为其难地接受了她。而贝亚拉之所以能在喀麦隆经营孤儿院，也是因为她在法国立下了"赫赫战功"，从而在祖国享有了名家的地位。活跃在两大洲的贝亚拉的形象本身，和她的作品一起，有力地向女性同朋们诉说着她的主张并鼓舞着女性同朋。

作为女人

贝亚拉笔下的女主人公们无一不穷困潦倒，她们无法接受学校教育，也无法步入婚姻殿堂。在以男性为中心的社会里，她们被当作发泄性欲和生殖的工具，却只能保持沉默。贝亚拉文学作品的暗流中流淌着对"女人无法得到祝福"的愤怒，而这些都基于作者的真实体验。因为家境贫寒，贝亚拉从小无法和父母一起生活，是姥姥将她和姐姐抚养长大的。据说，贝亚拉的亲生母亲重男轻女，只对儿子进行教

育。因此，贝亚拉在小说中反复讲述了女儿不被母亲疼爱的悲伤。在
非洲文学作品中，母女矛盾这一主题极为罕见，可以说，这是贝亚拉
一个人不断求索的问题。但是，在《名声扫地》中，女性的自我意识
和伊斯兰教的父权问题，被放在非洲社会和法国社会两方面的语境中
加以解读。该书把焦点放在父亲对女儿的控制上，母亲则是对女儿疼
爱有加的慈母形象。

古斯古斯地区迎来独立后，当地的人们毫不费力地便接受了社
会的变化和宗教混杂的情况。然而，赛达失业在家的父亲却不顾时代
潮流，倾向于激进派。他说，接纳女婴是犹太教做的事，并不断念叨
着，如果女儿生来就是个死婴就好了。女人的身体是污秽的，男性优
先自是理所应当，父亲对此深信不疑。受其影响，女儿逐渐也将这种
价值观内化。有一天，赛达在生理期服侍父亲用餐时，父亲把盘子摔
在地上，责问她是不是想下毒。于是，"我（赛达——引者注）捡起
餐盘，躲进了厨房。因为我敬神，并且相信父亲的话"（Beyala, 1996:
163）。一家之主就这样牢牢地掌控着妻儿。明明四处举债的是丈夫，
但偿还债务的却是妻子。妻子不被允许和丈夫顶嘴，就连吃饭也是和
孩子分着吃丈夫吃剩的东西。不过，女儿并未完全接受父亲的权威。
她一味忍受着不管青红皂白都要揍她的父亲，并希望有一天能洗刷这
种耻辱。

主人公就读于古兰经学校，古兰经学校的地位在殖民地时期就不
如基督教学校。母亲认为法语是通往西方现代物质文化的通行证，希
望女儿学习法语，但父亲却不予理睬。在传统的非洲文学中，人们批
评西式学校会带来两代人之间的隔阂和轻视母语等弊端。但是，女性
作家们所关注的，是在此之前教育中的男女机会不平等问题。在《名
声扫地》中，主人公看着同辈的男生在外玩耍，自己却只能在一旁做
家务，感到十分痛苦。

就这样，对于求学之路被切断的主人公而言，美好的婚姻成了人
生目标。然而，只要女儿和男青年说话，父亲就强迫女儿做"处女检
查"，并逼迫男青年与自己女儿结婚。周围的大人们也对她恶语相向，
称她品行不端。主人公觉得这个不正当制裁的世界简直就是"地狱"。

"处女检查"是女孩的性受到大人暴力管制的屈辱象征，在贝亚拉的所有作品中，这一行为是几乎如同威胁观念一般出现的主题。

结果，到了"适婚年龄"还没有恋人的主人公，成了同辈们嘲笑的对象。母亲用自己仅有的钱给女儿准备相亲，但家境贫寒的女孩很难觅得"良缘"。有一次，古斯古斯地区流行霍乱，女孩爱上了前来检查的精英——卫生技术官员，但这位青年却对她不屑一顾。在主人公看来，两人所处的世界终究不同，她绝望地认为"自己只是在这泥沼里摸爬滚打"。父亲死后，这种四处碰壁的窘况终于结束了，母女俩第一次获得了思考和行动的自由。母亲打算筹钱把女儿送到法国，附近的药剂师知道后，给主人公开了一张有 10 年保证的"处女证明"，当作送别的礼物。

众所周知，记录非洲人留欧经历的文学作品数不胜数。其中大部分都是回乡非洲人的留法回忆录。此外，塞内加尔女作家阿米娜塔·索乌·法尔（Aminata Sow Fall）在《故乡的温柔》（*Douceurs du bercail*，1998）中描写了移民生活的艰辛，告诫人们不要把移民法国想象得太过美好，而是要在非洲扎根。与此相对，贝亚拉的独特之处在于，她从未考虑过返回非洲。贝亚拉反复强调，对于贫穷的女孩而言，非洲没有实现自我的地方，唯有远离。这也是《赤裸的安缦》（*Aman: The Story of a Somali Girl*，1994）等书中移民女性言论的共同特征。对此，喀麦隆的男性批评家安布罗瓦兹·库姆（Ambroise Kom）等人毫不掩饰自己的不快，他们认为贝亚拉过于倾向于西方女权主义，背弃了非洲（Kom，2000）。无论如何，贝亚拉的小说与卡马拉·拉伊（Camara Laye）等流亡男作家们笔下绵绵不绝的思乡之念毫不相关。

移民的现实

移民的现实很残酷。在那里，有人因没有身份证而惴惴不安，也有人因离开故乡而感到前所未有的孤独。这让人不禁怀念起早已被抛弃的非洲。在主人公做家政的雇主家，退役军人百般勾引，犹太女药剂师给她吃过期的食物；在寄居地，主人公作为保姆承担家务和育儿的工作，然而她的付出得不到正当的评价，雇主始终把她当成寄食者看待。和非洲一样，主人公每天都在屈辱中度日。

此外，伊斯兰教在主人公心里的地位是无与伦比的，但在西方世界却截然相反。在那里，伊斯兰教是少数派的异教，是引起不信任感的标志。与雇主加伦巴同居的法国人暗中称主人公为"阿拉伯人"，对她抱有戒备之心。此外，主人公不看电视，这是因为所有的穆斯林都被说成是狂热的信仰者。在各种各样的偏见之下，主人公反而对一直以来被内化的宗教、文化价值观产生了强烈的意识。如今，对主人公而言，"自己是忠实于伊斯兰教义的处女"这一点成了心灵的支柱。为了一睹"黑色圣母"的风采，附近多达三百人的移民闻讯而来。主人公在法国因"处女"这一女性特征再次被"神化"。

然而，西方价值观和赛达的信仰之间的矛盾，主要是在赛达和加伦巴的这段关系中产生的。加伦巴是一名知识分子，同时还是女权主义者和马克思主义者，她30岁，曾与法国人结婚，并生下独生女路易丝，但不久后婚姻破裂。加伦巴以替人代笔为生，独自抚养孩子，和一名与自己思想同频的新闻记者一起生活。赛达一方面对经济独立的加伦巴抱有憧憬，另一方面又看不起她的性意识。在赛达看来，"保持处女身份"是好婚姻的筹码，像加伦巴这样采取不婚立场的女人是堕落的象征。此外，加伦巴触犯了伊斯兰教女人所不能容忍的禁忌却无动于衷，对此，赛达拿出《古兰经》的段落对加伦巴进行批判。但是，加伦巴则认为，赛达年过40岁还是处女，简直难以原谅。两个种族、性别相同，而民族、宗教、阶层和思想各不相同的非洲女性是如何作为移民生活的，《名声扫地》对此进行了对比性描述。

当赛达在巴黎被亲戚赶出家门，流落街头时，一名叫作马赛尔的法国乞丐给她介绍了去加伦巴家当保姆的工作。后来，马赛尔对赛达表明了自己的心意，然而赛达认为他是异教徒且阶层比自己低，于是拒绝了马赛尔。不久，赛达认识了一名摩洛哥的穆斯林移民，并与他订了婚。就在两人终于要结合时，男人知道对方"真的是处女"，拒绝了她。这是因为这个男人性无能吗？（但是，主人公一开始就排除了这种可能性，因为她觉得穆斯林中没有性无能的男人）还是说，这个男人想要骗婚，但害怕欺骗"处女"会受到宗教惩罚？赛达无法断定。不管怎样，因为赛达是"处女"，婚事黄了。"从出生以来，我就一直（像马桶一样）充当着大家的便盆，我受够了。"生气的赛达想要杀死这个男人，但没能实现。加伦巴安慰着失意的赛达，告诉她："在非洲，被丈夫扇巴掌、被孩子恶作剧等都不算什么，女人的人生从一出生就已经被决定好了。但是，要想在法国作为移民活下去，就不能依靠男人，必须强大到自己的生活自己做主的地步。"她还劝说赛达去学习读书写字，两个女人终于和解。

重 生

"贝尔维尔联合国"为移民女性开设了识字班，在上学过程中，赛达体会到了学习的喜悦。在这里，女人们谈论着民族的神话，培养着同性之间相互理解的感觉。为了教育对性一无所知的赛达，同学们回想起各自的性屈辱岁月，坦率地讲述着受割礼的母亲，或是因婚前性行为受到指责甚至手脚被毁的女儿。就这样，赛达迎来了绝经。她一直坚守的"贞洁"最终没有为她带来结婚和生育的善果，赛达接受了这一事实，并终于摆脱了处女信仰。对于自己是"绝对信仰的牺牲者"一事，赛达在悲愤交加中选择了谅解。

就这样，赛达一直孤身一人生活在异国他乡。随着初夏的到来，赛达的心情也跟着再次愉悦起来。找回微笑、迈开步子的赛达终于接受了马赛尔的爱，并"获得了丢失30年的热情"，蜕变为一个焕然一新的女人。过去，赛达作为非洲人，奴隶贸易和殖民统治的屈辱始终让她耿耿于怀；如今，赛达告别了过去那个悲伤的自己，恰如"大疫终结，死者入土，得知自己幸存下来而抛开帽子欢呼的人"（Beyala, 1996: 397）一样，获得了重生的满足感。同时，赛达意识到自己强大且可靠，知道幸福就在眼前，于是与虽然贫穷但已脱离失业状态的马赛尔踏上了共同生活的道路。

这一结局包含了作者的下述想法：跨越种族和宗教的男女结合，展现了移民的社会融合之路。贝亚拉在描写移民问题的小说中，无一例外地肯定了这种不同种族之间的恋爱，特别是非洲女性和法国男性之间的爱情和婚姻。殖民地时期，男性作家在非洲文学中留下了许多以非洲男性和欧洲女性的恋爱故事为主题的作品，但几乎无一例外地赋予了其悲剧性的结局，展现了在殖民地状况下建立种族之间的人际关系是多么困难。独立之后，除了实施种族隔离制度的南非，男性作家几乎不再涉及种族间的恋爱主题。但是，女性作家们从探讨男女关系的角度出发，多次将不同种族之间的恋爱推上了审判台。其中大部分作品都以悲剧收场，凸显了婚姻生活中文化和习惯问题的重要性（元木，1985）。在近几年探讨移民问题的男性作家的小说中，我们也能看到不同种族之间的恋爱故事，但大多数也是以悲剧结尾，如刚果作家丹尼尔·比亚乌拉（Daniel Biyaoula）的《死胡同》（*L'Impasse*，1997）。可以说，贝亚拉是第一个对不同种族之间的恋爱做出相当保留却肯定描写的人。

与赛达的重生相反，加伦巴自杀了。因为贫困，加伦巴的姐姐为了供妹妹上学，工作劳累过度，最终病逝。从那以后，加伦巴便把努力发展非洲视为自己的使命，在自己家中开设了非洲知识分子沙龙。然而，加伦巴的努力并无成效，她感到了深深的挫败感。早在其他作品中，贝亚拉就已经严厉批判了"移民社会中的非洲男性知识分子以移民代言人自居，却只会夸耀谎言"的行为。而在《名声扫地》中，这种批判也指向了女性，贝亚拉尖锐地指出了加伦巴精英意识中潜藏的傲慢。

加伦巴认为，自己不过是被同居对象那知性的职业和经济能力所吸引，其实并不爱他，在感情上依然对离婚的前夫念念不忘。然而，她却在这样的情况下怀孕了。加伦巴虽然自称是女权主义者，但其实内心很想结婚并生个男孩，因为女孩的下场很凄惨，所以她打算如果是个女孩，就去堕胎。加伦巴重复着赛达父亲的诅咒。然而，面对不认可婚姻制度的同居对象，加伦巴无法提出结婚的要求，郁郁寡欢之后，她选择了在众人面前自杀，并将一切都坦白在遗书之中。

加伦巴说："非洲人注定会精神分裂。"乍一看，她似乎已经完全适应了西方的个人主义，但实际上，在非洲内化的价值观已经深深扎根于她的内心，这与理性上应该接受的西方价值观产生了激烈的矛盾。并且，加伦巴在骨子里就无法抹去蔑视民众这一反精英意识的情绪，无法肯定自己的出身，从而对非洲的状况感到悲观，最终患上了精神疾病。此前，贝亚拉也曾以生活在法国的非洲女性患上抑郁症并自杀为主题展开描写。作品中的主人公既有崇拜西方的富家女，也有受女权主义影响的移民家庭里的第二任夫人。它们均揭示了孤独个体想要归依西方价值观却无法实现的问题。森贝内率先在《黑人女孩》（ *La noire de...* , 1962）中描写道，人生活在异乡时，苦难和孤独会让人疯狂甚至产生轻生的念头。贝亚拉的作品中沿用了这一主题，后来这也成为比亚乌拉等移民作家追求的主题。

"名声扫地"这一书名意味着什么呢？首先，小说以主人公的"处女状况"走向为主线展开，由此可以认为小说表现了"女儿婚前失贞，全家蒙羞"的思想。此外，"羞耻"作为失去名誉状态的词频繁出现，这也是这部作品的特征。对穆斯林而言，女人的身体是可耻的，主人公为自己的身体感到羞耻，为自己贫穷的穿着感到羞耻，并"屈服于羞耻"而活着。此外，加伦巴还列举了卢旺达和索马里的纷争，感叹非洲的惨状，她指着自己房间天花板上模糊的影子，说道："那像极了我们，名声扫地。"因此，小说的标题正表明了非洲社会，尤其是女性所处的状况。

但是，"名声扫地"具有双重含义。因为小说中描写了一些反论性的事例，某些行为从特定的社会规范来看是极不光彩的，但对主体而言却意味着自我恢复。站在主人公父亲的立场上，女儿不结婚、不生男孩，还与异教徒一起生活是极其不光彩的，但对她本人而言，这是一条通往幸福的道路。在选择这条道路的过程中，主人公从长年困扰她的羞耻感中获得了自由。她不同意加伦巴对恢复非洲名誉的悲观看法，建议非洲人不要拘泥于非洲、欧洲等归属地，"让我们把自己想象成两颗种子，随风飘荡，不知下一秒将飘落何处"，并宣称，"不管我们是落在软土上、沙漠上，还是火山上、石床上，无论何处，我们都能生存下来"（Beyala, 1996: 379）。因此，小说将绝望至极的加伦巴之死评价为"体面回归"。

那么，加伦巴之死完全是徒劳吗？在小说的最后一章，赛达的梦中出现了加伦巴自杀的场景。在阳光下，加伦巴伫立在空地上微笑着，她的嘴渐渐裂开，喷出火光，将周围烧得一干二净。烧焦的土块变成了成千上万的小加伦巴。从梦中醒来的赛达认为，加伦巴并没有死。她拿起加伦巴的遗孤——路易丝给的护身符，独自在黑暗中微笑着。结尾的这一场景意味着，拯救非洲、建立幸福家庭这一加伦巴无法实现的梦想，被成千上万的小加伦巴所继承，它传给了赛达，也传给了路易丝。

一般而言，在贝亚拉的小说中，女主人公身边总是会安排一个极为重要的女性角色，或为挚友或为对手。两人的性格和境遇常常大不相同，或相爱或相恨，但无论如何都是强烈的相互依存关系，即使是敌对，最终也会和解。有时，女主人公会因自己对对方的同性恋感情而带有负罪感。此外，小说结局几乎都是对方死去，而主人公活了下来。或者可以说，对方死了，但在主人公身上获得了重生。有研究者将这种配对关系理解为一个人格的两个分身。在这种情况下，分身的死可以视作主人公新的自我统合。加伦巴看到开始上夜校的赛达，认为她是没有接受教育便抱憾离世的姐姐的转世。加伦巴死了，但赛达继承了她的梦想。就这样，赛达成了加伦巴及其姐姐的转世。因此，该小说可以解读为，在失去名誉的地方开始新的人生，在悲惨的死亡中获得新生的故事。

三、复苏之路

《名声扫地》出版后陷入了剽窃风波，相关人士指出该书抄袭了本·奥克瑞的小说《不满足之路》（*The Famished Road*，1991）。《名声扫地》开头处写有药剂师妻子将丈夫扔出家外的场景，这与奥克瑞的小说中酒馆老板娘将醉汉扔出店外的场景极为相似。而《名声扫地》在这一引发争议的地方并未明示与奥克瑞小说之间的关系，人们指责其违反规则也是在所难免。但是，这桩丑闻让我们觉得非洲作家之间存在某种关联性。迈克尔·奥克沃德（Michael Awkward）在《激励：传统、更正与美国黑人女性小说》（*Inspiriting Influences: Tradition, Revision, and Afro-American Women's Novels*，1989）中，阐述了美国黑人女作家挖掘前辈作家的作品，有意识地将其作为基础，并与之共生的倾向。这种关系在非洲文学作品中也能看到。例如，奥克瑞的《不满足之路》这一梦境与现实交错的作品，其中部分内容也会让人想起拉伊的《鼓手》（*Dramouss*，1966）和森贝内的《哈拉》（*Xala*，1973）。

在《不满足之路》中，"将醉汉扔出去的女人"因为她的"蛮勇"而被谣传是一位妖女，她被认为拥有魔力。而在《名声扫地》中，人们谣传"将丈夫扔出去的女人"之所以拥有怪力，是因为吸取了胎儿赛达的男性气质，但实际上，她是一个崇洋的现代主义者。这种传闻与真实的偏差，揭示了神话传说的虚妄性。贝亚拉从奥克瑞的作品中看到了印象深刻的场景，作为回应，她在自己的小说中也嵌入了同样的场景，并加以展开。

这两部作品的主题均为死亡与重生。据说精灵的孩子阿比克死后，又会寄生到同一个母亲胎中，循环往复。奥克瑞以这一传说为基础，描写了在精灵和妖怪横行的尼日利亚城市中，民众即使被击倒也要重新站起来与贫困顽强斗争的故事。这与贝亚拉的观点相通，即非洲的名誉将通过民众世世代代的斗争得以恢复。1996 年，出生于科特迪瓦的基蒂亚·图雷（Kitia Touré）凭借小说《平行的命运》（*Destins parallèles*，1995）获得日本讲谈社非洲野间文学奖，该作品中也贯穿着死亡与重生这一主题。图雷同时描绘了野心十足的年轻政治家、贫困大学生和生活在阿比让贫民窟的少年这三人各自的人生，而这三者究竟是同一个人人生的不同境遇，还是一个人的死亡与另一个人的诞生相连的轮回世界，图雷并未明示，而是给读者留下许多想象的空间。此外，这部作品是图雷作为后辈对同乡作家加斯顿·奥瑟南·科内（Gaston Ouassénan Koné）的小说《经历三种人生的男人》（*L'homme qui vécut trois vies*，1976）的回应。就这样，后殖民时代的作家们在受到前人或同时代作品启发的同时，向世人传递着同代人之间的共同感受。

以小说《名声扫地》为中心，我们看到贝亚拉作为后殖民文学的旗手，活跃在原宗主国的文学制度内部，在冒着作品被其统治意识形态回收的风险的同时，挑战制度的去殖民化。该小说描写了一个移民到欧洲的非洲女性从支撑她的文化、宗教价值观中解放出来，最终达到有信心"无论去往世界何处，都能活下去"的境界的过程。这其实是在呼吁非洲女性不要从丈夫、孩子等外部结构寻求自身存在的证明，要跨越宗教、阶层、文化和种族去爱，体验"现在，我就在这里"这样一种充实的幸福，活成一个"坚强的女人"。从而，恢复非洲名誉这一知识分子们目前无法实现的梦想，就托付给了这些重生的女人。不仅是贝亚拉，后殖民时代的非洲作家们也都有这样的展望：即使实现这个梦想需要好几代人的时间也无妨，因为自己的分身们会继续战斗，不断追逐这个梦想。而这场战斗的舞台不仅是作品和作家的实际人生，还是横跨非洲和原宗主国的整个后殖民领域。除了对这个时代的新感觉，贝亚拉还展望了最终建立超越种族歧视的人际关系。这也展示了未来的理想状态，即地球公民不受领土、血缘和历史的束缚，彼此宛如"随风飘散的种子"一般生活。

参考文献

元木淳子、1985、「マリアマ・バーの『深紅の歌』にみる国際結婚観」、『仏文研究』第 15 号、101—123 頁

元木淳子、1994、「フランス語公用語圏アフリカにおける民族語の文学」、『アフリカ文学研究』第 4 号、26—48 頁

元木淳子、2002、「アフリカ人女性作家と植民地主義」、山路勝彦、田中雅一編『植民地主義と人類学』、関西学院大学出版会

Aman, 1994. *Aman, The Story of a Somali Girl*. Toronto: Knopf.［高野裕美子訳、1995、『裸のアマン』、早川書房］

Awkward, M., 1989. *Inspiriting Influences*. New York: Columbia University Press.［木内徹訳、1993、『アメリカ黒人女性小説』、彩流社］

Beyala, C., 1994. *Assèze l'Africaine*. Paris: Albin Michel.［長島良三訳、1997、『涙、渇くまで』、角川書店］

Beyala, C., 1996. *Les Honneurs Perdus*. Paris: Albin Michel.

Kom, A., 2000. *Pays, exil et précarité*. Paris: Adpf.

Okri, B., 1991. *The Famished Road*. London: Jonathan Cape.〔金原瑞人訳、1997、『満たされぬ道』、平凡社〕

Touré, T., 1995. *Destins parallèles*. Abidjan: Nouvelles Editions Ivoiriennes.

Waberi, A., 1998. *Les enfants de la postcolonie*. Paris: Clef.

如何记忆和记录女性之声

——真相与和解委员会和女性的证言

楠濑佳子

1994 年，南非在终结种族隔离和白人少数派的统治时，并未将国家权力全部转移到多数派代表手中，而是选择了避免流血革命、寻求民族团结的道路。尽管在种族隔离所导致的残酷现实与对国民统一国家的期望之间存在巨大沟壑和各种矛盾，但长年来被剥夺了全部人权的非洲人民仍对即将到来的新时代抱有极大期待，因为新宪法中新增了一项法律条款，它保障受到种族隔离制度迫害的人们都能够享有平等权利。

如此一来，种族隔离体制下的人权侵犯事件该如何处理、被歪曲的历史该如何纠正等问题便亟待解决。1995 年 5 月，南非议会通过了"国民统一及和解法案"并成立真相与和解委员会，以处理具体的人权侵犯事件。该委员会发挥了历史桥梁般的作用——连接 1930 年 6 月 1 日至 1994 年 5 月 9 日这段过去和 1994 年 5 月 10 日后期望建成以尊重人权为基础的和平民主国家的未来。为了建立一个能够保证所有南非人民和平与安全的民族团结国家，首先必须根据受害者和肇事者的证词还原过去侵犯人权的全貌，并恢复公民的尊严。为了达成这些目的，委员会开始了记录历史证词的工作。

自 1996 年起，电视、广播、报纸等媒体不时报道真相与和解委员会的听证会，这更新了人们对于过去的记忆，同时也引发了众多争议。然而实际上，并无人知道委员会的证词对解决过去种族隔离制度所造成的问题发挥了多大作用。大量历史证词被汇编成厚达 2739 页的五卷本，并于 1998 年 10 月 29 日提交给了纳尔逊·曼德拉总统。

真相与和解委员会最初作为处理问题的机构成立时只设了两年期限，然而实际工作共花了六年时间，特赦委员会一直工作到 2001 年 2

月才宣告解散。相关人员在委员会上的发言将为重建当代南非历史提供重要材料，并将在广大公众的记忆中留下痕迹。

一、围绕女性的证言——特别公证会之路

1996 年 3 月，在暴力与和解研究中心等机构的协助下，南非金山大学应用法学研究中心举办了名为"性别与真相和解委员会"的工作坊，来自不同领域的众多人士参加了此工作坊。精神创伤咨询师、心理学家、律师、非政府组织的成员们及比勒陀利亚州议员和真相与和解委员会的成员们共聚一堂，基于对实际遭受重大人权侵犯的女性活动家的访谈材料，从性别角度探讨了揭露人权侵犯事实的重要性。此外，会上还提议与女性团体和媒体代表一同举办工作坊，并在真相与和解委员会下设立关于侵犯女性人权的特别听证会。此后，1997 年开普敦、德班和约翰内斯堡先后召开了女性特别听证会。然而，在东伦敦市这个严重侵犯女性人权的地方却并未召开听证会，可见真相与和解委员会并未重视女性特别听证会。但令人欣慰的是，研讨会的最终报告指出了这一不妥之处。

在上述应用法学研究中心的建议下，真相与和解委员会向为侵害人权事件作证的女性发出呼吁："大部分女性所述证词都是发生在家人或朋友身上的侵害人权事件，但她们自身也一直在遭受虐待。如果你们同样是遭受人权侵害的受害者，希望在作证时也别忘了说出自己的遭遇。"

然而在全部证词中，丈夫和家人被害案件的证词最多，占比达到 70%，其次为与虐待、暗杀未遂和刑讯逼供相关的案件。真相与和解委员会共记录了 21296 份关于侵犯人权的证词，其中女性证词有11271 份。从地域来看，开普敦的女性证词占其整体的 39.2%，德班占 65.9%，东伦敦占 43.7%，约翰内斯堡占 46.5%，总体上女性证词占整体的 54.8%。同时，开普敦 24.3%、德班 59.8%、东伦敦 23.9%的受访者和约翰内斯堡 30.7% 的受访者坦言自己也是遭到人权侵害的牺牲者，总体上占全体证词的 43.9%。

从这些数字中我们可以看出，女性更多地谈论发生在亲朋好友身上的事件，如丈夫、父亲、兄弟和儿子，而非谈论她们自己的情况，这正表明了整个社会都在依据性别规范将女性视为次要的存在。在涉及女性自身的证词中，有约85%的证词表明，由于她们的丈夫或家人被谋杀或监禁，这些女性的身心均受到了警察和社区的虐待。这是"沉默文化"的内化，即在父权制下男性负责政治活动等公共领域的活动，而女性负责家庭等私人领域以支持男性。同时，通过一目了然的性别权力关系，我们同样能够发现社会将女性置于从属地位这一现象。

因此，尽管有关女性自身遭受人权侵害的证词极少，但很显然许多女性不仅受到种族隔离政权内部掌权者的性侵，而且还受到反种族隔离运动男性领导人的性侵，这仅仅因为她们"是女性"。

就这层意义而言，真相与和解委员会就侵犯女性人权的问题设立了专门的听证会，积极听取女性的声音，努力揭示并记录女性所处的社会环境，这是值得肯定的。从南非流亡多年的反种族隔离活动家和文学评论家塞尔玛·洛维尔－平托（Thelma Lovell-Pinto）说道："女性在南非的解放斗争中发挥了举足轻重的作用，她们并不仅仅是母亲、妻子、女儿，而同样是参与变革的积极分子。而历史学家们却只盯着传统的'历史资料'，忽视了女性的发言，导致女性的贡献无法在历史上占有一席之地。"

谈论她们自己的个人经历需要很大的勇气，但这些女性终于正视了她们以前从未能够谈论的事实，开始讲述部分自身的故事。她们所讲述的事实，正是南非社会力图保留的性别歧视的鲜活证词，正是重建历史的重要文本。今后，她们的发言也将被重新看待。

女性证词之一——约翰内斯堡

1997年7月28日，在约翰内斯堡举行的女性听证会开场时，性别委员会主席滕吉韦·姆廷措（Thenjiwe Mtintso）这样说道：

> 共情女性所遭受的苦难，能够起到抚慰对方的作用。要知

道，哭泣和叫喊并非丢人之事。对女性的暴力还远未结束，真相与和解委员会报告的证词绝大部分来自男性。女性被视为次等存在，且家庭暴力丝毫未减。幼小的女孩和年轻的女性一直以来都在不断遭受性暴力，女性每天担惊受怕，根本无法获得安宁，也无法自由地在街上行走。这个国家并不存在真正的自由。因此，今天在这里，我们要回顾女性过去的遭遇，并相信能迎来更好的未来。

真相与和解委员会正是讲述和倾听南非人民的经历与痛苦的地方，它的作用在于揭露侵犯人权的行为，恢复人的尊严。但对于遭受强奸或性虐待的女性而言，在公共场合讲述自己的屈辱经历会使她们的尊严受到二次伤害，因而此前她们一直选择了沉默。此外，20世纪80年代的政治局势变得更加严峻，正如南非最大政党非洲人国民大会（African National Congress，ANC）成员杰西·杜阿特（Jesse Duarte）的证词所言："如果（女性）公开说自己被强奸了，那么就会被人说是卖身给了种族隔离体制。"因此女性迫于政治压力，即使遭到了强暴等性虐待也只能选择沉默。同时，这也是为了阻挠狱中女性的政治与社会活动而做出的集中攻击女性自我意识和性别意识的行为。强暴当然是反人类的罪行，然而现在实施强暴的男性却组成了"南非强暴者协会"来展示他们所谓的"男子气概"，这让女性始终生活在恐惧之中。

因此，女性在真相与和解委员会上的证言并不仅仅是对种族隔离时代发生之事的复述，更是对延续至今的"允许强暴的男性文化"的挑战。一直以来，无论是在政治运动中还是在日常生活中，有关性别的权力关系从不曾为人讨论，也正因如此，女性被迫保持沉默。就此而言，真相与和解委员会上的女性证词对于打破此僵局具有重要意义。

尽管在女性特别听证会上作证的女性人数仅占总数的一小部分，但我们必须记住，在现实中仍有许多女性活在痛苦之中。由于"沉默文化"的影响，她们害怕自己说出遭遇性骚扰和性虐待后引发的后果，而不得不保持沉默。

　　性别委员会主席姆廷措也应邀出席了听证会。她谈到女性对政治活动的参与，着重讲述了性别斗争的历史，并赞扬真相与和解委员会为建设新南非所做出的公正无私的不懈努力。然而，在真相与和解委员会讲述自己过去的经历时，女性极可能再次揭开几近痊愈的创伤，且使创口变得更大。事实上，根据开普敦"暴力与刑讯受害者创伤中心"的调查，1997 年在真相与和解委员会上作证的受害者中，有 50% 至 60% 的人们对此感到后悔，并且由于作证而面临各种困难。创伤中心的副主任托马斯·温斯洛（Thomas Winslow）对此提出了强烈批评："某种意义上而言，（证人）犹如小丑般供众人观瞻。"他质疑，对于受害者而言，真相与和解委员会是否真正发挥了有效作用。例如，有一位母亲因在委员会上看到儿子被虐杀的视频而精神错乱，昏厥后被送往医院。无论对于受害者还是加害者而言，再现活生生的现实都是令人极其悲痛的。

　　因此，创造一个能够充分理解证人并为他们提供精神支撑的社会环境就显得愈发重要。正如姆廷措所言，真相与和解委员会是一个"为民众提供发声机会、使被排挤者受到关注、为无权者赋权"的地方，它的存在也使女性更加紧密团结。

　　各种女性的证词表明，在种族隔离制度以及性别歧视和家长制的影响下，女性的遭遇与男性大相径庭，她们成了最悲惨的受害者。她们的证词首次揭露了女性在警察的刑讯逼供中不可避免会遭受酷刑，甚至强暴与性虐待。毋庸置疑，社会需要确保女性拥有身心疗愈的空间。

唐迪·谢吉的证词

　　我作为非洲人国民大会青年联盟和妇女联盟的成员参加了解放斗争，并于 1988 年 9 月被捕。此前母亲曾劝我逃走，但我知道，如果我逃走家人便会遭殃，因此并未那样做。当时连着来了数辆车，不知道的还以为是要来逮捕总统。他们大概是认定我持有枪支，警察将我揍得皮开肉绽后带到了警察局，之后他们不知给谁打电话报告说"恐怖分子已被逮捕"，并威胁我说"说出枪在哪，不然你小命不保"。然而实际上我对枪支一无所知。他们给我戴上手铐，用铁链绑住我的双脚，狠狠地殴打了我二三十分钟。

之后，他们拿袋子套住我的脑袋，将我带到了另一个房间。在那里，他们问我是在哪里接受的军事训练，当我回答"没有受过任何军事训练"后，便被他们拿冷水和酸液泼了一身，我的眼睛也因此坏了。当时袋子紧贴在我脸上，鼻孔也被塞住，只能用嘴巴呼吸，身体被电棍紧紧压住，我几乎窒息而死。因为没说出他们想要的答案，四个警察用粗俗下流的语言谩骂我并强奸了我。他们都是白人，说南非语。他们施暴的方式残暴到根本无法用语言来形容。事后，他们将我带去医生那里，但我的舌头肿得厉害，无法说话，他们便对医生谎称我是妓女，因试图逃跑而受了伤。尽管在 1988 年 12 月 1 日我被释放了，却一直遭到监视，邻居们也不敢和我接触。

以上便是唐迪·谢吉证词的概要。被强暴一事让她的身心受到了极大的创伤，然而她无法向任何人诉说，只能独自承受痛苦。直到不知不觉间她对孩子和父母的态度变得粗暴后，她才终于接受了心理咨询。通过打开心扉，说出埋藏在心底的过往，唐迪逐渐从创伤中痊愈。她强调，政府需要为拥有相同经历的女性设立女性中心，创建一个能够让女性通过倾诉自身遭遇而治疗创伤的场所。向人倾诉是心理治疗的特效药。对于男性而言，他们即使受到同样严酷的刑讯，也无需像女性般将遭遇的性暴力深埋心底，独自一人痛苦烦恼。

女性证词之二——开普敦

1998 年 8 月 7 日，女性特别听证会在西开普大学举行。该大学作为以开普敦为中心的反种族隔离斗争基地，在历史上具有重要意义。这里的许多人拥有相同的经历，他们一直以来都在为人权、正义及自由而奋斗。雪莉·古恩的证词便是其中一例，它告诉人们她是如何被剥夺作为母亲的权利，又是如何在此后患上创伤后应激障碍（PTSD）的。

雪莉·古恩的证词

1988 年 8 月 31 日，我正身处开普敦，是民族之矛（非洲人国民大会的准军事部队分支）的一员。那日在约翰内斯堡的科索之家公寓发生了一起爆炸事件，造成大量人员死亡、21 人受伤，报纸上刊登的照片令人毛骨悚然，我读到相关报道时感到极其震惊和恐惧。1989 年 1 月 10 日下午 4 点，我从广播中得知政府在豪登省北部城市比勒陀利亚宣布我是该爆炸案的嫌疑人，当时我正怀孕 8 个月。尽管此事与我毫无瓜葛，但我加入地下活动组织以来头一次感到了恐惧，简直像被判了死刑一般，一旦被抓住就会被杀死。地下活动组织纪律非常严格，因此我们首要考虑的是人身安全和纪律。然而，尽管民族之矛不曾有过任何炸毁诸如科索之家公寓这类场所的打算，但我最终还是和 16 个月大的孩子一同被逮捕了。我被关进了开普敦的温伯格监狱，之后再没有别人因此次爆炸事件被捕。我尽量让自己看起来足够冷静，最后由于不曾找到任何证据，我被释放了。

1994 年底，两名警察公开了事情的真相，证明这是当局阿德里安·弗鲁克（Adrian Flock）为了制造混乱而策划的事件。然而在这之前，我已经遭遇了严厉的刑讯逼问。审讯官详细盘问我的生平，他们知道我的一切，但说我是个非常危险的人物。我的孩子不知道被带去了何处，尽管我想尽一切办法请他们将孩子留在我身边，但他们没有同意。我以绝食抗议，然而无济于事，强烈的虚无感笼罩了我。监狱里的便盆就放在床下，污物一览无余，门是开着的，我不得不一直忍受着穿过铁栏杆吹来的刺骨寒风，而且他们始终不放松对我的监视。绝食一段时间后，我发现自己没有母乳了，考虑到这对孩子不好，我只能停止绝食。8 天后，孩子终于回到了我的身边，但他已十分虚弱。由于被关在单人牢房里，我完全无法与人交流，在这种状况下，我的不安与日俱增。孩子愈来愈虚弱，我只能请求就医，却仍遭到拒绝。尽管我最终被无罪释放，但在监禁期间遭到的折磨、亲子分离的痛苦都给我的精神造成了极大的创伤。

祖维达·杰弗的证词

为了让大家知道西开普及全国的女性身上发生了什么，我想说出自己的故事。我从罗德大学毕业后在《每日新闻》报社工作，1980 年成为《开普敦时报》的记者。彼时西开普正处于政治动荡之中，学生罢课、公交罢工、抵制购买肉类等事件层出不穷。1980 年 6 月 16 日和 17 日，即索维托起义纪念日这两天，大批民众在开普平原、艾尔西河、拉凡德山和里维斯等地被警察开枪打伤或打死，我采访了遇难者家属并将此事写成报道，指出大多数遇难者都是女性。读者们开始为受害者筹集资金，并组成了"受害者家属协会"，我看到许多读过自己报道的女性都积极发起类似的活动后，十分感动。然而，报道刊登两周后，我被逮捕并遭到了刑讯逼供，在没有任何逮捕理由的情况下，我已被打得鼻青脸肿、皮开肉绽。审讯紧随其后，这主要是为了了解我的经历，然而我在当时并无明确的想法与政治立场。刑讯的目的是迫使我承认自己是非洲人国民大会的一员，并查明该组织与何人有所联系。在经受了两天两夜的刑讯后，我被送至伊丽莎白港的监狱继续接受通宵刑讯，直至快要失去思考能力时，警察们才给我红茶、咖喱和米饭吃，并告诉我："你已经三天没合眼了，马上就撑不住了，快投降吧，投降啊。"这句话仿佛咒语般不断在我耳边重复，同时他们还命令道："快说，你到底认识非洲人国民大会的哪些成员？"他们威胁要将我从六楼的窗户扔出去，并狠狠殴打我。当我倒在地上时，听到一个声音对警察下令说："上了她。"尽管最后我并未遭到强暴，但在当时我已深深尝到了恐惧和死亡的滋味。在这种酷刑下，人们往往会屈打成招。

半晌后，我的手臂及血管开始肿胀，仿佛有虫子要破体而出，内脏也像要飞出来般难受。他们给我灌下毒药，用我进行人体实验，并命令说："你很快就会因心脏病发作而死，把你此前所有的经历都写在这张纸上。"每当我疲倦得快要睡着时，警察们就会一边大声怒斥一边用风扇扇我，迫使我继续写下去。然而当时的我并非非洲人国民大会的成员，也不认识任何人。由于不曾写出他们所期望的答案，我又被迫重写。

他们逼迫我说出《开普敦时报》军事部门记者的名字，并威胁要逮捕我的父亲。在说出记者们的名字之后，我的信念严重受挫，这也使我此后长年为屈辱感所困。1985 年遭到政治拘捕时，我已成长为一名活动家。获释后，我仍受到警察的骚扰。律师建议我离开此地避难，然而我无法将地域社会和家人抛诸脑后自己一走了之，况且考虑到流亡生活的艰辛，最终我并未离开。我抱着"只有让种族隔离体制消失，心灵创伤才会随之消失"的想法，更加坚定了成为一名全职活动家的决心。

此后，我担任了一家服装厂工会的秘书长。当开普敦宣布进入紧急状态时，共有三万人被捕，我也和其他众多女性一起，由于制作非洲人国民大会的党旗而遭到逮捕。彼时我正怀孕两个半月，警察威胁说若不提供情报，便给我灌下化学药品，将我的胎儿烧死在腹中。但是，即使顺利产下孩子，如果孩子知道自己是因为母亲出卖情报、背叛伙伴才得以出生的，那么孩子该背负多么沉重的负担啊。所以我始终拒绝提供情报。

监狱里的经历至今仍给我的精神留下巨大的创伤，梦魇始终挥之不去。然而幸运的是，在家人和公众的支持与帮助下，我最终得以重新开始自己的生活。

真相与和解委员会向祖维达表示了感谢："你为我们打开了一扇窗，让我们看到众多其他女性所经历的一部分。我们要礼赞那些不曾留下名字和不曾被历史承认的女性。"

女性证词之三——德班

1996 年 10 月 24 日，真相与和解委员会在德班的市民大厅召开女性听证会。20 世纪 80 年代，推翻了过去的历史、塑造了新局势的事件在德班频发。那是一段非洲人之间的冲突升级为流血事件的时期，暗杀与政治骚乱层出不穷，并一直持续至 1985 年。

1. 弗吉亚·特纳的证词

1971 年，弗吉亚·特纳违反《种族分区法》《禁止跨族婚姻法》和《背德法》，在律师兼活动家伊斯梅尔·米尔和他同为活动家的妻子法蒂玛·米尔家中，与理查德·特纳结为夫妻。他们不曾将政治活动与自己的生活分开，友人们因而为他们的婚姻担忧。依据那些毫无道理的法律，等待这对新婚夫妻的将是逮捕、监禁或流亡，但因害怕遭到逮捕而放弃自己所爱之人有违理查德的信念。他于 1970 年担任纳塔尔大学的讲师，并不断在校园内发表有关黑人权利的演讲，理查德便是在这种场合下与弗吉亚邂逅的。他的演讲十分出色，很有说服力。当时正值群众积极参与抗议活动的年代，人们发起众多活动要求释放被监禁者。理查德一直处于警察的监视之下，花束里被偷放炸弹、在家中的谈话遭到窃听、汽车上被放置炸弹等事件层出不穷，他的人身安全不断受到威胁。最终，他受到 1978 年之前禁止活动的处分，五年内的一切行动均遭到限制。

1977 年时，理查德成功获得赴德留学的奖学金，然而南非政府以他受到禁止活动处分为由，拒绝为其办理护照和出国许可证。在德国友人们的帮助下，理查德终于成功离开南非；同时，弗吉亚也通过乔装打扮设法离开了南非，与理查德在博茨瓦纳会合。然而，好景不长，警官最终将其押回了南非，可见弗吉亚的一举一动也在警察的严密监视之下。

2. 法蒂玛·米尔的证词

法蒂玛长年担任纳塔尔大学社会学系的教授，几年前从大学退休后一直忙于写作和演讲。她是"黑人研究所"的创始人，早早就开始了黑人女工的生存现状调查研究。自 1946 年左右起，她开始联合印度人对种族歧视法律实行非暴力抵抗，并加入了纳塔尔印第安人大会。1948 年，非洲人国民大会和纳塔尔印第安人大会的女性首次团结起来，这为女性团体的行动奠定了基础。

20 世纪 50 年代以来，法蒂玛与丈夫伊斯梅尔·米亚和纳尔逊·曼德拉等人共同参与了反种族隔离的活动。她于 1954 年首次受到监禁，并在未经审判的情况下被政治拘留。同年，其丈夫由于南非共产党员这一身份而同样受到监禁，并于 1956 年以叛国罪与曼德拉一起入狱。

法蒂玛发起的活动主要是向非洲人聚集区卡托·马纳地区的居民免费分发牛奶，并成立了德班地区的女性同盟。在种族隔离制度进一步加强的 20 世纪 60 年代和抵抗斗争开始的 70 年代，她始终不曾放弃，一直积极参与斗争。1976 年，法蒂玛先后受到了两年及五年的监禁，此后被捕入狱。

法蒂玛被捕的主要原因在于她成立了德班的黑人女性同盟，并被选为第一任主席。该同盟组织了一系列帮助女性经济独立的自助活动、水源保障活动、教育活动等，也因此全员皆遭到拘禁。当时她正在德班－韦斯特维尔大学就读的儿子与女婿同样被捕入狱，即使在获释后也受到了监禁，因此若想与他们取得联系，法蒂玛必须事先申请并获得许可。她的儿子拉希德被拘禁在家中五年，无法继续学业，因而被迫开始了 14 年的流亡生活。

1977 年，出现了一起有预谋的针对法蒂玛的暗杀事件。首先，她家的车库被人纵火，当她走到门口查看情况时，凶手开枪射击。一位碰巧来访的朋友由于先一步走到了门口而中弹受伤，但凶手在开枪的同时大喊着法蒂玛的名字，显然这是一起针对法蒂玛的有计划性暗杀事件。

1985 年，犯人们在针对法蒂玛的二次纵火时被逮捕，但其中一人自杀了。对此，法蒂玛说道："我至今仍在努力理解这一自杀到底意味着什么。我常问自己，这位年轻人是否被种族隔离政权所利用，向自己的熟人、一起活动的人纵火而陷入了自我憎恶中，最终导致了这起悲剧。"

彼时正值南非国民党政府加强种族隔离制度并宣布进入紧急状态的时期，居民们由于反对房租和交通费的上涨而进行了一系列抗议运动。法蒂玛等人为遭遇暗杀身亡的维多利亚·穆索格举办了一次追悼会，然而，他们在会上遭到因卡塔自由党成员的袭击，8 人不幸遇难。法蒂玛不仅陈述了这一事实，而且向真相与和解委员会呼吁道："真正的罪魁祸首、真正的组织者、真正的种族隔离制度建设者恐怕都在真相与和解委员会的应对范围之外。或许，委员会需要重新看待彼时报纸与法院所承担的责任。"

法蒂玛之所以这样呼吁，是因为发生在她身上的事情不仅未被如实报道，而且还遭到了恶意歪曲。这些毫无根据的歪曲报道对法蒂玛及其家人皆造成了极大影响，因而她对此愤怒不已。"我丈夫因叛国罪被捕时，拉希德才出生三个月，这对孩子的成长造成了不可磨灭的影响。许多朋友与伙伴知道我们在与政府抗争后，都来帮助和安慰我。"

法蒂玛说，真正的罪魁祸首应当被曝光并受到惩处，但更重要的是，是女性的团结使她得以生存。

每个人都希望今后有一个宽容的文化环境——在真相与和解委员会上的证词与报告能够得到应有的重视、众多受害者能够得到救赎、过去犯下的大错能够被原谅。如果真相与和解委员会的目标得以实现，南非将真正重获新生，但这并非易事。

仅在该委员会上报告的女性的各种证词就已继承非洲文学的口承传统，构成了非洲的叙事文学。此外，真相与和解委员会上的证词也越来越多地被用作当代南非文学的素材。

二、作为南非文学的素材——是否可记录？

这种状况也开始影响南非文学。在此前的种族隔离时代，非洲作家会因发表有关人类尊严和抗议社会不公的作品而遭受审查、禁发、监禁和流放等折磨。由于他们在国内被剥夺了表达的平台，南非文学的舞台一直被纳丁·戈迪默（Nadine Gordimer）、约翰·马克斯维尔·库切（John Maxwell Coetzee）和安德烈·布林克（André Brink）等白人作家所占据。但是，那样的时代已终结，在无论什么民族与人种，所有人的表达权利都能够得到保证时，社会的不公与种族歧视便不再是作家们的热门主题。如今问题在于，非洲人也好、白人也罢，作家们到底在写些什么。

在关注过去发生的暴力与牺牲的同时，作家们也开始关注因种族隔离制度的遗留而产生的新问题，即在新社会的建设中人们如何看待与对待过往的牺牲，以及如何促进种族和谐共存这一新主题。许多作家试图通过作品促成非洲人与白人间的和解，例如戈迪默的《家藏的枪》（*The House Gun*，1998）、安奇·克洛夫（Anki Croffle）的《无聊的国家》（1998）等。辛迪薇·马戈那（Sindiwe Maqona）于同年出版了一部名为《母亲致母亲》（*Mother to Mother*，1998）的小说，全文由书信体构成，讲述一位非洲母亲为理解自己杀害了白人女性的儿子，而致信这位母亲一事。此外，简·泰勒（Jane Taylor）还写了一部名为《乌布和真相与和解委员会》（1998）的舞台剧，试图通过该剧的上演来缓和种族隔离受害者与加害者之间的情感对立。文坛中的每位成员都开始从自己的立场与角度描绘南非的社会和政治状况。

如此一来，种族隔离的受害者与加害者的证词便为当代南非文学提供了新的题材和方向。尽管新宪法中新增的法律措施能够保障在种族隔离制度下处于不利地位的人们享受平等权利，但如何消除种族隔离制度中被害者与加害者的情感对立仍是一大难题。可以说，后种族隔离时代南非文学的特征，便是作家们皆试图厘清其中极为人性的部分。

就这层意义而言，马戈那的《母亲致母亲》或许可以说是基于女性日常对话并继承了口承传统文化的一个尝试。

《母亲致母亲》和真相与和解委员会

马戈那在其小说《母亲致母亲》中探讨了种族隔离制度的加害者与受害者之间的关系。该小说改编自 1993 年 8 月 25 日开普敦古古乐图地区发生的一桩真实事件，事件的受害者是一位名叫艾米·比尔的美国白人女性，犯罪者是阿扎尼亚人民解放军（Azanian People's Liberation Army，APLA）的成员，这是一个泛非主义的学生组织，以杀害白人为运动方针。

当时，南非在联合国等世界团体帮助下，正为将于第二年 4 月举行的史上首次全种族制宪议会选举做准备。当时从斯坦福大学毕业的艾米·比尔获得了富布赖特奖学金，正作为西开普大学的交换留学生帮忙做选举的准备工作。占总人口 75% 以上的非洲人民长达 300 多年的时间里一直在自己国家居于从属地位，既无选举权，又无市民权。因而，为了保证选举的公正，在准备阶段中，需要确保这些被剥夺了教育机会、无法读写的非洲人民知晓投票流程，并了解选举的机制和意义。同时，也为了避免选举时出现混乱，众多志愿者在各地的学校与公民馆内举办了选民登记及模拟选举等活动，以帮助人们了解如何投票。当时，各政党已开展了一系列激烈的竞选活动。

艾米在结束西开普大学为期十个月的研修，即将返回故乡加利福尼亚州之际，于非洲人居住区古古乐图惨遭杀害。她原定回国后前往美国罗格斯大学研究生院继续深造。

1993 年 8 月 25 日，即事发当天，朋友们在西开普大学为艾米举办了一场欢送会，会后她开车将朋友们送至古古乐图地区，艾米便在那时不幸遇难。一群年轻人向艾米的车子投掷石块，迫使她停车，数十人将车子团团围住。在当时的乡镇上，为了表达对长年统治南非的白人们的愤怒，加入泛非主义大会的年轻人们以"一个白人殖民者，一颗子弹"为口号，开展了一系列斗争。他们将艾米从车上拖拽下来，用砖头狠狠敲打她的头部，最后用匕首杀死了她。其间与艾米同车的非洲朋友们大喊道："她是我们的伙伴！"然而无济于事，他们毫不听劝。朋友们将艾米送至警局寻求帮助，但她没能挺过来，生命永远被定格在 26 岁。

刺杀艾米的主谋是一位名叫蒙吉兹·蒙吉纳的青年，他通过杀死白人向种族隔离政权发泄自己的不满，此外还有三人参与了刺杀，其中一位名叫穆吉科纳·诺菲梅拉的青年在真相与和解委员会上坦言："我们相信只要杀死白人，就能从他们手中夺回土地。"恩托贝科·阿姆夫罗斯·佩尼在会上说道："很不幸，事情就这样发生了。当时，我们接到支援阿扎尼亚人民解放军的命令，他们为了推翻当时南非的统治而展开了诸如烧毁政府的车子之类的斗争。演说者告诉我们，所有白人都是敌人。"

他们是泛非主义大会学生组织（Pan-Africanist Student Oraganisation，PASO）的成员，刚刚在 PASO 的集会上听了一场激进的演说。艾米在他们情绪高涨之时极不凑巧地来到古古乐图，正好给了他们付诸实践的机会。彼时泛非主义大会的方针是鼓励成员们表达对白人的仇恨与厌恶，之后泛非主义大会承认该战术是错误的，因为它明显是针对种族的谋杀。

换言之，只因是白人，艾米便惨遭杀害。仅出于"白人夺走了我们的土地"这一理由，泛非主义大会的成员们便不分青红皂白地将所有白人都列为杀戮对象，但我们尚不清楚艾米是否由于被视为夺走非洲人民土地的白人们的代表而被列为目标。无论如何，他们的首要目的是推翻当时乡镇的统治，换言之，该战略作为解决积年种族矛盾的一种手段，意欲挑起非洲人与白人之间的战争。

但是在 1994 年，南非避免了种族战争，实现了向种族和谐社会（彩虹民族）的和平过渡。错误百出的政治方针高涨时期，艾米不幸踏入了一个针对白人的猎杀之地。艾米之死成了防止种族战争升温的契机，同时也让人们理解构建种族和谐社会的重要性，并成功阻止了对女性的暴力与虐待。

杀害艾米的四人皆为 18—22 岁的年轻人，尽管被判了 18 年徒刑，但他们在真相与和解委员会上作证时说，他们的行动是作为改变南非政治局势的政治行动而被命令实施的，同时申请了特赦。事实上，他们的申请获得了批准，最终四人被释放。

《母亲致母亲》的结构

《母亲致母亲》的作者辛迪薇·马戈那从小在开普敦的古古乐图地区长大，小说的背景便是此处，但她于 1981 年 8 月离开南非赴联合国担任社会工作者。艾米事件发生时，她正在联合国工作，通过报纸文章了解到该事件。当得知事件就发生在她从小生活的古古乐图镇时，马戈那感到相当震惊，于是她开始收集相关资料，并试图从一个母亲的角度思考这个问题。

小说《母亲致母亲》以犯罪者的母亲写给受害者母亲的书信的形式构成，时间限定在 1993 年 8 月 25 日和 26 日两天。在小说中，犯罪者及其家属的姓名与真实人物的姓名不同。

马戈那在小说的序章中写道：

> 人们对这一事件所产生的悲痛、愤怒及对比尔一家的支持达到了前所未有的程度。……在这种情况下，我们通常能够了解受害者的许多情况，例如受害者的家属、朋友、工作、爱好、希望和抱负等等，比尔的事件也不例外。
>
> 但是，我们能否从犯罪者的世界得到教训？我们难道能够推翻实际孕育并培养出艾米·比尔与安德鲁·古德曼这样品质的人的世界吗？杀害这名年轻女子的人们的世界是怎样的呢？与她年龄相仿的年轻人的世界又是怎样的呢？他们所处的环境是否无法使他们拥有更高的理想，反而使其成为迷失在恶意与毁灭中的生物？

马戈那将目光转向犯罪者的世界，试图找出不能简单将年轻人视为"罪犯"的复杂的社会结构，以及因种族隔离制度所产生的非人世界的根源。杀害艾米·比尔的年轻人实际上有四个，但在小说中只限定为一人。该书通过他母亲的记忆，试图探讨驱使他成为杀人犯的原因。

关于这部作品，马戈那说道："在《母亲致母亲》中，犯罪者的母亲陷入困惑与悲伤之中，她通过回忆检验了儿子的人生与世界。尽管她边想象被害者母亲的痛苦边与其书信交流，然而实际上是其自身在寻找答案，是其自身想要描绘出儿子的形象与他的世界。同时，她还抱有一丝希望，如果能够理解儿子的世界、理解自身的苦恼，或许也能够减轻受害者母亲的痛苦。"

马戈那借用叙事手法，描绘出犯罪者的母亲及其家人的生活，同时通过对非洲人社区的刻画，使该作品更加真实。书中批判了构成种族隔离制度根源的种族歧视，如种族分区法、班图人教育法、班图斯坦政策等，并揭示了乡镇所产生的制度性暴力。换言之，作者认为，统治着非洲人的种族隔离制度有意制造了人类的残忍与犯罪。作者在书中将杀害艾米的暴力解释为国家压迫机制下的政治行为暴力，并将其与一般的暴力区分开来，即作者意图强调无论是加害者还是受害者，他们都被置于种族对立的极端状况之中。如果不理解这一点，那么非洲人就是单纯的犯罪者，白人就是单纯的受害者，我们便无法厘清他们之间更深层的关系。非洲人也好，白人也罢，无论对哪方而言，这都是种族隔离制度这一特殊情况所导致的悲剧。下列内容便很好地反映了这一想法："我越来越相信，令爱一定是那种认为只要自己的行为是出于好意，就不会有任何危险的人。这便是令爱的弱点。"遭遇谋杀的艾米被视为一个无辜而乐观的人。因为，南非的白人基于历史经验在任何生活领域都绝不会越过种族界限。犯罪者的母亲在信中进一步强调了这一想法。

> 令爱没有在学校学习吗？难道她不知道这是一个只有黑人居住的地方吗？……你应该警告她，你应该警告她远离古古乐图。你应该告诉她，这不是她的地方。对于像她这样的人而言，这里并不安全。她为什么要靠近这儿呢？为什么？

白人生活在他们自己的地方，只考虑自己。而我们生活在这里，互相争斗、互相残杀。这就是我们必须做的事情。难道令爱不知道，报纸上每天都有在乡镇发生杀人案件的报道吗？

马戈那书写的暴力是在种族隔离制度下发生的，这与非洲人受到的压迫和不公有着密不可分的关系。这一解释勇敢地挑战了新南非的禁忌问题，但它并未质疑艾米·比尔与南非的关系以及她的态度或她的白人身份，而是仅仅质疑了种族对立这个顽疾。

此外，犯罪者的母亲还称呼受害者的母亲为"姐妹母亲"，并要求妇女之间团结起来，以分担母亲的痛苦和分享对孩子的爱，这样的关系有可能吗？仅通过揭示非洲乡镇的生活，是否足以为她儿子赎罪？再加上该书借书信体进行叙述，这就更难使人摆脱这样的印象：犯罪者的母亲将自己自以为是的解释强加给受害者的母亲，要求对方单方面理解她。

然而，马戈那强调"我们不是用文字书写民族"，并认为这种以叙事文学的方式描述大家记忆犹新的事件的过程，也可以帮助我们了解过去，处理它的后遗症，创造一个新的民族叙事，尤其是在南非这样一个依据种族隔离制度划分人们的种族、民族和居住地的国家。但再多的暴力也无法摧毁人们的记忆和观察能力，正是这种力量成为南非社会变革的源泉。

就这层意义而言，叙事文学能够成为一种普遍真理，重新解释历史并将其传递给未来。马戈那对犯罪者母亲的真实叙述证明了非洲人民对被种族隔离制度剥夺生存权利的愤怒与痛苦，也证明了人类之爱的存在，人们相互帮助、相互关爱、相互鼓励以走出困境。对被害者母亲的叙述，是为了让人们理解非洲人所经历的历史。

这也印证了每个人都是环境的受害者、每个人都是历史的见证人这一主张。我们能够通过向他人倾诉来消除苦恼，只要知道有人在倾听和关心自己，便足以抚平痛苦。就这层意义而言，犯罪者的母亲确实有必要与艾米的母亲沟通交流。

三、结　语

如此看来，无论是真相与和解委员会上的证词，还是文学作品中描绘的女性形象，都通过女性的声音揭示了她们的真实处境，成为重构历史不可或缺的重要资料。如果现在处于过去的连续线上，而历史是通过对过去的不断重构而被改写的，那么我们也必须不断确认历史是为谁而写这一观点。

尤其是在南非，由于种族隔离制度，人们始终从白人统治的角度来叙述历史。多年来，非洲人民被剥夺了所有人权，并被故意从历史中抹去和歪曲。如何改写被种族强迫观念所束缚的历史，是审视过去、重构现在与未来并塑造民族国家的一项重要任务。但若只是从统治者的历史观转向被统治者的历史观，那么我们仍与过去相同，都被种族强迫观念所束缚着。若偏向某一种族，或偏向男性中心主义的历史，那自然也无法从整体上把握社会。若要实现南非宪法中所描述的没有种族歧视和性别歧视的民主国家，那么重建历史是不可或缺的重要工作。

2001 年 8 月 27 日，南非教育部终于正式启动了南非历史项目，通过编写历史教科书、建造历史博物馆等措施，正式着手改写南非现代史。为了将过去在历史中处于"看不见的存在"这一身份的人们转为"看得见的存在"，不仅需要历史学家和专家，而且需要集结大量各领域的智慧，还需考虑从各个地区收集历史材料和信息，并采访历史的见证人以澄清事实。

因此，不仅是历史学，还需要文学、社会学、宗教学、自然史、博物学、人类学、政治学、女性学等学科领域开展合作。为了形成新的民族国家的价值观与道德观，如实记录历史记忆的工作已然步入正轨。①

---

① 本文中出现的真相与和解委员会的证词均来自开普敦真相与和解委员会的录音带，该录音带为笔者 1998 年访问开普敦真相与和解委员会时所得。

参考文献

Truth and Reconciliation Commission and the Department of Justice, 1998. *Truth & Reconciliation Commission of South Africa Report*. https://www.gov.za/sites/default/files/gcis_document/201409/trc0.pdf.

Magona, S., 1998. *Mother to Mother*. Cape Town: David Philip Publishers.

"扩散的声音"的文化
——基于刚果民主共和国和喀麦隆的田野调查

木村大治

引 言

1993 年 9 月,笔者完成在喀麦隆的调查后,在杜阿拉乘坐喀麦隆航空公司的飞机途经旧扎伊尔[①]首都金沙萨前往肯尼亚首都内罗毕。

笔者后排的座位上坐着三个扎伊尔人,他们正在高谈阔论。虽然他们不曾明确表明自己从何处来,但听到他们所说的林加拉语[②]后,便可确信他们是扎伊尔人无疑。他们的声音十分响亮,而且不仅响亮,还非常欢快,你来我往好不热闹。他们的说话声强烈地唤起了笔者对扎伊尔的思念,笔者就这样沐浴着林加拉语,沉浸在怀念之中。

在赴喀麦隆前的 1986 年至 1989 年间,笔者一直埋头调查住在扎伊尔热带雨林中的邦干多(Bongand)农民。彼时,笔者打算调查暂告一段落后先行离开,待完成博士论文后再立刻回到邦干多村继续调查。笔者在这个村庄里结交了许多朋友,还请他们帮忙盖了一幢相当不错的屋子。然而,由于 1990 年之后发生的政治与经济内乱,笔者无法继续在扎伊尔进行田野调查。离开扎伊尔已经十多年,笔者至今仍无法踏上扎伊尔的土地。直至今日,笔者仍不时梦回邦干多村,同人们用林加拉语互相交谈。

然而,这一怀念之情在到达金沙萨前便消失了。邻座的两名年轻德国女性频频皱眉看向后方,仿佛在说"他们在搞什么啊?"而笔者自己在怀旧之情褪去后,同样感到吵闹不堪。当他们在金沙萨机场下

---

① 即现在的刚果民主共和国。

② 以刚果民主共和国西北部及刚果共和国为中心使用的通用语(lingua franca),也是刚果民主共和国的通用语之一。

飞机时，笔者多少松了口气。

在唤起笔者记忆的各因素中，最强烈的便是扎伊尔人的说话方式了。然而，类似这般对他人的直观印象，似乎极少成为人类学中被认真探讨的主题，这大概是由于记载对人的印象过于幼稚，且可供分析的线索也较少。[①] 但若将对特定人群的特质之记述作为人类学的最终目标之一，那么我们便无法忽略它。本文主要以说话方式为线索，尝试提炼出使人们产生特定印象的"对他人的态度"。

这一观点对于本书的主题——描写后殖民主义的状况而言也同样重要。这是因为我们对他人的直接印象建立在欧洲人看待非洲人的眼光（反之亦然）的基础上，即建立在"这群人就是这样的人"这一认知上。然而，尽管迄今为止的对非研究已记述了其政治和社会状况，但对于欧洲人与非洲人面对面的交流与谈判这般发生在眼前的行为却极少关注。本文虽无法填补该领域的空白，但笔者期望通过比较欧洲人与非洲人对他人态度的差异，来记述非洲过去及现在的部分状况。

图 1　邦干多的地理位置

笔者将在下文中记录在非洲遇见的两个群体——旧扎伊尔的班图农民邦干多人及喀麦隆的狩猎采集民巴卡人（Baka）（图 1）的极富特

---

① 诚然，既有研究已从多角度对"对他印象"的形成进行过研究，如在社会语言学与对话分析领域进行了语言相关的研究、在人体动作学领域进行了表情与动作相关的研究、在空间行为学领域进行了定位相关的研究等。然而，这些研究均着眼于研究者本身所属的社会（例如美国中产阶级），而较少从正面探究跨文化。

征的说话方式。在他们的日常互动中，尤其是在他们的说话方式中，笔者感到一种极强的不适感，或者说是巨大的差异感，而笔者研究的出发点也通常就是这种不适感。

一、投掷式说话——邦干多的事例
一个充满声音的村庄

彼时笔者住在邦干多的雅利桑加村，在协助笔者研究的当地人对面盖了自己的房子。此前借住在协助人家中时，无论笔者做什么都能引来人们好奇的目光，因而始终无法静下心来，倘若是在自己家中，大概能够专注研究工作了。然而事情并未如笔者所料般顺利，即使在自己家中，屋外的声音仍然会穿墙而入。

例如在房子竣工后不久，工人们仍在周边挖掘树根，笔者能够听到他们的说话声。他们的声音响亮且极富穿透力，从不间断，还不时响起莫名其妙的欢呼声。由于笔者是他们的雇主，无法在他们工作时要求他们保持安静，因而只能戴上立体声耳机，试图通过音乐来中和他们的声音。甚至当笔者因发烧无法与人见面而关上门窗在家中睡觉休息时，还会从屋外传来数声"邦代尔（邦干多语，指白人）在睡觉！"的叫喊声，当然这并非指笔者，然而笔者仍不得不发牢骚说："别烦我了。"

邦干多村就是这样一个充满了各种人声的地方，哪怕只是坐在家中，也能够毫不间断地听到人们的说话声。中年女性在对面单坡房屋楼顶的厨房中大声说着什么，孩子在大声哭喊着，壮年男子宛如演讲般大声说着话。笔者将这些声音统称为"背景说话声"。

思考这些说话行为所具有的意义时，首先面临的问题便是交谈者能听取这些声音中的多少内容。就结论而言，在同样大小的声音下，他们能够听取内容的占比远高于日本人。这是因为他们的语言是一种声调语言，换言之，即使是用相同字母写成的单词，若声调不同，则含义也大相径庭。例如在声调语言林加拉语中有 mábélé 与 màbèlé 这两个单词，但前者为"土壤"之意，而后者则是"乳房"一词的复数形式，因而他们只需根据声调便能在很大程度上理解话语的意思。除了用嘴巴发声外，他们还能使用传讯鼓①、手指和手掌圈成的笛子等道具进行流畅的对话。因此，即使是从远处传来的微弱声音，只要能听清音调，再与说话的情景相对照，就能理解其中的内容。

投掷式说话

笔者将邦干多人的说话形式按照"正常大小的声音"和"响亮的声音"以及"拥有特定对象"和"没有特定对象"这两个基准分为四类。

（1）"正常大小的声音且拥有特定对象"的说话形式＝一般的面对面谈话

（2）"正常大小的声音且没有特定对象"的说话形式＝自言自语、婴儿的啼哭等

（3）"响亮的声音且拥有特定对象"的说话形式＝远距离谈话

（4）"响亮的声音且没有特定对象"的说话形式＝投掷式谈话（后述）

在收集语料时，笔者注意到他们的说话形式在此四类中自由变换。对日本人而言，例如在面对面交谈中突然需要呼喊远处的人时，我们将"调整心态"后再呼喊，可以说在"面对面的对话"模式与"呼喊远处的人"模式之间隔着高高的门槛；然而对于邦干多人而言，从小声到大声、从拥有特定对象到没有特定对象，他们在说话时始终不断地变化着。这一点从以下的事例中就可以看出：

在厨房中面对面小声交谈的女性越说越激动，开始用整个村庄都能听见的响亮声音大声说话。

数人正在房间内谈话时，隔着土墙的隔壁房间的人突然插话进来。

两个男人从道路的两端相向而行，一开始由于距离较远而互相大声说话，随着距离越来越近，声音也逐渐变小。二人擦身

---

① 一种开衩的细长大鼓。敲击位置不同，发出的鼓声也高低不同。

而过，却没有停下脚步，交谈也不曾中断。他们头也不回地说着
话，渐行渐远，直到听不见对方的声音时对话才结束。

这些事例表明，对邦干多人而言，非面对面的对话及没有特定对
象的对话皆不过是面对面对话的自然延伸罢了，而无特别之处。

在上述四种说话形式中，最有趣的是第四种，即"响亮的声音且
没有特定对象"这一说话形式，下文将详细论述。邦干多的村庄沿着
公路呈窄长形延伸，每家每户的屋前都有一个宽敞的庭院。有时，会
有成年男性站在庭院中央，开始大声说话，声音响彻整个村落，他们
称这一说话方式为"博南戈"。当笔者询问什么是博南戈时，邦干多人
给出的"官方解释"为："向同一宗族的人告知新闻或传授知识。"

在调查之初，笔者曾将此说话方式称为"演讲模式"，然而不久后
笔者便发现"演讲"这一说法并不合适，原因有以下几点。首先，尽
管说话者相当投入与专注，听话者却并未对说话的内容表现出任何兴
趣。以日本人为例，尽管选举候选人在车站前发表热情洋溢的演讲，
我们有时也会仿佛他们不存在般径直从旁走过。邦干多人对博南戈的
态度如出一辙。每当博南戈开始时，笔者常询问身边的人："他在说
什么呢？"而通常只得到 Alobí likambo ya bokóko（他在说自古以来的
成规）这样简短冷淡的回答，并伴随着难为情的苦笑。换言之，用欧
文·戈夫曼（Erving Goffman）所说的"礼仪性的漠不关心"（Goffman,
1963）来对待博南戈，才是正经得体的态度。

其次，笔者在进一步尝试记录博南戈的内容后发现，其中有传递
信息式内容（如某人失踪了、明天修桥吧等等），但同时也拥有许多
就日本人的常识来看，无需用整座村落都能听见的声音说话的内容，
具体如下所示：

　　"我的孙子不愿意去上学。"

　　"热得受不了了。"

　　"猫头鹰在鸣叫。"（猫头鹰被视作巫师的化身）

前文提到的传讯鼓和指笛也会出现在博南戈中。邦干多人会用传讯鼓打出例如"肚子饿了""最近一直下雨"等信息，鼓声能传至数十千米外，这样的鼓声语言也被称为博南戈。他们最初听到鼓声时，会想着这是否为某人死去的消息，但侧耳倾听后发现是上文那样无关紧要的内容时，便会一边说"是博南戈啊"一边不再关注鼓声。

换言之，所谓"博南戈"是由说话者任意说出想说的内容，而听者则听之任之这种双方态度所构成的。说话者明白听者并不在意所说内容，从而不负责任地随意"抛出"说话内容；而听者也因知晓这一点，因此并不会认真参与对话之中（然而笔者无法如当地人般直接无视它，因而在每次听到博南戈时，都会出来看看是否发生了什么）。基于这种印象，笔者将此说话方式称为"投掷式说话"。

共存感

这种对待说话的态度，与邦干多人的日常社会经验密切相关，其中尤其能体现这一点的便是他们之间的连带感。[1]

作为邦干多调查的一环，笔者将笔记本和手表交给数位男女，请他们将每日准点（如七点整、八点整）时，和谁、在何处、做什么等内容都记录下来。笔者注意到其中一位男性于整点时坐在村庄中央的集会小屋（罗松博）时，多次记录他和一位老妇人在一起，但通常而言，女性并不会去集会小屋。笔者满腹疑惑地询问他当时的情况，却得到回答说那位老妇人当时正在距离集会小屋 20 米远的自家厨房里。二人之间相隔如此遥远的距离，中间还矗立着集会小屋的土墙，但他仍记录称自己同这位老妇人在一起。当笔者向其他人提及此事时，也无人感到奇怪，可见这并非那位帮忙记录的男子特有的感觉。此时我便意识到，于他们而言的"与他人在一起"之感（共存感）与我们有着天壤之别。

构成这一共存感的基础可视为邦干多人那大声说话的方式。即使相隔 20 米的距离，他们仍能够同面对面般自如交谈，同时哪怕并不曾实际交谈，他们也做好了随时进行对话的准备。

---

[1] 以下内容详见木村（1996，2000）。

这一形式的共存感具有多大的范围呢？有一个事例能够表明其范围的边缘。笔者在观察来到集会小屋的人们时，发现他们之间互相寒暄的次数比预想中要少得多。即使是邻居们当天第一次来到集会小屋时，也如同刚离开不久般直接入座，彼此间毫无寒暄。然而，他们也并非对任何人都不打招呼，当有远道而来的人们时，他们会与之反复握手以示欢迎。在从各个角度研究了其"打招呼／不打招呼"的边界究竟位于何处后，笔者发现这与双方所居住之地是否相近这一点密切相关。对住在自家150—200米内的人们，他们并不会与其寒暄，而对于在此距离外的人们，则会热情寒暄。这表明，即使还未碰面，他们对于在该范围内的人们也会拥有潜在性"相遇"的感觉，即"共存感"。而150—200米的距离，则可解释为是他们大声说话时能被听到的范围。

投掷对话

如前文所述，在邦干多社会中，人们由具有穿透力的声音联结在一起，但这也需要付出相应的代价。声音就其本质而言并不具有方向性，因此当人们大声说话时，即使不想听的内容也会传入耳中，村中由此充满了"多余的"声音。若是认认真真听取了所有内容，那身体会吃不消（事实上笔者如此做过）。换言之，这一带有投掷性的说话方式无法单独存在，它只能存在于包含接受方式在内的社会性态度体系之中。

目前尚不清楚这样的说话形式在非洲社会的普遍性，但川田（1992）的研究表明存在与邦干多相似的情况。据他所述，在西非布基纳法索的莫希社会中存在一种具有"扩散传播"特征的说话形式[川田顺造将其命名为"协谈"（synlogue）]。此外，菅原（1998）提到，在博茨瓦纳的布须曼人中也常出现同时说话的情况。

正如沃尔特·翁（Walter Ong）所强调的那样，不同的表征系统自然会产生不同的经验世界（Ong, 1982）。笔者至今仍未可知，基于由声音联结起来的共存感，人们生活在怎样的经验世界中。若能继续在邦干多社会中进行调查，便能分析更加详细的对话内容，对这一问题的研究也得以继续，可惜如今无法实施调查。[①]

在对邦干多的说话方式进行更加抽象的讨论之前，让我们先关注另一个声音的事例。

二、重叠说话——巴卡的事例

在旧扎伊尔的调查无望后，笔者将目标转向喀麦隆，来到了巴卡村。巴卡人是狩猎采集民，他们居住在以喀麦隆东南部为中心的刚果北部及中非共和国的森林中。[②]尽管被称为狩猎采集民，但近年来随着农耕化的发展，他们也不再如同过去般以狩猎采集为生了。

尽管巴卡人的生活方式与近邻的农耕民们日渐趋同，但从社会性相互行为的视角而言，他们仍拥有与众不同的特征。他们的对人印象不仅与日本人不同，也与笔者此前接触的邦干多人等班图农耕民大相径庭。

重叠说话与长时间的沉默

首先，让笔者描述与他们初次见面时的印象吧。

1993 年 9 月，我们一行人[③]来到喀麦隆东南部的森林地带。由于这一带被西方资本所掌控，伐木业盛行，每日都有数十辆载着巨大圆木的卡车经过，因此道路得到了较好的整修与维护。在路旁，能够看到巴卡传统的圆顶房屋。

我们对与巴卡人的初次见面感到十分兴奋，来到当地男性聚集的小屋（班卓）后，我们询问能否在此处搭帐篷过夜，尽管他们欣然同意了我们的请求，但笔者还是觉得他们的待人接物风格与班图人截然不同。若要形容这一感觉，则大约是"回答迟了一瞬""语气冷淡""毫无热情与干劲"之类的形容。尽管难以用语言形容，但那时笔者确实体会到了某种怅然若失之感，因为这与笔者此前听闻或读到的

---

① 在笔者修改本文终稿时，刚果民主共和国的洛朗－德西雷·卡比拉（Laurent-Désiré Kabila）总统遭遇枪击而亡。看来返回非洲继续田野调查的日子仍遥遥无期。

② 生活在非洲森林地区身材矮小的狩猎采集民通常被统称为"俾格米人"，由于巴卡人也属于其中一员，因而也被称呼为巴卡－俾格米人。

③ 笔者、塙狼星与小松香三人。

俾格米人的性格大为不同，他们本应给人更加开朗、更加天真烂漫的印象（伊谷，1961；市川，1982）。

但笔者马上明白，这种安静不过是他们的一个侧面罢了。在一个难得的夜晚，笔者买来酒水并请他们表演其著名的歌舞（巴卡人称为"贝"）。那些白天时只会对我们露出拘谨笑容的女性，在这天夜晚不断高声歌唱着，数十人的声音重叠在一起，同时冲进笔者的耳中。在这些女性身前，一位足上系着木制铃铛的男人正晃动着腰部不断舞动，挥汗如雨。笔者想，这些人无须借助酒精或药物也能够使自己沉醉其中。

翌年，笔者来到巴卡村，并在此处进行了短期的田野调查。由于最初笔者毫无头绪，因而来到了班卓小屋，只呆呆地看着他们说话的模样，但笔者注意到一种或许能够成为研究线索的"奇妙之物"，即他们沉默的时长。

班卓是一种单坡檐屋，围绕屋中央的火炉，两旁各放置了一列长椅（图2）。男人们便坐在屋中彼此交谈，但有时话题会突然中断。当日本人面对这样的情况时，会因沉默过于尴尬而努力寻找话题以便将对话继续下去；然而，他们常常就这样保持沉默，没有任何人开口，

图2　巴卡–俾格米人的班卓小屋

大家皆静默地坐着。诚然，当大家在诸如用餐（例如在日本，人们在吃螃蟹时大都较为安静）或是沉浸于收听广播等情况下 [即戈夫曼所言"主要参与"（main involvement）在互相交谈之外的情况（Goffman, 1963）]，亦会自然而然地陷入沉默中。但仅笔者个人看来，班卓小屋中的人们不仅没有互相交谈，而且也不存在"主要参与"这一行为模式。

此外，笔者注意到当谈话变得热闹而活跃时，他们常常彼此重叠着说话。这从我们的对话常识来看亦相当神奇，通常而言，当二人同时发言时，其中一方或双方便将停止发言，彼此让渡"说话权"。若说到二人谁也不停，只一味各自说话的场景，笔者只能想起美国电影中二人争吵的画面了。然而巴卡村的人们并不会为此作任何努力，他们任由自己与他人的话语互相重叠，大家皆这般吵吵闹闹地不断说话。

参与对话的人们在过程中轮流说话的情形被称为"话轮转换"（turn-taking），对话分析的研究表明，话轮转换的基本原则中存在以下两种制约（Sacks et al., 1974）：

（1）对话不能重复

（2）对话不能停顿（即不能出现沉默）

也有人将这两种制约统称为"一次仅一人发言"（one talks at a time）的原则，这一原则不仅适用于对话研究得到持续发展的美国，而且同样适用于欧洲人与日本人的对话，然而在巴卡人的对话中，这一原则却被打破了。

为了定量地验证这一印象，笔者尝试采用了时间取样法。笔者盯着秒表，每隔 10 秒（这被称为抽样单元）便记录下该瞬间说话的人数，持续观察十分钟以上且被用作数据的样本被称为"抽样对话"。若他们的对话严格遵守"一次仅一人发言"的原则，则不论哪一单元所记录的说话人数皆应为一人；而若沉默的时间越长，则说话人数为零的抽样单元也将越多，重叠说话的情况越多，则说话人数为二人以上的单元将越多。

然而，若只从巴卡人的对话中获取数据，便无法判断他们是否确实与巴卡以外的人们对话形态有所不同。因此，我们以同样的方法取样了与巴卡人居住在同一地区的班图族农耕民巴库维雷人（Bakwele）的对话。此外，为了获取第三组比较数据，近期我们于日本国内某地用与巴卡及巴库维雷尽可能一致的方式也进行了取样。

首先分析对比三者的说话频率是否存在差异，具体而言，即对比了各采样对话中平均每单元的话语数量（说话密度）。巴卡人、巴库维雷人及日本人的平均说话密度分别为 0.785、0.882 和 0.973，就分布而言并无统计学意义上的显著差异。换言之，三者就说话频率自身而言并无较大差别，其差异在于对话出现的时间位置不同。

其次对比三者每单元的话语数分布情况（即说话数为零的单元数量、说话数为一的单元数量等），我们发现在巴库维雷人与日本人的对话数据中，话语数量为一的对话单元较多（高于 60%），而巴卡人的对话数据中则较少（低于 40%），结果与预想相同。统计结果表明，巴库维雷人与日本人之间并无显著差异，然而巴卡人与巴库维雷人、巴卡人与日本人之间皆存在较大差异。[1]

最后，在对比沉默时长分布后还发现，巴卡人的沉默时长与巴库维雷人和日本人也迥然不同。在巴库维雷人与日本人的对话中，沉默至多只有一分二十秒，而巴卡人的沉默能长达六分多钟。

综上所述，可知巴库维雷人与日本人就话轮转换的时机而言并无显著差异，仅巴卡人与二者皆不相同（即巴卡人的对话脱离了话轮转换的原则）[2]。

然而，我们该如何解释上述分析所得之结果呢？首先，笔者将对重叠说话这一情况进行探究。在对话分析中，重叠说话并不被视作话轮转换上的失败，而被认为具有某种战略性功能。例如，它能够显示社会性上下关系（相对于女性，男性的地位更优越等）（Zimmerman & West, 1975），或是夺取对方的发话权等。然而，巴卡人的重叠说话显然不具有该战略性功能，他们宛若全员同步般彼此重叠说话。

若我们将目光投向对话之外的场景中，那么就会发现声音重叠

---

① 但巴卡人的对话也并非完全随机，他们仍在某种程度上遵循着话轮转换原则，只是相较巴库维雷人与日本人而言，他们与"理想的话轮转换"的偏离程度要大得多。

② 以上结果详见木村（1995）及 Kimura（2001）。

这一现象于人类而言并非稀奇之事，例如唱歌这一发声形态，便拥有"合唱"形式的声音重叠现象。一同唱歌能够带给我们某种统一感和喜悦感，而笔者认为，巴卡人的重叠说话也同样是这种"同步性"的体现之一。在有关狩猎采集民的研究中，我们经常能够看到同步性这一概念，例如上文所提到在巴卡的歌舞中女性声音的重合便是代表性的例子，除巴卡外，在阿卡人（Aka）（Bahuchet, 1993）及埃菲人（Sawada, 1987）等其他热带非洲狩猎采集民中也可见此类现象。此外，今村（1991, 1992）在调查布须曼人中女性的歌舞及采集活动后，同样以同步性为关键词展开论述。菅原（1998）对布须曼人同时发言的描述也与上文毫无二致。可见，"同步性"为狩猎采集民社会中交互行为的基础，而这极可能与狩猎采集民社会具有的流动性和离合聚散性有较大关联。

此外，一直以来，沉默这一现象并非仅仅被认为不开口说话，而多被解释为带有某种目的性意义。亚当·贾沃斯基（Adam Jaworski）例示了沉默的数种含义：（1）谈话结束的信号，（2）不愿与对方交谈的表现，（3）句子韵律的表现，（4）演讲中概念重点变化的表现，（5）在说一门不熟悉的语言前的惯性沉默，（6）谦虚的表现，等等（Jaworski, 1993）。然而，巴卡人的沉默与他们的重叠说话一样，并未使人感到其具有某种目的性。他们在沉默时并未表现出丝毫尴尬，反而将其作为一种共存的方式，共同沉浸在沉默之中。这或许与他们的身体感觉休戚相关。例如，巴卡儿童无论是否有足够的空间，都会紧挨着坐在一起，这一彼此密不可分的状态似乎延伸至成人身上，因而成人们常常一言不发，仅共同坐在一处。

重叠说话

笔者曾问巴卡男性："你如何看待巴库维雷人的说话方式？"他用林加拉语回答称"Bazalí makeléle"，即"他们相当吵闹"。通过采访很难获得有关人际印象这种微妙对象的数据，但对于上文的回答，笔者不想仅将之解释为物理上的吵闹，其还可以视为巴库维雷人说话方式"互动压力"的表现。巴卡人与巴库维雷人等班图人及日本人在说话方式上最关键的不同在于，参与对话的人们能够自由地重叠发言，也能够各自发言，或许能够将之形容为"缺乏固定性"；反之，严格遵守"一次仅一人发言"原则的说话形式，则呈现沿着时间轴紧密排列的模样。当两种说话形式相遇时，后者的"固定性"占上风，这一情况则正好体现在"吵闹"一词上。

在迄今为止对日常对话的分析中，还未给出过"一次仅一人发言"的反例，因而很难说对于"为何我们必须遵守一次仅一人发言的原则"这一本质问题已进行过充分探讨。只有在与此截然不同的对话体系——巴卡人的对话方式面前，我们才获得了"从外部"考察这一现象之意义的视角。

然而，即使我们可以说对发话时机的分析如前文所述，在彼此重叠的对话中，关于话题是如何重合、又是如何岔开这一问题，至今尚不明了。如今相关研究正围绕对话内容的转录持续展开。

三、结 论

"扩散的声音"的文化

前文已阐述了邦干多人与巴卡人这两个非洲族群的谈话特征，前者的特征以"投掷式"、后者的特征以"重叠"为关键词。[①] 尽管它们各自给人的印象并不相同，但若与一直以来的会话分析模型，即"对象固定"且"如铺瓷砖般"紧密固定的对话形式相比，则大概能够以本文的标题——"扩散性"一词来统一形容吧。"投掷式"即由内向外的扩散，而"重叠"则为相互之间，即由外向内的扩散。

这些现象在传统的会话理论中被视为与正常谈话相偏离的形式。然而，它们毫无阻碍地存在于邦干多、巴卡等社会中，被人们以各自的方式所呈现。面对这些事例，笔者常思考迄今为止的交际理论是如何围绕西方的（常被称为"理想的"）交流形式作为起点而建立的。虽然我们还未建立起与之相对的框架，但通过不断累积对此类现象的描

---

① 为方便起见，本文采用了这一表述，但事实上扩散性这一特征在巴卡社会也相当常见，只是不如邦干多的博南戈那样显著。

述，能够拓宽交际研究的可能性，并为改变传统框架提供契机。

例如，现在随着手机、互联网等新媒体的普及，我们自身的社会联系方式也正呈现与以往不同的一面，然而我们并未完全拥有与之相应的表述对策。尽管"扩散的声音"之文化无法直接作为分析模型使用，但描述其在文化上形成的形式对 21 世纪的交际研究而言无疑是重要线索。

态度体系

扩散性话语的社会态度可视为每个社会中"自我"（姑且如此称呼）存在形式的表现。

此前笔者置身于邦干多社会中时，常被以博南戈为代表的声音现象所困扰，诸如"为什么我总要被毫不相干的事情所打扰？放过我吧"是笔者当时的真切感受。从本文开头所述的扎伊尔人的对话中同样能够看出这一特征，如此看来，这种毫不顾及他人、自由随意地、在某种意义上不负责任地将"自我"外放的形式是他们态度之根本。说话者的此种态度同时又与听者"毫不关心内容，仅听之任之"的态度成对存在。由于笔者没能领悟后者的态度（前者更不必言），因而始终受其困扰。

巴卡人给笔者的印象又有所不同。他们的对话不像对话分析所描述的那样具有"固定性"，而是可以随意重叠与分离，他们的"自我"似乎也具有这一特性。例如，笔者有时需要过上一会儿才能留意到房间的一角坐着一位老人，他如影子般悄无声息，难以被人察觉。这种"淡薄的气息感"似乎与他们对话的重复性交织在一起，当他们在班卓中长久静坐时，是否将没有固定性（个性）的"自我"彼此重叠交合，最终形成了某种共存的状态？

与此相对，"西欧的个人"充满个性，彼此发出哐哐当当的声音相互接触。这一点从 individual 这个单词拥有 in-divid-ual 即"不可分割之物"之意便能知晓。这既非如邦干多人一样向外无限扩张入侵，也不像巴卡人那样自由地重叠、分离。

看待非洲人的目光

在前文中，笔者一直尝试描绘人们难以捉摸的"对他印象""态度体系"等内容，因为正如本文开头所说，笔者深信这种描述是我们（或西方）如何看待非洲人的基础。例如，人们常说的"如非洲人般懒惰"这一印象，不仅出于政治及经济原因，而且出于态度体系的差异。而笔者的目的便在于找出一种能够整齐陈列这些差异的坐标轴，使其更加相对化。这对交际理论的贡献自不必言，更重要的是它也能指导我们处理该如何对待非洲的问题。

为了更好地考察我们及西方看待殖民地时期与现代非洲的"目光"，我们所需要的不仅是迄今为止在小范围社会内的田野调查，而且还须将非洲人民从古至今所书所记的文字（殖民地行政长官的报告、游记等）及当下所说的话语内容都作为分析研究的对象。这些内容都将作为今后课题撰文再述。

参考文献

伊谷純一郎、1961、『ゴリラとピグミーの森』、岩波新書

市川光雄、1982、『森の狩猟民―ムブティ・ピグミーの生活』、人文書院

今村薫、1991、「サンの日常と歌」、田中二郎、掛谷誠編『ヒトの自然誌』、平凡社

今村薫、1992、「セントラル・カラハリ・サンにおける採集活動」、『アフリカ研究』第51巻、47―73頁

川田順造、1992、『口頭伝承論』、河出書房新社

木村大治、1991、「投擲的発話―ボンガンドの『相手を特定しない大声の発話』について」、田中二郎、掛谷誠編『ヒトの自然誌』、平凡社、165―189頁

木村大治、1995、「バカ・ピグミーの発話重複と長い沈黙」、『アフリカ研究』第46巻、1―19頁

木村大治、1996、「ボンガンドにおける共在感覚」、野村雅一、菅原和孝編『叢

書・身体と文化（二）コミュニケーションとしての身体』、大修館書店、316—344 頁

木村大治、2000、「拡散的会話場と相互返照的予期」、岡田美智男、三嶋博之、佐々木正人編『bit 別冊　身体性とコンピュータ』、共立出版、233—245 頁

菅原和孝、1998、『会話の人類学』、京都大学学術出版会

Bahuchet, S., 1993. "History of the Inhabitants of the Central African Rain Forest: Perspectives from Comparative Linguistics." C. M. Hladik, A. Hladik, O. F. Linares, H. Pagezy, A. Semple & M. Hadle (eds.). *Tropical Forest, People and Food*. Paris: UNESCO; Lancs: The Parthenon Publishing Group.

Goffman, E., 1963. *Behavior in Public Places: Notes on the Social Organization of Gathering*. New York: Macmillan Publishing. ［丸本恵祐、本名信行訳、1980、『集まりの構造—新しい日常行動論を求めて（ゴフマンの社会学四）』、誠信書房］

Jaworski, A., 1993. *The Power of Silence: Social and Pragmatic Perspectives*. Newbury Park: Sage Publications.

Kimura, D., 1990. "Verbal Interaction of the Bongando in Central Zaire: With Special Reference to Their Addressee-unspecified Loud Speech." *Africa Study Monographs*, 11(1): 1-26.

Kimura, D., 2001. "Utterance Overlap and Long Silence among the Baka Pygmies: Comparison with Bantu Farmer Society and Japanese University Students." *African Study Monographs, Supplementary Issue,* 26: 103-121.

Ong, W. J., 1982. *Orality and Literacy: The Technologizing of the Word*. London: Methuen & Co. Ltd. ［桜井直文、林正寛、糟谷啓介訳、1991、『声の文化と文字の文化』、藤原書店］

Sacks, H., E. A. Schegloff & G. Jefferson, 1974. "A Simplest Systematics for the Organization of Turn-taking for Conversation." *Language*, 50(4): 696-735.

Sawada, M., 1987. "The Evening Conversation of the Efe Pygmy Men and Its Social Implication." *African Study Monographs, Supplementary Issue*, 6: 85-96.

Zimmerman, D. & C. West, 1975. "Sex roles, Interruptions and Silences in Conversation." B. Tome & N. Henley (eds.). *Language and Sex: Difference and Dominance*. Newbury: Newbury House.

结　语

移动中心

——多中心主义的构建

宫本正兴

20 世纪已经结束，我们现今生活在一个崭新的世纪。每个人都希望谈谈对新世纪的期望或自己的梦想，但要做到这一点，又不得不回顾人类在 20 世纪取得的成就和其意义。毕竟要谈论未来的可能性，就必须了解我们走过的一切。

20 世纪是战争和革命的世纪，同时，对亚洲和非洲的广大发展中国家而言，这也是一个殖民统治和民族觉醒的世纪。在发达国家的世界（也可以理解为现代西方世界），似乎东西方之间的意识形态冲突已经消退，科学技术的发展引发了信息革命，人员和货物的流动使边界在全球范围内变得毫无意义。在 21 世纪，发达国家世界的文明和价值观似乎已经席卷了整个地球。

事实上，在 20 世纪，所谓的资本主义或自由经济已经使世界变得无国界。世界已经成为一体，共同的元素和共同的价值观已经成为世界民族文化的重要组成部分。有人将这一事实称为现代文明的全球化。这个现代文明的要素包括各种科学技术、物质文明、意识形态、国家和人民、教育制度、医疗制度、货币经济、城市社会、企业组织、交通、信息传输手段、音频设备，以及计算机、基础设施、识字能力等。

非洲也有传统医学、传统艺术、传统技术和传统的建筑风格。然而，它们并未作为所谓现代文明的普遍元素延伸到外部世界（尽管在音乐和艺术中也有例外）。此外，尽管非洲也存在传统教育和传统民族组织原则，但这并不能成为所谓现代文明中的教育原则或民族组织原则。

可以肯定的是，在 20 世纪，世界民族文化共有的文化元素得以普及。但是，对整个人类而言，这是一件幸事吗？或许它可能导致人类失去了一些意义非凡之物，又或许在达到目的的过程中付出了不可挽回的代价。我们不得不去思考这些问题。

在这里，笔者想提出一个问题，即堪称现代关键词的"全球化"的真谛究竟是什么？虽然同样是全球化，但其在世界不同地区应该拥有不同的意义。非洲的全球化与西方或日本的全球化截然不同。全球化在不同类型的国家和不同领域被提倡，在经济、移民、媒体、传播、思想和意识形态、工业化和去工业化等各个领域取得进展，但其速度和内容因地区和国家而异，所产生的影响也不尽相同。例如，坦桑尼亚达累斯萨拉姆、塞内加尔达喀尔和美国纽约、日本东京的全球化速度和内容不会相同。有人说全球化就是美国化、麦当劳化、可口可乐化。换言之，全球化是新殖民化，是美国的世界霸权化。也有人说这是一种以发展或援助为名的新型殖民主义。原本"发展"和"援助"就是蕴含暧昧含义的术语。

我们比较清楚的是，在全球化进程中，中心和边缘角色的作用终于被确定下来，南北差距在不断扩大。大多数非洲国家都在国际货币基金组织和世界银行的控制之下，而它们是美国主导的全球化的两大驱动力。

同时，也有人认为，全球化正在加速民族国家内部的多元文化主义和多民族主义，但是，宗教和民族矛盾激化，民族内部矛盾突出的问题却日益显著。国家功能显著下降，并且其有效性一直是激烈辩论的主题。在 20 世纪的最后十年，冷战格局随着苏联和东欧社会主义国家的解体而结束，取而代之的是欧盟的崛起、亚洲国家惊人的经济增长以及突如其来的危机。随着冷战的结束，意识形态的冲突逐渐消退，自由市场经济取代计划经济，南非的种族隔离制度被废除，露骨的种族歧视即将消失。结构调整、自由市场成为时代要求。在经济领域，非正规部门得到振兴。"现代"和"民族国家"等概念受到严厉批判。现今非洲周边的世界形势就是如此。

正是在这种背景下，我们质疑非洲的潜力、它的文化独立性、它的创造力、它自身的发展方式以及它内部去殖民化的方法。我们无法将语言、文化动态与政治、经济割裂开来。因为一切都是紧密相连的。

就非洲而言，所谓的"部族社会"发生了翻天覆地的变化。笔者决定使用"民族"一词而不是"部族"一词，但在这里不会详细介绍如何正确使用这些术语。所谓的"部族社会"，是具有一定地域性的社会，存在独特的地域文化。"部族社会"不可避免地被迫向国民社会或民族社会转变。看看非洲人的经济生活，这一点就显而易见了。在这个过程中，非洲国家别无选择，只能解决民族文化的创造和民族融合等问题。和日本一样，在某些地区尤其是城市，我们可以看到这种从民族文化到大众文化的部分转变，但这真的是不懈努力奋斗的全体国民想要看到的现代非洲吗？而且，如果换成旧的"部族社会"，在笔者看来，组织单个民族社会或单个民族文化的原则与组织国家社会和国民文化的原则之间还有非常大的差距。据观察，在某些情况下，快速过渡也会导致各种矛盾的产生。

从阶级社会到无阶级社会的过渡往往被视为日本文化转型的图式，但这并不适用于非洲社会。相反，在非洲，去殖民或民族社会后留下的似乎是一个明显的阶级社会。就微观层面而言，可以从各个方面感受到在经历殖民和种族主义之后留下的将是一个严重分化的阶级社会，至少目前如此。

此外，在日本等发达国家，从农业社会到工业社会，再到信息产业社会的转型图式虽然已经成为现实，但在非洲，传统社会（和这个名称相比，前资本主义社会似乎更合适），以及具有传统生产形式的农业社会正在迅速向资本主义社会转变。刚独立时，许多非洲国家将社会主义作为国策，但除坦桑尼亚等少数例外，事实上都和资本主义没什么区别。

在这种背景下，考虑国民教育和语言的问题是很有趣的，这也是本书的主题之一。众所周知，欧洲的民族国家是 19 世纪末到 20 世纪初诞生的。典例是法国，它建立了一个以巴黎为中心的中央集权国家。虽然我们也想知道法国是否真的是一个民族国家，但无论如何，国民对于民族国家的期盼是惊人的，以至于形成了所谓的民族国家。而语言在其中发挥了最重要的作用。

换言之，语言成了民族的标志。此外，应该考虑到该地区存在的共性，但无论如何，语言成为民族的标志，以及语言的威望和其地位有意识的扩张是有计划的。规定国语，发展规范语言，提升文字声望，创作词典、语法书和民间文学，同时，通过教育提高识字率，这种趋势在欧洲普遍存在。

然而，在非洲，一个国家的形成并非由语言和种族的上升势头所推动的。在非洲，现存的民族完全由人为的殖民管理所推动而产生，在这个过程中，非洲的语言和人民处在被压迫、被封闭的境地。

因此，非洲殖民国家在建立时，其教育、法律和行政的各个方面都受到了欧洲体系的影响，如英语、法语和葡萄牙语等原宗主国的语言作为政治控制的工具，都对非洲国家产生了深远影响。换言之，在非洲，民族的建立并未提升非洲语言的声望。

在欧洲各国，或者在苏联，语言在民族融合中扮演着象征性角色，往往上升为民族语言。此外，苏联的语言政策也曾影响过众多少数民族语言，这就是为什么少数民族语言运动今天依然存在的原因。在殖民地非洲，情况有所不同。在殖民解放或民族主义运动中发挥象征作用的并非语言，而是"泛非主义"和"黑人精神"这种政治文化意识形态。而且，这些意识形态是用英语、法语等原宗主国的语言来表达的，而非非洲语言。

独立后，非洲国家的情况似乎有所改变。也有些民族语言成了非洲文化民族主义的口号，但同时民族语言在"部族"主义，即所谓的部落主义，或分裂主义中也发挥了象征性作用。非洲的民间语言最终如同一把双刃剑。虽然恢复非洲语言的民族语言运动在非洲内外盛行，但它们在现有政治层面被视为危险的，因为它们不可避免地威胁到国家形成的原则。

然而，在笔者看来，在苏联解体和种族隔离后南非语言政策的影响下，非洲的民族语言运动有望更加壮大。尤其是语言学家、教育家和作家的努力特别令人感动，但这并不意味着民族语言在谋求一个完整的国家。因此，对政府而言，对这样的运动做出多大妥协、在其发展到何种程度时镇压，完全是民族融合的问题。在这种情况下，教育问题就显得尤为重要。民族语言恢复权力的第一大障碍将是它们在课程中的使用程度。即便是在教育领域号称非洲化程度最高的坦桑尼亚，初等教育是用斯瓦希里语进行的，但教学语言在初中之后会被英语取代。

无论如何，非洲存在各种各样的问题。这些问题无法在20世纪全部得到解决。在20世纪解决所有问题，抱有这种想法只能说明非洲国家太年轻、太天真了。直到1957年，非洲才出现第一个独立国家——加纳。出于这样的现实情况，我们认为，从长远来看，在语言问题上，非洲国家与其排斥欧洲语言，不如将其纳入语言体系，努力确立非洲语言的独立性，构建多元文化主义或者多中心主义才是非洲未来的课题。承认语言的多元化和文化的多元化，将有助于保护民族语言和文化，进而实现民族的主体性。同时，这也意味着每个非洲人都能够掌握两种或三种语言。如果我们以这种方式进行国家建设和国民教育，那么真正意义上的多语种非洲文化的繁荣将指日可待。

然而，这条道路也十分凶险。因为非洲国家的基础还很薄弱。20世纪最后十年，各个国家都在推进民主化，实现了多党制，但承认语言的多元化（在这种情况下，主要是指对非洲各种语言的尊重）仍将是一项艰巨的任务。这是因为语言和文化的多元化和多中心主义只有通过民主主义才能实现。在非洲，语言经常被用作政治统治的工具，而非文化的工具。南非的种族隔离政策很好地证明了语言和文化传统在政治上经常被用来分裂非洲人民。

我们回顾一下，20世纪非洲对世界做出了怎样的贡献？非洲在精神和物质上给世界带来了什么？这是一个必须认真讨论的重要问题。本书的各个章节并未试图直接回答这个问题，但至少读者们可以获得一些提示。在这里，在思想层面必须强调的一点是，非洲的贡献之一是它留下了民族主义的意识形态及其在人类历史上的具体策略。简而言之，非洲殖民解放的思想和策略，以及不顾一切结束种族社会的努力，把人类历史变成对人类真正有价值的东西，为 20 世纪做出了极其宝贵的贡献。而且，在欧洲为世界中心的大环境中，非洲坚持以自己的立场主张多元文化的视角，使束缚在支配与从属、中心与边缘的关系中的人类文化超越了文化的维度，将真正意义上的人类对话恢复到人类生存本身的整个空间（非洲和世界）。例如，所谓"非洲文学"的存在意义正是在于此，而这项努力虽然伴随着巨大的牺牲，但仍在进行。

自"非洲年"开始算起，非洲今年已经 40 岁了。所谓"非洲年"，就是 17 个国家一起宣布独立的 1960 年，距今已经过去 40 年。今天，非洲的独立国家已经有 53 个。如果说 19 世纪是非洲被殖民的世纪，那么 20 世纪则是非洲独立解放的世纪。但非洲真的摆脱了殖民局面吗？针对这个问题，本书从多个领域进行了深入的探讨和分析。我们的结论是非洲仍处在去殖民化的过程中。就此而言，肯尼亚作家恩古齐·瓦·提安哥两部作品的书名《精神的去殖民化》（*Decolonising the Mind*，1986）和《转移中心：为文化自由而战》（*Moving the Centre: The Struggle for Cultural Freedoms*，1993）极具象征意义。为了"去殖民化"，需要"转移中心"。为了"转移中心"，需要"去殖民化"的努力。或许"转移中心"是"去殖民化"的第一步。但在美国引领全球化的现今，想要达成这一目标，则需要付出巨大的努力。

在冷战期间，世界处于两极体系之下。当前，世界处于单极体系之下。如果我们想要创建一个语言和文化多样化的世界，那么这个世界就应该是多极的，或者说是多中心的吗？本书的课题之一就是回答这一疑问。

当下，大家对非洲、亚洲等非西欧世界的现状，民族国家的特点和民族问题的关心达到前所未有的高度，本书能够借机顺利出版，很大程度上要归功于人文书院编辑部落合祥尧先生。从一开始，落合先生就对我们的想法表现出浓厚的兴趣，并在本书出版过程中给予我们极大的帮助。我们全体作者在此对落合先生的大力支持和帮助表示衷心的感谢。

本书作者介绍

宫本正兴（Masaoki Miyamoto）

生于 1941 年。京都大学大学院文学研究科博士毕业。原中部大学国际关系学部教授。著有『文学から見たアフリカ—アフリカ人の精神史を読む』（第三书馆）、『新書　アフリカ史』（合编，讲谈社）、『文化の解放と対話—アフリカ地域研究への言語文化論的アプローチ』（第三书馆）等。

松田素二（Motoji Matsuda）

生于 1955 年。京都大学大学院文学研究科博士肄业。京都大学名誉教授、日本综合地球环境学研究所特任教授。著有『都市を飼い慣らす』（河出书房新社）、*Urbanisation from Below*（京都学术出版会）、『抵抗する都市』（岩波书店）、『新書　アフリカ史』（合编，讲谈社）等。

砂野幸稔（Yukitoshi Sunano）

生于 1954 年。京都大学大学院文学研究科博士毕业。熊本县立大学文学部教师。著有『言語帝国主義とは何か』（合著，藤原书店）、『＜複数文化＞のために』（合著，人文书院）、『南から見た世界 3—アフリカ』（合著，大月书店）、『新書　アフリカ史』（合著，讲谈社）、『ウォロフ語読本』（编著，东京外国语大学亚非语言文化研究所）；译有艾梅·塞杰尔（Aimé Césaire）的『帰郷ノート／植民地主義論』（平凡社）等。

栗本英世（Eisei Kurimoto）

生于 1957 年。京都大学大学院文学研究科博士毕业。大阪大学大学院人类科学研究科副教授。著有『民族紛争を生きる人びと』（世界思想社）、『未開の戦争、現代の戦争』（岩波书店）、『植民地体験—人類学と歴史学からのアプローチ』（合编，人文书院）、*Conflict, Age and Power in North East Africa*（合著，James Currey）等。

松田凡（Hiroshi Matsuda）

生于 1958 年。京都大学大学院农学研究科博士肄业。京都文教大学人类学部副教授。著有「川がもたらす"ゆたかな"暮らし」（《民族学季刊》第 58 号）、「余剰はどこへ行ったのか？」（《经济研讨会》第 525 号）、*Ethnicity & Conflict in the Horn of Africa*（合著，James Currey）等。

户田真纪子（Makiko Toda）

生于 1963 年。大阪大学大学院法学研究科博士毕业。天理大学国际文化学部副教授。著有『アフリカ—国民国家の矛盾を超えて共生へ』（合著，大月书店）、『アフリカ—第三の変容』（合著，昭和堂）、『新版 エリアスタディ入門』（合著，昭和堂）等。

梶茂树（Shigeki Kaji）

生于 1951 年。京都大学大学院文学研究科博士毕业。东京外国语大学亚非语言文化研究所教授。著有『アフリカをフィールドワークする』（大修馆书店）、*A Haya Vocabulary*（东京外国语大学亚非语言文化研究所）等。

米田信子（Nobuko Yoneda）

生于 1960 年。东京外国语大学地域文化研究科博士毕业。大阪女学院短期大学副教授。著有『言語・国家・そして権力』（合著，新世社）、『マテンゴ語の記述研究—動詞構造を中心に』（东京外国语大学博士论文）等。

小森淳子（Junko Komori）

生于 1963 年。京都大学大学院文学研究科博士肄业。大阪外国语大学兼职教师。著有「言語におけるタブーと性差—ケレウェ語の女性語分析」（《亚非语言文化研究》第 58 号）、「ケレウェにおける個人名と忌避名」（《斯瓦希里与非洲研究》第 9 号）等。

竹村景子（Keiko Takemura）

生于 1967 年。大阪外国语大学大学院外国语学研究科硕士毕业。大阪外国语大学外国语学部副教授。著有「『方言』と『標準語』—スワヒリ語話者の言語意識調査から」（《非洲研究》第 55 号）、『女性の性と生』（合著，嵯峨野书院）、『地球の女たち2　20 世紀の女から 21 世紀の女へ』（合著，嵯峨野书院）等。

稗田乃（Osamu Hieda）

生于 1951 年。京都大学大学院文学研究科博士毕业。大阪外国语大学外国语学部教授。著有 *Koegu Vocabulary, with a Reference to Kara*（京都大学非洲区域研究中心）等。

赤阪贤（Masaru Akasaka）

生于 1943 年。京都大学大学院文学研究科博士肄业。京都府立大学文学部教授。著有『アフリカの民族と社会』（合著，中央公论

社），『アフリカ研究 人・ことば・文化』（合编，世界思想社）; 译有
H. 迈纳（H. Miner）的『未開都市トンブクツ』（弘文堂）等。

嘉田由纪子（Yukiko Kada）

生于 1950 年。京都大学大学院农学研究科博士、美国威斯康星
大学硕士。京都精华大学人文学部教授、滋贺县立琵琶湖博物馆研究
顾问。著有『水と人の環境史』（合编，御茶水书房）、『生活世界の
環境学』（农山渔村文化协会）、『水辺遊びの生態学』（合著，农山渔
村文化协会）、『水辺ぐらしの環境学』（昭和堂）等。

中山节子（Setsuko Nakayama）

生于 1969 年。京都大学大学院理学研究科博士肄业。京都大
学大学院亚非区域研究研修员。著有 "Technical and Social Aspects of
Usipa Fishery among the Tonga, Nkhata Bay, Lake Malawi"（*African Study
Monographs*）、"Local Fish Names in Lake Malawi"（合著, *African Study
Monographs*）等。

劳伦斯・马列卡诺（Malekano Lawrence）

生于 1968 年。加拿大达尔豪斯大学博士毕业。马拉维大学大臣
学院讲师。著有 "Local Fish Names in Lake Malawi"（合著, *African
Study Monographs*）等。

三岛祯子（Teiko Mishima）

生于 1963 年。巴黎第五大学研究生院社会科学研究科第三阶段
课程修满。国立民族学博物馆民族社会研究部助手。著有「出稼ぎ労
働者と地域社会—セネガル上流域の変容」（载于小仓充夫编『国際
移動論—移民・移動の国際社会学』，三岭书房）、「セネガル・モーリ

タニア紛争をめぐる民族関係」（载于和田正平编著『現代アフリカ
の民族関係』，明石书店）等。

末原达郎（Tatsuro Suehara）

生于 1951 年。京都大学大学院农学研究科博士毕业。京都大学
大学院农学研究科副教授。著有『赤道アフリカの食糧生産』（同朋
舍）、『アフリカ経済』（编著，世界思想社）、『アフリカ—第三の変
容』（合著，昭和堂）、『フィールドワークの新技法』（合著，日本评
论社）等。

泽田昌人（Masato Sawada）

生于 1958 年。京都大学大学院理学研究科博士毕业。京都精
华大学人文学部教授。著有『アフリカ狩猟採集社会の世界観』（编
著，京都精华大学创造研究所）、"Rethinking Methods and Concepts of
Anthropological Studies on African Pygmies' World View: The Creator-
God and the Dead"（*African Study Monographs*）等。

元木淳子（Junko Motogi）

生于 1954 年。京都大学大学院文学研究科博士毕业。法政大学
工学部教师。著有『女たちの世界文学』（合著，松香堂）、『ユネス
コ・アフリカの歴史』（共译，同朋舍）; 译有恩古吉・瓦・提安哥的
『アフリカ人はこう考える』（合译，第三书馆）等。

楠瀬佳子（Keiko Kusunose）

生于 1945 年。神户市外国语大学大学院毕业。京都精华大学人
文学部教授。著有『ベッシー・ヘッド　拒絶と受容の文学』（第三
书馆）、『南アフリカを読む—文学・女性・社会』（第三书馆）、『新

書　アフリカ史』（合著，讲谈社）；译有贝西・黑德（Bessie Head）
的『マル—愛と友情の物語』（学艺书林）等。

木村大治（Daiji Kimura）

　　生于 1960 年。京都大学大学院理学研究科博士毕业。京都大学
大学院亚非区域研究研究科副教授。著有『叢書・身体と文化 2　コ
ミュニケーションとしての身体』（合著，大修馆书店）、『コミュニケ
ーションの自然誌』（合著，新曜社）、『bit　別冊　身体性とコンピ
ュータ』（合著，共立出版）等。

译后记

本书根据宫本正兴、松田素二主编『現代アフリカの社会変動——ことばと文化の動態観察』（人文书院）译出。该书出版于 2002 年，由日本知名非洲研究学者、日本非洲学会原会长宫本正兴先生和日本知名人类学家、日本非洲学会原会长松田素二先生主编，汇集了 20 位日本一线非洲研究学者和 1 位非洲学者的真知灼见和研究成果。

21 世纪的非洲真的已经摆脱殖民统治了吗？政治、语言、民族矛盾、贫困、环境问题、文学……21 世纪的非洲将何去何从？

本书分"国家原理与语言社会的组成""从语言到社会——基于生态学的考察""开发与环境的现状""历史和表象之问"等四部分对上述问题展开探讨，是从微观、中观和宏观层面对非洲进行的多层面、多角度和交叉立体的检视。本书作者们研究视野开阔、论证缜密严谨。通过多角度分析与探讨，本书为读者们厘清了后殖民时期的非洲现状，以及非洲民众当下面临的混乱局面和危机现实。

非洲正朝着非殖民化发展，克服西方殖民统治的负面遗产，基于不同文化和语言的多中心的新社会如今正在非洲孕育。以欧洲语言为顶点的语言秩序、陷入泥沼的民族矛盾、赤裸裸的国家暴力、环境破坏和人权侵害……21 世纪非洲面临的难题中孕育着未来的可能性。

本书的译介切合当下我国的对非战略和"一带一路"倡议，对推进中非合作和交流互鉴具有重要的启示意义。但本书内容涉及语言、文化、文学、社会政治、民族纷争、环境问题、开发援助等诸多层面，涵盖面广，专业性强，需要译者具备丰富的对非知识、杂学知识和相当程度的语言学基础。因此，翻译本书困难不小，压力颇大，但正因为本书的翻译富有挑战性，方能凸显翻译的价值和意义。

感谢关西学院大学于康教授惠赐宝贵的赴日学习机会，使我暂时从繁杂的工作中抽身，获得片刻喘息时间，得以顺利完成本书的后期校对工作。感谢爱徒——重庆外语外事学院日语系教师龚智鹏毫无怨言地提供技术支持，帮忙处理、制作书中图表。感谢浙江师范大学"非洲区域国别研究译丛"项目和"学术名师"项目为本书提供经费支持。感谢本书的责任编辑、浙江大学出版社的黄静芬女士和方艺潼女士为本书的顺利出版所付出的辛勤劳动。黄静芬女士和方艺潼女士专业敬业、高效严谨，其提供的建议和帮助使我们在本译著付梓之前进一步提高了翻译质量。

感谢爱人周军强先生给予我始终如一的尊重和爱护。如果没有先生无条件的关爱与包容，我可能早已在琐碎繁杂的日常中迷失了自己。感谢家中俩娃对我的理解和支持，你们是我前进的动力和快乐的源泉。

本书的翻译工作断断续续耗时近2年，付梓之前亦数易其稿。此外，本书对参考文献的格式进行了重新整理，尽量补充了缺失的文献信息。由于译者水平有限，虽已尽力，但难免会有疏漏和差错，敬请各位读者批评指正。

徐微洁

癸卯年深秋于层林尽染的日本甲山山麓小院